复旦大学"985工程"二期、三期整体推进人文学科研究项目资助(项目批准号:2011RWXKZD007)

杜威中期著作

1899—1924

复旦大学杜威与美国哲学研究中心 组译

杜威全集

Collected works of John Dewey

1903至1906年间的
期刊文章、书评及杂记

第三卷

1903-1906

徐 陶 译 赵敦华 校

华东师范大学出版社

The Middle Works of John Dewey, 1899-1924
Volume Three: Journal Articles, Book Reviews, and Miscellany in the 1903-1906 Period
By John Dewey
Edited by Jo Ann Boydston
Copyright © 1977 by Southern Illinois University Press
Published by agreement with Southern Illinois University Press, 1915 University Press Drive, SIUC Mail Code 6806, Carbondale, IL 62901, USA
Simplified Chinese translation copyright © 2012 by East China Normal University Press
All rights reserved.

上海市版权局著作权合同登记　图字:09-2004-377号

《杜威全集》中期著作(1899—1924)

主　　编　乔·安·博伊兹顿(Jo Ann Boydston)
文本顾问　弗雷德森·鲍尔斯(Fredson Bowers)　弗吉尼亚大学　荣誉退休

编辑顾问委员会成员
刘易斯·E·哈恩(Lewis E. Hahn)主席　南伊利诺伊大学
乔·R·伯内特(Joe R. Burnett)　伊利诺伊大学
S·莫里斯·埃姆斯(S. Morris Eames)　南伊利诺伊大学
威廉·R·麦肯齐(William R. McKenzie)　南伊利诺伊大学
弗农·A·斯顿伯格(Vernon A. Stern berg)　南伊利诺伊大学出版社

助理文本编辑　帕特丽夏·R·贝辛格(Patricia R. Baysinger)

《杜威全集》中文版编辑委员会

主　编　刘放桐
副主编　俞吾金　童世骏　汪堂家（常务）

编辑委员会（按姓氏笔画排序）

万俊人　　冯　俊　　江　怡　　孙有中
刘放桐　　朱志方　　朱杰人　　张国清
吴晓明　　陈亚军　　汪堂家　　沈丁立
赵敦华　　俞吾金　　韩　震　　童世骏

目 录

中文版序 / 1
导言 / 1

论文 / 1
对道德进行科学研究的逻辑条件 / 3
伦理学 / 29
伦理学中的心理学方法 / 43
关于逻辑问题的笔记 / 45
哲学和美国的国家生活 / 53
术语"有意识的"和"意识" / 57
信念和存在(信念和实在) / 60
作为经验的实在 / 74
知识的实验理论 / 79
经验和客观唯心主义 / 95
圣路易斯艺术和科学大会 / 108
对明斯特贝格的反驳 / 112
实用主义的实在论 / 114
直接经验主义的预设 / 118
直接经验主义 / 126

知识经验及其联系 / 129

再论知识经验 / 134

爱默生——民主的哲学家 / 138

赫伯特·斯宾塞的哲学工作 / 145

以现代心理学和教育学为条件的宗教教育 / 158

几何学教育中的心理学和逻辑学 / 163

教育中的民主 / 172

教育:直接的和间接的 / 180

教育学中理论与实践的关系 / 187

教育学院的意义 / 203

教育中的文化和工业 / 212

关于弗兰克·路易斯·索尔丹"缩短初等教育之年限"观点的评论 / 219

欧文·W·金所著《儿童发展心理学》之引言 / 223

书评 / 229

工业在初等教育中的地位 / 231

不同的世界观及其伦理含义 / 234

人本主义:哲学论文 / 236

理性的生活,或者人类进步的阶段 / 242

杂记 / 247

对演讲者的介绍 / 249

(芝加哥大学)教育学院的组织和课程 / 251

教育学院 / 267

背诵的方法 / 271

附录 / 273

1. 判断的心理学 / 275

2. 圣路易斯艺术和科学大会 / 276

3. 国际艺术和科学大会 / 291

4. 主观唯心主义对于心理学来说是一种必然观点吗？/ 297

5. 关于直接经验主义致杜威教授的公开信 / 304

6. 认知经验属于什么类型？/ 307

7. 认知经验及其对象 / 311

文本研究资料 / 317

文本说明 / 319

符号表 / 330

校勘表 / 331

《对道德进行科学研究的逻辑条件》1946 年校勘表 / 356

《伦理学》1940 年的修订列表 / 358

行末连字符列表 / 359

引文勘误 / 361

杜威的参考书目 / 365

索引 / 371

译后记 / 380

中文版序

《杜威全集》中文版终于由华东师范大学出版社出版了。作为这一项目的发起人,我当然为此高兴,但更关心它能否得到我国学界和广大读者的认可,并在相关的学术研究中起到预期作用。后者直接关涉到对杜威思想及其重要性的合理认识,这有赖专家们的研究。我愿借此机会对杜威其人、其思想的基本倾向和影响以及研究杜威哲学的意义等问题谈些看法,以期抛砖引玉。考虑到中国学界以往对杜威思想的消极方面谈论得很多,在这方面大家已非常熟悉。我在此主要谈其积极方面,但这并非认为可以忽视其消极方面。

一、杜威其人

约翰·杜威(John Dewey,1859—1952)是美国哲学发展中最有代表性的人物。他不仅进一步阐释并发展了由皮尔士创立、由詹姆斯系统化的实用主义哲学的基本理论,而且将其运用于社会、政治、文化、教育、伦理、心理、逻辑、科学技术、艺术、宗教等众多人文和社会科学领域的研究,并在这些领域提出了重要创见。他在这些领域的不少论著,被西方各该领域的专家视为经典之作。它们不仅对促进这些领域的理论研究起过重要的作用,在这些领域的实践中也产生过深刻的影响。杜威由此被认为是美国思想史上最具影响的学者,甚至被认为是美国的精神象征;在整个西方世界,他也被公认是20世纪少数几个最伟大的思想家之一。

杜威出生于佛蒙特州伯灵顿市一个杂货店商人家庭。他于1875年进佛蒙特大学,开始受到进化论的影响。1879年,他毕业后先后在一所中学和一所乡村学校教书。这时他阅读了大量哲学著作,深受当时美国圣路易黑格尔学派刊物《思辨哲学杂志》的影响,1882年在该刊发表了《唯物主义的形而上学假定》和《斯宾诺莎的泛神论》二文,很受鼓舞,从此决定以哲学为业。同年,他成了约翰·霍普金斯大学的哲学研究生,在此听了皮尔士的逻辑讲座,不过当时对他影响最大的是黑格尔派哲学家莫里斯(George Sylvester Morris)和实验心理学家霍尔(G. Stanley Hall)。两年后,他以《康德的心理学》论文取得哲学博士学位。

1884年,杜威到密歇根大学教哲学,在此任职10年(其间1888年在明尼苏达大学)。初期,他的哲学观点大体上接近黑格尔主义。他对心理学研究很感兴趣,并使之融化于其哲学研究中。这种研究,促使他由黑格尔主义转向实用主义。在这方面,当时已出版并享有盛誉的詹姆斯的《心理学原理》对他产生了强烈的影响。杜威对心理学的研究,又促使他进一步去研究教育学。他主张用心理学观点去进行教学,并认为应当把教育实验当作哲学在实际生活中的运用的重要内容。

1894年,杜威应聘到芝加哥大学,后曾任该校哲学系主任。他在此任教也是10年。1896年,他在此创办了有名的实验学校。这个学校抛弃传统的教学法,不片面注重书本,而更为强调接触实际生活;不片面注重理论知识的传授,而更为强调实际技能的训练。杜威后来所一再倡导的"教育就是生活,而不是生活的准备"、"从做中学"等口号,就是对这种教学法的概括。杜威在芝加哥时期,已是美国思想界一位引人注目的人物。他团聚了一批志同道合者(包括在密歇根大学就与他共事的塔夫茨、米德),形成了美国实用主义运动中著名的芝加哥学派。杜威称他们共同撰写的《逻辑理论研究》(1903年)一书是工具主义学派的"第一个宣言",它标志着杜威已从整体上由黑格尔主义转向了实用主义。

从1905年起,杜威转到纽约哥伦比亚大学任教,直到1930年以荣誉教授退休。他以后的活动也仍以此为中心。这一时期不仅是他的学术活动的鼎盛期(他的大部分有代表性的论著都是在这一时期问世的),也是他参与各种社会和政治活动最频繁且声望最卓著的时期。他把两者有机地结合在一起。他对各种社会现实问题的评论和讲演,往往成为他的学术活动的重要组成部分。从1919年起,杜威开始了一系列国外讲学旅行,到过日本、墨西哥、俄罗斯、土耳其等国。"五四"前夕,他到了中国,在北京、南京、上海、广州等十多个城市作过系列讲演,1921年7月返美。

杜威一生出版了40种著作，发表了700多篇论文，内容涉及哲学、社会、政治、教育、伦理、心理、逻辑、文化、艺术、宗教等各个方面。其主要论著有：《学校与社会》(1899年)、《伦理学》(1908年与塔夫茨合著，1932年修订)、《达尔文主义对哲学的影响》(1910年)、《我们如何思维》(1910年)、《实验逻辑论文集》(1910年)、《哲学的改造》(1920年)、《人性与行为》(1922年)、《经验与自然》(1925年)、《公众及其问题》(1927年)、《确定性的寻求》(1929年)、《新旧个人主义》(1930年)、《作为经验的艺术》(1934年)、《共同的信仰》(1934年)、《逻辑：探究的理论》(1938年)、《经验与教育》(1938年)、《自由与文化》(1939年)、《评价理论》(1939年)、《人的问题》(1946年)、《认知与所知》(1949年与本特雷合著)等等。

二、杜威哲学的基本倾向

杜威在各个领域的思想都与他的哲学密切相关。它们不只是他的哲学的具体运用，有时甚至就是他的哲学的直接体现。我们在此不拟具体介绍他的思想的各个方面和他的哲学的各个部分，仅概略地揭示他的哲学的基本倾向。杜威哲学的各个部分，以及他的思想的各个方面，大体上都可从他的哲学的基本倾向中得到解释。这种基本倾向从其积极意义上说，主要表现为如下三点：

第一，杜威把对现实生活和实践的关注当作哲学的根本意义所在。

在现代西方各派哲学中，杜威哲学最为反对以抽象、独断、脱离实际等为特征的传统形而上学，最为肯定哲学应当面向人的现实生活和实践。如何通过人本身的行为、行动、实践(即他所谓以生活和历史为双重内容的经验)来妥善处理人与其所面对的现实世界(自然和社会环境)，以及人与人之间的关系，是杜威哲学最为关注的根本问题。杜威哲学从不同的角度说有不同的名称，例如，当他强调实验和探究的方法在其哲学中的重要意义时，称其哲学为实验主义(Experimentalism)；当他谈到思想、观念的真理性在于它们能充当引起人们的行动的工具时，称其哲学为工具主义(Instrumentalism)；当他谈到经验的存在论意义，而经验就是作为有机体的人与其自然环境的相互作用时，称其哲学为经验自然主义(Empirical Naturalism)。贯彻于所有这些称呼的概念是行动、行为、实践。杜威哲学的各个方面，都在于从实践出发并引向实践。这并不意味着实践就是一切。实践的目的是改善经验，即改善人与其自然和社会环境的关系，一句话，改善人的生活和生存条件。

杜威对实践的解释当然有片面性。例如，他没有看到人类的物质生产活动在人的实践中的基础作用，更没有科学地说明实践的社会性；但他把实践看作是全部哲学研究的核心，认为存在论、认识论、方法论等问题的研究都不能脱离实践，都具有实践的意义，则在一定意义上是合理的。

值得一提的是：与胡塞尔、海德格尔等人通过曲折的道路返回生活世界不同，与只关注逻辑和语言的意义分析的分析哲学家也不同，杜威的哲学直接面向现实生活和实践。杜威一生在哲学上所关注的，不是去建构庞大的体系，而是满腔热情地从哲学上去探究人在现实生活和实践的各个领域所面临的各种问题及其解决办法。在杜威的全部论著中，关于政治、社会、文化、教育、心理、道德、价值、科学技术、审美和宗教等各个领域的具体问题的论述占了绝大部分。他的哲学的精粹和生命力，大多是在这些论述中表现出来的。

第二，杜威的哲学改造适应和引领了西方哲学由近代到现代转向的潮流。

19世纪中期以来，西方哲学发展出现了根本性的变更，以建构无所不包的体系为特征的近代哲学受到了广泛的批判，以超越传统的实体性形而上学和二元论为特征的现代哲学开始出现，并越来越占主导地位。多数哲学流派各以特有的方式，力图使哲学研究在不同程度上从抽象化的自在的自然界或绝对化的观念世界返回到人的现实生活世界，企图以此摆脱近代哲学所陷入的种种困境，为哲学的发展开辟新道路。西方哲学由近代到现代的这种转折，不能简单归结为由唯物主义转向唯心主义、由进步转向反动，而包含了哲学思维方式上一次具有划时代意义的转型。它标志着西方哲学发展到了一个新的、更高的阶段。杜威在哲学上的改造，不仅适应了而且在一定意义上引领了这一转型的潮流。

杜威曾像康德那样，把他在哲学上的改造称为"哥白尼革命"（Copernican revolution）。但他认为康德对人的理智的能动性过分强调，以致使它脱离了作为其存在背景的自然。而在他看来，人只有在其与自然的相互作用中才有能动作用，甚至才能存在。哲学上的真正的哥白尼革命，正在于肯定这种交互作用。如果说康德的中心是心灵，那么杜威的新的中心是自然进程中所发生的人与自然的交互作用。正如地球或太阳并不是绝对的中心一样，自我或世界、心灵或自然都不是这样的中心。一切中心都存在于交互作用之中，都只具有相对的意义。可见，杜威所谓哲学中的哥白尼革命，就是以他所主张的心物、主客、经验自然等的交互作用、或者说人的现实生活和实践来既取代客体中心论，也取代主体中心论。他也是在这种意义上,既反对忽视主体的能动性的旧的唯物主义,也反对忽视自然作为存在的根据和作用的旧的唯心主义。

不是把先验的主体或自在的客体、而是把主客的相互作用当作哲学的出发点;不是局限于建构实体性的、无所不包的体系,而是通过行动、实践来超越这样的体系;不是转向纯粹的意识世界或脱离了人的纯粹的自然界,而是转向与人和自然界、精神和物质、理性和非理性等等都有着无限牵涉的生活世界,这大体上就是杜威哲学改造的主要意义;而这在一定程度上,也正是多数西方哲学由近代到现代转向的主要意义。杜威由此体现和引领了这种转向。

第三,杜威的哲学改造与马克思在哲学上的革命变更存在某些相通之处。

西方哲学从近代到现代的转向与马克思在哲学上的革命变更的政治背景大不相同,二者必然存在原则性区别;但二者发生于大致相同的历史时代,具有共同的历史和文化背景,因而又必然存在相通之处。如果我们能够肯定杜威的哲学改造适应并引领了西方哲学从近代到现代转向的潮流,那就必须肯定杜威的哲学改造与马克思在哲学上的革命变更必然同样既有原则区别,又有相通之处。后者突出地表现在,二者都把实践当作哲学的根本意义而加以强调。马克思正是通过这种强调而得以超越旧唯物主义和唯心主义辩证法的界限,把唯物主义和辩证法有机地统一起来,建立了唯物辩证法。杜威在这些方面与马克思相距甚远。但是,他毕竟用实践来解释经验而使他的经验自然主义超越了纯粹自然主义和思辨唯心主义的界限,并由此提出了一系列超越近代哲学范围的思想。

杜威的经验自然主义并不否定自然界在人类经验以外自在地存在,不否定在人类出现以前地球和宇宙早已存在,而只是认为人的对象世界只能是人所遭遇到(经验到)的世界,这在一定程度上类似于马克思所指的与纯粹自然主义的自在世界不同的人化世界,即现实生活世界。杜威否定唯物主义,但他只是在把唯物主义归结为纯粹自然主义的唯物主义的意义上去否定唯物主义。杜威强调经验的能动性,但他不把经验看作可以离开自然(环境)而独立存在的精神实体或精神力量,而强调经验总是处于与自然、环境的统一之中,并与自然、环境发生相互作用。这与传统的唯心主义经验论也是不同的,倒是与马克思关于主客观的统一和相互作用的观点虽有原则区别,却又有相通之处。

杜威是在黑格尔影响下开始哲学活动的。他在转向实用主义以后,虽然抛弃了黑格尔的绝对唯心主义,甚至也拒绝了黑格尔的辩证法,但是在他的理论中又保留着某些辩证法的要素。例如,他把经验、自然和社会等都看作是统一整体,其间都存在着多种多样的联系;他在达尔文进化论的影响下,明确肯定世界(人类社会和自然界)处于不断进化和发展的过程之中。他所强调的连续性(如经验与自然的连续、人与世界的连续、身心的连续、个人与社会的连续等等)概念,在一定程度上就是统一整体的概念、进化和发展的概念。这种概念虽与马克思的辩证法不能相提并论,但毕竟也有相通之处。

三、杜威哲学的积极影响

杜威实用主义哲学对现实生活和实践的强调,对西方哲学从近代到现代转向的潮流的适应和引领,特别是它在一些重要方面与马克思哲学的相通,说明它在一定程度上体现了时代精神发展的要求。正因为如此,它必然是一种在一定范围内能发生积极影响的哲学。

实用主义在美国的积极影响,可以用美国人民在不长的历史时期里几乎从空地上把美国建设成为世界的超级大国来说明。实用主义当然不是美国唯一的哲学,但它却是美国最有代表性的哲学。实用主义产生以前的许多美国思想家(特别是富兰克林、杰斐逊等启蒙思想家),大多已具有实用主义的某些特征,在一定意义上为实用主义的正式形成作了思想准备。实用主义产生以后,传入美国的欧洲各国哲学虽然能在美国哲学中占有一席之地,其中分析哲学在较长时期甚至能在哲学讲坛上占有支配地位;但是,它们几乎都毫无例外地迟早被实用主义同化,成为整个实用主义运动的组成部分。当代美国实用主义者莫利斯说:逻辑经验主义、英国语言分析哲学、现象学、存在主义同实用主义"在性质上是协同一致的",它们"每一种所强调的,实际上是实用主义运动作为一个整体范围之内的中心问题之一"[①]。就实际影响来说,实用主义在美国哲学中始终占有优势地位。桑塔亚那等一些美国思想家也承认,美国人不管其口头上拥护的是什么样的哲学,但是从他们的内心和生活来说都是实用主义者。只有实用主义,才是美国建国以来长期形成的一种民族精神的象征。而实用主义的最大特色,就是把哲学从玄虚的抽象王国转向人所面对的现实生活世界。实用主义的主旨就在

[①] Morris, Charles W. *The Pragmatic Movement in American Philosophy*. New York: George Braziller, 1970, p. 148.

指引人们如何去面对现实生活世界,解决他们所面临的各种疑虑和困扰。实用主义当然具有各种局限性,人们也可以而且应当从各种角度去批判它,马克思主义者更应当划清与实用主义的界限;但从思想理论根源上说,正是实用主义促使美国能够在许多方面取得成功,这大概是一个不争的事实。

在美国以外,实用主义同样能发生重要的影响。与杜威等人的哲学同时代的欧洲哲学尽管不称为实用主义,但正如莫利斯说的那样,它们同实用主义"在性质上是协同一致的"。如果说它们各自在某些特定方面、在一定程度上体现了现代西方社会的时代特征,实用主义则较为综合地体现了这些特征。换言之,就体现时代特征来说,被欧洲各个哲学流派特殊地体现的,为实用主义所一般地体现了。正因为如此,实用主义能较其他现代西方哲学流派发生更为广泛的影响。

杜威的实用主义在中国也发生过重要的影响。早在"五四"时期,杜威就成了在中国最具影响的西方思想家。从外在原因上说,这是由于胡适、蒋梦麟、陶行知等他在中国的著名弟子对他作了广泛的宣扬;杜威本人在"五四"时期也来华讲学,遍访了中国东西南北十多个城市。这使他的思想为中国广大知识界所熟知。然而,更重要的原因是:他在理论中所包含的科学和民主精神,正好与"五四"时期中国先进知识分子倡导科学和民主的潮流相一致。另外,他的讲演不局限于纯哲学的思辨而尤其关注现实问题,这也与中国先进分子的社会改革的现实要求相一致。正是这种一致,使杜威的理论受到了投入"五四"新文化运动和社会改革的各阶层人士的普遍欢迎,从而使他在中国各地的讲演往往引起某种程度的轰动效应。杜威本人也由此受到很大鼓舞,原本只是一次短期的顺道访华也因此被延长到两年多。胡适在杜威起程回国时写的《杜威先生与中国》一文中曾谈到:"我们可以说,自从中国与西方文化接触以来,没有一个外国学者在中国思想界的影响有杜威先生这样大的。我们还可以说,在最近的将来几十年中,也未必有别个西洋学者在中国的影响可以比杜威先生还大的。"[①]作为杜威的信徒,胡适所作的评价可能偏高。但就其对中国社会的现实层面的影响来说,除了马克思主义者以外,也许的确没有其他现代西方思想家可以与杜威相比。

尽管杜威的实用主义与马克思主义有原则区别,但"五四"时期中国马克思主义者对杜威及其实用主义并未简单否定。陈独秀那时就肯定了实用主义的某

---

① 引自《胡适哲学思想资料选》(上),华东师范大学出版社1981年版,第181页。

些观点,甚至还成为杜威在广州讲学活动的主持人。1919年,李大钊和胡适关于"问题与主义"的著名论战,固然表现了马克思主义与实用主义的原则分歧,但李大钊既批评了胡适的片面性,又指出自己的观点有的和胡适"完全相同",有的"稍有差异"。他们当时的争论并未越出新文化运动统一战线这个总的范围,在倡导科学和民主精神上毋宁说大体一致。毛泽东在其青年时代也推崇胡适和杜威。

"五四"以后,随着国内形势的重大变化,上述统一战线趋向分裂。20世纪30年代后期,由于受到苏联对杜威态度骤变的影响,中国马克思主义者对杜威也近乎于全盘否定了。20世纪50年代中期,为了确立马克思主义在思想文化领域的主导地位,从上而下发动了一场对实用主义全盘否定的大规模批判运动。它在一定程度上达到了预期的政治目的,但在理论上却存在着很大的片面性。当时多数批判论著脱离了杜威等人的理论实际,形成了一种对西方思潮"左"的批判模式,并在中国学术界起着支配作用。从此以后,人们在对杜威等现代西方思想家、对实用主义等现代西方思潮的评判中,往往是政治标准取代了学术标准,简单否定取代了具体分析。杜威等西方学者及其理论的真实面貌就因此而被扭曲了。

对杜威等西方思想家及其理论的简单否定,势必造成多方面的消极后果。其中最突出的有两点:一是使马克思主义及其指导下的思想理论领域在一定程度上与当代世界及其思想文化的发展脱节,使前者处于封闭状态,从而妨碍其得到更大的丰富和发展;二是由于扭曲了马克思主义哲学和现代西方哲学的关系,忽视了二者在某些方面存在的共通之处,在批判杜威哲学等现代西方哲学的名义下扭曲了马克思主义哲学一些最重要的学说,例如关于真理的实践检验、关于主客观统一、关于个人与社会的关系等学说都存在这种情况。这种理论上的混乱导致实践方向上的混乱,甚至在一定程度上导致实践上的挫折。

需要说明的是:肯定杜威实用主义的积极作用并不意味着否定其消极作用,也不意味着简单否定中国学界以往对实用主义的批判。以往被作为市侩哲学、庸人哲学、极端个人主义哲学的实用主义不仅是存在的,而且在一些人群中一直发生着重要的影响。资产阶级庸人、投机商、政客以及各种形式的机会主义者所奉行的哲学,正是这样的实用主义。对这样的实用主义进行坚定的批判,是完全正当的。但是,如果对杜威的哲学作具体研究,就会发觉他的理论与这样的实用主义毕竟有着重大的区别。杜威自己就一再批判了这类庸俗习气和极端个人主义。如果简单地把杜威哲学归结为这样的实用主义,那在很大程度上就是把杜威所批判的哲学当作是他自己的哲学。

四、杜威哲学研究在当代中国的积极意义

改革开放以来,中国政治和思想文化上的"左"的路线得到纠正,哲学研究出现了求真务实的新气象,包括杜威实用主义在内的现代西方哲学研究得到了恢复和发展。以1988年全国实用主义学术讨论会为转折点,对杜威等人的实用主义的全盘否定倾向得到了克服,如何重新评价其在中国思想文化建设中的作用的问题也越来越受到学界的关注,对杜威等人的实用主义的研究由此进入了一个新阶段。"五四"时期,由于杜威的学说正好与当时中国的新文化运动相契合,起过重要的积极作用;今天的中国学界,由于对马克思主义哲学和现代西方哲学都已有了更为全面和深刻的理解,对杜威的思想的研究也会更加深入和具体,更能区别其中的精华和糟粕,这对促进中国的思想文化建设会产生更为积极的作用。

对杜威哲学的重新研究在当代中国的积极意义,至少包括如下三个方面:

第一,有利于对马克思主义哲学有更为全面和深刻的理解。

这是因为,杜威哲学和马克思的哲学虽有原则性区别,但二者在一些重要方面有相通之处。这主要表现在二者都批判和超越了以抽象、思辨、脱离实际等为特征的传统形而上学;都强调对现实生活和实践的关注在哲学中的决定性作用;都肯定任何观念和理论的真理性的标准是它们是否经得起实践的检验;都认为科学真理的获得是一个不断提出假设、又不断进行实验的发展过程;都认为社会历史同样是一个不断发展的过程,社会应当不断地进行改造,使之越来越能符合满足人的需要和人的全面发展的目标;都认为每一个人的自由是一切人取得自由的条件,同时个人又应当对社会负责,私利应当服从公益;都提出了使所有人共同幸福的社会理想,等等。在这些方面将马克思主义与杜威的实用主义作比较研究,既能更好地揭示它们作为不同阶级的哲学的差异,又能更好地发现二者作为同时代的哲学的共性,从而使人们既能更好地划清马克思主义和实用主义的界限,又能通过批判地借鉴后者可能包含的积极成果来丰富和发展马克思主义。

第二，有利于对中国传统文化的批判继承。

杜威哲学和中国传统文化有着两种不同的联系。以儒家为代表的中国传统文化是一种前资本主义文化，没有西方资本主义文化的理性主义特质，不会具有因把理性绝对化而导致的绝对理性主义和思辨形而上学等弊端；但未充分经理性思维的熏陶又是中国传统文化的缺陷，不利于自然科学的发展，更不利于人的个性的发展和自由民主等意识的形成。正因为如此，以儒家为代表的中国传统文化往往被历代封建统治阶级神圣化和神秘化，成为他们的意识形态，后者阻碍了中国科学技术的发展、人民的觉醒和社会历史的进步。"五四"新文化运动的主要矛头就是针对儒家文化作为封建意识形态的方面，以此来为以民主和科学精神为特征的新文化开辟道路。杜威哲学正是以倡导民主和科学为重要特征的。杜威来到中国时，正好碰上"五四"新文化运动，他成了这一运动的支持者。他的学说对于批判作为封建意识形态的儒学，自然也起了促进作用。

但是，儒家文化并不等于封建文化；孔子提出的以"仁"为核心的儒学本身并不是统治阶级的意识形态。直到汉武帝实行"罢黜百家，独尊儒术"的政策以后，儒学才取得了独特的官方地位，由此被历代封建帝王当作维护其统治的精神工具。即使如此，也不能否定儒学在学理上的意义。它既可以被封建统治阶级所利用，又能为广大民众所接受，成为他们的生活信念和道德准则。历代学者对儒学的发挥，也都具有这种二重性。正因为如此，儒学除了被封建统治阶级利用外，还能不断发扬光大，成为中华民族宝贵的思想文化遗产。儒学所强调的"以人为本"、"经世致用"、"公而忘私"、"以和为贵"、"己所不欲，勿施于人"等观念，具有超越时代和阶级的普世意义。新文化运动的代表人物并不反对这些观念，而这些观念与杜威哲学的某些观念在一定程度上是相通的。杜威哲学在"五四"时期之所以能为中国广大知识分子接受，在一定程度上正是因为中国文化传统中已有与杜威哲学相通的成分。正因为如此，研究杜威的实用主义思想，对于更清晰地理解儒家思想，特别是分清其中具有普世价值的成分与被神圣化和神秘化的成分，发扬前者，拒斥后者，能起到促进作用。

第三，有利于促进对各门社会人文学科的研究。

杜威的哲学活动的一个突出特点，是他非常自觉地超越纯粹哲学思辨的范围而扩及各门社会人文学科。我们上面曾谈到，在杜威的全部论著中，关于政治、社会、文化、教育、道德、心理、逻辑、科学技术、审美和宗教等各个领域的具体问题的论述占了绝大部分。他不只是把他的哲学观点运用于这些学科的研究,而且是通过对这些学科的研究更明确和更透彻地把他的哲学观点阐释出来。反过来说,他对这些学科的研究都不是孤立地进行的,而是通过其基本哲学观点的具体运用而与其他相关学科联系起来,从而把对这些学科的研究形成为一个有机整体,并由此使他对这些学科的研究可能具有某些独创意义。

例如,杜威极其关注教育问题并在这方面作了大量论述,除了贯彻他对现实生活和实践的重视这个基本哲学倾向、由此强调在实践中学习在整个教学过程中的决定作用以外,他还把教育与心理、道德、社会、政治等因素紧密地结合在一起,从而使教育的内容更加丰富、全面。他的教育思想也由此得到了更为广泛的认同,被公认为是当代西方最具影响的教育学家。值得一提的是:无论在中国还是在苏联,杜威在教育上的影响几乎经久不衰。即使是在政治和意识形态影响极为深刻的年代,杜威提出的许多教育思想依然能不同程度地被人肯定。陶行知的教育思想在中国就一直得到肯定,而陶行知的教育思想被公认为主要来源于杜威。

我们这样说,并不是全盘肯定杜威。无论是在哲学和教育或其他方面,杜威都有很大的局限性,需要我们通过具体研究加以识别。但与其他现代西方哲学家相比,杜威是最善于把哲学的一般理论与其他人文社会学科密切结合起来、使之相互渗透和相互促进的哲学家,这大概是不可否认的事实。在这方面,很是值得我们借鉴。

五、关于《杜威全集》中文版的翻译和出版

要在中国开展对杜威思想的研究,一个重要的条件是有完备的和翻译准确的杜威论著。中国学者早在"五四"时期就开始从事这方面的工作。当时杜威在华的讲演,为许多报刊广泛译载并汇集成册出版。"五四"以后,杜威的新著的翻译出版仍在继续。即使是杜威在中国受到严厉批判的年代,他的一些主要论著也作为供批判的材料公开或内部出版。杜威部分重要著作的英文原版,在中国一些大的图书馆里也可以找到。从对杜威哲学的一般性研究来说,材料问题不是主要障碍。但是,如果想要对杜威作全面研究或某些专题研究,特别是对他所涉及的人文和社会广泛领域的研究,这些材料就显得不足了。加上杜威论著的原有中译本出现于不同的历史年代,标准不一,有的译本存在不准确或疏漏之

处，难以为据。更为重要的是，在杜威的论著中，论文（包括书评、杂录、教学大纲等）占大部分，它们极少译成中文，原文也很难找到。为了进一步开展对杜威的研究，就需要进一步解决材料问题。

2003年，在复旦大学举行的一次大型实用主义国际学术讨论会上，我建议在复旦大学建立杜威研究中心并由该中心来主持翻译《杜威全集》，得到与会专家的赞许，复旦大学的有关领导也明确表示支持。2004年初，复旦大学正式批准以哲学学院外国哲学学科为基础，建立杜威与美国哲学研究中心，挂靠哲学学院。研究中心立即策划《杜威全集》的翻译。华东师范大学出版社朱杰人社长对出版《杜威全集》中文版表示了极大的兴趣，希望由该社出版。经过多次协商，我们与华东师范大学出版社达成了翻译出版协议，由此开始了我们后来的合作。

《杜威全集》（Collected works of John Dewey）由美国杜威研究中心（设在南伊利诺伊大学）组织全美研究杜威最著名的专家，经30年（1961—1991）的努力，集体编辑而成，乔·安·博伊兹顿（Jo Ann Boydston）任主编。全集分早、中、晚三期，共37卷。早期5卷，为1882—1898年的论著；中期15卷，为1899—1924年的论著；晚期17卷，为1925—1953年的论著。各卷前面都有一篇导言，分别由在这方面最有声望的美国学者撰写。另外，还出了一卷索引。这样共为38卷。尽管杜威的思想清晰明确，但文字表达相当晦涩古奥，又涉及人文、社会等众多学科；要将其准确流畅地翻译出来，是一项极其庞大和困难的任务，必须争取国内同行专家来共同完成。我们旋即与中国社会科学院哲学研究所、北京大学、清华大学、中国人民大学、北京师范大学、南京大学、浙江大学、武汉大学、北京外国语大学，以及华东师范大学和上海社会科学院哲学研究所等兄弟单位的专家联系，得到了他们参与翻译的承诺，这给了我们很大的鼓舞。

《杜威全集》英文版分精装和平装两种版本，两者的正文（包括页码）完全相同。平装本略去了精装本中的"文本的校勘原则和程序"等部分编辑技术性内容。为了力求全面，我们按照精装本翻译。由于《杜威全集》篇幅浩繁，有一千多万字，参加翻译的专家有几十人。尽管我们向大家提出在译名等各方面尽可能统一，但各人见解不一，很难做到完全统一。为了便于读者查阅，我们在索引卷中把同一词不同的译名都列出，读者通过查阅边码即原文页码不难找到原词。为了确保译文质量，特别是不出明显的差错，我们一般要求每一卷都由两人以上参与，互校译文。译者译完以后，由复旦大学杜威与美国哲学研究中心初审。如无明显的差错,交由出版社聘请译校人员逐字逐句校对,并请较有经验的专家抽查,提出意见,退回译者复核。经出版社按照编辑流程加工处理后,再由研究中心终审定稿。尽管采取了一系列较为严密的措施,但很难完全避免缺点和错误,我们衷心地希望专家和读者提出意见。

复旦大学杜威与美国哲学研究中心的工作是在哲学学院和国外马克思主义与国外思潮创新基地的支持下进行的,学院和基地的不少成员参与了《杜威全集》的翻译。为了使研究中心更好地开展工作,校领导还确定研究中心与美国研究创新基地挂钩,由该基地给予必要的支持。《杜威全集》中文版编委会由参与翻译的复旦大学和各个兄弟单位的专家共同组成,他们都一直关心着研究中心的工作。俞吾金教授和童世骏教授作为编委会副主编,对《杜威全集》的翻译工作作出了重要的贡献。汪堂家教授作为常务副主编,更是为《杜威全集》的翻译工作尽心尽力,承担了大量具体的组织和审校工作。华东师范大学出版社的编辑人员一直与我们有着良好的合作,她们默默无闻地在组织与审校等方面做了大量的工作,在此一并表示衷心的感谢。

刘放桐

2010 年 6 月 11 日

导　言

达内尔·拉克(Dranell Rucker)

《杜威中期著作》第三卷似乎处于从整体上审视杜威哲学的合适位置。其方法的基本结构、其语言和概念的一般含义及其哲学的视野,在他居于芝加哥的十年里,在他与一些哲学家、心理学家、教育学家以及其他人进行思想合作的特殊条件下得到发展。杜威前往哥伦比亚大学标志着他进入了一个更大范围的团体,虽然这个团体不那么完全赞成他的实用主义观点。不管怎么说,并不是像在芝加哥那样,每个人都持有与杜威一样的观点或者赞成他的目标。然而,具有实用主义倾向的人倒是数量众多,具有才干且受人尊敬,足以避开周边的论战。否则,这些论战可能会使他们偏离哲学的当下发展所遵循的主线。哥伦比亚大学和纽约为杜威提供了一个非常不同于芝加哥大学及城市的环境。

但是,杜威哲学的标志性特征已经十分清楚,并且被很好地确立起来,可以与一个更见多识广的群体交流并获益。探究(inquiry)的方法作为杜威哲学的特征,已经被概述出来且极具成效,尽管他还将在之后的30年里继续改进他的理论。很遗憾,他在20世纪初的那些用语在现在看来已经过时了,特别是那些他从当时的逻辑学和心理学中所借用过来的表述。但是,他的想法和意图在今天仍然是有活力的和重要的。读者只要注意到杜威在一个相当长的时期内对这些著作的表述进行修改,只是为了使一开始就有的那些观念和意图变得更加清楚,就可以明白这一点。杜威对哲学的毕生探究由这种哲学观而获得了全貌,而这种哲学观点在某种程度上渗透于他数量众多的著作的每一本中,并且也引人注意地直接或间接地体现于本卷中。

与这种哲学视野密不可分的是:随着摆脱早期的绝对主义(absolutism),杜威逐渐意识到,关于人类情境(situation)的任何总体观点都强求某种一致性而不是在理解经验呈现为何物时起到引导作用,这是一种危险的做法。但是,通过观察杜威在其哲学生涯的这段关键时期中的著作,我们可以发现,强调目标的整体性是很重要的。这是基本的哲学精神,从而使他的整个著述成为哲学,而不仅仅是通过一个人的传记串连起来的一系列解决问题的尝试。尽管我们这个时代流行的是在自然科学中精确限定范围的研究、在艺术中的极简表现主义(minimal expression)和自我封闭的社会实验,但哲学依然有义务把事物看作一个整体;尽管对世界在任何含义上进行拆分和概念划分是必要的,但如果研究的技术、表达的工具或体系的逻辑建构能够被看作是**哲学的**,那么它们必须在某种程度上有助于理解和实现作为一个连续统一体的世界的实践,尽管我们现在仍持续不断地为自己制造出分裂和界限。显而易见,任何类型的绝对主义和原子主义的爱好者所不能理解杜威的地方是:他力求把事物看作(并且表示为)整体的不懈努力。

杜威在 1930 年对自己的哲学发展进行评价时,回到了赫胥黎的生理学。在他非常年轻的时候,曾对他所谓的"划分和分离……让我认识到是新英格兰文化的遗产所造成的结果,即通过把自我从世界中、把灵魂从身体中、把自然从上帝那里分离出来的划分"①不满意,而赫胥黎的生理学在那个时候给他以些许的安慰。由这些划分所产生的"内在的分裂"赋予杜威越来越巨大的动力想要去了解:哪些偶然性是如此少地产生,以及哪些环境与性格则更少地维持于整个生命之中。正是这个决定性的动机,使这种真正的哲学精神在理智的风潮(intellectual fads)和奇想、学术政治以及个人崇拜中凸现出来。即使在这早期,仍有理由相信杜威是属于少数派,尽管他也许会抗议对他的这种分类。

在本卷中,几乎每一篇论文都表明杜威不辞辛劳地想要在思想上弥合那些在生活中持续不断地困扰着现代人的裂缝。杜威 1904 年在佛蒙特大学所作的演讲《哲学和美国的国家生活》,把我们时代的哲学问题说得再清楚不过了:

---

① "From Absolutism to Experimentalism", in *Contemporary American Philosophy*, ed. George P. Adams and Wm. Pepperell Montague (New York: Macmillan Co., 1930), 2:19.

如果我们的文明要得到指引,那么必须拥有这样一种关于个体的具体和有效的知识。这能让我们在个体自身的基础之上,为那些培养的、限制的和控制的模式提供替代物;在过去,这些模式由被认为是外在于并且高于个体性的权威所提供(第 75 页①)。

这同样是对 20 世纪人类困境的洞见。这个洞见,使克尔恺郭尔、叔本华、尼采以及其他欧陆传统的哲学家本来不受欢迎的观点有了现成的相关性。这个共同的洞见是针对以下两个方面所提出的问题:一是人们在过去视作救赎的那些习俗的崩溃;一是个体急剧增长的自我意识和自我中心论,个体不再有意义地与世界保持联系,而同时个体的存在和价值却仍然依靠这样的世界。也许,在这里更重要的是杜威对这一洞见及其含义的评价和典型欧洲式回应之间的对比。

由于从包围和抑制个体的整体世界中隔离出来,这种孤立个体的出现,使杜威有必要为迷失的但本质上仍然是社会性的人这个问题找到一个社会性的解决办法。因此,对他来说,这也是民主问题的关键。准确地说,是以构成社会等级的个体为中心并受个体支配的社会等级之构想。因此,这是一种教育哲学所具有的首要的哲学意义和实践意义;同样也是一种有足够广泛性和灵活性,以至于能包含这个世界之社会、思想和物理层面的探究理论所具有的哲学意义和实践意义;也还是美学、宗教学、道德和形而上学的理论所具有的哲学意义和实践意义。这些理论用来整合人类经验而不是将经验分割为个人的和各门学科的领域;在这些领域中,人们蜷缩起来不去意识到他们所逃避的真正问题。

即使像萨特(Sartre)这样一个继承了自觉思考社会问题的欧洲传统的人,当他把我们当前明显处于孤立的事实作为主调来阐释时,他也不能找到正当的方式来重新连接人与人之间和人与世界之间的严格意义上的纽带。例如,他在以下段落中写道:

> 我想把握这个存在而我只是发现了我。这是因为认识这个存在和非存在之间的中介,如果我希望它是主观的,它就把我推向绝对存在;而当我自认把握了绝对时,它又把我推回我本身。认识的意义本身在于其所不是和

---

① 这里的页码为本书边码,下同。——译者

不是其所是,因为为了认识原原本本的存在就必须成为这个存在;但是,有"原原本本的存在"只是因为我不是我所认识的那个存在,而且如果我变成了它,"原原本本的存在"就会消失,甚至不再能被思想。①

在心灵和世界之间的巨大鸿沟,是不可连接的和决定性的。但是,杜威不把这样的鸿沟理解为是如此巨大和决定性且毁灭性的;它是在知识**内部**的鸿沟,而不是在人和世界之间的鸿沟。这是对我们没有能力在知识中或者其他任何情况下获得绝对性这个事实的一种不那么令人悲观消极的认识。特别要注意《知识的实验理论》一文中的话:

> 意味着的事物是一回事,被意味的事物是另一回事,并且不是(正如已经指出的)以进行意味着的事物被呈现的那种方式被呈现。它是**将要**被如此给出的某种东西。无论对指示着和意味着的事物进行多么细致和完整的考察,也不能消除或者去除这个鸿沟。能够在不同程度上增加正确意义的**可能性**,这就是我们所说的控制。但是,最终的确定性不能获得,除非通过实验,即进行一些受指导的操作并查明预期的含义能否被**个人亲身**(*in propria persona*)实现(第122—123页注释)。

他提到的确定性,是实践性的和暂时性的。当然,也是对发生在这个世界里的一个间断进程中的连续性进行复原的结果。

本卷的第一篇论文出现在《芝加哥大学十周年专刊》(*Decennial Publications of the University of Chicago*)中,也出现在《逻辑理论研究》一书中。② 但是,即使《对道德进行科学研究的逻辑条件》作为独立的文章曾经发表过,人们在关注《逻辑理论研究》一书时却不怎么关注这篇论文。然而,它仍然是杜威思想中一个重要的(也许是最主要的)里程碑。杜威认为,这篇论文很重要,因此仅作了很

---

① Sartre, Jean Paul. *Being and Nothingness*, tr. Hazel Barnes (New York: Philosophy Library, 1956), p. 218. (本段译文引用陈宣良等译《存在与虚无》,三联书店,1997年,第288页。——译者)
② 约翰·杜威:《逻辑理论研究》(*Studies in Logical Theory*),芝加哥:芝加哥大学出版社,1903年。杜威在该书中的论文出现在《杜威中期著作》第2卷中(乔·安·博伊兹顿,卡本代尔:南伊利诺利大学出版社,1976年)。

小的改动就把它纳入1946年的论文集中,而该论文集的其他文章都是在30年代中期之后才写成的。尽管在修改之后,这篇论文的表述仍然是过时的,并且论证艰涩,也许还过分得精细,但是它在论文集中依然是重要的。因为它展示了杜威所作的最细致的论证,这个论证作为思想基础支撑着杜威以下的主张:如果人们要对他们的世界获得一定程度的控制,足以取代偶然性和盲目的制度体制,例如统治力量,那么伦理学必须科学化。如果科学和价值是没有联系的,如果这个世界的价值脱离于它的存在,那么人类在20世纪的困境就似乎是令人绝望的,因为它超越了理智的界限。绝望或者对某一不可知的神的祈祷,便成为唯一可能的反应。出于这个原因,杜威坚持认为,哲学的问题就是科学和价值的关系问题。

这篇论文中基本的区分,一方面是理智判断和伦理判断的区分,另一方面是一般的(generic)(抽象的、普遍的)判断和个别的(individualized)(具体的、特殊的)判断之间的区分。杜威认为,所有的科学(物理学、心理学或者伦理学)同时需要一般的判断和个别的判断。而我们通常倾向于把物理学看作完全由普遍命题所构成,因为物理学在很大部分上是已经确立的理论之累积。并且我们认为,伦理学是由个别的特殊命题所构成,因为在我们关注的何为善、何为恶的领域中,没有什么是通过已经确立的体系化理论建立起来的。因此,杜威在这里想要表明:物理科学(我们已经拥有它)和伦理科学(如果我们将要拥有它)之间的差别,不是在一般和特殊之间的逻辑差别,而是判断者的动机和性格不直接进入学科主题和必然要进入学科主题之间的实质差别。

他把科学定义为"控制我们与经验物的世界之间的行动联系的一种模式"(第14页注释),因此科学也被定义为在根本上是实践的。科学的普遍命题在具体情境中使用时,是用来进行控制的工具和手段。如同杜威所指出的,抽象性是科学的工具,而在实践中的具体识别是科学的生命,是科学起作用和发展的地方。一个自洽的普遍命题或者理论的价值,可能仅仅具有一种完满意义上的美学价值,而没有任何逻辑上的重要性(第19页)。不管认识的抽象程度或者表述的精确程度如何,认识都植根于人类活动之中。它作为知识的地位,也依赖于与人类活动持续地发生联系。

观察者和判断者的性格、动机和倾向,是影响各种判断的经常性的和根本性的因素。但是,我们已经成功地在理智领域里制定了科学家所必备的特征,因此能够大体上把它们看作是理所当然的。这样规定是可能的,因为探究者的诚实和善意是进行研究的普遍的实践条件,因而不进入研究的内容。物理学家或者其他科学家的动机,不可能与他的科学活动毫不相关。正如杜威所说:

> 如果科学资源、观察和实验的技术、分类体系等在指导判断活动(并因此确定判断的内容)中的作用要依赖于判断者的兴趣和倾向,那么,我们只能使这种依赖性变得明确,并且所谓的科学判断的确显得就像是道德判断。如果医生由于急切想完成工作而变得粗心和武断,或者如果他在金钱方面的需要影响到他的判断方式,那么,我们也许会说,他在逻辑上和道德上都失败了(第19页)。

有些科学家在研究中伪造证据和结论,因而在那个领域减缓了知识的发展,并且破坏了研究本身的诚信。这些事例表明:在科学研究和伦理学之间并不能清晰地划界。我们依靠自然科学研究中制定的程序来揭露这种科学诚信的退步;只要制定的程序没有出现这样的道德缺陷,我们通常就把这种诚信看作是理所当然的。

但是,道德判断并不像理智判断那样,是关于外部对象之间关系的判断;它是对于判断者和被判断对象两者的判断。因此,判断者的性格不再只是一个实践性的条件,而成为一个逻辑要素。事实上,判断者的性格和偏好与被判断的对象结合在一起了。

> 判断者要对自身进行判断;并且,因此为任何种类的一切更多判断设定条件。用更加心理学化的术语来说,我们也许可以说,判断通过有意识的考虑和选择,实现了一个到目前为止或多或少还是模糊和冲动的动机;或者,它以这样一种方式表达了一个习惯,即不仅仅是在实践上加强这个习惯,而且是根据某种后果把这个习惯的情感价值和含义带入意识。但是,从逻辑的立场来看,我们说判断者有意识地参与到构建一个对象的活动中(并因此把客观形式和现实性赋予)任何判断活动的控制条件(第23页)。

我们没有伦理科学(ethical science),但是(正如杜威在他为《美国百科全书》

(*Encyclopedia Americana*)撰写的"伦理学"(Ethics)词条中所指出的那样)为了有这么一门科学,我们必须先有关于倾向或性格与行动之间关系的**理智判断**,还要有类似关于引发伦理判断的社会情境的客观判断。因此,伦理科学依赖于作为成熟科学而存在的心理学和社会学,但是它不同于这两门科学,因为它将由关于充分意义上的行动之条件的一般命题组成,这些条件包括性格、态度、行为和社会情境之间关系的条件;然而,那些科学处理的只是行动的某些局部方面。如果伦理学要对伦理判断进行控制(这是它成为一门科学所必需的),那么心理学和社会学必须就它们各自的主观题材进行有效的、理智的(客观的)分析。同样,生物学和物理学也必须使它们的分析有助于心理学和社会学。分析必须是理智的,因为心理学将把动机、倾向、情感、感觉等等作为相互联系的客体来对待,而不涉及进行分析的心理学家对动机、倾向等等的特殊考虑;对于社会学及其题材来说,也同样如此。相反,伦理科学家将利用这样的理智判断来形成他的伦理判断,即关于价值的判断、关于较好或较坏的判断,因此他的性格和动机变成了他的命题的一部分内容。他的性格在逻辑上是隐含其中的,不只是作为一般的实践条件,而是作为判断的逻辑结构的组成部分。

正如杜威和其他一些人认识到的,聪明的、有能力的个人和有效率的民主制度为20世纪的社会问题仅仅提供了唯一的哲学化的解决办法。很明显,除非理智被有效地应用到道德-政治领域,而不仅仅是物理-生物领域,那么解决办法仍然只是停留在抽象层面。《对道德进行科学研究的逻辑条件》基于习惯的连续统一体的绝对原则,①确立了作为真实可能性的道德科学之基础,并且如同道德科学的公设一样规定了科学判断的连续性。前面提到的《美国百科全书》的"伦理学"词条不仅说明了我们的确没有伦理科学,而且也以历史性的话语说明了我们为什么需要这样一门科学。

本卷的其他论文进一步暗示出科学在原则上可以被应用到所有的人类问题上。例如,在《知识的实验理论》中,杜威表明,对于科学家来说,科学不仅能是而且应该是其目的本身(end-in-itself)。但是,科学只有在与日常经验的必不可少的联系中,才能获得其意义和生命力:

---

① 在他很早期的作品之后,杜威很少以一种肯定的方式来使用"绝对"一词。但值得注意的是,他这篇论文的1946年修订版并没有改变关于原则的这种表述。

我们在对经验的所有意向性建构中(即在所有预期中,不管是艺术的、功利主义的,还是技术的、社会的、道德的)**使用**意义。我们发现,预期的成功依赖于意义的特征,因此强调对这些意义的正确决定。因**为就实现是受控的**而不是偶然的而言,这些意义是实现所依靠的工具,它们自身成为非同寻常的关注对象(第126页)。

人类智力是对环境演变的一个生物学反应;当演化到了自我意识和社会意识的阶段,在人类无法在很大程度上对其进行控制的一个社会环境下,他们再也不能找到满意的生存方式。在这个时候,我们不能接受偶然性以社会形式随便加在我们身上的东西;就像在物质资料的生产领域,我们不能接受偶然随便提供给我们的东西一样。

在本卷中,关于教育的论文很好地展现了杜威将注意力集中在(在芝加哥的那些年里,这是杜威的中心任务)将才智运用于教育。这是我们必须加以控制的最明显的机制,因为正是在教育过程中,个体才发展出或者没能发展出对自我和环境进行理智控制的习惯。就像杜威的其他著述一样,他在关于教育的著述中所说的东西,必须根据这一点(即他是在某个特定时候对特定的听众进行讲演)来被考虑。如果本论文集的论文在它们各自的背景中被阅读,那么就能有效地回应绝大多数已有的批评和误解;这些批评和误解,仍然使得某些教育者不能抓住杜威教育哲学的精神实质。例如,他在《教育中理论与实践的关系》中关于培养教师时要注重学术以及智力的原则与方法之必要性所作的论证,将会使那些依旧谴责杜威不满意于从方法上培养教师的人感到迷惑;特别是当他说,"但是我认为,上面所提到的事实证明了学术知识本身或许是用来培养或者塑造优秀教师的最有效的工具"(第262—263页)。这种说法的一个原因,还可以在《教育:直接的和间接的》中找到。在那篇论文中,杜威认为,真正的兴趣和对成绩的重要评估必须与**教材**(*subject-matter*)相联系,并以此为基础反对人为的或者孤立的学校任务和外在的评分标准。《教育中的民主》强调**智力**解放的重要性,与之形成对比的是:他认为,从传统学校的严格管制中解放儿童的外在行为就是一项充分的改革。实际上,这最后一篇论文引入了大量的论证来反对这种误导性的革新论(*progressivism*),尽管杜威本身也被谴责为革新论。这篇论文根据观察得出结论,教育将人类的三种最强有力的动机整合在一起:同情和对他人的慈爱(在这里是对儿童的感情)、对社会和制度的关注(社会的福利),以及理智和科学的兴趣(为了自身的目的而有价值的真理)。当然,这是理想状态下的教育,但这种状态是从人类生物的、社会的和智力的本性中所产生的。

教育应该与它在其中起作用的自然和社会世界保持连续性,并且教育应该以这种方式来被制定和执行;除此之外,教育仍然是当今困扰个体的孤立无助感的主要来源。在为欧文·W·金(Irving W. King)的著作所作的导言中,杜威所赞同的关于儿童教育的发生学方法,是把儿童看作处于连续统一体之中的,这是一种同时朝向结果和原因的方法。这种方法的重要性在其关于宗教学和几何学教育问题的文章中得到阐明。在这两方面的文章中,杜威指出,如果把超前的概念和方法强加到一个儿童身上,而这些概念和方法又不能进入儿童的经验,那么会导致不良的结果。这些结果对宗教学和几何学来说是不好的,同样对儿童的成长也是不好的。这两篇文章是杜威对道德问题和智力问题的相似处理方式所作的有趣论证,也是杜威在教育领域和其他领域中所倡导的。

在杜威离开芝加哥后所写的一篇关于教育的论文《教育中的文化和工业》中,他深化了关于有必要使教育和社会相互联系的观点。我们从前人那里得来的对工业之态度的历史,关于我们当前处于一个商业主导社会的宣言,以及在我们现在的处境中要扩大教育的意义和可能性,这些都用来使得教师注意到有必要让一个日益冷酷、机械化的经济体制变得具有人情味。而这种改变,需要打破理论和实践、统治者和工人、艺术和工业之间的界限。

这些努力表现了杜威对教育者和家长的哲学探究之洞见,它们并不是"附属于"杜威哲学事业的活动,而是其整个哲学事业的组成部分。正如他在佛蒙特的讲演中所说:

> 即使这么说不正确(但我相信它是正确的):哲学问题归根结底只是对一个民族生活中出现的社会性问题的解释或者客观描述;那么,以下说法仍然是正确的:哲学要成为"对人的理解",要前进,要获得确认甚至被怀疑和讨论所必需的关注程度,那么,哲学必须根据通常在非哲学生活中所运作的条件和因素来加以领会和表述(第73页)。

这些主要是针对其他哲学同行更加技术化的论证,它们为面向那些不是研究哲学的听众所作的讲演提供保证。在这些论证中,随着杜威转到哥伦比亚大学而出现的容易引起争辩的著述有双重目标:一个是使他关于哲学的思想更加尖锐,另一个是改进哲学交流所借助的语言概念。特别是从1905年到1906年的文章中的9篇①,细致地体现了杜威关于知识、实在和理念这些问题的哲学观点之鲜明特征,因为它们存在于当时流行的学术讨论中。他的论文《"观念"一词的意义》和《术语"有意识的"和"意识"》,清楚地体现了他对交流新观念时发现的问题的敏锐性。

这些文章强调了杜威的经验概念的广泛性。实在是被经验到的东西,例如它是被情感性地、审美地、认知地或道德地经验到的东西。知识和真理或者错误是被经验到的实在事物之间的联系,因此也必然是和其他模式相并列的经验模式。我们知道以下事实:只有人类才有经验,因此不能把非人类的自然(或者它存在于人类生命以前,或者它的存在超越于我们的感觉)排除在经验实在之外。任何对象,不管它在时空上多么遥远,除非它与被经验到的当前实在相联系,否则它就是不完全的。经验到一个过去的或者空间上遥远的对象,对于普通人或者科学家来说,都是一个非常普通的现象。同样,只有从有关自然欲望的问题中生发出来的理念,与经验主体的意向性活动相联系的理念,才是有生命力的和起作用的。一般说来,杜威对于针对实用主义的批评所作的答复,依靠于他的"经验"概念的一致性和完整性。

但是,为了看清杜威所理解的哲学,与他关于哲学、心理学和教育学的著作同样重要的是他关于其他哲学家的讨论。同样,出现在本卷中的两篇分别是关于爱默生(Emerson)和斯宾塞(Spencer)的文章非常有启发性。杜威看到了爱默生尽其所能真诚、同情地解读人类情境的智慧。逻辑、方法、系统这些学院派哲学家如此关注的东西,在爱默生的思想中附属于他"对于事件过程和人类权利的自然纪录"(第189页)。对于杜威来说,和对于柏拉图来说一样,智者和哲学家之间的区别不在于逻辑而在于关注点。正如杜威所说,批评者"需要单独提出的方法,但是并没有发现他的习惯性的引导线索已经丢失了"(第184页),这种批评者已经混淆了他的重点。在杜威看来,爱默生不缺乏方法:

---

① 即《信念和存在》、《作为经验的实在》、《知识的实验理论》、《经验和客观唯心主义》、《实用主义的实在论》、《直接经验主义的预设》、《直接经验主义》、《知识经验及其联系》和《再论知识经验》。

> 我看不到任何一位作者的思想发展能够更加紧密和统一,也看不到有谁能够把理智工作更恰当的多样性同形式与作用之集中性相统一,不管我多么确信他在哲学史研究中的地位(第184页)。

对于爱默生来说,同样对于杜威来说,方法和逻辑是工具;杜威在爱默生那里认识到一种真正的哲学关怀,而大多数哲学家却不这么认为。

杜威关于斯宾塞的论文,从反面传达了相同的意思。杜威尖锐地评论了斯宾塞在哲学方面的名声鹊起,同样也尖锐地预言了这种名声的终结。相对于爱默生(他对其他哲学家来说,看起来是一位写作格言集的作家),斯宾塞是一位极度系统化的典型代表。杜威指出,这种典型的哲学错误是:斯宾塞坐下来"得到一个预先形成的观点,而且是一个关于宇宙中万事万物的综合的、演绎的观点"(第194页)。"并且,"他补充道,"越是把这种宣告和它取得的成就进行比较,我们越是会被这种方式所吸引:整个体系和计划保持完整和独立,并且从刚开始就能够保持独立。"这种系统完全不同于其他哲学的统一性,后者是一个单独心灵运用于一系列问题的*产物*,即是由心灵后来集合起来而绝不是事先制造出来的统一性。

斯宾塞的哲学对一个时代来说是有广泛用途的,因为它使在19世纪的社会思想、生物学、天文学、物理学和几何学中发展起来的主要观念成为系统而可以被利用。自由主义、个人主义和进化论被放置到一个单独的系统内,但是正如杜威所指出的,这种综合的理论是僵死的、毫无活力的。根据杜威对探究的分析,这种综合的理论代表了脱离生动的探究过程的演绎阶段。因此,形式系统与世界之充满冒险的、进行着的生活之间的联系,只能是一种偶然性。对于杜威来说,

> 自主的努力与未计划、未期待的努力一直是混合在一起的,从中产生出新的发现;我们大多数人学会了通过这种新发现来形成思想和指导理智活动。我们依赖于不断到来的经验而不只是已经阐述过的经验,进入可以通过"模仿"进入的领域(第196页)。

杜威肯定不完全同意爱默生关于世界的所有观点,但是他知道爱默生的目

标和方法有不可忽视的重要意义。另一方面,杜威无疑同意斯宾塞的一些命题,但是他看到了斯宾塞之目的和方法的基本错误。正如我的一个朋友所说的,斯宾塞在哲学上"已经像过时的人一样死去了"。我们仍然需要知道:是什么使爱默生成为一个哲学家。哲学家们仍然对爱默生保持警惕,因为他不符合英美的学院哲学模式。但是,杜威却发现爱默生知道我们时代的问题之所在:

> 认为爱默生作为新世界中一个可以和柏拉图相提并论的公民的人能够确定地相信:即使爱默生没有体系,他依然是某种体系的提倡者和传达者,这种体系可以建构并且维持民主。这些人还相信:当民主阐明自身的时候,我们可以毫无困难地发现,民主已经被爱默生提出来了(第 191 页)。

如同在圣路易斯大会上与明斯特贝格(Münsterberg)的交换意见一样,杜威的书评进一步证明了他关于哲学目标的观点。他对待其他作者是很宽宏大量的,不管一本书的重要性是多么的微小,也不管一本书在当时的哲学争论中具有多大的份量。他很尊敬本尼迪克特(Benedict)教授的课程提纲,并且他支持桑塔亚那(Santayana)在《理性的生活》(*The Life of Reason*)的前两卷中的风格,这和他支持爱默生的原因是相同的。他强调席勒书中值得肯定的方面,而只愿意指出"几乎是完全反对"其中两篇文章的立场(第 312 页)。① 他对所有这些人进行了赞扬,因为他们对智慧的同样热爱打动了他。

人们仍然认为,心灵是一个东西,世界是给定的,知识是心灵以某种方式对这个世界的复制。尽管由上帝、教堂或我们的父辈所加给我们的道德原则越来越少,但它们仍然大部分是由我们的同辈、工业和商业所加给我们的。美学反应(aesthetic reaction)是神秘的;艺术是我们被告知为艺术的东西(或者恰好放在一个博物馆、剧院或者音乐会中的东西);趣味是一个习惯和环境的偶然产物。但是,如同杜威所知,未经考察的价值是贫困的价值;未经考察的生活通常是不

---

① 考虑到席勒的以下论述,杜威对席勒思想的拒绝似乎是非常温和的:"例如,让我们采取——因为我认为我们在任何情况下都必须这样做——唯心论的经验主义。我用这个笨拙的短语来指这样一种观点,即'世界'主要是'我的经验',加上(次要地)对那经验的增补,这种经验的本性使其必然假定,例如,其他人和一个'真实'的物质世界"[席勒,《人本主义》(*Humanism*),伦敦:麦克米兰出版公司,1903 年,第 281 页]。

值得经历的。在这个意识被加强、社会制度像毒瘤一样生长的阶段,我们也许没有能力去经历它。

我们要试图理解杜威的成就,就有必要追溯他的问题、观念、语言和方法的来源,例如莫里斯(Morris)和黑格尔、霍尔(Hall)和达尔文、詹姆斯(James)和穆勒(Mill)。但是,如果我们接受他本人对于过去之真实作用的评价,那么就有必要考察他的思想之原创性;这种哲学的原创性来自于一种对真理的真诚、彻底和充分的探寻,并且是由一个深深地植根于他的时代和所处位置并且熟悉思想史的人来完成的。一切有条理的思想,必然利用过去的思想积累。杜威谈论并使用的发生学方法(genetic method)要求根据其后果来察看起源和历史,并且要求根据其未来可能性来评估这些后果。对于杜威来说,黑格尔提供了一个极为重要的整体论观点;但是,他没有陷入黑格尔主义的陷阱,因为也许只有黑格尔才能在其思想框架中存活。达尔文和生物学的快速发展,为一个科学性的起点提供了仍然通向整个世界的联系;这和物理学不同,物理学的发展如此巨大,代价却是和日常生活产生了可怕的分离。穆勒则展示了一种经验主义,这种经验主义至少再一次朝向了经验。

美国文化是一种年轻的文化,它的绝大部分从一开始都是通过广泛借取而来的。过去和现在的大多数学者都满足于扩展、修饰、处理、整理,或者重复欧洲思想。杜威和其他一些人就不是这样。他是目前为止最具美国特征的哲学家,因为他如此自觉地成为美国文化的产物。皮尔士(Peirce)也许是一个拥有比杜威更杰出智力的人(纯粹是理智方面的能力)。詹姆斯是一个比杜威更迷人的、在语言修辞上更具说服力的实用主义拥护者。但是,皮尔士太不同于他的那个世界和时代了(在哈佛、剑桥和美国);詹姆斯则是另一个极端,他的兴趣太广泛了,他熟悉每个地方却无处扎根。对于他们两人来说,都很难根据自身的材料来形成一种哲学陈述,并且这种哲学陈述要能够清楚地认识到它现在的趋势和潜力。

但杜威不只是一个美国哲学家,因为他从他所处的时代和位置中得到的东西包含对当时人类处境的深刻理解;它只不过是以美国为代表,而且是长久而复杂的历史之产物。在欧洲,萨特、加缪(Camus)和其他人生动地表达了被抛置在一个充满敌意的世界中的个体之绝望困境,但是他们要求个体保持孤独并且承担起对抗那种远胜于人类能力的敌意之重任。马塞尔(Marcel)看到了人类本质性的社会属性和需求,但是他通过一些概念,例如超越和主体间纽结,使这种属性变得神秘而不真实。海德格尔(Heidegger)的此在(dasein)和雅斯贝尔斯(Jaspers)的包围(encompassing)概念,甚至更加远离他们的德国文化和我们的整体世界的压迫感。实证主义者和分析学者似乎更加远离崩溃着的帝国、萌芽中的社团和被放逐的个体这些现实存在。

出现在杜威关于伦理学的早期著作中的心理学和社会学之间的联系和区别,一直贯穿于他的整个著作,因为他关于我们世界的持续思考证实了人类处境的那些方面的中心地位。杜威思想发展的标志,是他越来越清楚和有效地使用了如此多在其职业生涯的早期就出现的洞见。当然,其他人也有那些洞见,但是很少有人能够如此广泛、如此始终如一、如此精确有效地使用它们。向过去或者现在学习无关智识考古学,而是有关对探究工具的有成效的、有条理的、成功的使用,不管那些工具的起源是什么。具有真正的洞见和想要寻求其后果之动机,就个人而言,起初纯粹是偶然发生的事情。苏格拉底有幸生为一个强壮的、聪明的和丑陋的雅典人;杜威有幸依次遇到托里(Torrey)、哈里斯(Harris)和莫里斯,这些人对他处于萌芽状态中想获得理解的渴望给予了鼓励,而当时的那个社会还没有什么人重视这种渴望。但是,一旦起步之后,只有自觉地、勇敢地、愈加有计划地对知识的追寻,才能够产生如此有力的哲学(和哲学家)。

这个导言旨在展现任意划分出来的一个时间段之标题下收集起来的各种材料,以一种令人信服的方式来展示一个完整的哲学(不是学说或者完成意义上的完整,而是目标、努力和说服力意义上的完整)的多个方面。在杜威所有的作品中,这一相对较小的部分真正地代表了贯穿于杜威长久而多产的生命中的哲学观。我还要指出,在杜威最后写作的几篇作品中,一篇名叫《现代哲学》[①]的论文是在1952年更加有利的情况下,阐述了在1903年到1906年间的论文中就曾明确提出过的相同的基本主题和目标。

[①] In *The Cleavage in our Culture*, ed. Frederick Burkhardt (Boston: Beacon Press, 1952), pp. 15-29.

论　文

对道德进行科学研究的逻辑条件①

I."科学的"一词的用法

科学是系统化的知识体,这个我们所熟知的观点可以用来引入对本文所使用的"科学的"一词的讨论。"系统化的知识体"这个短语,可以有不同的含义。它可以指内在于被安排的事实中的一种属性,既不考虑事实之间被排列而成其为事实的方式,也不考虑这种排列得以确保的方式。或者,它可以指观察、描述、比较、推断、实验、检验的各种理智活动,这些理智活动是获得事实和使事实变得融贯所必须具备的。它应该同时包含这两种意义。但是,既然排列的静止属性依靠于先前的动态过程,就有必要阐明这种依靠性。在使用"科学的"一词时,我们需要首先强调方法,然后通过方法而强调结果。在本文中,"科学的"指控制我们形成关于一些题材之判断的有规则的方法。

从心灵的日常态度到科学态度的转变,与之相对应的是不再把确定的事物看作是理所当然的,而是采取一种批判的或者探究的、试验的态度。这个转变意味着一些信念及其相应的陈述不再被当作是自足的和自全的,而是被当作**结论**。把一个陈述看作结论,意味着(1)它的根据和基础外在于它自身。超越它自身的这种相关性,使我们开始寻找为了作出这个陈述所必需的在先的断言,这种寻找

---

① 首次发表于《代表院系的研究Ⅱ:哲学与教育》(*Investigations Representing the Departments, Part Ⅱ: Philosophy, Education*),芝加哥大学十周年专利第一系列,第 3 卷,第 115—139 页(芝加哥:芝加哥大学出版社,1903 年)。

就是探究。(2)这种在先的陈述基于它们在确定更多一些陈述(即结论)时的关联或者重要性而被讨论。逻辑上,一个特定陈述的含义或者意义在于:我们在作出这个陈述的同时必须承认其他陈述。因此,我们开始进行推理,即一个特定断言或观点使我们承认和获得其他断言之发展。对于每个被通过的判断,当我们同时朝这两个方向察看时,我们的态度就是科学的。首先,通过它作出其他的、更加确定的判断(它是与这些判断连接在一起的)的可能性来核查或者检验它的有效性;其次,通过在作出其他陈述时它的使用来确定它的含义(或者意义)。通过作出其他判断(该陈述所依靠的那些判断)的可能性来确定它的有效性,和通过作出其他判断(该陈述使我们承认的那些判断)的必然性来确定它的含义,这是科学程序的两个标志。

只要我们进入了这个程序,就不会把判断的各种活动看作是独立的和分离的,而是看作一个内在联系的系统。在其中,每一个断言都使我们得到其他断言(因为这些断言构成了其含义,所以我们必须审慎地对其作推论),并且我们只有通过其他断言才能获得这个内在联系的系统(因此,我们必须审慎地寻求这些断言)。因此,在本文中所使用的"科学的"一词意味着确定判断之秩序的可能性,以致每个判断被作出时,也是用来确定其他判断,从而能够控制这些判断的形成。

这种"科学的"概念强调探究的内在逻辑,而不是强调探究的结果所具有的特定形式。上述观点可以用来排除一些反对意见,而当我们提到行为科学时,这些反对意见就会立刻出现。除非我们对这个概念进行了强调,否则"科学的"一词很可能让人想起那些我们在物理方面最为熟悉的知识体系;因此给人一种印象,以为我们所寻求的是把行为还原为相似的物理的或者甚至准数学的形式。但是,我们想要的东西类似于探究的方法而不是最终的结果。虽然这个解释可以排除一些反对意见,但是在目前的讨论阶段,还远远不能排除所有的反对意见并因此确保一个自由开放的领域。这个观点鲜明地否定了任何想要把关于行为的陈述还原为某些形式(类似于物理科学的形式)的努力。但是,它也鲜明地肯定了两种情况下逻辑程序的一致性。这个观点将会遇到尖锐和断然的拒绝。因此,在阐述道德科学的逻辑之前,有必要讨论一些反对意见。这些反对意见断定道德判断和物理判断之间存在内在差异,因此认为不能根据在一个领域中判断活动的控制来推论出另一个领域中有相似控制的可能性。

II. 对道德判断进行逻辑控制的可能性

正如刚才所指出的，在考虑这个可能性时，我们会遇到这样的主张，即认为正是行为的本质使得逻辑方法不能以它们在已经公认的科学探究的领域中被使用的那种方式来得到运用。这种反对意见暗示着道德判断具有这样一种特质，使得我们不能从任何一个判断中系统地析取出什么东西，即使这个判断可以用来促进和保证其他判断的形成。它从逻辑方面否定了道德经验的连续性。如果存在这样的连续性，那么任何一个判断都可以用作形成其他判断的自觉工具。否定道德经验的连续性之根据在于以下信念：伦理判断的基础和担保原则存在于超越的概念，即意见之中，这些超越的概念或意见不是从经验进程中产生的，是依据其自身而被判断，有着独立于这种经验进程的意义。

这种指出逻辑差异的主张采取了各种表现形式，它们都采用了几乎相同的预设。一种说法是伦理判断是直接的和直觉的。如果这是正确的，那么伦理判断不能被看作是结论；因此，不能把它与其他东西（例如判断）在理智上（或者逻辑上）进行有序排列。一个纯粹直接判断依据其本性，是不能用作理智上的校正或者应用的。这个观点的表述可以在一种流行的思想中找到，即认为科学判断依靠于理性，而道德判断来自于一种独立的能力，即良知。道德判断有属于它自身的标准和方法而不服从理性的监督。

断定极端差异的另一种说法是认为科学判断依靠于因果原则。因果原则必然带来一个现象对另一个现象的依赖性，因此也带来了陈述任何事实和陈述其他事实之间具有联系的可能性；而道德判断包含了最终原因、目的和理念的原则。因此，想要通过在先的命题对任何道德判断的内容之形成和断定进行控制，都会破坏它独有的道德特性。或者，用流行的话语来表述，伦理判断之所以是伦理的，正因为它不是科学的；因为它处理的是规范、价值、理念，而不是特定的事实；因为它处理的是"应该是什么"，而不是"是什么"，前者通过纯粹的精神愿望来评估，而后者通过调查研究来决定。

当认为科学判断根据时间的序列性和空间的并存性来陈述事实时，这也表达了几乎相同的观点。无论我们在什么情况下处理这种联系，很显然关于一个项或者一个成员(member)①的知识可以用来引导和检查对其他项或者其他成员的存在和性质之断言。但是,据说道德判断处理的是还有待完成的行动。因此,在这样的情况下,道德特有的意义只能存在于判断之后且依靠判断而存在的特性。因而,道德判断被认为从本质上超越了任何在过去的经验中所发现的东西;并且,要试图通过其他判断的媒介来控制道德判断,这会消除它独特的道德特性。这种观念的表现形式可以在下面的信念中找到,即认为道德判断与涉及自由的现实相联系,从而使得理智控制成为不可能。这样的判断被认为不是依据客观事实,而是依据在某种赞同或者反对中所表达出来的任意选择或者意志。

我并不想充分地讨论这些观点。我将把它们归结为一个单独的逻辑表述,然后在最一般的意义上讨论它。把这个单独的逻辑陈述看作是刚才所提出的那些(和其他类似的)反对意见中的一种并进行辩护,这并不是我试图去做的,因为接下来的讨论并不依靠于那种观点。经过概括,关于道德判断和科学判断之间鸿沟的各种陈述归结为两个二律悖反的断言:其一是在普遍的和个别的之间的分离;其二则是在理智的和实践的之间的分离。这两个二律悖反最后缩减为一个:科学陈述涉及一般的(generic)条件和联系,因此可以成为完全和客观的陈述;伦理判断涉及个别的(individual)活动,并且个别活动依据其本性超越了客观陈述。这种分离的基础是:科学判断是普遍的,因此只能是假设的,并因此不能与行动发生联系;而道德判断是直接的,因此是个别化的,并因此涉及行动。科学判断陈述的是:条件或者条件类别在哪里被发现,那么就能相应地在那里发现特定的其他条件或者其他条件类别。道德判断陈述的是:一个特定的目的具有直接的价值,因此可以被实现而不需要涉及什么在先的条件或事实。科学判断陈述的是条件之间的关联,道德判断陈述的则是无条件地要求实现一个观念。

对目前讨论的这个问题的逻辑表述,使我们把注意力集中到两个还需进一步讨论的关键点上。首先,科学判断是否处理本质上普遍性的内容(它的全部意义都在于展示了特定条件之间的联系)?其次,通过理智的方法来控制道德判断(当然完全是个别化的)是否会破坏或者以任何方式削弱特有的伦理价值?

在讨论刚才提出的两个问题中,我试图指出:首先,科学判断具有伦理判断

---

① 项与成员均是三段论中的术语。——译者

的所有逻辑特性；因为它们涉及(1)个别事例，和(2)行动。我试图表明：科学判断即关于条件之联系的表述，有它产生的根源，并且是为了解放或者加强（应用于独特的和个别的事例的）判断行为这个特殊、唯一的目的而被发展和应用的。换句话说，我试图表明不会存在以下问题：由于把伦理判断放入一种不同的逻辑类型中，而这种逻辑类型又属于所谓的科学判断，这种做法会消除伦理判断的独特性质；因为在科学判断中被发现的逻辑类型，已经考虑到了个别化和活动性。其次，我试图指出：个别化的伦理判断需要借助一般命题来得到控制，这些一般命题以普遍（或者客观）的形式陈述了相关条件之间的联系；而且，通过指导探究而获得这样的一般命题是可能的。最后，如果要对伦理学进行科学化的研究，我将简要提出建构这样的一般科学命题必须遵循的三种典型路线。

III. 科学判断的性质

科学判断是假设的，因为它们是普遍的，这种说法在最近的逻辑理论中几乎是一个常识。的确，这个说法在某种意义上陈述了一个毫无疑问的真理。科学的目标是规律。当规律表现为恒常性、关系或者顺序的形式（如果不是表现为公式的话，至少也是表现为简单表述）时，规律就是恰当的。很显然，任何规律，不管是简述顺序还是作为公式，表达的都不是个别化的现实，而是条件之间的某种联系。到目前为止，还没有出现争论。但是，当认为科学和普遍陈述的这种直接和显明的关联包括了科学方法的所有逻辑含义时，某些基本假设和基本含义被忽视了；我们所争论的逻辑问题被回避了。真正的问题不是科学的目标是以一般概念的形式或者条件联系的公式来进行陈述，而是科学如何做到这点，并且在得到这些普遍陈述之后，如何利用这些普遍陈述。

换句话说，我们首先必须询问一般判断的逻辑意义。因此，本节不是要考察作为科学之客观内容的一般公式之意义，而是试图表明这种意义在于把"科学"或一般公式的体系发展成为控制个别判断的手段和方法。

1. 现代科学引以自豪和骄傲的东西，是它特有的经验的和实验的特征。"经验的"一词，指科学陈述从具体经验中产生和发展出来；"实验的"一词，指通过所谓的规律和一般概念在具体经验中的应用，对规律和一般概念进行检验和检查。如果这样的科学概念是正确的，那么毫无疑问，这表明了一般命题处于一个纯粹中介的位置。它们既不是原初的，也不是最终的。它们是我们借以从一个特定经验通向另外一个经验的中介；是以这种形式出现的个别经验，以便能用来控制其他经验。否则，科学规律只能是理智的抽象物，只能通过它们相互之间的融贯来检验，被认为把科学和中世纪的沉思区分开来的特性也会立即消失。

另外，如果物理和生物科学的命题的一般性是最根本的，那么这样的命题从实践观点来看是完全无用的；它们完全不能运用于实践，因为它们在理智上脱离实践应用所关注的个别事例。如同初始前提一样，对抽象物的纯粹演绎之推理也不能产生贴近具体事实的结论。演绎过程系统地引入一系列的新观念，因此使普遍内容变得更复杂。但是，认为通过普遍内容的复杂化，我们就能接近经验的个别化，这种观念是中世纪实在论的谬误，也是上帝存在的本体论证明的谬误。在化学、物理学和生物学中的普遍命题（如果这样的命题在逻辑上是自足的）的演绎推理，并不能帮助我们修建桥梁或者确定热伤风流行的源头。但是，如果普遍命题及其演绎推理能被阐释为是对理智工具的制造和使用，并以促进我们的个体经验为明确的目标，那么结果会完全不同。

科学陈述的经验起源、实验检验和实践用途本身，足以说明我们不可能固守对判断的任何逻辑区分：普遍判断是科学的，而个别判断是实践的。这意味着我们所说的科学正在形成和准备一些工具，以便我们处理经验的个别事例——这些事例如果是个别的，那么如同道德生活中的事例一样的独特和不可替代。我们甚至可以说，使我们采取一种肤浅的观点并相信一般判断和个别判断之间的逻辑区分，即相信存在一个巨大的、自足的普遍命题的体系的事实本身就证明：对于一些个别经验，我们已经制定出控制我们与它们进行反思交流的方法，而在经验的另一个阶段，这个工作仍有待去完成——这就是当前伦理科学的任务。

用来获得控制所要获得的目标的技术，不是这里要讨论的问题。只要指出假设性的命题是最有效的工具就足够了。如果我们不准说"这个，A，是 B"，能(1)找到根据说"哪里有 mn，哪里就有 B"，能(2)表明哪里有 op，哪里就有 mn，并且(3)有技术来发现在 A 中存在 op，那么即使所有外在的和习惯的特征都是缺乏的，即使"这个，A"表现出确定的特性，这些特性不用借助于一般命题的中介就能让我们必然把它等同于 C，我们也有理由把"这个，A"等同于 B。换句话说，同一性的识别（identification）要成为可靠的，只有当对它的判定是通过(1)把自然判断中未经分析的"这个"拆分为确定的特性，(2)把谓项拆分为相似的元素组合，(3)在主项和谓项两者中的一些元素之间建立统一的联系。日常生活中的所有判断，以及地质学、地理学、历史学、动物学和植物学等科学（所有处理历史叙述或者有关空间并存的描述的科学）中的判断，实际上最终都回到同一性的问题上。甚至物理学和化学中的判断，当它们是最终的和具体的时，也是与个别事例相联系的。在所有这些科学中，只有数学①涉及纯粹的普遍命题——这因而成为数学必不可少的重要性，即为技术的判断和其他科学的判断提供工具。同样，在所有艺术中（不管是商业的、专业的、还是具有美感的），判断都可以归结为正确的同一性识别问题。观察、判断、解释和熟练技能都在处理个别事例的过程中展现出来。

2. 到目前为止，我们已经看到科学中一般陈述的意义并不能为假定在它们的逻辑形式和对行为的科学研究的逻辑形式之间存在差异说明理由。实际上，因为我们已经发现一般命题的产生、发展及对它们的检验都在对个别事例的控制之中，所以只能假定相似性而不是差异性。我们能否进一步扩展这种相似性？它能否同样应用于伦理判断的其他特性，即涉及于行动？

正因为现代科学强调科学陈述的假设性和普遍性的特征，而把它们与个别判断的关联放入了背景（实际上之所以这样放置，只是因为这种关联性总是被看作理所当然的），因此，现代逻辑强调判断的内容方面而牺牲了判断活动。但是，现在我将试图表明：这种强调之所以出现，也是因为与活动的关联完全被当作理所当然的，以至于可能忽视它——就是说，没有清楚地把它表达出来。我将试图指出，任何判断必须被看作是一个活动；实际上，严格意义上的判断的个别特征在最终的分析中，意味着判断是一个不可替代的单独活动。

我们的关键点是对任何特定判断所断言的内容或者意义的控制。这种控制如何能够被获得？我们到目前为止的讲述，就好像一个判断的内容可以简单地通过参照另一个判断的内容来得到阐明；特别是，好像一个个别判断（例如，一个关于同一性识别的判断）的内容，也许可以通过参照一个普遍性命题或者假设性命题的内容来获得。实际上，并不能仅仅通过参照别的内容来控制一个判断的内容。认识到这个不可能性，就是认识到：对判断之构成的控制，总是通过一个

---

① 如果现在的论证需要，我当然还可以指出：所有的数学都涉及个别事例。在数学科学中，符号（图表也是符号）是个别对象，具有像化学中的金属和酸以及地质学中的岩石和化石一样的逻辑性质。

行动的中介,通过行动使得个别判断和普遍命题各自的内容被挑选出来且被放入相互联系之中。从任何一般公式到一个个别判断,并没有道路。这条道路要经过进行判断的个人之习惯和精神态度。普遍命题只有在行动中才能获得逻辑力量和精神实在性。通过行动,普遍命题被当作工具而发明和建造,然后为了它所服务的目标而被使用。

因此,我试图表明,活动性在形成判断的每个关键之处都有表现:(a)它在被使用的一般命题或普遍命题的起源中表现出来;(b)它在对被判断的特定题材之选择中表现出来;(c)它在检验和证实假设之有效性以及确定的特定题材之意义的方式中表现出来。

a) 目前为止,我们已经假定为了方便使用而去制造和选择一般原则的可能性,这些一般原则可以控制个别事例中的同一性。就是说,除非我们有被定义为特殊条件之间的联系的特定的一般概念,除非我们知道何时以及如何从这样的可用概念中选择所需要的那一个,否则我们就不能控制如"这是伤寒症"或者"那是贝拉彗星"这种类型的判断。被认为是彼此联系的公式之体系的整个科学,正是一个可能发生的谓述的体系,就是说,是用来限定一些特殊经验(这些经验的性质和意义,我们还不清楚)的可能观点或方法的体系。它给我们提供了一套用来进行选择的工具。当然,这个选择依赖于特定事实的需要,我们必须在特定事例中区分和确认这些事实,如同木匠根据他想要做的东西来决定从工具箱中是选择锤子、锯子还是刨子。有人也许会认为,一个职位的众多候选者的存在,加上在数学上他们可能的组合和排列,这两者合起来决定了他们中的某一个获得那个职位。这类似于认为,一个特定判断可以根据一个理论上可以穷尽的一般原则之体系来推演得出。作为它本身的一个有机组成部分,这个逻辑进程包括对一般原则的体系中一个特定原则的选择和涉及,而这特定的一般原则是与特定事例相关的。这种个别化的选择和适应,是这个情境之逻辑的组成部分。而且,这种选择和调整很显然就是行动的性质。

我们一定不要忘了说明,我们关注的不是选择或者适应一个现成的普遍命题(universal),而是关注普遍命题的**起源**,目的正是为了这种适应。如果经验中的个别事例不曾给我们的识别活动制造任何困难,如果它们不曾产生任何问题,那么普遍命题简直就不会存在,更别说被使用了。普遍命题正是经验的这种表述,以便能够促进和保证个别化的经验的价值。在这种作用之外,它不会存在，其可靠性也不能得到保证。在科学已经获得长足发展的情况下，我们可以毫无错误地这么说，似乎普遍命题已经是现成的，并且似乎唯一的问题只是它们中的哪一个被挑选出来使用。但是，这种说法不应让我们无视以下事实：正是因为需要更客观地确定特定事例的方法，普遍命题才会产生，并且呈现特定的形式和特征。如果普遍命题不是作为在这种冲突中进行调和的中介，正如它能在这种类似冲突中找到其用途，那么这种使用将会是绝对任意的，并且因而没有逻辑限制。进行选择和使用的活动是逻辑的，而不是在逻辑之外的，因为被选择和使用的工具正是为了进一步的选择和使用而被制造和发展出来的。①

b) 在同一性判断中的个别活动（或者选择），并不仅仅表现于从一些必要的特定谓项的可能性中进行选择，还表现于对"这个"或者主项的确定。逻辑专业的学生都熟悉特性的事实和一个特殊项的限定或者区别特征之间的区分——这种区分又被叫作"那个"(that) 和"什么"(what) 的区分，或者"这个"(this) 和"此性"(thisness) 的区分。② 此性指的是一个性质，不管这种性质是多么感官性的（例如热、红和响），但可能在它本身的含义上，这种性质同样地属于很多特殊项。它是一个表达所具有的东西，而不是它就是的那个东西。这样一些应用在性质的观念中有所涉及。它使得所有的性质能够被看作是程度。它使得性质的名称很容易把自身转变为抽象的语词，蓝色变成蓝性，高声变成高声性，热变成热性，等等。

判断的特性说得更明白点，判断的单一性是由关于"这个"的直接描述来建构的。③ 这种描述特征指的是偏好的选择，它是属于活动的。或者，从心理学的

---

① 当然，在这里所提出的观点无疑是实用主义的。但是，我不是非常确定特定形式的实用主义的含义。它们似乎表示：一个理性的或者逻辑的陈述直到某个阶段都是很好的，但是有确定的外在限制，因此在关键点上，必须求助于显然是非理性或者外在于逻辑的考虑因素，并且这种求助就是选择和"活动性"。实践的和逻辑的因此相互对立。我现在想要维护的就是这种对立，即逻辑是实践的内在或者有机的表达，因此当它在实践中起作用时，就实现了它的逻辑基础和目标。我并不想表明，我们称为"科学"的东西是由外在的伦理因素任意限制的；我也不想表明，科学因此就不能把自身引入伦理的领域；我想表明的恰恰相反，即正因为科学是控制我们与经验物的世界之间的行动联系的一种模式，伦理经验才亟需这种控制。通过"实践的"一词，我仅仅指的是经验性的价值之受控制的变化。

② 最近在逻辑学中的这个区分由布拉德雷(Bradley)提出，并具有很大的说服力和清晰性[《逻辑原理》(Principles of Logic)，伦敦，1883年，第63—67页]。

③ 这里不是很有必要指出，冠词"the"是弱化的描述，代词，包括"它"，都与描述相关。

角度，感觉特性只有在运动反应中才能变成特殊的。作为直接经验的红、蓝、热等等，总是涉及确定它们的运动调节。改变这种运动调节，这种经验的特性也会发生改变；减少运动调节，这种特性也会越来越变得模糊不清。但是，对作为判断之直接主项的任何特殊的"这个"的选择，并不是任意的，而是依赖于所关注的主要目标。理论上说，任何在感知中的对象，或者任何特性，或者任何一个对象的元素，都可以作为"这个"来起作用，或者作为在判断中被确定的主题来起作用。纯粹客观地说，没有理由从无限的可能性中选择一个而不选择另一个。但是，关注的目标（这个目标当然能在判断的谓项中找到表达）为我们决定什么对象或者对象的什么元素在逻辑上是适合的提供了根据。选择活动的含义因此是逻辑操作的有机组成部分，而不是在逻辑活动完成之后的任意的实践附加物。这种导致普遍命题的建构和选择的兴趣关注，也导致了对普遍命题所使用的直接资料或材料的建构性选择。①

c) 所有科学的同一性识别都具有实验性，这是一个常识。它是如此平常，以至于我们很容易忽视它的巨大重要性，即公开的活动对逻辑进程的完整性是绝对必要的。正如我们已经看到的，活动同时被包含于谓项或者解释意义和"这个"或者有待确定的事实中。如果这两种活动不是相互联系于一个更大的经验价值变化的体系之中，那么它们都会是任意的；它们相互之间最终的恰当性或者适应性，就会是完全令人惊奇的事情。如果一个任意的选择活动从可能限定的整个体系中抓住一些谓项，而起源上完全独立的另一个选择活动从感知的整个可能领域抓住一个特定领域，并且如果这样的两个选择能够彼此符合、互相结合，那么这将是完全的偶然性。

但是，如果同一个目标或者关注在对这两个选择的控制中起作用，那么情况会完全不同。在这样的情况下，证实的实验活动是在实现一个目标，而这个目标同时表现在对主项和谓项的选择中。它不是第三个进程，而是一个活动整体，我们已经考虑了这个活动整体的两个部分的而非典型的方面。意义或者谓项的选

---

① 因此，在接受布拉德雷的"这个"和"此性"的区分时，我们并不能接受他给予这个区分的那种解释。按照他的解释，在"这个"和"此性"之间不可能有严格的**逻辑**关联。只有"此性"，才有逻辑意义；"这个"是由完全超越理智控制的考虑来确定的；实际上，它表明了：一个外在于判断活动的实在闯入或者进入一个逻辑观念或者意义之领域，这种独特而强制的侵入是我们经验的极其有限性的必不可少的伴随物。

择,总是与有待解释的个别事例相关;并且特定的客观事例的建构,总是受到与其所服务的目标相关的观点或者观念的影响。这种相互关联是持续被使用的检验或者试验;任何更加明显的有关验证的实验活动仅仅表示:这样的条件使得检验过程表现得很明显。

现在我试图表明,如果我们采用科学判断的唯一最终形式,即用来鉴定或者区分一部分个别化的经验,那么判断显得是一种判断活动;这种活动表现在对主项和谓项的选择和决定中,同时也表现在对它们彼此相关的价值的决定中,因此也表现在对于真理和有效性的决定中。

既然我在讨论中用了一套并非自明的术语,并且引入了很多陈述;在现在的逻辑讨论的状况或条件下,这些陈述对于许多人来说似乎还需要论证而不是已经提供了论证,那么我可以指出:这种论证是完全能够被经验所证实的。所获结论的真实或错误依赖于以下两个观点:

第一,任何判断就其具体现实性而言是一种关注活动,并且就像所有关注活动一样,它也包含兴趣或者目的之作用,以及服务于这种兴趣的习惯和冲动倾向之施展(这最终包含运动调节)。因此,它包含对于关注对象和"理解"或者解释之观点和模式的选择。改变了兴趣或者目的,被选择的材料(判断的题材)也会改变,并且相关的观点(因此还有谓述的种类)也会发生改变。

第二,抽象的、普遍的科学命题是由于这种个别判断或者关注行为的需要而发展起来的;它们采取了它们的存在形式(即发展出它们特有的结构或者内容),并且将其作为使得个别判断能够最有效起作用的工具;也就是说,使得个别判断能够最可靠和最经济地实现它所要完成的目的。因而,这些概念的价值或者有效性总是通过使用来被检验,而这种使用通过其成功和失败来判定普遍原则等等的效力,以便履行其所要完成的控制功能。①

只要科学判断被判定为是一种活动,那么就没有任何先验的理由在公认科学之材料的逻辑和行为的逻辑之间划界。因此,如果能够找到任何确定的基础,

---

① 所有一般的科学命题、所有对规律的陈述、所有的等式和公式都有严格的规范性。这是它们存在的唯一理由,是对其价值唯一的检验,也是它们控制关于个别事例之描述的能力。意识到以上观点,可以检验一种流行的倾向,即在纯粹规范性的哲学和纯粹描述性的科学之间严格划界。认为科学命题等等只是简单记录或者抽象描述,这证实了而不是否定了这种观点。如果简单而抽象的陈述并不是在与实在的直接关涉中起到工具作用,那么为什么还要产生它们呢?

我们就能自由地前进。认识到判断活动并不是普遍存在的，而是在本质上涉及一个最初的起点和一个终极性的完成，这种认识正好提供了确定的基础。判断活动不只是一个自由的活动经验，而需要特定动机的活动经验。必定存在一些刺激因素，以使人们从事这种特定种类的活动而不是别的活动。为什么要参加那个我们称为判断的特定种类的活动？无疑，其他一些活动也许会进行，例如锯木头、绘画、小麦市场的囤积居奇、进行谴责。必定有某些东西存在于最完备和最正确的理智命题的集合之外，这些东西使我们进行判断而不是进行其他活动。如果有人想要判断，那么科学提供了条件，这些条件在最有效地进行判断活动时会被使用。但是，这建立在如果的基础上。没有什么理论体系能够讲清楚个人在特定时候会进行判断而不是做其他事情。只有聚焦于个人兴趣的整个行为系统，才能提供那种起决定作用的刺激因素。

不但为了有组织的科学体系之使用而必须找到一个实践性的动机，而且为了这个科学体系的正确和恰当的使用，也必须找到一个相似的动机。任何理智命题的逻辑价值，它区别于纯粹*理智存在物*（ens rationis）的独特的逻辑意义，依赖于实践的、并且最终是道德的考虑因素。这种兴趣必须能使个人进行判断，还能使他精细地进行判断，把所有必须的预防措施和所有可用的资源（它们能确保结论达到最大可能性的真理）都运用起来。科学体系（使用"科学"一词来指有组织的理智内容）的逻辑价值绝对依赖于道德关注：真诚地想要进行正确的判断。除去这个关注，科学体系就变成了纯粹的美学对象，即借助于它的内在和谐与对称而激发起情感反应，但是没有逻辑含义。如果我们再一次假设一个鉴定热伤风的案例，是职业的、社会的和科学的兴趣使医生历尽千辛万苦去得到所有与形成判断有关的资料，并且使他充分考虑以使其阐释具有工具作用。理智内容只有通过一个特定的动机，才能获得逻辑功能；而这个动机虽然外在于理智内容本身，但是在逻辑功能上又与理智内容绝对联系着。

如果科学资源、观察和实验的技术、分类体系等在指导判断活动（并因此确定判断的内容）中的作用要依赖于判断者的兴趣和倾向，那么，我们只能使这种依赖性变得明确，并且所谓的科学判断的确显得就像是道德判断。如果医生由于急切想要完成工作而变得粗心和武断，或者如果他在金钱方面的需要影响到他的判断方式，那么，我们也许会说，他在逻辑上和道德上都失败了。在科学上，他没有使用已经掌握的方法去指导他的判断活动，以便给予判断以最大的正确性;但是,逻辑上失败的根源在于他自己的动机和倾向。总之,科学的一般命题或者普遍命题只有通过判断者的习惯或者倾向之中介才能起作用。它们自身没有运作方式(modus operandi)。①

附加于理智活动上的独特的道德性质之可能性要归因于以下事实:并不存在一个特定的点,一个习惯由此开始而其他习惯由此停止。如果一个特定的习惯变得完全孤立和分离,那么也许有一个依靠于纯粹理智技术、依靠于使用专门的技术来处理特定材料之习惯(而不考虑任何伦理限制)的判断活动。但是,连续性原则是绝对的。不仅特定的心理态度通过习惯可以扩展为一个单独事例,而且任何习惯在其自身的运作中都可以直接或者间接地召唤出其他任何习惯。"性格"一词,指的是这种影响最终判断的、相互作用的复杂的连续统一体。

IV. 伦理判断的逻辑特征

现在我们又回到一开始的命题:对于任何对象的科学研究都意味着对工具的使用,在所有属于那个对象的材料中,这种工具可以用来控制判断的形成。我们已经消除了*先验的*反对意见,即公认的科学判断所应用的题材是如此不同于道德判断所关涉的题材,因此它们之间没有共通的特征。我们现在可以自由地回到开始的问题:对于行动的科学研究的特有逻辑条件是什么? 每一种判断都有属于它自己的目的;工具(被使用的范畴和方法)必定随着目的之变化而变化。如果我们普遍地认为科学技术、公式和普遍命题等的逻辑本质在于它们能够保证判断活动以便能实现一个目的,那么我们必须同意进一步的命题:所需要的逻辑工具因想要实现的不同目的而变化。因而,如果在伦理判断活动所促成的目的中有什么特别的东西,那么同样地,在对它进行科学研究的逻辑中也必定有独特的性质。

因此,问题同样回到了伦理判断本身特有的区别性特征之上。如果我们回

---

① 就我所知,查尔斯·皮尔士(Charles S. Peirce)先生是第一个让人们去关注这个原则的人,也是第一个强调它的根本逻辑重要性的人[参见《一元论者》(*Monist*),第 2 卷,第 534 – 536、549 – 556 页]。皮尔士先生把它称为连续性原则:一个过去的观念,只有当它与它所要发生作用的对象保持心理上的连续性时才能发生作用。一个普遍的观念只是一个有生命力的、扩展中的感觉,习惯是对于一个特定心理连续体的特殊运作模式的表述。我通过不同的路径得到了以上结论,同时并没有贬低皮尔士先生的陈述的先在价值,或者它的更加普遍化的逻辑特征。我觉得我自己的陈述有着某种独立确证的价值。

到那些科学同一性的事例,在其中伦理因素变得明显,那么这些特征很容易显现出来。我们看到在一些事例之中,同一性的本质及其真假**在意识上**依靠于判断者的态度或者倾向。"在意识上"一词,区分出一个特定种类的判断。在所有个别判断中都有一个活动;并且在所有情况下,活动都是动机、并因此是习惯、而最终是整体习惯或性格的表达。在很多情况下,性格的含义只是一个假设,不必去注意它。它是判断活动的实践条件的组成部分,但不是逻辑条件的组成部分;因此,它没有被吸纳到内容里面,即进入判断中有意识的对象化。把它看作是实践条件而不是逻辑条件,这意味着尽管它对**任何**判断来说都是必需的,可是一个判断活动只是和任何其他判断一样需要它。它相同地影响所有判断;对于特定判断的真实或虚假来说,这种不偏不倚的关涉就和完全没有关涉一样。在这种情况下,判断受其他性质的条件的控制,而不是受性格条件的控制;提供给它的材料按照和材料一样状况或者性质的对象来被判断。不仅被判断的内容没有有意识地包括动机和倾向,而且还明显地存在阻止或者抑制来自判断者的因素。从这种判断的角度来看,这些因素被看作在逻辑上仅仅是主观的,因此是妨碍我们获得真理的因素。我们可以毫无矛盾地说,判断活动中判断者的活动在进行之时,力图防止它的活动对判断的材料有任何影响。因此,通过这些判断,"外在的"对象被确定了,判断者的活动对于它涉及的东西保持绝对的中立和漠不关心。同样的观点也可以由以下的说法来表达:动机和性格在起作用的时候是完全相同的,它们对于**特定**的对象或者被判断的内容来说毫无差别。因此,动机和性格也许是被预设的,从而不予考虑。

但是,无论什么时候,性格的含义、习惯和动机的作用被看作是影响特定的判断对象之性质的因素,我们为了逻辑的目标必须注意到这个事实,并使这种联系成为在判断题材中内容的一个明显因素。当性格不再是一个无关紧要或者中立的因素,当它在性质上影响判断者展现给自身的情境之意义,那么,区别特征就被引入被判断的对象之中;这个特征不仅是一个改进,或者种类上同质于已经给定的事实,还能够改变这些事实的意义,因为这个特征把评价的标准引入了被判断的内容。换句话说,如果性格的影响实际上是在先的时候,即如果性格不是任何判断的相同的、中立的条件,而是单独地(或者隐含地)决定如此这般的这个判断之内容—价值,那么作为实践条件的性格就成为**逻辑**条件。换个角度来看,在"理智的"判断中,性格对于描述什么对象被判断来说是**毫无差别的**,因此任何判断都可以精确地进行;但是,在道德判断中,问题的关键在于决定内容如此那般时所导致的差异,这种差异是判断之为判断的必要条件。

这种在意识上与个人倾向的关联,使得对象成为一个动态的对象,即一个由特定限制来规定的过程,一边是特定的事实,另一边是特定类别的行动所改变的同一些事实。被判断的对象是动态的,而不是"外在的",因为它需要的不仅仅是作为前提的判断活动,而且是作为其自身结构之必要成分的判断活动。在典型的理智判断中,我们的假设是:这种必定会导致某种结合与区分的活动外在于被判断的材料,只要它完成自己的工作,即把属于一个整体的因素放在一起而把其他不相关的因素除去,那么它就要立刻停止工作。但是,在伦理判断中,这个假设有完全相反的含义,即情境正是通过在判断活动中所表现出来的态度而被产生出来的。从严格的逻辑观点来看(就是说,不会明显地涉及道德方面的因素),伦理判断因此具有它自己特有的一个目标:它进入对题材的判断中,并且导致判断活动的态度或者倾向是决定题材的一个确定因素。

随之而来,伦理判断的目标可以这样来陈述:它的目标是把判断活动本身建构为一个复杂的客观内容。如同对于在独特的理智过程中的判断活动一样,它要弄清判断活动,并且使判断活动的性质和本质(区别于它的形式——那是心理学研究的问题)成为考虑的对象。正因为性格或者倾向被卷入评价所通过的材料和判断所组织的材料中,性格才被判断所决定。这是一个有重大伦理含义的事实;但是,在这里,它的意义不是伦理的,而是逻辑的。从严格的逻辑观点来看,它表明我们正处理一个典型的判断种类,在其中,判断活动的条件本身被客观地决定。判断者要对自身进行判断;并且,因此为任何种类的一切更多判断设定条件。用更加心理学化的术语来说,我们也许可以说,判断通过有意识的考虑和选择,实现了一个到目前为止或多或少还是模糊和冲动的动机;或者,它以这样一种方式表现了一个习惯,即不仅仅是在实践上加强这个习惯,而且是根据某种后果把这个习惯的情感价值和含义带入意识。但是,从逻辑的立场来看,我们说判断者有意识地参与到构建一个对象的活动中(并且因此把客观形式和现实性赋予)任何判断活动的控制条件。

V.伦理科学的范畴

伦理判断会导致被判断的情境和在判断活动中表现出来的性格或倾向的完

全的交互决定。**一般说来**，任何单个的道德判断必定会在自身中表现出所有属于道德判断的本质特征。不管任何特定伦理经验的材料是多么的惊奇和独特，它至少还是伦理经验；同样，对它的考虑和解释必须符合判断活动的条件。产生以上这种交互决定的判断，有它自身特有的结构或组织。它所要进行的工作，赋予它限制性或规定性的因素和属性。这些因素和属性构成了所有伦理科学最终的术语或者范畴。并且，因为这些术语在判断过程中的任何道德经验里面都有表现，所以它们不只是形式的或者空洞的，而是在科学考察具体情境时用来分析具体情境的工具。

根据其他相似对象来建构一个对象的特定理智判断，必定有它自己固有的结构，这种结构为所有物理科学提供了最终的范畴。空间、时间、质量、能量等等的单位，规定了这种类型的判断起作用的限制性条件。现在，有一种判断根据性格来决定一个情境，并且构建我们所说的动态情境或者有意识的动态作用，这种判断在逻辑上同样拥有它的观点和方法；它对它的任务来说，是必需的工具。伦理讨论充满了这样的术语，例如自然的和精神的、感觉的和理念的、标准的和正义的、义务和职责、自由和责任。但是，这种讨论和对这些术语的使用会遇到一个根本性的困难。这些术语通常被看作是以某种方式预先给定的，因此是独立和孤立的东西。理论首先讨论这些范畴是否有效，其次讨论它们特有的含义是什么。这些讨论是任意的，因为这些范畴不是被当作限制性的条件；正如在逻辑操作中的构成元素一样，如果它们有其自身的任务要完成，就必定拥有为了成功实现目标所必需的手段和工具。因此，对伦理学进行科学研究的首要条件是：对这些被使用的基本术语、理智观点和工具的讨论，要与它们所应用的处境和它们在一个特定种类的判断中所起的作用联系起来；这种特定种类的判断，指的是那种能产生动态情境和心理倾向在客观上相互决定的判断。

当范畴接受了当前讨论所赋予的那种结论，当它们因为孤立的方式偶然地被提出，那么它们就没有控制判断形成的方法。因此，其他依赖于它们的使用的判断也同样是越来越无法控制的。使更多的特定判断经济地和有效地运作所必需的工具，其自身的结构与运作模式仍然是晦暗不明的。它们在使用时必然一团糟。因为范畴被看作似乎是拥有现成的独立意义，每个范畴有其自身的意义，所以我们无法审查任何一个范畴所具有的意义，也没有公认的标准来判定任何范畴的有效性。只有联系范畴在其中出现和起作用的情境，才能提供评价它们价值和意义的基础。否则,对最终的伦理术语的定义只能留给基于意见的推理。这些意见抓住了情境一些更鲜明的特征(因此可以拥有一定程度的真理性),但是意见不能抓住作为整体的情境,也不能抓住情境的典型术语的确切含义。例如,关于什么是伦理标准(不管是有助于快乐,还是接近于存在的完善)的讨论,相对而言必定是徒劳的;除非通过事例的逻辑必然性,并拥有一些方法来决定什么东西存在并且能够成为一个标准。我们没有根据伦理判断和情境的本质条件来对标准进行定义。这样一个关于标准的定义,实际上不是给予我们一个关于制造道德价值的临时观点,例如可以用来形成道德规则,而是它为我们设定了任何想要成为道德标准的东西必须满足的确定条件;因此,它作为工具来评判各种想要成为标准的东西,不管它们作为普遍理论还是作为具体事务。同样,理论家一直想要说明什么是人的理念、什么是**至善**、什么是人的职责以及什么是他的责任,想要证明他是否拥有自由;但是,理论家同时并不拥有受控制的方式来定义"理念"、"善"、"职责"等术语的内容。如果这些术语拥有任何属于它们自身的可证实的恰当含义,那么,这个含义就是作为某种判断的限制特性;这种判断能产生(institute)判断中的心理态度和被判断的题材之间的相互决定。对这种判断之形成的分析,必定会揭示所有作为基本伦理范畴的区别特征。不管含义的哪种要素作为这种判断的组成部分,它都具有道德经验本身所具备的有效性;一个不在这样的分析中出现的术语,不具备有效性。任何一个术语的不同含义,依靠它在这种判断的形成和终结中所起的特定作用。

VI. 作为控制伦理判断之条件的心理学分析

如果道德判断真的是这样,即在其中最后被确定的内容在每个环节上都受到判断者倾向的影响(因为他根据他自己的态度来解释遭遇到的情境),那么我们可以立刻得出结论:对个别道德判断进行恰当控制所必需的普遍理论将会包括对倾向的客观分析,因为倾向会通过判断的中介而影响活动。作为一个简单事实,我们每个人都知道现在大部分关于道德的研究包括对于性格的合意的和不合意的特征——即美德和罪恶——的讨论,包括作为性格之功能的良知,也包括对于作为性格的表达和形成方式的意向、动机和选择的讨论。另外,关于自由、责任等的具体讨论被看作是性格与行为媒介的关系问题。前面提到的性格和判断内容的交互决定性表明,这种讨论不只是实践上的必需之物,也不仅仅是澄清某些次要的论点,而是任何恰当的伦理理论之重要组成部分。

如果性格或者倾向在判断最后所陈述的内容的每个构成点上都表现出来,那么对于这种判断的控制就显然取决于我们是否能够以普遍化的方式来阐明构成性格这一客观事实的相关因素。① 只有当我们具有关于把任何物理对象判断为物理的——这个过程中能被观察到的特定条件的知识,并且这种知识独立于或者先于经验的任何特殊情况,我们关于物理对象的特定判断才能得到控制。正是通过这样的规律,或者对于联系条件的表述,我们才能得到公正性或客观性,以使得我们能够在危急关头不受当下因素的影响而进行判断。我们摆脱了经验的迫不得已的直接性,而到达了能够清楚和完全地看待它的地步。因为性格是一个渗入任何道德判断的事实,所以控制能力依靠于我们以条件之普遍联系的方式来表述性格的能力,而这种条件脱离了特定事例之境况的影响。心理分析是一种工具,使得性格从专注于直接经验的价值而转变为客观的、科学的事实。这其实是根据它自身发展之控制模式来对经验所进行的表述。

即使是一般人,也知道心理倾向在某种道德意义上改变判断的许多方法;并且习惯于利用这个认识来控制道德判断。可以收集到很多谚语,它们表达了心理态度影响道德评价的方式。在如下表述中体现出来的观念对普通人来说也是常识:习惯、习俗和利益削弱了观察能力;激情阻碍和扰乱了思考能力;私利使判断者只注意被判断情境的某些特定方面;冲动使心灵匆忙而又不加分辨地下判断;当目标和理想被关注时,它们激发起容易充满整个意识的情感,而当情感开始膨胀时,它们一开始限制并进而消除我们的判断能力。这样的表述不胜枚举。它们不仅被大众所了解,而且通常用来帮助人们形成健康的道德行为。

心理学完全不等同于这些陈述的堆积,因为心理学阐明了不同的倾向是如何产生相应的结果。什么是不同的心灵态度和倾向?它们如何结合在一起?一个如何召唤或者排除另外一个?我们需要不同的典型倾向的一个清单,以及对倾向如何刺激或者抑制其他任何倾向这两种结合方式的说明。心理学分析满足

---

① 当然,术语"对象"和"客观的"是在逻辑的意义上被使用的,而不同于"物理的",后者仅仅指逻辑对象可以采取的一种形式。斯图尔特(Stuart)博士在《逻辑理论研究》(芝加哥大学,1903年)中关于"作为逻辑进程的评价"的文章可以作为参考,用来讨论"对象"一词的逻辑意义以及它与经济的、伦理的判断之客观性的关系。

了这个需要。尽管它只能通过发展出科学结构来满足这个需要,科学结构作为心理考察的结果在经验中展现自身,但是典型的态度和倾向确实和日常经验的那些作用一样是我们所熟悉的。同样,最原子主义的心理学也使用了普遍化的陈述来说明特定的"意识状态"或者要素(即已经提到的结构)如何系统地引起特定的其他"状态"。实际上,联想理论正是以普遍化的方式说明了:要素的客观顺序对于心理学家来说,如何反映出经验之直接过程中的态度或倾向之顺序。特别要指出的是,感觉论者不仅承认而且还宣称其他意识状态同痛苦或者快乐之状态的联系都有可以被归结到普遍命题的相同倾向,都有可以被用来构成(表现于所有行为中的)普遍原则的相同倾向。如果心理原子主义真的是这样,我们为了认识一个更加有组织的、内在复杂化的心理结构的每一步努力,都大大增加了关于心灵状态中条件之联系的可能命题的数量和范围——这些可能命题是这样的陈述,如果说得没错的话,它们正具有任何"物理规律"所具有的那种逻辑有效性。就这些"状态"是在我们的直接经验中起作用的态度和习惯的代表而言,每一个这样的命题可以立刻转化为关于性格如何构成的命题,后者正是科学的伦理学所需要的那种一般陈述。

当然,心理学的意图不是要恢复个人的直接经验,也不是要描述经验的直接价值,不管是美学的价值、社会的价值还是伦理的价值。它把直接经验还原为一系列被当作是生活经验之条件或者特征的倾向、态度或者状态。它所关注的不是看见一棵树的完整经验,而是关注通过抽象被还原到态度或者知觉状态的经验;它所关注的不是带有个人和社会意味的具体发怒行为,而是作为一种一般心理倾向即情感的愤怒。同样,它也不是关注于具体的判断——更不用说道德判断。但是,心理学分析在经验中发现了它所处理的典型态度,并且只是将它们抽象化,以便它们可以被客观化地陈述。

任何想要与我们的道德意识发生联系的道德理论之表述都说明了一些联系,这些联系的真理性最终必须通过心理学分析来检验,正如任何关于特定物理现象的判断最终必须满足在物理分析中提出的物理实在的某些一般条件。

例如,心理学分析并没有为我们提出一个实际上经验到的目标或者理想,不管那是道德的还是其他的。它并不想要告诉我们什么是目标或者理想。但是,心理学分析向我们指示了形成和持有一个目的意味着什么。心理学分析把我们在直接经验中发现的目的的具体结构加以抽象化,并且是因为(而不是不管)那种抽象作用而根据条件和后果,即根据出现在其他经验中的其他典型态度来向我们展示出什么是"拥有一个目的"。

因此,纯粹的心理命题对于任何具体的道德理论来说,都是必不可少的。对道德判断过程的逻辑分析,根据其所要完成的特定逻辑功能提出了它的内在组织或结构,并因而提供了伦理科学的范畴或者限制条件,还提供了它们的形式意义(即它们的定义)。但是,只有当一些个体具有关于目的或理想的实际经验时(这包括形成或者持有这些目的或理想的活动或者态度),例如目的或者理想这些逻辑范畴,才能成为具体的。因此,只有当一些个体实际上参与到关于善和恶的经验时,并且当这种经验客观上被当作判断时,标准这一范畴才不只是一个可能的理智工具。持有目的、判定价值等活动是性格的现象。把它们从经验的直接事务中抽象出来考虑,即把它们当作活动、状态或者倾向,它们是如同在心理学分析中所出现的那种性格现象。甚至把任何一个经验或者经验方面看作是理想,就是要去反思那个经验,也就是要进行抽象和分类。它涉及对一个经验下判断,这超出具体的经验活动。如果是这样进行的话,它就是心理学分析,也就是说,它是和在心理科学中所发现的具有相同程序的过程;并且,它包含心理科学所发现的相同区分和条件。但是,心理科学由于能够抽象和划分意识进程,使我们能够控制它们而不是仅仅顺从于它们。

因此,认为心理学不能"给出"道德理想,而必须借助于超验的因素即借助于形而上学的说法是无用的。形而上学指的是对那种类型的判断(这种判断在完全的交互性中决定判断的主体和内容)进行逻辑分析。在这个意义上,形而上学也许能"给出"理想,即它可以说明理想的形式或者范畴如何成为这种判断中的一个构成要素,并且因而具有属于这种判断活动的有效性。但是,这样的一个逻辑分析远远不是超验的形而上学;无论如何,我们只能获得作为可能的道德判断之立场或终点的理想范畴。毫无疑问,理想是被直接经验到的。只有生活而非形而上学和心理学,能够"给出"这种意义上的理想。但是,当伦理理论对于理想性格和行动来说所具备的重要性进行陈述,当它强调这种意义上的理想而非其他理想时,它是在提出关于条件的普遍条件;因为对心理倾向的分析能根据在先条件和后果说明"拥有一个理想"是什么意思,因此除了通过对心理倾向的分析,绝对没有什么别的方式来检验这种陈述有效性及其所宣称的普遍性和客观性。如果关于理想我们能够做出什么普遍陈述,那是因为构想一个理想的心理态度可以被抽象出来,并且可以被放到与代表其他经验之抽象的态度的某种联系之中。拥有一个理想,形成或者持有一个理想,必定是一个活动,否则理想就是绝对的非存在和无意义。讨论什么是拥有一个理想,就是参与到了心理学分析中。如果"拥有一个理想"可以根据同其他相似态度的顺序来陈述,那么就有一个心理学上的一般陈述(或者规律),并可以作为分析工具去反思具体的道德经验,就像自由落体"规律"在控制我们关于打桩机和炮弹轨迹等的判断中起作用一样。关于任何性格现象的**普遍化命题**之可能性,要依靠于揭示某些趋势、习惯或者倾向彼此之间规律性合作与协调的心理学分析之可能性。因此,重复一句老话:作为自然科学的心理学处理的是事实,而伦理学关注的是价值、规范、理想,关注它们应该做什么而不管它们是否存在。这样的老话要么是无关的,要么就证明了我们不可能对这些东西作出任何形而上学的、实践的和科学的一般陈述。

VII. 作为控制伦理判断之条件的社会学分析

我们再一次回到我们的基本观点:在道德判断中,判断活动与判断内容是相互决定的。正如我们已经看到的那样,对活动的恰当控制即对内容的决定,包含了使性格成为科学分析之对象的可能性,即把性格陈述为相互联系的条件之体系或者完全自足的对象(即普遍命题)的可能性。我们现在必须认识到相反的一面,即只有具备对**内容本身**(即从它与活动的关涉中抽象出来)进行分析的方法,才能控制关于活动的判断,从而控制关于在活动中表现出来的性格之判断。

伦理问题需要从以下观点来加以处理,即把活动看作是对内容的限定,而内容是对活动的限定。因此,一方面,我们在特定的道德危机之前需要以普遍的方式来表述态度和倾向的机制,这种机制能决定关于活动之判断;而另一方面,我们需要先有关于产生这种判断之情境的相似分析和分类。在任何特定事例中,我们让科学工具的哪部分最显著地发挥作用,这取决于那个事例中可能会导致错误的环境条件。如果情境或者活动的场景(我们指的是引起或者激发道德判断活动的条件)是我们很熟悉的,我们可以假定判断中错误之来源在于经验背后的倾向——如果我们能够确保判断者的动机是正确的,那么判断本身就是正确的。在其他情况下则相反。我们可以合理地假定或者理所当然地认为,判断者采取了正确的态度,但是问题在于对情境的阐释。在这种情况下,正确判断所需要的是关于"这一情况之事实"的令人满意的知识。这样,现有的目标就是要进一步解决其他问题。我们现在必须讨论的正是问题的后一方面。

行动者能判断他自身作为行动者并且因此控制他的活动(即把他自己领会为一个要做某件事情的人)的唯一方法,是通过查明他所遇到的情境,该情境使他必须判断它以便能决定某个活动过程。只要对行动之场景的性质下了结论,那么也就是对行动者将要做什么下了结论,并且这又决定了行动者将成为什么样的行动者。纯粹的理智判断也许作为单独的种类被划分出来,在其中内容或者对象根据价值上相似的其他内容或者对象而被确定,并且相应地作为程序的一部分来防止来自或者涉及判断者倾向的东西进入其中。但是,伦理的(即不仅仅是理智的)判断没有作这样的抽象。对于伦理判断而言,被判断的内容中包括了判断者的参与,而在判断者的决定中包括了被判断对象的参与。换句话说,在道德判断中被判断的对象或者被建构的情境不是一个冰冷的、遥远的和默然的外在对象,而是行动者自己最独特、紧密和完全的对象,或者就是作为对象的行动者。

既然如此,为了形成这样一个关于行动之场景或者条件的判断,以便能促进对于行动者最充分而可能的建构,我们需要的是什么呢?我的回答是:需要把内容分析为要素之结合的社会科学,就像心理学分析把活动分析为一系列的态度。我们假定了引起独特的道德判断的情境是一个社会情境,因此相应地能够只通过社会学分析的方法被恰当地加以描述。我意识到(甚至承认对活动场景进行某种科学解释的必要性)说这种科学必定是社会学的,这还遗漏了什么东西。这个逻辑上的漏洞可以通过关于道德判断之范畴的讨论来加以克服,因为这种讨论可以使这些范畴的社会价值清楚地显现出来。这些分析远离了我现在的目标。在这里,我只需要回到先前的观点,即在伦理判断中判断者和被判断的内容是相互决定的,并且指出这个观点在其逻辑发展中可以得到以下结论:因为判断者是个人的,所以被判断的内容最终也必定是个人的;因此,道德判断确实建立了个人之间的联系,建立了我们所谓"社会的"个人之间的联系。

但是,无论如何,获得关于情境的客观陈述(即根据条件之间的联系来获得的陈述)的方法是必要的。某些描述科学也是必要的,并且在很多情况下没有人会否定社会生活的要素也包括在被描述的事实之内。但是,即使我们承认场景是社会性的,对这个特性的描述并不是描述的全部。任何社会性活动的场景同时也是宇宙的或者物理的,还是生物的。因此,要把物理的科学和生物的科学从伦理科学那里完全排除开,是绝对不可能的。如果伦理学理论要能够依据其本身来描述引起道德判断的情境,并以此作为它的必要条件,那么任何促进或者保证这种描述之充分性与真理性的命题不管是机械学的、化学的、地理学的、生理学的或者历史学的,将因此而成为伦理科学的重要辅助工具。

　　换句话说,道德科学的假设是科学判断的连续性。这个假设同时被形而上学的唯物主义流派和超验主义的流派所否决。超验主义的流派在道德价值领域和宇宙价值领域之间划分了确定的界限,使得涉及后者的命题对于涉及前者的命题来说不可能成为辅助(auxiliary)或者工具(instrumental)。物理科学和生物科学的进展如此深刻地改变了道德问题,并因此改变了道德判断和道德价值。这一事实可以用来反对超验的伦理学,因为按照超验的伦理学,这样明显的事实将是不可能的。唯物主义同样否认了判断的连续性原则。它把方法的连续性,即把关于一个对象的普遍陈述用作决定其他对象的工具,与主题的直接等同性相混淆。它没有认识到伦理形式的经验同其他形式的经验的连续性,而不仅在逻辑方法上而且在它自己的本体论结构中把伦理经验划归到了在判断中被定义的其他形式(即物理形式)的对象之中,从而消灭了伦理经验。如果我们一旦认识到所有的科学判断,无论是物理的还是伦理的,最终都关注于获得以客观(即普遍的)形式陈述的经验以便指导进一步的经验,那么,一方面我们能够毫不犹豫地使用任何能够用来形成其他判断的陈述,而不管它们的主题或者含义是什么;另一方面,我们将不会想着如何去消除任何种类的经验的独特性质。因为意识生活是连续的,使用任何经验模式去辅助其他任何模式的经验之形成的可能性是所有科学(包括非伦理的科学和伦理的科学)的最终预设。这种使用、应用和工具性服务的可能性,使得我们有可能而且必须使用唯物主义的科学来建构伦理理论,并且在这种应用中防止伦理价值的败坏和分解。

　　总之,如果我们说本文中所提出的意见并不包含任何迂腐的假设,即认为在道德经验的任何特定事例中使用科学或者逻辑控制是必须的,那么可以避免引起误解。我们同物理自然之间进行的具体接触的更大部分、无限的更大部分,并不是有意识地参照物理科学的方法甚至结果来进行的。但是,没有一个人会质疑物理科学的根本重要性。这种重要性以两种方式来展现自身:

　　第一,当我们遇到一个特别困难的问题时(不管是解释的问题还是创造性构造的问题），物理科学使我们拥有进行有意识的分析和综合的工具。它使我们能够节约时间和精力，并且给我们带来成功解决所面临问题的最大可能性。这种使用是有意识的和深思熟虑的。它包含了把技术和已经确立的科学结论批判性地应用于非常复杂和混乱的事例；如果没有科学资源的话，这些事例将无法得到解决和处理。

第二，物理科学有很大的应用范围，任何无意识的应用也包括在内。以前的科学方法和科学研究对我们的心理习惯及其涉及的材料起到影响作用。我们无意识的领会、解释和思考的方式受到以前有意识的批判性科学的成果影响。因此，在我们同特定情境的理智接触中，受益于我们已经遗忘的、甚至个人从没有进行过的科学活动。科学在我们面对周围世界的直接态度中形成，并且被体现于那个世界之中。每当我们通过发送电报、穿过桥梁、点燃煤气、登上火车、量温度计来解决一个难题时，就是在通过使用如此高度累积和浓缩的科学来控制一个判断的形成。就科学的很多特征而言，科学已经预先形成了我们必须进行判断的情境；正是这种在任何环节上都符合习惯之形成的客观划界和结构上的增强，才能在它的行为的具体细节中对理智提供最大的帮助。

我们有充分的理由来假定对行为的科学来说也同样如此。只有通过参照那些一开始就需要判断来进行有意识和必不可少的指导的事例，这样一门科学才能够被建立起来。我们需要知道，在其中我们发现自己需要进行活动的社会情境是什么，这样才知道做什么是正确的。我们需要知道，一些心理倾向对于我们看待生活的方式进而对于我们的行动所起的作用是什么。通过认清社会情境，通过使我们自己的动机及其后果变成客观的，我们建立起一般命题：把经验作为条件之间的联系来陈述，即以对象形式来陈述经验。这种陈述在处理更多问题时被使用和应用。它们的使用变得越来越习惯化。"理论"成为我们心理机制的一部分。社会情境采取了某种形式或者组织。它被提前分为特定的种类，而这个种类又被分为特定的一类和一种；现在剩下来的唯一问题，是对特殊的变种进行区分。再一次，我们习惯性地把存在于我们自己的倾向中的某些错误之来源看作会对我们关于行为的判断发生影响，并因而使它们受到充分的控制，以使我们不再需要有意识地参照它们的理智公式。正如物理科学产生了物理世界之组织以及我们处理那个世界的实践习惯之组织，伦理科学会产生社会世界之组织以及使个人与那个世界发生联系的相应的心理习惯之组织。通过把道德行动的领域和工具都整理清楚,于是就像在物理事例中那样,我们只有在面对非常复杂的问题和高度新奇的构造时,才会有意识地去求助于理论。

总结

1. "科学的"指控制判断之形成的方法。

2. 这种控制只有通过以下能力才能获得,即能够在被判断的经验中抽象出特定要素,并且能够把这些要素当作条件之间的联系,即当作"对象"或者普遍命题(universals)。

3. 这样的陈述构成了公认科学的大部分内容。它们是一般命题或者规律,并且通常以"如果 M,则 N"的假言形式出现。但是,这种一般命题是科学的工具而不是科学本身。科学在关于同一性识别的判断中,具有它的生命力;并且是为了这些判断,一般命题(或者普遍命题,或者规律)才被构造出来并且接受检验或者证实。

4. 这种关于具体同一性识别的判断是个别化的,并且也是活动。作为逻辑要素的活动间接出现于(a)对主项的选择中和(b)对谓项的决定中,(c)最直接地出现在系动词(试探性的主项和谓项之相互形成与检验的整个过程)中。

5. 当判断与活动的这种相关性可以被预设,从而不需要我们有意识地提出或者进行揭示,那么判断在逻辑类型上是"理智的"。当所涉及的活动无差别地影响被判断内容的性质时,就会出现这样的情况。当影响判断内容的活动在有意识地发挥作用,或者当活动和内容之间的交互决定本身变成了判断的对象,并且对该对象的决定是进一步获得成功判断的先决条件,那么判断在逻辑类型上是"伦理的"。

6. 对道德判断的控制需要能够把活动和内容的交互决定构造成一个对象。这有三个阶段:第一,对这种涉及活动和内容之间交互决定的判断之限制形式的陈述。这种判断的限制条件构成了伦理科学对象的典型特征或者范畴,就像根据其他对象来构成一个对象的判断之限制条件构成了物理科学的范畴一样。从这个观点对道德判断进行的讨论,可以被称作"行为的逻辑"。第二,对活动的抽象,即把活动看作包含在"具有经验"之中的态度和倾向之体系,并且把活动(既然是一个体系)当作一个通过其他不同态度与判断态度之间的特定联系来构造的对象进行陈述,这就是心理科学。第三,对"内容"进行类似的抽象,即把内容看作形成场景或情境(活动出现于其中的)的社会因素之体系,并且行动者由于这个体系而被构成,这就是社会科学。

7. 整个讨论意味着把对象决定为对象(甚至当并不是有意识地涉及任何行为的时候)最终还是为了发展更多的经验。这种进一步的发展是变化,即现存经验的改变,因此是**主动的**。只要这种发展是通过把对象建构为对象而受到有意识地指导,那么就不仅有主动的经验,而且**有受控制的**活动,即行动、行为和实践。因此,所有把对象决定为对象(包括构造物理对象的科学)都涉及经验的变化,或者作为经验的活动;并且当这种关涉从抽象过渡到应用(从消极方面过渡到积极方面),那么把对象决定为对象就涉及对变化之性质进行有意识的控制(即有意识的变化),从而具有伦理意义。这个原则可以被称作"经验连续性的准则"。这个原则一方面保护道德判断的完整性,揭示道德判断的至上性以及理智判断(不管是物理的、心理的还是社会的)相应的工具性和辅助性;另一方面,更重要的,是防止道德判断的孤立性(即防止超验论),使它与关于这个经验之题材的所有判断(甚至是那些最明显的机械和生理方面的判断)进行交互的协作。

伦理学[①]

伦理学(来自于希腊语 ἠθικά,与行为相关;也来自于 ἦθος,即性格,是 ἔθος 即习俗、风俗的扩展形式;与之对比,道德来自于拉丁语 mos 和 mores,即习俗),是行为理论的一个分支,它关注的是形成和使用关于正确或者错误的判断,以及与这些判断相联系(作为这些判断的前提或者后果)的理智的、情感的、实践的或者公开的现象。作为行为理论的一个分支,一般来说,伦理学类似于法学、政治学和经济学等科学;但由于它是从正确性或者错误性的立场来考虑人类行为的共同主题,所以它又与这些科学有所差别。善或者恶、责任或者义务这些词,只有被规定为"正确"和"错误"的替代物时才能被使用。但是,善或者恶在范围上太宽泛,例如它包括经济上的有用、有益或者满足;而责任是一个范围太窄的观念,强调控制而忽视了善或者欲求的观念。"正确"和"错误",正是指义务的观念也能应用到善和恶的某些方面。道德哲学、道德科学和道德这些词也已经被用来指称相同的研究主题。

在其历史发展过程中,伦理学被当作哲学的一个分支,被当作一门科学,也被当作一门技艺,而且经常是被当作所有这三者或者其中两者的不同比例的组合。作为哲学的分支,伦理学的工作是联系宇宙的基本理论来研究某些概念的本质和实在。在道德方面,它是关于实在的理论。"善"这个词被用来指称或描述终极的和绝对的存在物的属性。同样,它通常与实体的其他两个基本属性相并列,即真与美;哲学的三个学科被分别定义为伦理学、逻辑学和美学。甚至当

[①] 首次发表于《美国百科全书》,纽约:科学美国人杂志社,1904年。

善在宇宙的普遍体系中的位置还强调得不多之时，伦理学依然被看作是哲学的分支，因为它涉及理念，涉及应然，或者涉及什么是绝对需要的，而不同于现实、存在或者现象。从这种观点来看，伦理学被看作是规范性的科学，即与建立和证明行动的某些终极的规范、标准和准则相关。

与这些功能形成对比的是：作为科学的伦理学，涉及收集、描述、解释和划分经验事实；而关于正确和错误的判断，正是现实地体现于或应用于这些经验事实的。它可以被划分为社会的或者社会学的伦理学，以及个人的或者心理学的伦理学。(a)前者处理习惯、实践、观念、信仰、期望、制度等等，这些东西能现实地在历史或者当代生活中被发现，并且存在于不同的人种、民族和文化等级等等之中，它们是关于行动之道德价值的判断所产生的结果或者是产生这些判断的原因。目前为止，社会伦理学的发展主要与(1)关于道德之演变的讨论相关，这种讨论或者是孤立的，或者与法律和司法程序的制度或宗教崇拜和仪式的制度相联系；或者(2)与当代社会生活的问题相关，特别是关于慈善事业、刑罚学和立法的问题，以及关于离婚、家庭和工业改革(例如童工)的问题等等。就这两方面来说，伦理学都密切地与社会学相联系。有时它被称作引导性的，或者就其次要方面来说，是应用的伦理学。(b)心理伦理学与探索个体的道德意识之起源和发展相关，即与探索关于正确和错误的判断、义务的感受、怜悯和羞耻的情感、对赞扬的渴求之起源和发展相关，与探索(对应于关于正确或者美德之判断的)活动的不同习惯之起源和发展相关。心理伦理学从个体的心理结构出发来讨论自由的和自主的行动之可能性和性质。心理伦理学联系自我保存的冲动以及对性格产生影响的习惯之形成与变革等等，去收集和组织心理材料。这些心理材料与意图和动机的性质，欲求、努力和选择，赞许和不赞许的判断，同情和怜悯的情感相关。换句话说，它把行为处理为某些心理要素、分类或者联系的表现，即进行心理学的分析。

作为技艺(art)的伦理学，涉及发现和阐明人们借以实现目标的行动准则。这些准则可以被看作具有指令或者命令的性质，能够进行规定和指导；或者被看作是能指导个体最有效地朝着所求结果前进的技术准则，因此这些准则与绘画或者木工的准则在种类上并无不同。采取哪种观点，通常依赖于作为技艺的伦理学与哪种哲学相联系。作为技艺的伦理学，也可以产生于普遍的行为哲学或者对它的科学分析。因此，最近的一个著述者索尔利(Sorley)在《哲学和心理学词典》(*Dictionary of Philosophy and Psychology*)中(第1卷，1901年，第346

页),从这种哲学观点来谈论伦理学:"它必须涉及实际的行为,而且要涉及正确或者好的行为,相应地还要涉及为实际行为设定准则所依赖的理念。"很显然,在哲学上对于理念的确立被认为要终结于规则,以作为它的实现。另一方面,在这之前,杰里米·边沁(Jeremy Bentham)在他的《立法原则》(*Principles of Legislation*)(1789)中主张:伦理学是这样一门科学,要发现它的真理"只能通过如同数学那样的严格研究,并且是更加复杂和广泛得无以伦比"。他接着把伦理学定义为"指导人们的行动以产生最大化的快乐之技艺",并且认为个人伦理学是要"在生活细节中指导每位个体采取什么方式来控制他自己的行为"。因此,作为技艺的伦理学,可以以一种哲学或者科学为基础。

从以上说明也许很容易推论出:目前伦理学的一些最严肃的问题,是定义和划定伦理学的范围、基础和目标。从纯粹抽象的观点来看,所有这三个概念都可以和谐并存。在理论上有可能把某些主题看作属于作为哲学分支的伦理学,其他主题看作属于作为科学的伦理学,以及另外一些主题看作属于实践的或者作为技艺的伦理学。但是,关于这些不同的可能分类,人们并不存在共识。通常,那些主张伦理学是哲学的一个分支的人会否认伦理学是别的任何东西,他们否认对**现实的**(区别于理念的)行为之任何描述的和解释性的说明称得上是伦理学。前面我们处理为属于伦理科学的那些东西,在他们看来其实是历史学、社会学和心理学的材料,而根本不是伦理学的材料。因此,格林(Green)在《伦理学导论》(*Prolegomena to Ethics*)(1883)中一开始就试图证明伦理学的自然科学是先天就不可能的,因为道德行为就其本性来说包含着一种超越的观念,超越可以被当作观察和实验之材料的现实行为,并且设置了一种义务;这种义务就其绝对性来说,超越了所有的经验约束。另一方面,那些从事对道德的行为和性格进行科学分析的人,通常否认伦理学在哲学方面的合理性。因此,边沁明确地把任何哲学性的研究看作注定是无结果的,只能得到教条性的和个人性的断言,或者就是他所说的"一面之词"(*ipse dixits*)。一个新近的作家莱斯利·斯蒂芬(Leslie Stephen)在《伦理科学》(*Science of Ethics*)(1882)中,并没有绝对否认在遥远的未来会存在关于行为的形而上学的可能性,但是他认为形而上学的观点与科学研究毫不相干。由于在定义伦理学的目标和特有方法上的不确定性,我们自然可以发现很多附属和次要的争论和意见分歧。

但是,事实上在每个历史时期的伦理理论中,都可以找到与普遍的哲学思想、显示在经验中的行为之材料(或者科学方面)和生活的进一步指导与行动(实践方面)的关联。从历史的观点来看,伦理学经历了三个重要的时期:(1)希腊罗马时期;(2)早期基督教中世纪时期;(3)现代早期,第三个时期大约终结于法国大革命;现在可以被看作是已经进入了第四个时期。在每个时期,特定的实践关注是社会生活中最重要的,这种实践关注可以使注意力集中到某些相关的理论问题之上。因此,只有联系伦理思想作为其中一部分的更大范围的文明和文化,才有可能对伦理思想进行恰当的阐释。但是,在更广泛的社会潮流中的每个时期的主要问题都可以概括出一些简要特征,它们可以用来指明在每个时期中伦理学的(a)哲学的、(b)科学的、(c)实践的中心。

希腊罗马时期的特征是:伴随着世界性知识的传播和综合性政治组织即希腊文化和罗马帝国的形成(这种综合性政治组织同时在立法和行政领域产生作用),同时发生的还有市民的和宗教的地方性习俗、传统和制度之瓦解。随着习惯和生活模式的瓦解(而这些习惯和生活模式之前规定了合理的个人满足的范围,并且为道德生活提供了约束),必然相应地出现了一种探究活动,即试图通过反思来找到恰当的东西,以替代严重削弱的制度性的控制模式。现代历史科学的成果之一,就是证明了在早期生活中习俗的力量之范围和严格性。习俗规定了在道德上什么是正确的和应该做的,并且加强了它自己的要求。在其中,道德、法律和宗教被结合在一起,并且一起进入人们情感的、理智的和实践的生活之中。在习俗进行控制的地方,道德理论就是不必要的,并且实际上是不可能的。在公元前6世纪和公元前5世纪,在希腊社会中,这种习俗的控制不可避免地被动摇了,并且对道德产生了双重影响。许多人认为,所有对于道德的约束都消失了,或者至少是失去了有效性,思想和行动上的纯粹个人主义(最多只受一些关于后果的明智考虑的影响)才是正确的结果。而对于其他人来说,因为他们认为习俗性的道德只提供比较低的道德标准,所以并不为它进行辩护;但是,他们也被伦理个人主义之上的道德败坏所震惊,于是开始去探索为更高类型的理想道德提供普遍和无可争辩的基础。在这个冲突中,伦理学理论产生了。

希腊罗马时期(公元前6世纪至公元前5世纪) 关于道德是通过习俗($νόμω$)而存在,通过任意的规则制定($θέσει$)而存在,还是具有实在性,即(根据当时的术语)"通过自然"($θύσει$)或者是在事物的本性中存在,引发了争论。智者学派的哲学家中的一些人,宣扬道德是一个群体的统治者竭力创造出来的东西,是他们设计出来使其他人臣服于他们以满足自己的欲望的东西,这就像很多 18 世纪的"自由思想者"(在很多方面是这些哲学家的现代翻版)宣扬宗教是政府和牧师之权术。其他人宣扬道德是社会约定或者制度的产物。许多更高贵的智者学派的哲学家[例如普罗泰戈拉(Protagoras),参见同名的柏拉图的《对话录》],把这种说法解释为颂扬文明和文化的状态而反对原始和粗野的自然状态;而其他人宣扬道德只是获得个人满足的一种习俗性工具,因此当拥有获得快乐的捷径时,道德并不具有约束力。同时,希腊城邦国家的现实道德秩序是很松散的,一方面是因为无休止的派系冲突,另一方面是因为作为市民生活基础的宗教信仰很快变得不可信。苏格拉底(约公元前 470—公元前 399 年)很显然是第一个对道德观念进行明确和有建设性分析的人。他作出了以下贡献:(1)所有事物必须参照它们的目的来被考虑,目的实际上构成了它们真实的"本性";每个事物的目的就是它的善。因此,人们必须具有他自己的目的或者善;这是真实的和固有的,而不是约定的或者是法律的产物。(2)知道一个东西,就是抓住了一个东西本质的、真实的存在,即它的"本性"或者目的;"知道你自己",是道德的本质;它意味着人们必须以理解他自己的存在的真实目的来作为行动之基础。所有的恶实际上都是不自觉的,是因为无知或者对人真实的善的误解。认识不到善,是一种耻辱。如果一个人并没有认识到善(苏格拉底承认他也没有认识到善),他至少能够严肃地探索或者努力地去认识。如果他不是一个聪明的人(智者),他至少能成为一个爱智者(哲学家)。直到他得到了知识,这个人才能忠实于他自己的城邦生活之责任。

善以某种方式实现了人的真实本性或者现实,以及善只能在理性洞察力的条件下才能被获得,这两个观点是所有后来的希腊思想的基础。意见分歧在于:人的目的是什么,关于目的的真正知识的性质是什么。最大的分歧存在于安提西尼(Antisthenes)(约公元前 444—公元前 369 年)所创立的犬儒学派(斯多葛学派的先驱)和阿瑞斯提普斯(Aristippus)(约公元前 435—公元前 360 年)所创立的昔兰尼 Cyrenaic 学派(伊比鸠鲁主义的先驱)之间。前者宣扬在节制和自我控制中展现出来的美德是唯一的善,而把快乐作为目的是一种恶,善只能通过纯粹理性才能被认识。后者宣扬只存在于感觉(温和而连续变化的感觉)中的快乐才是善。苏格拉底认为,聪明的人能够认识这种温和而持续的快乐,而不被突然而猛烈的激情所俘虏。这两个学派都对国家采取了一种比较敌对的态度:犬儒学派强调圣人高于统治和权威,这可以通过第欧根尼(Diogenes)和亚历山大大帝的轶事来得到说明①;昔兰尼学派认为,友谊的快乐和志同道合的伙伴关系要高于参与公众生活的快乐。因此,这些学派设定了后来伦理理论的两个基本问题,即善的性质以及对于善的知识的性质;并且为以后的学派提供了理论框架。认为快乐是善的人被称为享乐主义者($ἡδονή$,快乐),认为善存在于美德之中的人是至善论者或者(经过一定限制的)严格主义者(rigorist)。认为善只能通过理性才能被认识的人是直觉主义者,其他的学派即情感主义者或者经验主义者。

柏拉图(约公元前427—公元前347年)试图综合刚才提到的两个学派之观点,提出对社会的、政治的和教育的改革的建设性计划,并且重新阐释了以前关于宇宙和知识的哲学理论。他最有代表性的学说是:(1)将苏格拉底关于善的观念普遍化,并且看作是构成人的真正本质或者本性的东西。在各种不同的哲学观念的影响下,柏拉图把人理解为本质上是一个小宇宙、微缩的世界。人由实在本身的元素之排列所组成;因此,只有当构成人的宇宙实在的真实本性被认识后,人才能被真正地认识;人的善是终极的,如同目的因或者宇宙的善一样。因此,柏拉图走得比苏格拉底更远,他断定道德是来自于人的本性的,而且是来自于绝对实在之本性。因此,这种说法可以被给予伦理的或者灵魂的解释。他使伦理学以普遍的哲学观念为基础,并且被后来那些明确认为伦理学是哲学的一个分支的人奉为楷模。另外,他把宇宙的终极之善看作是和上帝一样,并且看作是在物理自然的创造物中起推动作用的目的,由此使伦理学和宗教发生关联,同时也和人与其周围世界之联系发生关联。(2)柏拉图认为,国家在其真正的或者理念的形式之下是个人本性的最好体现或者表现;是比任何个体更加真实的人。国家的真正组织反映或者代表了终结之善的构成。因此,柏拉图又使伦理学作为理想的社会组织之理论,重新与政治学发生关联。在实践上,他概括地描绘了这个国家(特别是在他的《理想国》中,以及在他的《法律篇》中,更加关注细节的可行性),并且依据这种理想来推行对现存体制的特定改革,而不是像犬儒学派和昔兰尼学派那样忽视现存体制。(3)他提出了善可以在人的本性中得到实现

---

① 这个轶事是:刚刚率领十万铁骑征服欧亚大陆的亚历山大大帝,志得意满地到希腊视察,遇到穷困潦倒的哲学家第欧根尼。亚历山大得意地大声问:"我已经征服整个世界,希望让我为你做点什么?"正在木桶里睡午觉的第欧根尼伸了个懒腰,漠然地回了一句话:"亚历山大先生,我在休息,请不要遮挡了我的阳光!"——译者

的一个纲领,并以此把纯粹的快乐和纯粹的美德这两个片面的极端合并起来。他把善理解为是人的本性的所有能力、官能或者功能的实现,是每种能力的实现并且伴随着属于这些能力本身的恰当快乐。他还依据各归其位的尺度原则或者比例原则,在一个和谐的整体中把所有这些能力组织与结合起来,在上面的是纯粹知识的快乐;在下面的是欲望;中间的是高级感官(视觉和听觉)和更高冲动(野心、荣誉等等)的快乐。每个功能都正确地起作用,就是美德;其产物就是快乐。遵循美德的快乐体系,就是善。另外,他列出了四种最重要的美德:智慧,关于善或者有组织的整体之知识;正义,比例或者程度的原则;勇敢,肯定更高的倾向而抵制思考或者想象低级事物所带来的快乐和痛苦;节制,下属原则,根据此原则阻止较低的功能进入更高功能所处的位置。柏拉图的伦理学体系仍然是"自我实现"的伦理理论之标准。

亚里士多德(公元前 384—公元前 322 年)使柏拉图的哲学思想更加科学化和经验化。这与柏拉图形成了一个对比,但是这经常被夸大了。他反对柏拉图把人的目的或者善同宇宙的目的或者善相等同,因此不太看重以哲学洞察力形式出现的知识,而更加看重实践洞察力或者智慧。但是,他在大体上采用了柏拉图的基础,并在细节上分析包含在行为中的人类功能或者作用,详细分析了欲望、快乐和痛苦,分析了不同的知识模式,分析了自主行动,还特别分析了现实中出现的不同形式的美德和罪恶。总之,他在细节上强调心理和社会的方面,而这些只是被柏拉图简要地提到。在社会方面,很明显,柏拉图所持有的进行变革的整体构想是不可能的;因此,亚里士多德能够自由地对各种形式的统治和组织的道德基础和含义进行更加经验化的描述和分析。在公元 12 世纪和 13 世纪,当亚里士多德的著作再次被欧洲世界所了解之时,其间首先是通过阿拉伯文的翻译,后来是通过希腊语的翻译。亚里士多德的伦理学体现在罗马天主教的官方哲学中,特别是体现在圣托马斯·阿奎那(1225—1274)的著述中,并且在但丁的《神曲》中也能发现对其的文学性表达。比起其他任何作家,他的伦理学著述更加深刻地影响了公众话语和思想,并且在很大程度上成为文明人的道德常识。

在希腊和罗马,后来的伦理学形成了伦理学历史的一个有趣部分,但是除了一个特例之外,其他的伦理学并没有提供足够重要的新思想让我们有必要在这里进行讨论。这个特例是斯多葛"遵照自然来生活"的美德观念,以及由此产生的"符合自然的法律"的观念。这个观念在**自然法**(*jus naturale*)的形式之下被引入罗马的法学,成为公共道德规则的理念。这种理念也是实际存在的地方性规则之差异性的基础,并且形成一个伦理标准,使得实际存在的规则可以得到检验;而实际存在的规则之多样性,也可以由此被还原到一个共同的特征。它在中世纪以自然法则(区别于启示的和超自然的规则)的形式再次出现,这种法则写在"心灵的肉体书写板"上,因而间接地影响到一个流行至今的观念,即把良知看作具有道德上的立法效力。这个流行的观念在17世纪和18世纪的大陆伦理思想中出现,认为道德规则相似于通过理性来发现的数学之公理、定义和论证。这个观念还形成了个人伦理和政治伦理的框架。

早期基督教中世纪时期(公元5世纪至公元15世纪) 伦理学历史第二个时期的特征,是伦理学作为哲学的一个分支附属于神学。这个时期对后来的伦理学所具有的特有影响,在于强调法律、权威、义务或职责、优点或缺点之观念,即作为宗教救赎的善,这涉及对至上完满之上帝的认识和爱只能在下一个世界中才有可能;作为原罪的恶,也需要超自然的救赎。由于对法律和权威的强调,道德观念很大程度上被引入法庭和审判的观念中。但是,对于伦理理论来说,最大的意义在于把理论兴趣从善的观念(这是古代伦理学的中心观念)转到义务的观念上。讨论的基调不再是人的自然目的,而是意志绝对服从于超越的道德权威之责任。甚至当伦理学从服务于神学的地位中解放出来时,现代人还是更容易根据责任的性质与权威而不是根据实现善之过程来理解道德。在更具体和经验化方面,中世纪理论的伟大贡献是描述了道德的戏剧性,即善和恶的冲突,如同在个人灵魂中所进行的那样。这对于无尽的未来人生来说意味深长,因此它引起了我们焦虑而细致的关注;同样,当道德领域后来或多或少脱离开宗教领域,依旧是中世纪伦理学而不是古代伦理学,使现代思想认识到道德努力和问题的微妙的复杂性、诱惑性和模糊性。

现代早期(从宗教改革到法国大革命) 15世纪以来的道德理论和道德研究的复杂性和多样性以及它的相对晚近性,使我们很难确保一种观点可以用来描述这个时期的恰当特征。但是,它或多或少与朝向更大的个人自由之斗争,与保持一个稳定的、关联的和制度性的生活之问题相关,其基础是对个体性的承认即民主运动。在最早的时候,现代伦理学的特征很大程度上是对经院主义的反抗;现代伦理学努力确保一种独立的基础,以便把伦理学从附属于神学和中世纪哲学以及对亚里士多德进行经院哲学的阐释之状态中解放出来。另外,伦理学家把很多的精力用在了实践领域,目的是为了获得思想、政治活动、宗教教条和商业生活的自由,因此大部分道德理论转到了在实践斗争中所出现的细节问题上。这在很大程度上解释了相对于希腊或者中世纪思想的体系性来说现代伦理学的分散性和不完整性。而且,探究活动在理智上获得自由,这打开了无数受关注的领域。伦理问题出现在每个转折点上;在国家的和国际的工业、政治、艺术中出现的每个新运动,都带来新的伦理问题。社会生活本身也经历着如此快速的变化,并且是以试探性、不确定性的方式来进行,这使得每个问题必须被分别地加以处理。由此产生了一个批判性的、有争议的和个人主义的伦理学,而不是一个建设性的和体系化的伦理学,但是带来的好处是细节上的极大丰富性。

大陆伦理学继承了流行的理性主义的哲学方法:试图在纯粹理性的基础上建立一个关于个人或社会的行为理论,而不依赖于教会权威的启示或者实际存在的制度。而这个方法实际上是**先验的**,其实在很大程度上利用了罗马的普遍法的遗产,并且按照统一性和广泛性的理念(这被认为是代表了理性的要求)来使其协调化和变得更加纯粹。格劳秀斯(Grotius, 1583-1645)是这个运动的创立者,他在他的《战争与和平法》(*De Jure Belli et Pacis*)中使用了基于人的社会性的理性本性之上的法律观念,把礼仪、商业和战争的国际关系建立在一个更加人性化和开明的基础之上。他的德国继承者普芬道夫(Puffendorf, 1632-1694)、莱布尼茨(Leibniz, 1646-1716)、托马修斯(Thomasius, 1655-1728)、沃尔夫(Wolff, 1679-1754)带着更大程度的敏锐和更恰当的哲学工具来进行相同的工作,最后发展出一个关于正义和责任的完善体系(在 Jus Naturale 之后被称作 Naturrecht)。这个体系可以应用于私人的、家庭的、公民的、政治的和国际生活的所有领域。这是一个关于道德的**法典**,尽管在实际生活中起作用,但是被假定为完全是从理性的第一原则推导出来的。总体而言,德国伦理理性主义的影响是比较保守的;最基本的后果是对现存的社会秩序进行了辩护,并且去除了矛盾的地方和改良了细节上的错误。法国理性主义采取了不同的转向,试图把从物理科学中最新产生的更基础的观念与从洛克及其英国后继者那里获得的心理学观念相综合。它的理性主义与其说在于试图从理性概念来推导出伦理体系,不如说在于把信仰和制度的现存秩序看作是反科学的因而对其进行无情的批判。在其极端的表现形式之中,它似乎要废除现存制度,在社会问题上也建立同样的"**白板**"(*tabula rasa*),这种白板是笛卡尔在理智方面所要求的;并且它还要一切重新开始(de nove),通过纯粹的自主行动创造一个新的社会秩序以获得普遍的快乐。理性给予我们一个社会的理念,在其中所有人都是自由和平等的,经济上的匮乏和苦难都将被去除,而建立起广泛普及的知识和财富。尽管它对于现存秩序极度的悲观,但是对建立新的社会组织之可能性非常的乐观,这种乐观在人性无限趋向完满性的观念中达到顶点,参见爱尔维修(Helvétius,1715-1771)《论精神》(1758)、《论人》(1772);狄德罗(Diderot,1713-1784);孔狄亚克(Condillac,1715-1780);霍尔巴赫(D'Holbach,1723-1789),特别是在《社会的体系》(1773)一书中;孔多塞(Condorcet,1743-1794)。尽管德国伦理学强调社会性的自然法则概念,法国思想在对自然权利进行神化中达到顶峰,这些自然权利就其含义和分布来说是个别化的。法国大革命和18世纪后半叶美国政论家之思想的某些典型特征,都直接来源于这个影响。

英国伦理学从霍布斯(Hobbes,1588-1679)那里获得了发展动力。霍布斯一开始是分析个体的形成,并且把后者分解为一系列的自我冲动,目的是获得无限制的满足。他否认存在任何固有的社会趋势,并且认为除了在个体追求满足的过程中涉及一些思虑之外,在个体中不存在任何"理性的"东西。这种无限制的个人主义在社会层面上的反映是混乱、无政府状态和冲突:一切人反对一切人的战争。因此,个人对快乐的追求是自相矛盾的。绝对权力规定了每个人适当的势力范围,只有在一个绝对权力的国家中才有可能实现个人对快乐的追求。因此,这个国家创立并且批准所有的道德差别和义务。这种国家对于个体的权威性是绝对的;因为它作为道德原则的来源,不能屈从于超越于它自身的任何东西。因此,在霍布斯的学说中有三种张力:心理学的,宣扬纯粹的自我主义和享乐主义;伦理学的,使国家成为道德价值及联系的来源;政治的,使国家的权威不受限制。每种张力都激发起深刻而紧迫的反应。洛克(John Locke,1632-1704)宣扬个体有享受个人安全、拥有财富和社会活动的生活之自然权利,只受其他人的相似权利的限制;并且认为,国家出现是为了通过解决争议或者侵犯的案例而保证和确保这些权利,因此当国家超越于这种职责而侵犯个人权利时,它就是无效的和无用的。一系列的著述者,特别是沙夫茨伯里(Shaftesbury,1671-1713);哈奇生(Hutcheson,1694-1746);巴特勒(Butler,1692-1752);亚当·斯密(Adam Smith,1723-1790),开始重新分析人性,并且努力证明无私和慈爱的冲动及考虑他人福利的倾向之存在;卡德沃斯(Cudworth,1617-1688);莫尔

(More，1614-1687)；坎伯兰(Cumberland，1631-1718)；克拉克(Clarke，1675-1729)；普里斯(Price，1723-1791)，对道德差别之起源的问题进行分析，试图表明道德差别不是基于国家而是基于永恒的理性规则，或者基于像数学那样抽象和确定的科学，或者基于其他通过直觉才能认识的东西，等等。但是在这样的研究中，新的问题出现了，并且导致了研究力度的重新分配。这些问题是：(1)快乐(人的利己主义之表现)与美德的关系，美德即人的仁爱倾向之表现；(2)对于正当和不正当的检验或标准之性质；(3)道德知识的性质。第一个问题使巴特勒试图引入"良知"，作为人性中起平衡作用的第三方权威因素；并且使斯密和休谟(Hume，1711-1776)提出了非常丰富和重要的作为中心原则的关于同情之理论，即各种独特的道德情感通过同情原则而产生，而同情的运作最终与个人快乐联系在一起。第二个和第三个问题合起来产生了功利主义和直觉主义的冲突，前者认为有助于最大化的快乐是正当的标准，是义务的基础，是所有道德规律的来源，这种助益性通过现实经验才能被确定；后者认为存在内在的和绝对的道德价值，而不涉及任何后果。每个学派都有神学上和非神学上的多样性。在神学的功利主义中，具有代表性的是盖伊(Gay，1686-1761)和佩利(Paley，1743-1805)；在非神学的功利主义中，具有代表性的是杰里米·边沁(1748-1832)。虽然边沁没有对理论分析贡献太多新的东西，但是他联系人性的不同冲动(或者他称作动机的东西)来分析快乐，这些冲动是司法和刑事改革的整个框架的基础。由于边沁，功利主义成为19世纪上半叶社会改革最有影响力的工具，有助于实现普遍和平等分布的快乐成为所有习俗、传统和制度的检验标准——由于这个检验标准，大部分的习俗、传统和制度在它们的既有形式下被宣告无效。

现代近期(从法国大革命开始) 18世纪的最后20年指示了思想史的一个转折点。边沁和康德的主要著作在这个时期已经过时了。受法国大革命的影响，产生了自然理性主义及其对个体之可能性的乐观信念，并且使得人们重新考虑它所依赖的理性前提。19世纪伦理学的问题从个体回到了社会总体，个体被包含在社会中并且在其中起作用；但是，也同时考虑了个体的主动性和自由的重要意义，也就是不再诉诸纯粹的制度主义，或者任意的外在权威。以下学派或者主要流派是很容易被识别的：

(a) **英国自由主义**——正如我们看到的，在边沁那里，功利主义成为了社会改革的计划。从个人快乐主义(宣扬欲望的目的总是行动者自己的快乐)扩展到了一种新的理论,即认为个人应该联系所有人的快乐来判断他的动机和行动,这种努力产生了很多理论弱点。詹姆斯·穆勒(1773-1836)通过系统地使用联系原则,在此原则之下,个体通过惩罚或交往密不可分地与其他人的福利相联系,来竭力克服这些理论弱点,即"开明的自私"理论。哈特利(Hartley,1705-1757)以前已经为这种理论提供了心理机制。詹姆斯·穆勒的儿子约翰·斯图亚特·穆勒(John Stuart Mill,1806-1873)扩展了这个观念,在功利主义中引入了两个新的方法,这被直觉主义的批评者认为是实际上放弃了完全的享乐主义立场。这两个新方法是快乐的质量比数量更重要,以及个人本性上是社会的,因此本能地从社会的立场来判断他自己的福利,而不是相反。J·S·穆勒还严肃地批评了其他功利主义者,因为他们忽视了教育中的理念因素,以及历史发展中的文化因素。他没有放弃个人主义的基础,并受到了以下学派(b)和(c)的很大影响。在学派(b)中,有柯勒律治(Coleridge,1772-1834)以及莫里斯(Maurice,1805-1872)和斯特林(Sterling,1806-1844)的影响。贝恩(Bain,1818-1903)属于相同的经验主义和功利主义流派。西季威克(Sidgwick,1838-1900)在他的《伦理学方法》(*Methods of Ethics*)中,试图把功利主义的标准和直觉主义的基础与方法结合起来。

(b)德国理性主义在康德(Kant,1724-1804)那里达到最高峰,他把人的道德理性之作用归纳为一个单一的原则:对道德律的意识是行动唯一和充分的原则。因为这个原则的主张与利己主义的主张(即想要获得个人快乐)相冲突,因此在我们之中的道德理性采取了"绝对命令"的形式,或者要求责任在不受任何倾向、欲望和感情的影响之下单独地成为行动的动机。在对责任的意识之上建立起自由、上帝和永恒的观念,就是说,通过道德行动使我们对于超验实体具有合理的信念,而超验实体是隔绝于科学和哲学的认知的。康德对理性主义进行了这样的一个变革,它正如边沁对经验主义的影响一样显著。后来的德国思想试图通过使纯粹理性只能在对义务的意识中才能被认识,来克服康德的纯粹理性的形式性。黑格尔(Hegel,1770-1831)试图综合康德的唯心主义和席勒、斯宾诺莎(特别是通过歌德的中介)以及由萨维尼(Savigny)所创立的历史学派的观念。他竭力表明社会秩序本身是意志和理性的客观外化,并且民法、家庭生活、社会和商业的交往,特别是还有国家,这些领域构成了一个伦理世界(和物理世界一样实在),个人则服从这个伦理世界。在很多细节点上,他预示一种不同的方法和术语,即最近人类学和社会心理学的学说。德国道德理论主要是通过柯勒律治和卡莱尔(Carlyle)来影响英国思想的。卡莱尔主要是受康德的继承者费希特(Fichte,1762-1814),以及更近的 T·H·格林(T. H. Green,1836-1882)的影响。新英格兰先验论者也受到这个思想流派的影响,爱默生(Ralph Waldo Emerson,1803-1882)给予这个思想流派以非常新颖的表述,并且把它和他自己的个性特征以及清教主义的观念相结合。

(c)在法国,来自法国大革命的个人主义的反应是最突出的。站在最前列的是孔德(Comte,1798-1857)。他试图在有组织的社会之基础上建立伦理理论,虽然在许多方面相似于黑格尔的伦理理论,但是依赖的是科学的系统化而不是哲学。在方法上,他的体系相应地被称作实证主义。孔德试图表明,这样一门伦理—社会科学如何能取代形而上学和神学,这里的神学是指"人文宗教"(humanity of religion)。他影响了刘易斯(G. H. Lewes)、乔治·艾略特夫妇和约翰·斯图亚特·穆勒。

(d)在19世纪后半叶,进化论在伦理学以及其他形式的哲学和科学思想中占据统治地位。赫伯特·斯宾塞(Herbert Spencer)对进化论的应用在英国是最著名的。但是,人们普遍认识到,他的基本伦理观念在他成为进化论者之前就已经形成了,他的伦理学和进化论之间的联系只是一种比较外在的特征。实际上,我们现在明白了:科学伦理学的进一步发展,有待于更彻底地清除进化观念,有待于更充分地应用生物学、心理学和社会学(包括人类学和人类历史的某些方面),这样才能为伦理科学提供必需的辅助理论。通过进化观念,伦理学有可能脱离一种残存的观念,即认为伦理学是一种设置规则的技艺。伦理理论的实践层面必定会保留(因为它是关于实践或者行动的理论),不过它是提供**方法**以便分析和解决具体个人的和社会的情境,而非提供命令或者规则。进化趋势与民主进步之间的一致性,使得伦理学在哲学上不再依赖于确定的价值、理念、标准和规律,使得伦理学越来越成为一种个人和社会之自我控制的有效方法。

正如我们所看到的那样,伦理理论的每个时期都与人类发展的相应时期相联系,都有它自己特有的问题。但是总体上,目前伦理学还没有完全脱离于它的产生条件,并且我们仍然假定伦理学有必要找到某些像习俗那样确定的和不变的东西。因此,哲学探索致力于找到特定的**那个**善、**那个**关于责任的规则等,即一些不变的、包容一切的东西。即使经验主义流派强调快乐,它也试图要找到一些脱离发展之条件的东西、一些在任何地点和任何时间都同样作为单独的永恒标准与目标的确定东西。甚至斯宾塞也把现存的伦理规范当作仅仅是相对的而预示了所有进化都会达到终结,在这个时候,一套永恒不变的规则将按照统一的标准结合起来。但是,随着伦理学著述者们越来越习惯于进化论观念,他们不再去制定一个空想的乌托邦之理念,在其中只有唯一的目的和规则;他们会使自己致力于研究人们现实生活于其中的变动情境之条件和影响,以帮助人们运用他们最好的智慧来找到适合那些情境的特定目标和特定责任。

请参考文中已经提到的那些作者的著作,以及克利福德(Clifford, W. K.)《道德的科学基础》(*The Scientific Basis of Morals*, New York, 1884);克罗齐(Croce, B.)《实践哲学》(*Philosophy of the Practical*, London, 1913);杜威和塔夫茨(Tufts)《伦理学》(*Ethics*, New York, 1908);迈克肯兹(Mackenzie, J. S.)《伦理学手册》(*Manual of Ethics*, New York, 1901);麦茨(Mezes, S. E.)《伦理学》(*Ethics*, Boston, 1901);帕尔默(Palmer, F.)《伦理学的领域》(*Field of Ethics*, New York, 1899);保尔森(Paulsen, F.)《伦理体系》(*System of Ethics*, New York, 1899);罗伊斯(Royce, J.)《忠诚的哲学》(*Philosoph of Loyalty*, New York, 1908);索尔利(Sorley, R.)《伦理学的新趋势》(*Recent Tendencies in Ethics*, Edinburgh, 1904);莱斯利·斯蒂芬爵士(Stephen, Sir Leslie)《伦理科学》(*The Science of Ethics*, 2d ed, New York, 1907);弗兰克·梯利(Frank, Thilly)《伦理学导论》(*Introduction to Ethics*, New York, 1900);文特(Wundt, W. M.)《伦理学》(*Ethics*, London, 1897-1901)。

伦理学中的心理学方法①

人们通常认为在哲学和科学之间最一般的区分是：前者主要处理价值，而后者处理事实或者存在的现象。或者以更粗略却更方便的话语来说，即是：哲学学科是规范性的，而科学学科是描述性的。根据这个一般性的假设，人们认为，因为心理学是涉及事实和事件（意识状态和它们在生理上的相关性）的科学，所以心理学与伦理学没有本质的联系，伦理学是涉及特定价值领域的一门哲学分支。我希望指出，有人能够一方面接受把心理学作为纯粹自然科学的一般区分，而另一方面又能赞同心理学为伦理学的方法提供了一个必不可少的组成部分。

1. 尽管价值的根本问题是与行为的一些事务相关，例如作用和态度，而不是与意识流中的纯粹表象（因而不是直接心理材料的一部分）相关；但是，我们仍然可以正确地说，每一个这样的行为-价值都在直接心理材料或者表象中有其标志或者对应物。这就是说，行为的目标或者理念不仅仅是作为纯粹心理表象而被探索；因为目标或者理念在意识经验中标示出一个确定的区分，所以必定存在一个意识状态以某种方式对应于它，并且为了心理学家的目标而承载着它。

2. 心理学家能够研究在表象之流中代表"拥有一个道德理念"之特定内容的特殊条件；他能以刺激或者抑制的方式，查明这样一个内容对意识之流中更多表象的影响。发生心理学（psychology as genetic）正是关注这种起源与后续发展的关系问题；只有发现任何一个表象能提供特定的条件，更进一步的发展问题才能成为发生心理学的严格组成部分。

---

① 首次发表于《心理学评论》(*Psychological Review*)，第 10 卷（1903 年），第 158－160 页。

3. 除非借助刚才提到的那种方法，否则我们在实践上就没有根据把对意义解释的控制加到"理念"这样的范畴之上。正因为在现实道德经验中的理念是直接的个人价值，所以它是不可分析的。正因为表象不是道德现实，而是以抽象和分离的形式来表现道德现实，所以它使理念可以被客观地分析和陈述，或者使其自身适合理智的控制。规范性哲学涉及的，不是对原初的、生动的经验之再现。如果因为心理学并不构成或者展现它所涉及的价值就反对使用心理学，那么就其逻辑而言，这也同样会排除任何的哲学解释。拥有价值的唯一方法是把价值作为个人经验而拥有，这既不是哲学的也不是科学的。因此，说心理学不能表达理念是完全不切题的。哲学也不能"表达"理念。心理学所能做的是以确定和分析的方法来研究价值的意义，并且把价值的意义看作是由它在经验之流中的起源和作用所决定的。

4. 很显然，以这种方式对心理学的使用是形式的而不是实质的。也就是说，使用心理学并不会告诉我们具体的伦理理念是什么；它告诉我们的是：如果任何经验能够成为理念，那么这样的经验必定是什么。它指出了起源和使用的条件，任何有特定性质的经验如果要正确地被界定为目标、目的或者意图，那么它必定要遵照这些条件。但是，很明显，这样的确定不仅仅是形式的。存在某些起源和发展的特定条件，想要成为理念价值的东西必定会遵从这些条件，这个事实给出了确定的理智基准以便检测这些想要成为理念价值的东西。换句话说，如果我们认为完善和自我实现的快乐或者对于责任之认识是理念，那么立刻就拥有一个确定的方法来实现它。它们能满足所需要的起源和作用之条件吗？或者以更确定的方式来说，关于起源和后续发展的这些情况的知识，使我们描绘出任何能够合理地作为目的或者理念的东西所要具备的主要特征。如果我们暂时假定一个预期性的印象是道德理念的心理对应物，那么我们的问题就是去查明这样一个印象在经验中进行运作需要什么样的适当刺激和适当使用。这样的分析到最后，必定能带给我们关于伦理理念之一般特性的非常确定的认识。因此，被确定的这种形式不是脱离于所有经验材料的形式，而是作为某种实际经验的形式或者框架。

关于逻辑问题的笔记①

I. 对当代趋势的一个分类②

历史具有讽刺意味的一个有趣例子是,康德在大约125年之前曾做过评论:自从亚里士多德以来,逻辑理论没有后退或者前进一点点,逻辑理论似乎被终结和确定下来了。而今天学习逻辑的学生必须面对的最大困难是大量独立而专门化的学说,它们是如此的种类繁多,以至于一个人几乎不可能熟悉它们的全部,并且还暂时不考虑这些观点中任何一个又包含它自身的多样性。粗略地列举这些不同的观点和倾向(即使由一个相当不熟悉这其中一些领域的人来做这个工作)也许是有用的,至少可以用来确定在逻辑的进一步发展中所要面对的一些紧迫问题。因此,对于这些趋势的粗略勾勒如下:

(1) **形式逻辑** 经院哲学传统的逻辑。当然,它也是康德(错误地归之于亚里士多德)认为已经完成和确定下来的形式逻辑。但是,康德对于思维之纯粹形式特征的这种立场,即认为纯粹逻辑不涉及知识的任何对象或者内容,而只限于关于同一律和不矛盾律的分析一致性,是引发其他逻辑观念兴起并对其进行反

---

① 首次发表于《哲学、心理学与科学方法杂志》(*Journal of Philosophy, Psychology and Scientific Methods*),第1卷(1904年),第57—62、175—178页。
② 我很高兴能利用到这种类型的出版基金来记录这些笔记,因为它们太随便,以至于很难以更加成型的形式来发表;同时,这些笔记作为一个学生的记录,也许对学习相同主题的其他学生来说也会有一定的益处。

抗的一个主要因素。① 一个人越是严格地按照计划使逻辑理论脱离于真理、信念和材料的证据价值，那么这样的逻辑就越发显得空洞，心灵越会寻求其他的思维概念来作为另一种形式的逻辑之基础。

（2）**经验逻辑** 因此不可避免的是，当理性主义流派在它的学说中引入完全空洞的思维进程之时，经验主义则竭力建立一个"经验"的构成逻辑，并且以此作为实践的和科学的真理之来源和保证。当然，约翰·斯图亚特·穆勒很清楚地宣扬：真正的逻辑所关注的是证据和证明的恰当性，关注的是信念的确认和不可信，总之，关注的是与非自明性的真理相关的所有程序。很少有什么理智工作能够像穆勒的逻辑学那样，完全满足它所服从的那些期望，并且使它自身完全超越它的同代。自从穆勒以来，经验主义者在行动上（如果不是在语言上）重复着康德对于亚里士多德所说的：逻辑从此被终结和确定下来。②

当前通行的教科书的趋势是在自身之内把形式逻辑和经验逻辑结合起来，好像它们仅仅是温和地分割它们之间的领地，这种趋势很好地说明了人类心灵的接受能力。假设思想有一个演绎过程和一个归纳过程，并且这两个过程按照不同的规律来运作，以及假设形式的或三段论的逻辑恰当地描述了演绎过程，而经验逻辑恰当地代表了归纳过程；这些假设提供了一个惊人的例子说明了人类心灵的自由而广泛的主动性。这种主动性能够使心灵适应甚至是直接对立的假设，只要这样做能够解决体系化和改造性的思维之纠纷。

（3）**实在逻辑**（real logic） 我用这个词并不是假设这种逻辑理论是"实在的"，而其他的是虚假的；在还没有一个公认名称的情况下，我用这个词语来表示一些趋势，这些趋势赋予思想本身以内容，并且它们最极端的表现是假定真理本身就是思想的完满内容。当然，我在开始提到的历史的讽刺是：正是康德的先验逻辑结束了他所认为的逻辑的固定和确定之状况。他所谓的先验逻辑正是试图表明在经验之确定中思想所起到的积极作用，思想能够预先给予它自身以正确

---

① 例如，参见汉密尔顿（Hamilton）和曼塞尔（Mansel）如何像康德那样把逻辑应用于思维的形式规律，这一方面激起穆勒的反对，另一方面激起格林的反对［参见穆勒，《威廉·汉密尔顿爵士哲学的考察》（*An Examination of Sir William Hamilton's Philosophy*），1865 年，以及格林，《著作集》，第 2 卷，《形式逻辑学家的逻辑》（Logic of the Formal Logicians）（1874 – 1875 年演讲集）］。
② 但是，比起当前流行的亲德的哲学所给穆勒的关注，维恩（John Venn）的著作《经验逻辑或者归纳逻辑的原理》（伦敦，1889 年）独立地认为，穆勒值得受到人们更多的关注。

和错误的区分。

这个类别包括了所有深受康德之判断理论影响的人,康德的判断理论包含只有通过特定的思想功能才可能实现的客观综合。因此,这个术语必须通过对比的方式才能被大量地使用。它包括几乎所有不相信思想的纯粹形式观念而又不愿意接受经验主义的人。它指的是特定流派,而不是任何同类的或者确定的思想团体。其中最有名的著者包括布拉德雷(Bradley)、鲍桑奎(Bosanquet)、洛采(Lotze)、西克沃特(Sigwart)、冯特(Wundt),即使他们之间的差异也是同样的巨大。

这前三个标题指的是那些足以被界定为逻辑思想之流派的运动。就是说,它们代表的理智观点已经充分地意识到自身因而被明确地表述,并且意识到彼此之间的不相容。而我接下来将要列出的不仅是趋势,它们是起作用的影响力而不是学说流派。因此,它们并不是彼此不相容或者与前面提到的三个趋势完全不相容的。

(4) 努力改变传统的三段论和归纳逻辑,以便使它们与"常识"或者与科学探究的方法和结果保持更大的协调性。这些努力主要是从逻辑理论的公认术语开始的,试图使逻辑理论的术语脱离经院哲学或者经验主义观点所带来的附加含义;并且表明在不接受任何特定哲学观点的前提下,为适应在实践生活以及科学的研究和证明中起作用的逻辑,逻辑概念必须被解释。对我来说,这个趋势的最好代表就是艾尔弗雷德·西季威克(Alfred Sidgwick)教授。因为我希望用下一篇笔记来专门处理他的富有变革性的工作,因此在这里不作更多的评论。

(5) **数理逻辑** 在这个类别中,有两个倾向将要被注意到。第一个倾向是把逻辑作为数学来解释和构造,另一个倾向是建立起数学科学的体系并把这个体系本身作为逻辑的恰当表现。大部分符号逻辑的体系是属于前者。对于后者,我指的是那些由数学家本身所做的工作。数学家认为,数学科学不受数量概念的限制,而与以必然形式出现的或者处理必然结论的推理有关。我不是一个合格的数学家,不能进一步描述这个运动的特征;但是,我确信,我可以大致无误地把本杰明·皮尔士(Benjamin Pierce)的工作以及最近意大利皮亚诺学派的工作作为这个运动的范例。我认为,这个严格的逻辑倾向对于建立多维空间几何学和现代数论,比对于外行人来说更具有影响力。在知识专门化的当前条件下,同一个人很难既熟悉逻辑理论之更普遍的和哲学的方面,又熟悉科学性数学的最新发展。我倾向于相信：一个很熟悉这两方面知识、又熟悉最近的心理学的人，能够为研究推理的逻辑提供非常大的帮助。在我们于这个方向有可能取得的成果方面，罗伊斯教授已经做出了引导性的工作。①

在那些由于数学而对逻辑产生兴趣的人中，可以作进一步的分类。其中一个流派似乎明显或者隐含地坚持传统的形式逻辑，并且通过使用符号让它更加严格，因此执行更加严格的形式主义纲领，消除从语境中产生的含糊性，使逻辑公式更加具有紧致性和连续性。

但是，在另一方面，皮尔士先生（如果我正确地解释了他）相信数学性或者符号性表述的主要益处之一是：逻辑可以因此超越纯粹形式主义的限制，并且成为一个有效的工具用来发展一个体系，该体系内在地涉及对于真理的寻求和对于信念的确证。

（6）**心理逻辑** 逻辑学和心理学是不是两门相互独立的科学，如果把两者联系在一起是否只能同时毁掉它们？在对于这个问题没有任何预判的前提下，我们可以注意到，人们对思维进程的心理学又重新产生了兴趣。这个心理学的发展立即给予思维的一般性质以及它特定的不同现象以如此新颖和意义重大的解释，以至于我们很难看清这个发展如何能够持续下去，除非它能及时对严格的逻辑问题产生比较深刻的影响。例如，如果心理学家们能够达到相当确定的共识，即思维一开始是以被阻止以及被延缓的行动为条件的，那么似乎这样的观点就能修改逻辑理论的细节。詹姆斯教授把抽象等同于发生在兴趣基础上的选择性功能，这种选择性功能出现在所有心理过程中，以及他关于概念之目的论性质的理论。如果这两点能被心理学所接受的话，那么它们能够为逻辑带来某种道德性。举一个看起来更加远离逻辑学的例子，詹姆斯认为意识流包含一种独立性和转化性的节奏，并且必然地与之伴随着或多或少的确定性（或者，同一个意思，或多或少的模糊性）之间的某种联系；这个观点在心理学中必定是真实的或者虚假的，如果是真实的，那么它必定会以某种方式改变逻辑学中关于思想的学说。

---

① 参见他的《世界和个体》第 2 卷的第二章的第四和第五部分，以及他题为"最近的逻辑研究"的就职演讲（《哲学评论》，第 9 卷，第 105 页）。我不把他的《世界和个体》第一卷中的增补论文包括在内，因为这些论文（对我来说是很遗憾的）使他的解释转向本体论而不是逻辑学。

(7) **与比较和普遍的语法相联系的逻辑** 这并不是说逻辑学在它开始之时,即在柏拉图和亚里士多德那里,就是伴随着以及在很大程度上依靠着对(思想体现于其中的)句子结构的分析。逻辑的工作不只是借助于它对于语言的分析,即很多世纪以来一直在确定语法和语言研究的范畴。语言科学在实践上没有独立的存在性,而是作为一个模式来表达在经典逻辑理论中已经得到承认的区分。但是,任何人都知道,在最近的100年中,语言研究已经进入它自己独立发展的阶段,并且在实践上使自身脱离于从外部加给它的范畴之重负,这种重负是因为对语言现象更加肤浅的研究而产生的。我认为,逻辑再一次从广泛而深刻的语言分析中进行借鉴的时候快要到来,并且是以意义深远和重要的方式来进行,就像亚里士多德的逻辑借鉴有限的、明显的可供利用的语言资料那样。

直到现在,那些试图把普遍语法和逻辑联系起来的人大部分已经服从于某种心理学。我并不想要对斯坦达尔(Steinthal)及其后继者所提供的工作表示不满意,但是,我认为他们试图使语言学的结果与某种先在的心理学之框架[赫尔巴托(Herbartian)派心理学]相契合,这使他们的努力受到很大的危害(在某种程度上,对于冯特来说也同样如此)。如果语言学的学生自由地处理他们自己的资料,并且只把心理学作为工具来使用,进行他们自己的逻辑表达和转换,那么情况会好很多。我们可以毫不困难地从比较学派和历史学派的现代语法学家那里收集大量对于命题逻辑和词项逻辑(即关于判断和观念的逻辑理论)来说具有重大意义的材料。

(8) **逻辑和科学方法** 当然,科学方法的地位总是对逻辑有着间接的影响;但是,这种影响的发生,在过去主要是因为那些已经是逻辑学家的人在构造他们的体系时努力地利用实验科学的方法。我并不否认这种努力带给逻辑的巨大波动,但是,我认为,当科学家独立地表述他们的程序之模式的逻辑含义时,我们可以期待更多的成果。我们显然正在进入这样的发展阶段。我们只需提到彭加勒(Poincaré)、玻耳兹曼(Boltzmann)、马赫(Mach)这样的名字。

II. "观念"一词的含义

在这个笔记中,我要提出一些关于"观念"一词的意义之发展的结论,这些结论是从阅读《默里牛津词典》(*Murray's Oxford Dictionary*)而来的。我相信我们会发现:这个词的含义在现实中的连续性,会在我们面前呈现出一个思想的生活史;这个思想之生活史的呈现方式,和在任何动物的生活史中经历的一系列形态变化一样重要。

(1) 这个词原初的和主要的意义肯定是客观的。这个词是柏拉图的 $ιδέα$ 一词的直译。没有心理学的含义,甚至没有概念性的含义附属于这个词。观念是精神性而非物质性的真实本质或者实体。但是,柏拉图的观念当然也是一种原型,如同范本或者模型所起的作用一样。这个含义分裂出了主观性的意义;并且这个词进一步发展的历史就是这种意义差别的演化,直到具备了完全的心理学含义;在发展中被取代的,不但是精神本质的最初的本体论含义,而且很明显还有所有的客观含义。

作为理念,完满的原型可以引入(2)作为想要实现的客观目的之概念的观念,即"创造和构成事物的计划或者设计"。在这里,客观的含义仍然是主要的。计划或设计不是心理的;它指的是真实构造的现实计划,这意味着某种像建筑师的房屋设计一样的东西。但是,现在有了一条很容易通向更加主观意义的路径,因为我们有了(3)作为计划的观念,这里的计划指的是**意图**,即在被完成或者被执行的事情中获得的意识态度。房屋的计划不必是客观的规划,修建者根据这个规划的说明而工作;它是一个房屋的观念,这个房屋作为我们想要得到的东西以未成型的形式表现出来,而不必表现为确定的建造模式。但是,意志的含义很明显地还是保留了客观的含义;客观性是目标,是对象。

(4) 观念在希腊语和英语中都是指形状、形象和图形。这个意义起初也是客观的。例如,一幅画是一个观念。因此,我们引用了莎士比亚的话来说明这一点:

> 我还提出了你仪表非凡,心地光明,正如你父亲一模一样(right idea)。

现在把这种客观图像或者表象的意义与作为想要实现的目标或者意图的观念之意义相混合,那么我们显然得到了一个新的思想转向。并且,这种混合在实践中肯定会出现,因为在很多情况下,作为意图的观念(例如,持有修建房屋的计划)肯定会表现为这个房屋的形象。通过这种混合产生了(5)可能是现在所流行的这个观念的意义:观念是过去、现在和未来的任何东西的心理图像或者表象。这个意义正是处在划分主观和客观的界线之上。它是主观的,因为图像或者表象被认为是心理的,是个人生命所拥有的组成部分。但是,它的内容和关涉是客观的,它是关于某些东西的精神图式或者画像,它是心灵中而不是空间中的什么东西。例如,牛的观念在理智世界中,正是牛在物理世界中所是的那个东西(至少对于素朴的意识来说是如此的)。观念在存在上是主观的,而在意义和价值上则不是主观的。对于特定的目标来说,观念和真实事物一样有用,并且在特定情况下更有用。在事物是令人讨厌的情况下,这个事物的图像经常是便利的。如果这幅图像有助于实现图像通常要完成的目标,那么我们就不能把它看作是它本身的实在性和客观性的一种映象,从而认为它只是一幅图像。那么,它应该是什么呢？美钞不是牛排,它不能像牛排那样可以被吃和为身体提供营养;但是,它放在口袋里比牛排更方便、更有用得多。现在,我觉得对于自然的、非哲学的意识来说,观念正是处于这样的情况之下。我们认为它们代表了特定的现实;因此,它们不是它们所代表的那些现实。但是,它们有它们自己的现实性,这种现实性就像图像的现实性一样,和它们的来源或者对象之现实性一样有用,并且对于特定目标来说也许更加有用。

但是,图像也许是拙劣的,它也许歪曲了它的来源。观念经常被发现是误传或者误解,它们是对象的错误再现;因此,我们得到(6)纯粹观念的意义,即相对于事实的幻想,相对于可靠事物的虚构怪物。在这里,主观意义占据中心位置,但这毕竟只是因为观念没有能完成它的客观作用和价值。至少先有客观价值的含义,而客观价值在特定的情境下没有能够被实现,否则这种主观意义不会产生。不管怎么说,观念现在变成了某种专属于心理的东西。这种作为纯粹心理活动之产物的观念意义脱离了任何对象,作为任意想象的观念似乎在历史中被转化为下一个含义,(7)观念表示这种心理活动的任何产物。或者用词典的话语来说,观念是"存在于心灵中的一则知识或者信念;一个思想、观念、观点、思维方式"。把观念看作存在于心灵或者理智中的一则知识,这是一个非凡的成就;我们对这个成就非常熟悉并且经常使用,这反而掩盖了这个成就的重要性。作为一则知识,它的意义必定是客观的。但是,因为存在于心灵中,所以它是主观的。它就是一个思想、一个"观点"、一个幻想。它是(a)思考**对象**的方式,但是(b)它只是**思维方式**。这种意义上的观念,成为科学的巨大资源。通过这个方法,我们成功地积累我们已经知道的所有事物和对象;我们还以某种方式来储存它们,这种方式使我们假如有理由怀疑它们的有效性,我们就可以很轻易地抛弃它们,并且只要进一步的经验需要被重建,我们就可以修改或者改变它们。这种意义的观念是过去的知识,并且有机地伴随着这种知识的自身修正、未来证实,对新意义的吸纳,以及作为发现工具之用途。

(8)但是,知识、真理或者事实、计划、最初的精神实质最终毫无疑问地是"在心灵中的"。它必须接受新环境和伴随物带给它的影响,因为新环境和伴随物破坏了它自然地起作用的(客观的)方式。现在,我们得到了成熟的洛克主义的意义。它是"最能用来代表人在思考的时候理解力之对象的词"。它用来"表达幻想、观点、种类所意味的东西,或者在思考时心灵所能应用于的任何东西",这就是洛克所说的。这个词的生活史已经完成了它自身。现在,观念就是这样一个主观的对象。就是说,它是一个只作为这种心理活动之构成物和内容的对象。不仅对象世界进入心灵,使得对象世界在心灵中有它自身的确定代表,而这些代表可以被控制和管理以满足心灵自身之目的;而且,对象世界如此顺从于心灵,使得对象世界在心灵中的代表都不再意识到它们在事实和真理之世界中的亲缘关系。在应用中,观念把自身当作对象,不过是一种特别的和独特的对象,作为意识的意识对象;并且只是"意识"的对象,即纯粹的心理实体。现在很容易通向休谟的"任何确定的观念都是一个单独的经验",也很容易让我们否定认识事物以及因果联系的所有可能性,因为我们唯一的工具只是意识状态。

在结束这个总结时,我将让自己限于以下一个问题。像洛克主义的观念那样的独立心理实在是真实地和真正地存在吗?或者我们在这种心理的观念中所拥有的只是一个更适当的方法论工具,以便促进和控制知识(即去认识和处理对象)?如果这后面一种观点是正确的,那么詹姆斯的《心理学》中对观念的说明给出了观念的意义(9):作为心理状态的观念,让我们能容易地、变动地在任何时候指向任何对象,并且因此解放和促进我们同事物的交互作用。作为纯粹心理状态的观念,是解决过程中的对象,同时又促成了一些更加被我们所预期的、满足更多需要的、进而具有更多含义的对象。尽管它完全是主观的,但是这种主观性却指向了某种客观性,并且使客观性从以前受约束的和受限的意义模式中解放出来,而融入获得多样性价值的特性之媒介中。

哲学和美国的国家生活①

在今天,人们普遍认识到,尽管哲学体系在概念上是抽象的,并且在论述上是专业的,但是它比表面上所看起来的更加贴近社会生活和国家生活之核心。如果一个人说哲学只是一种表达方式,那么他无疑是正在迎合那些已经相信哲学是"话语、话语、话语"的人;或者说哲学只是被发明出来和用来使常识神秘化的一套拙劣术语。而数学,也只是一种表达方式。很多或者绝大部分问题都依赖于这种表达方式是何种性质以及是关于什么的。说得更彻底一点,哲学是特定人群在特定时期用理智的和非个人性的语言符号来表达最深刻的社会问题和愿望的一种表达方式。很多人都说,哲学是对于那些首先自发地、事实地存在于一个民族之情感、行为和观念中的东西进行反思的自我意识。

即使这么说不正确(但我相信它是正确的):哲学问题归根结底只是对一个民族生活中出现的社会性问题的解释或者客观描述;那么,以下说法仍然是正确的:哲学要成为"对人的理解",要前进,要获得确认甚至被怀疑和讨论所必需的关注程度,那么,哲学必须根据通常在非哲学生活中所运作的条件和因素来加以领会和表述。询问美国的国家生活和美国哲学之间的交互影响,并不是无意义的。

但是,我们有理由相信,这个答案不应该在一些特别的哲学流派中寻求。我们可以忽略这个在欧洲流行的观点,即认为美国哲学注定是一个唯物主义或者

---

① 首次发表于佛蒙特大学《第一届毕业生百周年纪念》(*Centennial Anniversary of the Graduation of the First class*),伯灵顿,佛蒙特,1905年,第106-113页。

至少是机械论的体系；一种高度"实证的"、非精神性的思想。我们也可以忽略某位美国著者的观点，他认为，美利坚民族本质上是一个讲究实际的民族，因此我们的哲学肯定是实在论的。我们想要寻求的不是某种大而全的唯一标签，而是寻找某些特征；这些特征影响了氛围，浸染了我们所有思想的品质。美国哲学必定产生于而且必定回应于民主的要求，因为民主竭力以历史上从未有过的广度、彻底性和决定性来表达和实现自身。民主已经成为某种太微妙、太复杂和太积极的东西，以至于不能被单个的哲学学派或者流派所把握。

因此，正是由于美国民主的需要，我们才找到哲学的基本问题；正是为了认识民主的趋势和效力，我们才寻求某些观点或者术语，以便哲学能运用它们来构想并解决这些问题。个人与世界的联系是所有问题中最古老的、最受争议的、在某些时期似乎是最无结果和纯粹形而上学的一个问题。但是，这个问题在我们这里获得了新的力量和意义。它再次产生了。它是一个关于我们受其约束的生活方式之可能性和有效性的问题。我们诉求的是个体，我们必须面对的是个体的审判庭。个体能否承受这种张力？个体的构成中，有什么东西能够证明这种依靠的正当性？是否因为手段是衰弱而破落的以及我们所设定的目的是不稳定的，所以这个努力预先注定要失败？实际上，自从新教主义和政治的、工业的自由出现以后，这些问题是所有思想的前沿问题。但是，在一个外在分离的国家中，这样的国家已经强制地切断把它与行动和信念之系统相联系起来的纽带和传统，而这种纽带和传统在事物的系统中赋予个体以附属的、伴随的或者仅仅是超验的如同匹克威克式①的地位。在此情况下，这个问题立刻变得更加意义重大，而且具有截然不同的含义。

这不再首先是关于逻辑个体的问题，而是关于具体个体的问题；这不是关于我们可以对其进行讨论的、作为陈旧范例或者样本的苏格拉底，而是关于活生生的约翰·史密斯，他的妻子、孩子以及邻居。如果我们的文化要被视为正当的，那么必须获得这样的个体观念，这个观念普遍地或者细致地显示了拥有心灵的个体（即在进行怀疑、希望、努力、试验的个体）在实在之构成中固有的重要性和有用性。我们必须知道只是去间断地和不完整地复制实在的一些领域，而这些实在之领域已经外在地构成和完成了自身，并且让人以此作为范式来复制并且

---

① 匹克威克是英国作家狄更斯(1812—1870)所著小说《匹克威克外传》中的主人公。——译者

服从。这既不是个体的生存方式,也不是个体的目标;而去增加、完成和改进个体所希望实现的现实,即使他只是在信仰、努力和错误中这样做,才是个体的方法和目标。

如果我们的文明要得到指引,那么必须拥有这样一种关于个体的具体和有效的知识。这能让我们在个体自身的基础之上,为那些培养的、限制的和控制的模式提供替代物;在过去,这些模式由被认为是外在于并且高于个体性的权威所提供。甚至在美国哲学的初期和早期形态中都渗入了心理学的资料和因素,这并不是偶然的。我认为,这并不因为美国人的心灵对实证观察比对形而上学沉思更感兴趣,对现象比对终极解释更感兴趣。它蕴含着某些非常正确的观点,即心理学现在所处理的个体是最基本的;从而,个体之性质和意义的形而上学问题与个体之现实结构和行为的科学问题是相关联的。因为具体的个体是一个肉体同时也是一个灵魂,他通过身体而处于自然和社会环境之刺激与反应的多重复杂联系之中,所以这种心理学必定不仅包括更直接的内省,而且包括生理的和实验的方法。同样,这不是唯物主义或者机械论技巧的展示,而是真正地(即使只是模糊地意识到)认识到:基本的伦理含义依附于我们生活条件中的个体的现实活动。

因此,我们可以持以下观点去逐个检验过去历史中的哲学问题。这种观点认为,美国哲学并没有切断与过去的联系而独自开启一个以自我为中心的研究领域;也不是根据某些哲学流派来随便解决历史问题,而是不可避免地根据包含在我们国家的生活—精神中的需求和理念来重新理解和再次提出那些历史问题。例如也许有人会提出,当心灵和物质的关系问题被看作是所谓物质的(即工业和经济的)生活同民主政治的理智和理想生活之间关系的问题(特别是物质生活同民主政治要求公平分配经济机会和经济报酬的伦理需要之间的关系问题)的抽象表达时,心灵和物质的关系问题就会被修改。甚至有人也许会指出,在哲学的历史发展中经常出现的心灵和物质的彻底二元论,实际上反映了需要、欲望与理性、理念的分离;这种分离又反映的是非民主的社会,在其中,少数人"高等的"和精神的生活以大多数人"低等的"和经济的生活为基础和条件。

但是,因为对哲学问题的任何细节讨论在这里都是不合适的,所以我对方法的问题再总结几句。缺乏教条主义和严格确定下来的学说,以及具有某种流动性和社会实验性,这些必定是美国思想的特征。哲学可以被看作主要是一套体系或者方法。作为体系,它发展、证明和宣布一套确定的学说。它被用来发现或者至少是证明一套多少是自足的真理,而这些真理是它特有的、专属的适当对象。并且,我们通过这个独立的、完整的学说体系的终结性和完全性来评估它的价值,中世纪哲学就是这样的一个典型范例。但是,这个观点并没有随着经院哲学的衰落而消失;作为一个典范,它推动了后世的大多数哲学思想之发展。如果它要受到质疑的话,只是受到怀疑论的质疑。另外一种努力是把哲学主要阐述为**方法**:仅仅是对于问题和观念进行安排的一个体系,用来促进更进一步的探究活动,促进对多样化的生活问题的批判和建构性解释。这个观点不是怀疑论的。但是,在对定义的取消、分类的避免,以及轻率的折衷主义的意义上,未必不是教条主义的。然而,它想要得到一种工具性的而不是最终的哲学;这种工具性不是为了建立和保证任何特定的真理体系,而是为了提供观点和有效观点以便澄清和阐明实际而具体的生活过程。

我认为,只有后一种关于哲学之目标和价值的观点才适合我们美国的固有逻辑。哲学家不会成为单独的和有特权的神父,独自地保卫并且在特定条件下发掘孤立的真理宝藏。哲学家的任务是组织(当然,这种组织包括批评、拒绝、改变)过去和现在的、最高和最智慧的人性之观念,并且使这些观念能够最有效地解释某些再次出现的基本问题,这些问题是人(不管是作为个人还是作为集体)所必须面对的。因此,哲学家不仅是教师,而且必定还是探索者。这两个作用之间的联系是有机的,而非偶然的。因此,哲学与大学之运作和作用之间的联系是自然的和不可避免的,大学是哲学适当的居留之地,而哲学在大学中找到它借以实现其社会和国家之目标的工具和有效手段。

我认识到这么来处理哲学和大学教育、国家生活之间的关系,只是表达出模糊(尽管不那么有吸引力)的一般原则。实际上,一般原则在所有情况下都是我们可以接受或者需要的。但是,在当前国家生活和哲学之发展阶段,模糊性存在于任何情境之中。我们很容易得到貌似的确定性和决断性,但是却要以错误和不真实为代价。无论如何,最合时宜的、也最能表达我对**母校**的感激之情的总结之辞是:我认识到佛蒙特大学从它成立那天起,一直深刻而意义重大地意识到哲学的重要性(首先是对它的学生来说所具有的重要性,其次是通过学生而对国家来说所具有的重要性)。

术语"有意识的"和"意识"①

在《哲学、心理学与科学方法杂志》以前的一期中②,我已经简要地说明了在英语中"观念"一词的含义之历史发展。现在,我希望考虑"有意识的"和"意识"这两个词;但是,我主要不是讨论它们的历史发展,而是讨论它们所代表和传达的不同类型的含义。我认为,这些区分并不是与当前面临的问题和讨论完全无关的。我再一次从《默里牛津词典》里得到我需要的材料。

1. 早期的使用强调"联合的"(con-)因素:社会性的行为。意识表示联合的或者交互的意识。"成为一个朋友和成为有意识的在用语上是相同的。"(South, 1664)③但这种用法是过时的,它只是在诗歌的象征手法中用来修饰事物,例如"有意识的空气"等等。它显然也影响到下一个意义。

2. 表示"对一个人的自我有意识",即见证了一个人的自我中的某些东西。这很自然地特别指一个人自身的清白、有罪、软弱等等,这与这个人的行为和特性相关。只有个人自身能够特有地、个别地察觉它们,别人则不能这样。"如此地意识到我的非常软弱的自我。"(Ussher, 1620)这是对社会性的、联合的用法的一个特别个人化的改变。可以说,这里的行动者是双重的。一方面,他在做某

---

① 首次发表于《哲学、心理学与科学方法杂志》,第 3 卷(1906 年),第 39—41 页。
② 同上书,第 1 卷,第 7 期,第 175 页(参见本卷第 68—72 页)。
③ 感谢《哲学、心理学与科学方法杂志》的编辑为我提供以下这个有趣的参考资料,即霍布斯《利维坦》的第七章中:"当两个或者更多的人知道同一个事实的时候,我们可以说他们彼此都意识到了这个事实;这等于是说,他们共同意识到了这个事实。"因此,霍布斯用这样的表述说明了意识具有更多的伦理意义。

些事情；另一方面，他认识到正在发生的这一切。在1和2之间的联系环节可以在以下这种含义（就像1一样是过时的）中找到，即意识表示"私密地知道"（例如知情不报的共谋犯）通常是犯罪的信息。要知道是哪种行动者在起作用，那么我们需要考虑的是：在道德和哲学意义上的"自我意识"是否并不涉及这种在自我行动与自我关于其过去和未来（预期）行动的反思之间的区分和联系；以及简单地说，作为"主体—客体"联系的自我意识之困难是否不能归结于人们没能认识到：自我意识是在实践态度和认知态度之间建立联系，而不是在两种认知条件之间建立联系。

3. "有意识的"同样用来区分某种存在物或者行动者，它知道它在做什么，它有情感等等，例如一个作为人的存在者或者行动者，而不同于石头或者植物。因此，"意识"用来简称这种存在者。它指所有的知识、意图、情感等等，这些东西构成了这种存在者或者行动者特别的存在或者活动。在以下两种附属意义中，我们可以清楚地看到这种实践含义和经验含义：(a)"有意识的"表示意图的、有目的的，以及(b)它表示不合理地过分专注于某人的自我所关注的、令人不安的东西（"自我意识"的不良含义）。因此，"意识"一般性地划分出个人和事物之间的区分，而且还特别地划分出人与人之间的显著区分，因为每个人都有他自己的情感、信息、意图等。这里不涉及任何专业的哲学含义。

4. "有意识的"表示*知道*（aware），"意识"表示知道的状态。这是一个宽泛的、无趣的用法。关于内容，关于知道的是什么，即是心理的还是物质的，是个人的还是非个人的等等，并没有什么区别或者含义。

5. 特殊的哲学用法（在词典中就是这样被定义）似乎是2、3和4的特定组合。用词典的用语来说，就是"有意识的状态或者能力，作为所有思想、感觉和意志的*条件和伴随物*"。我用楷体①所标出的这些话，指出了思想（它表明了特定存在者或者行动者具有独特的性质）与作为所有思想的普遍基础和条件的某些东西之间的区分。现在，意识是一个伴随着心灵、灵魂或者主体的东西，这个东西作为起基础作用的条件并且被假定为实体。"心灵"和"意识"之间的这种同一性，导向了洛克的著名学说（1690）："意识是对一个人自己的心灵中所经历的东西的知觉。"知晓（awareness）是从含义4那里借来的，但是只限于"在心灵中"的

---

① 杜威在原版书中用斜体表示强调，中文版改用楷体。下同。——译者

东西。同时,含义3的"私人的见证"多少有意地影响到随之得来的意义。意识显然是"一个人自己的"心灵中的"他自己的"知觉。作为结果,我们得到了一种私有的存在(区别于私人的认识);只有这种存在能被一个人直接或间接地知晓(区别于4的一切东西),而且3的具体性和事物性被充分地保留,使得这种私有的存在成为一种特别的材质或者实体,尽管个人行动者的特殊的、实践性特征被消除,以及特定目标、情感等的"条件性"基础被取代。

6. 因此,我们拥有了对3的相对而言比较现代性的改造,这可以引用狄更斯(1837)的话语来说明:"当他发热消退而意识回归,他发现",等等。正式的定义是"被认为是健康、清醒之生活的正常条件的有意识之状态"(楷体自然是我所加的)。对应的"有意识的"一词,被定义为"在一个积极和清醒的状态中现实地拥有一个人的心理能力"(有趣的是,最早的引用在时间上不会早于1841年)。

我认为,如果有人已经意识到在哲学讨论中使用"意识"一词时所具有的模糊性,以及随之而来的可能对自我的误解和必然对其他人的误解,那么他就不会把前面那些讨论看作仅仅是作出了语言分析方面的贡献。我现在并不想讨论隐藏的哲学含义,而只是想指出含义5回避了很多形而上学问题,就好像它可能会一直拥有进行任何一种解释的特权;只基于4的考虑,不可能成为对于3的特别是在心灵方面的决定性反对意见,反之亦然;以及6似乎给出了一个作为对于这个词的心理学用法之基础的意义,并且给出了(或者通过它自身或者与3相联系)一个观点,心理学的含义可以据此摆脱"知晓"的逻辑意义这个一般问题,也可以摆脱5的形而上学。采用"通过它自身"这个术语,也许对"结构的"心理学来说更加适合;而把它与一个人或行动者(含义3)相联系,对"功能的"心理学来说更适合。但是,在后一种情况下,我们应该了解"意识"并不是表示单独的材质或者实在,而是简指有意识的动物或行动者,即一些有意识的东西。

在提出这些意见时,我并不认为这些不同的含义没有共同的性质或者恰当的交叉含义。相反,我相信"知晓"的逻辑含义与在某种行动者的存在中经验地或者实践地涉及的事实(特别是当后者自身成为自然科学的主题)之间的联系,决定了当前哲学中真正的问题之一。但是,在讨论这些问题时,厘清我们所使用的这些词的根据初步印象的(*prima facie*)或直觉性的准确意义,只会给我们带来好处。

信念和存在①*
（信念和实在）

I

信念同时朝向个人和事物，它们就是最早的两面派先生（Mr. Facing-bothways）。它们形成或者审判（辩护或者谴责）持有它们或者宣扬它们的信念主体。它们是关于一些事物的，这些事物的直接意义形成了它们的内容。而去相信，就是去赋予价值、含义和意义。这些评估或者评价的累积和交互作用就是普通人的世界，或者说，作为个体而不是作为职业者或者某种类型之代表的人的世界。因此，事物是特征，而不是纯粹的实体；它们行动、反应和激发。在例示和检验它们的特征的行为中，它们促进或者阻碍、打扰或者平抚、抵制或者顺从，是沮丧的或者高兴的、有序的或者变形的、奇怪的或者日常的；它们服从或者反对，是更好的或者更坏的。

因此，不管人类世界是否具有中心或者轴心，它都有存在和变化。它意味着此时此刻，而不是某种超验的领域。它自动地朝向变化的、增加的意义，而不是

---

① 本文作为第五届美国哲学协会年会（剑桥，1905年12月）的主席演讲而被宣读，口语表达经修改后发表于《哲学评论》。用"存在"代替"实在"（在最初的标题中），是因为我后来认识到有一种颂扬性的历史含义与"实在"一词相联系（这与本文的观点相反），这影响了本文的阐释，因此有必要使用更加中性的词语。

* 首次发表于《哲学评论》，第15卷（1906年3月），第113—119页；修改后作为《信念和存在》发表于《达尔文在哲学上的影响》(*The Influence of Darwin on Philosophy*)，纽约：亨利·霍尔特出版公司，1910年），第169-197页。

朝向一些遥远的事件,不管是神圣的还是邪恶的事件。这些运动构成了行动,因为行动产生对于信念的履行。被认为较好的东西被坚持、断定、肯定、执行。它关键性的实现环节是自然的"超验物",是进一步评价、选择和拒绝的决定性和关键性标准。被认为较坏的东西被跳过、被抵制,并且被转化为更好的工具。因此,作为信念之浓缩,特征被理解为对于幸福和悲哀的暗示或者预言;它们具体化并控制对事物的有效理解和使用之条件。这个普遍的控制功能,就是我们所谓的特征或者形式。

在存在过程中被产生的信念,通过产生进一步的存在和发展存在来作为回报。信念不是在机械的、逻辑的或心理的意义上被存在产生。"实在"很自然地激发出信念。它评价自身,并且通过这种自我评价管理它的事务。如同事物承载着评价,因此"意识"意味着相信和不相信的方式。它是解释;它不仅是意识到自身作为事实的存在物,还是辨别、判断自身,进行着同意和反对的存在物。

信念具有双重态度和联系,一方面是它的含义和那些遭遇事情和付出努力的人,另一方面是它所涉及的复杂情况以及事物的意义和价值。这种双重态度和联系是它的荣耀,也可能是它不可宽恕的过失。我们不能与其中一方面保持联系而将另一方面抛弃。我们不能保持意义而拒绝个人态度,因为信念在个人态度中被铭刻并且起作用,我们也不能使事物成为"意识"之"状态",因为意识的职责是成为对于事物的解释。信念是个人事务,而个人事务是冒险,而冒险——请允许我这么说——是充满变数的。但是,同样不可信的是意义之世界。因为这个世界的意义是作为某个人所拥有的意义而存在的,而此人的意义在特定时刻会被当作是好的或坏的。除非你讲清楚所指的是谁的世界以及如何运作、为何目标——具有什么偏见以及产生什么影响,否则你不可能形成你的形而上学。这里有一块蛋糕,你拥有它的唯一方式就是吃了它,正如消化只是为了生命,同样也只有通过生命才能进行消化。

目前为止,讨论的都是普通人的观点。但是,专家或者哲学家主要从事系统地质疑普通人的观点,也就是说,使信念不再作为最终的有效原则。哲学震惊于信念在自然存在物中并且被自然存在物直率地、几乎是粗鲁地产生出来,就像从荒漠中用巫术来发现水源,即震惊于这种既不是逻辑的,也不是物理的或者心理的,而是自然的和经验的生产模式。正如每位大学高年级学生都能详述的那样,现代哲学是认识论;正如我们的著作和讲演也许有时会忘记告诉这些高年级学生，认识论吸收了斯多葛学派的学说。毫无感情的冷静，绝对的超然，完全服从于现成的和完成的实在（这种实在也许是物理的，也许是心理的，也许是逻辑的），是认识论所宣称的理想。由于否认情感的现实性、冒险的勇敢性、未完成的和试探的真实性，认识论发誓忠于客观的、普遍的、完全的实在；这种实在也许是由原子、也许是由感觉或者逻辑意义所构成。这种包含一切的现成实在，当然必定会包含和吸纳信念，必定会按照它自身的性质心理地、机械地或者逻辑地产生信念；不是从信念那里获得帮助或者支持，而必定是把信念转化为它自己预先就有的一个创造物，把它作为应得之物并且称它为和谐、统一和整体。①

哲学一直在做着关于知识的梦想。它所寻求的知识不是一些信念的有利产物，这些信念预先发展出它们将来的含义以便能够重塑它们、纠正它们的错误、培育它们的荒芜之地、治疗它们的疾病、加固它们的虚弱之处——这个梦想寻求的知识所涉及的对象，除了有待于被认识，别无其他性质。

倒不是关于实在的哲学家已经承认了他们的框架之具体可行性，相反，断定有无法经验地实现的绝对"实在"成为这个框架的一部分，即一个纯粹、可以被认识的对象，以及处于确定联系中的确定要素之世界的理念。感觉主义者和理念论者（idealist），实证主义者和先验论者，唯物主义者和唯心论者（spiritualist），他们用不同的方式来定义这个对象，正如他们有不同的关于知识之理念和方法的观点，他们都致力于把实在看作是只与超然的知识（即脱离了所有私人性关联、起源和观点的信念）相联系的某种东西。②

对于这种试图切断把个人态度和事物之意义自然地联系起来的纽带的做

---

① 因为在进行以上论述时，我已经阅读了一位对哲学不那么同情的朋友的话语："哲学和科学都不能建立人与世界的联系，因为人与世界的交互性必定存在于任何科学或者哲学的产生之前；人们通过理智的方法来研究现象，并且独立于研究者的倾向和情感；而人与世界的联系不只是被理智所定义，也要通过他的感性知觉并借助于他的所有精神力量。但是，很多人也许会假设和认为：所有真实的存在都是一个观念，物质是由原子构成的，生命的本质是肉体或者意志，热、光、运动、电流是同一种能量的不同显示。因此，人们不能解释一个具有痛苦、快乐、希望和害怕的存在者在世界中所处的地位。"托尔斯泰，关于"宗教和道德"的论文，《论文、书信和杂集》(*Essays, Letters, and Miscellanies*)。

② 也许黑格尔不会被包含到这种论述之中。把黑格尔阐释为一个新康德主义者、一个被扩大的和纯化的康德主义者，这种做法只是英美的习惯。这不能进入黑格尔主义解释的复杂体系中，但是逻辑意义和机械存在对于精神、对于在其自身发展运动中的生命的从属地位，却在任何客观阐释黑格尔的观点中显现出来。无论如何，我希望认识到我个人在本文中所提出的观点是受黑格尔启发的，当然这并不意味着我的观点代表了黑格尔本人的意图。

法,我们该如何评价呢?至少可以这么说:把意义、价值从归属于它们的信念中抽取出来,并且给予前者以绝对的形而上学合法性,而后者作为替罪羊被流放于纯粹现象的荒野之中,只要"我们对事物的危险方面感兴趣",那么这种尝试就会引起人们的钦佩,尽管这种钦佩还带有些怀疑。另外,我们也许会承认:试图抓住连续的直接经验、行动和激情的世界;试图谴责它当前的形式以便明确而永恒地颂扬它的精神;试图通过怀疑它们的自然存在而证明信念的意义;试图把绝对的价值赋予人类信念的目标,只因为它们的内容是绝对毫无价值的——这种技艺使哲学发展到它目前极不寻常的、或者说不可思议的技术性。

但是,除了受到行家的赏识(succès d'estime),我们还能说什么呢?再考虑一下这种努力的性质。直接意义的世界,或者在信念中经验地存在的世界,会被分为在形而上学上不相联系的两个部分,其中一部分会单独地成为好的和真实的"实在",也就是超然的、非信念的知识之恰当材料;而另一部分被排除开,只涉及信念并且被当作纯粹的表象、纯粹的主体性、意识中的印象或者印记,或者当作可笑的、被鄙视的现代发现物,即附属现象。这种对于实在和非实在之间的划分是由特定个体来完成的,个体自身的"绝对"效果把该个体缩减为现象性,其根据正是无价值的直接经验,并且以优选或者选择为基础,而这种现象性被认为是不真实的!是这么回事吗?

无论如何,这些被拒绝和排除的因素也许总是会重新提出自身。把它放在"实在"之外,这种做法也许只会增加它的潜在能量,并且激发更猛烈的反弹。当伴随着信念(它们在其中记录自身)的喜爱与反感和它们要求的成果被还原为副现象,无价值地追随于一个并不包含它们的整体实在,并且通过映射来徒劳地试图安置它们自己,那么也许会因为情绪突然爆发而宣称(正如我的一个朋友所说的)理性仅仅是一些树叶来掩盖它们的赤裸。当一个人说:需要、不确定性、选择、新奇和冲突在实在中没有位置,因为实在完全由遵照预知规律的确定事物来构成,那么另一个人也许被激怒并且回答道:所有这些确定性,不管被叫做原子还是上帝,不管它们是感觉论、实证主义还是唯心论的体系的确定物,都只在有意识的行动者和遭受者的问题、需要、斗争和手段中才能够存在并且变得有意义,因为基本规则也许在经验之未成文的、有效的建构中才能被发现。

很显然,我们正与这种反抗处于同一个时代。让我们在讨论我们的主题时去探索它是如何发生的,以及它为什么采取它所采取的形式。这种考虑不仅是我们的当务之急,而且有助于尽可能准确地预测其未来变化的态势(parallelogram of forces)。这个解释需要描绘:(1)历史的趋势,这种历史的趋势已经形成了一种处境,在其中,斯多葛学派的知识理论在形而上学上处于支配地位;和(2)另一个趋势,这种趋势为被轻视的信念原则提供了重新被提出的机会和手段。

II

我们很容易想象这样一个时期,这时候有人认为有意的、激情骚动的原则似乎克服了冷静的理性这种斯多葛主义理念;这时候通过信仰建立起个体的宣言以反对已经确立的、外化的客观秩序,这种要求似乎征服了个人完全屈从于世界的观念。什么样的过程导致了这样戏剧性的颠倒,在其中伦理上被征服的斯多葛学派在认识论上征服了基督教?

我们总是会想到这样一个问题,即如果基督教找到了现成的、对应于它的实践宣言的理智表述,那么会发生什么事情!

行动的最终原则是情感的和意志的;上帝是爱;通过信念或个人态度可以达到这个原则;超越于逻辑的基础和根据的信念通过它自己的运作产生它自己的完满证据,这些是基督教所暗含的道德形而上学。但是,这些含义需要成为一个理论、一种神学、一种表述;由于这种需要,它唯一找到的是哲学,哲学把真实的存在等同于逻辑推理的恰当对象。因为在希腊思想中,在有价值的意义之后,要求持续而认真选择的工业和技艺之意义产生并且让位于沉思理性,理性否定了作为它前身的有组织的努力,并且在它的自我意识的逻辑思想之功能中宣称自身是所有真实事物的创造者和保证。基督教发现,几乎已经准备好了它自己的理智陈述所需要的方式!我们回想一下亚里士多德关于道德认识的阐述和他关于人的定义。他说,人作为人是一个可以被称作渴求思想或者思想欲求的原则。人不是作为一个纯粹的智力来进行认识,而是作为很多欲求的一个组织体,并且在反思过程中影响这些欲求自身的条件和结果。假如亚里士多德使他的理论观点与实践知识的观念相同,会发生什么情况!因为实践性的思考是属于人类的,所以亚里士多德否认它属于纯粹的、冷静的认知,即某些超人类的东西。思想欲求是实验性的、试探性的,而不是绝对的。它朝向未来和对未来有帮助的过去。它是偶然的,而不是必然的。它以双重的方式联系个体性:联系被个体行动者所经验到的个体事物,而不是全体。因此,欲求是欠缺、匮乏、非存在的一个确定标志,而停止于某些它知道自己不再欠缺的东西。因此,在与不完满的存在相联系的信念中达到顶点的欲求的理性,永远不同于在完满存在者的(逻辑上完全的)纯粹知识中起作用的超然理性。

我不需要提醒你们,经过新柏拉图主义、圣奥古斯丁和经院哲学的复兴,这些观念如何被纳入基督教哲学之中,以及基督教原初的实践原则出现了怎样的颠倒。信念因此变得重要,因为在一个有限的、堕落的世界中,在一个受非存在侵蚀的时间性的、现象的世界中,它是真实知识起码的前提,而真实知识只能在一个由完满的存在物所构成的世界中才能获得。欲求是欠缺的自我意识,力图通过对完满存在的完满认识,使它自己最终实现完满的拥有。我不需要提醒你们,在中世纪法典中,理性对于权威、知识,对于信仰的表面上看起来(prima facie)的从属地位,毕竟只是以下学说的逻辑结论。该学说认为,作为人(因为只有理性的欲求)的人只是现象性的;并且只在上帝那里才具有实在性,而作为上帝的上帝是理性洞见和存在的完满结合——是人欲求的条件,以及人微弱地试图获得认识的实现。被理解为"信仰"的权威意味着:这种存在者外在地给予人以帮助,否则人将绝望地注定在长久的错误和非存在中经历苦难,并且这种存在者将一直指导人;在下一个世界中,在更有利的支持之下,人也许能使他的欲望在善之中得到平息,并且他的信仰也许会屈从于知识,因为我们忘记了灵魂不朽的学说不是以下理论的一个附加物而是有机组成部分。该理论认为,既然知识是人的真实功能,那么快乐只能在知识中才能获得,而知识本身只存在于对完满存在者或者上帝的成就之中。

对于我来说,我可以认为,中世纪的绝对主义以及它在这个世界中所提供的权威的、超自然的帮助并且宣称在下一个世界中超自然的实现,比现代的绝对主义更加具有逻辑性和更加人道主义;现代的绝对主义有着相同的逻辑前提,它使人们在以下事实中找到恰当的安慰和支持,这种事实就是:他的努力已经永恒地实现,他的错误已经永恒地被超越,他的局部信念已经永恒地被理解。

现代时期的标志是拒绝满足于把理性的运作和功能推延到另一个超自然的领域,并且下决心使它自己运作于它当前的对象即自然,以及伴随着在附属物之上的所有快乐。亚里士多德的纯粹理智,即思考自身的思想,把自身表现为在它自身最有效运作之当前条件下的自由探索。思想和存在的内在联系之原则并未被触及，但是它的实践核心从下一个世界移到了这个世界。斯宾诺莎的"上帝或者自然"就是逻辑产物；他的物质属性和思想属性的严格关联性也是如此；而他把对于激情和信仰的彻底不信任与对于理性的完全信任以及对于知识毫无保留的热情相结合，这种结合如此典范性地体现了整个现代的矛盾状况，即它也许会唤起我们对它的崇拜。然而，如果对它稍言不慎，就会引起愤怒。

智力在实践上致力于它当前的对象即自然时，科学就产生了，并且它的哲学对应物即认识论也产生了。认识论是以自由的却是狭窄的和技术性的方式，把欧洲在实践上很紧迫的问题普遍化，该问题是：科学如何可能？理智如何能积极和直接地获得它的对象？

同时，通过新教主义，以前用来界定后世（获得充分理解完满存在的机会）的价值和意义被纳入当前的情感和反应之中。

在权威性地被作为现世之准则的信仰和作为后世之准则的被超自然实现的知识之间的二元论，转化为此时此地致力于自然事物的理智和此时此地实现着精神价值的情感及其相应的信念之间的二元论。这种二元论一度是作为简单的劳动分工而起作用的。理智摆脱了对于超自然真理的责任和专注，因此可以使自己更充分和有效地致力于现在的世界；而情感在中世纪教规所产生的价值之指控下，变成了以前只被圣徒所拥有的当下的愉悦。直接性取代了系统化的中介，未来的现在，个体对于超自然制度的情感性意识。因此，可以理解为在科学和信仰之间的协议被撕毁了。不插手，不干涉，各行其是，是新的契约；自然世界与理智相关，道德和精神的世界与信念相关。这个（自然的）世界是关于知识的，那个（超自然的）世界是关于信念的。因此，*在经验中*隐晦的、被忽视的在信念和知识之间的对立，在思想的纯粹客观价值和激情与意志的个人价值之间的对立，要比*在知识中*显明的、扰乱性的在主体和客体、心灵和物质之间的对立更基本，更具有决定性。

这种潜在的对立慢慢地变成公开的对立。在科学细节上，知识侵入道德和宗教生活所致力于的历史的传统和观点，知识使得历史变得类似于自然，就知识所获得的好处而言，历史类似于物理自然。它使自身朝向人，并且冷酷无情地说明他的情感、他的意志和他的意见。如同哲学一样，知识的普遍理论也是如此发展的。它预先遵从于一个古老的观点：绝对的实在是*知识*的对象，因此是某种普遍的和非个人的东西。因此,不管是通过情感主义还是理性主义,不管是通过机械论还是客观唯心主义,都产生了以下情况:具体的自我,特定的感觉性和意志性的存在,被托付给信念。在信念中,这些感觉性和意志性的存在宣布自身是"现象的"。

III

当代的一些思想趋势所特意反对的情况,大致就是这些了。

那些不仅给予我们抗议(就像在所有时期里,信仰对于理智的不合理的反抗一样),而且给予我们一些清楚和建设性的东西的确定条件,是什么样的?这个领域太广泛了,我将只限于讨论知识观自身的发展问题。我将提出:首先,朝向自然物质的理智进程发展出了知识程序,这种知识程序提出了站不住脚的、继承得来的知识概念;其次,这样的结果,被某些科学的特定结果所加强。

1. 首先,对知识观的这种使用和对知识所专注的东西的这种表达,产生了方法和检验标准。这种方法和检验标准当被系统阐述时,就提出了一个非常不同于正统观念的知识观,以及它与存在和信念的联系。

非常突出的一个问题是:思想是探究,而作为科学的知识是系统的、受控制的探究之产物。人们曾经很自然地认为,探究应该以旧有的意义来阐释,是改变主观态度和意见以使它们能够面对以现成的、确定的、完成的形式出现的"实在"。理性主义者有这样一个实在之观念,即它具有规律、种类或者有序体系的自然性,并且同样具有概念、公理等的思想性,作为表象被显示的模式。经验主义者则认为,实在是一些微小的、分离的单个聚合体,分离的感觉就是这些东西的恰当对应物。但是,这两类人都是彻底的墨守成规者。如果"实在"被预先和完全地给出,如果知识只是被动接受,那么探究当然只是在人类"心灵"或者"意识"中的主观变化,因此都是主观的和"不真实的"。

但是,科学的发展揭示了一个独特的、不可容忍的悖论。认识论以歧视性的含义一劳永逸地谴责探究属于主观领域,但它却发现自己与科学的前提和结论在原则上和细节上处于绝对的对立之中。认识论注定要在细节上否定特定科学的结论有任何隐蔽的客观性,因为科学结论总是处于一个探究过程,即解决过程之中。尽管一个人不会因为得知他的心理活动不是真正的实在而停止活动;但是,人们会因为得知科学的发现、结论、解释和理论同样不是真正的实在,而只是一个不可靠的心灵的产物,就退缩不前。一般而言,认识论把作为探究活动的人类思维纳入纯粹的现象领域,因此使具体地达到和符合客观实在成为不可能的事情。即使它的确使自己符合"实在",但是永远也不能对实在感到确信。古老的丹达罗斯的神话①和他想要饮他面前的水,似乎是对现代认识论的天才预言。人类心灵越是渴求和需要真理,越是努力地想要在刚好超出意识边界的存在之海中得到解渴,真理的流水越是会消退!

当这种自我承认的无结果状态与相应的特定科学的特别结果相结合,一些人肯定会发出"占着茅坑不拉屎"或者"酸葡萄"的呼喊。对于思维理论和探究理论的修改,看来是不可避免的。这个修改将使我们不再试图把知识建构为对实在进行最大可能的再现,并且这种再现是在预先谴责它会失败的条件下进行的。这个修改将直接从作为探究的思维、作为探究之条件的纯粹的外在实体开始,并且这个修改将根据有效性、客观性、真理,以及真理的检验和体系在探究中的实际含义和实际作用,对它们进行重新阐释。

这样一个立场,预示着要对信念原则长时间以来一直遭受的指责和忽视进行报复。在构成科学广泛而深入的探究中发展起来的整个思维程序,却变成了系统化的技术,或者变成被特意去追寻的技艺;从古到今从事于实践的人类,通过更粗糙的方式产生出他们的信念之含义,检验它们,并且为了经济、效率和自由的目的,来试图使它们彼此融贯。信念(完全的、直接的和绝对的信念)作为起作用的假设再次出现;发展和检验信念的活动在实验、演绎和证明中再次出现;而普遍命题(universals)、公理、先验真理等等的体系变成了特定方法的系统化,人们借助于这种方法在对公开活动的预期中产生出他们的信念之含义,及其同时为了消除不受欢迎的结果而确保受欢迎的结果去修改信念的含义。观察感觉的、度量的机制被行动者再次用来面对和试图限定他们所面对的问题。真理是抽象的假设含义之统一和具体而原始的事实之统一,而统一所采用的方式是通过从一个新的立场来判断后者从而包围它们,同时真理通过把它们用在相同的积极经验中的方法来检验概念。它完全成为个人操作的经验和个人实现的经验。

对于这些事实的了解为认识论的偏见视野带来了更明亮的曙光,并且我们

---

① 在希腊神话中,丹达罗斯是一位国王,因其犯过罪而被打入阴间并被罚站立在水中。当他想饮水的时候,水即流走;其头上挂有水果,但当他想拿水果时,水果即离开了。——译者

可以看到,只有以下观点才会阻止我们承认思维活动及特定结果的真实性。这个观点就是:信念自身不是存在的一个真正组成部分——这个观点本身不仅仅是一个信念;而且,不同于普通人的坚定看法和科学的假设。它所值得骄傲的证据是:它不会把自身看得如此无价值,而是要发挥实际的作用。

一旦相信信念自身和任何其他一直存在的东西一样是"实在的",我们就会拥有这样一个世界,在其中不确定性、怀疑性都是实在地存在着;并且在这个世界中,不管是就自身独特的存在性而言,还是就尚不确定的实在之要素呈现出样态、意义、价值和真理的唯一方式而言,个人的态度和反应都是真实的。如果"对于固执的人来说,只有他们自我招致的伤害,才能使他们获得学习"——而所有的信念都是固执的——那么同样的,固执的人为了一个充满期待的宇宙而得到的意义之有利发展,必然成为他们最好的补偿和辩护。在一个可疑的、贫乏的宇宙中,要素必定是非常贫乏的;并且把个人信念发展为实验性的行动体系,这是慈善事业一种有组织的职责,去赋予一个充满艰辛的世界以它所渴求的意义。下面这首诗所呼唤的,首先是思想者、探究者、认知者:

> 啊,梦想者! 啊,渴望者,乘着
> 未曾试水的船奔向人迹罕至的海洋的探索者,
> 啊,咬碎珍稀葡萄的人
> 奇异的滋味沾满了双唇①

2. 生物学、心理学和社会科学提供了一系列令人印象深刻的具体事实,这些事实同样指向信念之地位的恢复,指向把知识解释为信念的人类的、实践的产物,而不是指向把信念解释为在一个纯粹有限的和现象的世界中知识所处的状态。我在这里不必(因为我不能)概述一般的感觉、知觉、概念、认知之观念所经历的心理学上的修改,它们都是一样的。很明显,它们都是"运动的"。生物学的证据是明确的,表明了整个理智生命的有机工具、感觉器官和大脑以及它们的联

---

① 原文是:O Dreamer! O Desirer, goer down/Unto untravelled seas in untried ships/O crusher of the unimagined grape/On unconceived lips. 作者为美国诗人和剧作家威廉·沃恩·穆迪(William Vaughn Moody, 1869-1910)。——译者

系都是在确定的实践基础上;并且,为了实践目的、为了这种对于条件的控制能够维持和改变生命的意义而发展起来。历史科学也同样清楚地证明了:作为信息和工具之体系的知识是协作性的社会成就,在所有的时期都被社会所影响;而逻辑思想是通过个人活动对这种社会性结构进行重建,并且朝向一些流行的需要和目标。

当然,这些众多的、一致的证据本身并不是哲学。但是,无论如何,它提供的事实具有科学的支持,并且值得被看作是与科学相关的事实。目前这些事实似乎要求我们给予特别的关注,因为它们所展现的特征在以前的哲学论述中大部分被忽视了,而那些属于数学和物理学的事实则把它们美好的意愿大量地加于系统之上。另外,似乎在知识原则上有意识地建立起来的哲学中,任何已知的事实都不应该要求获得同情的关注。

既然如此,使心理学、社会学及其类似的科学不再具有给出哲学证据之能力的理由,比对这种能力进行简单的否认更加重要。它们证明了一个根深蒂固的偏见:使某个有意识的行动者或者欠缺的、努力的、满意或者不满意的存在者产生关注的东西,在意义上当然必定只是"现象的"。

当公开承认的唯心主义者作为纯粹知识之纯洁性的拥护者而出现时,这种反感更具有启发性。唯心主义者满足于以下观念:意识决定实在,并且假定它是一劳永逸地一下子就全部完成的;而他们对以下观念感到忧虑:经验性的有意识的存在者在此时此地真正地决定存在!我认为,人们应该回忆起斯宾塞所讲的一个故事。通过一系列的议会,一个委员会被组织起来并且展开争论以通过一个法案。最后,成功的消息终止了他们的最后一次会议,结果产生了恐慌。那么,这个委员会还能做什么呢?同样有人会问,如果特定的有意识的存在者,例如具有内脏和大脑的约翰·史密斯和苏珊·史密斯(不论他们之间的血缘联系)被发现对实在的特征和存在施加影响,那么普遍的唯心主义会是什么样子呢?在"意识"中对"实在"的广泛的、不确定的决定会是什么样子呢?

有人也许有理由把唯心主义建构为一个匹克威克式的框架,它本来很愿意把理智的原则理念化而以它的特定任务为代价,但这种不情愿是斯多葛主义的基本原则和唯心主义基本观点的必然结果——它对抽象的逻辑内容和关系的专注。这种逻辑内容和关系,是从它们在有意识的、有生命的存在者中的位置(situs)和功能抽象得来的。

IV

我已经向你们提出过信念和实在之关系的素朴观念：信念自身不折不扣就是实在的,并且在通常的、恰当的方式中即通过修改或者调整其他事物的实在性来展示它们的实在性。因此,它们把个人生活的偏见、喜好、感情、需求和努力与价值即归属于事物的特征相联系,后者因此值得被人类所认识并且对人类交往作出反应。这点可以从关于思想史的描绘中得出,它表明了信念及其所暗示的东西如何屈从于知识和"实在"的一些预设的观点,即知识只是对纯粹理智的关注。因此,我追溯了一些主题,这些主题引起了关于逻辑知识和"实在"之间假定的、独特的联系之重新考虑；促进了对于普通人之信念更公正、更好的态度。

作为总结,我打算再说几句,以便减少（因为完全避免是不可能的）一些误会。首先,尽管一些可能的怀疑不可避免地伴随着实际的信念,我们所讨论的学说却并不是特定的怀疑论。极端的经验主义者、人本主义者、实用主义者,随便你怎么称呼,比起正统的哲学家来说,他不是更少而是更多地相信"实在"。例如,他并不是关注于对客观实在和逻辑的、普遍的思维进行怀疑；他感兴趣的是对这些事物所拥有的这种"实在"进行重新的解释,从而相信而不是鄙视行动和激情之具体的、经验的意识核心。

我的第二个评论要起相反的作用。目标并不是要特别轻信,尽管它从头到尾都完全相信了所有的科学。如果我们认为,因为科学最终是人类信念的工具,所以就忽略广泛而系统的科学方法之最精确的、可能的使用,这就好像认为,因为一个表是制造出来告诉我们当前时间的,而不是成为超越的、绝对的时间之范本,那么表就可以用廉价的材料来制造,随便地制作并且拙劣地组装在一起。告诉我们当前的时间及其他所有的紧迫含义,就是为了弄清楚、确定和扩大智力或工具之最大可能性使用的职责。

例如,我对有损于知识价值的古老体系不感兴趣,以便赋予一些特别的信念以一个不受控制的领域来自由运作——这些信念甚至是对于不朽、对于某种特别的神性或者自由的信念。我们的任何一个信念都要通过它自身含义的发展,被在理智指导下的行动所批判、修改,甚至最终被消除。因为理性是根据信念在未来经验中所带来的后果来产生信念之意义的框架,所以信念更要（而不是更不要)服从和回应于理性之充分运作。①

因此,我们现在朝向最想要得到的东西,即把对于道德力量的承认与对于彻底自然主义的要求相统一。没有人真正想要破坏人的实践本性;自然科学的假设的紧迫性,使人们仓促地作出应答。没有人真正因为蒙昧主义而背负对自然主义的怨恨。由于需要为道德关注保留一些神圣性,才迫使人们那样去做。我们都希望尽我们所能地成为自然主义者。但是,这种"所能"是很困难的。如果我们关于信念和知识提出一个确定的二元论,那么就会被以下一种令人不安的恐惧所困扰,即自然科学将要侵占和破坏"精神价值"。因此,我们把它们建造成一个要塞并且对其进行加固;即我们孤立、专业化并且因而削弱信念。但是,如果信念是最自然的,并且在这种意义上是所有事物中最形而上学的;如果知识是有组织的技术,用来产生信念的含义和关联,并且用来指导它们的形成和使用,那么害怕和谨慎是多么的不必要和微不足道。因为信念的自由是我们的,自由的思想可以作用于自身;思想越自由,信念的解放也就越可靠。死守着一些特别的信念,人们会害怕知识;相信信念,人们会热爱并且忠于知识。

在这里,我们也有可能在思想上、语言上和态度上对哲学家和普通人有一个通常的理解。如果哲学家不是必须放弃他的一些普通人性以便加入一个种类,那么哲学家将不会给出什么呢?当他受到质疑的时候,难道他不总是这样为自己辩护:所有的人都自然地在进行哲学思考,哲学家只是以有意识的、有条理的方式来进行,因为如果以任意的、不规则的方式来进行的话,就会带来损害?如果哲学同时成为一种关于信念的自然历史和逻辑,即技艺,那么它的技术性的辩护最终就是它的人性的辩护。爱默生说,人的自然态度就是相信:"哲学家在经过一些抗争之后,只拥有相信的理由。"让这样的抗争启发和扩大信念;让理性激发和产生新的信念。

最后,在这里所提出的不是结论而是问题。作为哲学家,我们对于结论的异

---

① 随着这个观点的发展,我们可以得到信念的工具论。真实的而不是伪造的信念之标志将会被研究;作为极为重要的个人反应的信念,将会区别于习惯的、联合的、未被怀疑的(因为是无意识地运作的)社会阶级和职业之传统。在《信仰的意志》一文中,詹姆斯教授已经给出了真实信念的两个特征(即"被迫得出的意见"和对结果负责),这在对他观点的批评意见(这实际上是一种讽刺)中几乎总是被忽视。根据这样一个工具论,人们可以怀疑不朽的(一方面区别于希望,另一方面区别于一种对意见可能性的理智权衡)信念是否能够真实地存在。

议比起对于问题的异议来说,是微不足道的。以相同的观点和视角来看别人看到的问题,这是有所作为的。相比而言,对结论的赞同是敷衍了事。经历别人所感觉到的相同问题,这也许就是赞同。区分是令人厌恶的,如同比较是令人讨厌的,理智仅仅通过比较和区分来进行工作。在这样的一个世界中,一个人还能期望做什么?

但是,信念是个人的事情,并且我们仍然相信个人是社会性的。要成为一个人,就是成为思想着的欲望;欲望的一致不是理智结论的一致,而是激情的共鸣和行动的一致。而在感情和行为上的重要统一也需要依赖于思想上的共识,这种共识只有通过区分和比较才能获得。

作为经验的实在①

101　　有人发现,经验和实在之观念彼此之间的同化被以下事实所阻碍甚至被取消,该事实是科学使我们认识到一个年代,在其中,世界试图体面地存在而同时并不包括有意识的有机体。在这种情况下,并没有经验,但是还有实在。因此,我们难道不是必须或者放弃这两个概念的同一性,或者承认我们正在否定和复杂化已经认识到的这些简单事实?

　　人们有资格反对任何把科学(不管是物理科学还是心理科学)看作哲学的企图。有人进一步提出,令人感兴趣和表面上重要的细节累积得越多,意义和重要性是什么的问题(即它全部的哲学意义)就会变得越紧迫。但是,如果能够清楚地表明某种哲学观点依靠于忽视、否定或者歪曲科学结论,那么大多数经验主义者将不会采取这种哲学立场。

　　因此,让我们分析一下用来为这些指责进行辩护的情形。它是这样一种情形:由于有科学的根据,我们总是认为它根据自身的方式朝向当前情形,也就是朝向"经验",并且这种方式是它自身的方式。换句话说,在经验之前的条件已经处于朝向某种事态的转化之中;在该事态中,这些条件被经验到。假定一个人心里想着性质上的—转化—朝向的事实,并且想着这个事实拥有相似于其他任何可靠性质(机械论的、化学的特征和联系,等等)的客观根据性,那么,这些反对意见的说服力会变得如何呢?

102　　如果在某些时候,有人把灵魂实体、心灵或者甚至一个意识②放入实在和经

---

① 首次发表于《哲学、心理学与科学方法杂志》,第 3 卷(1906 年),第 253—257 页。
② 意识是"正在消失的'灵魂'留给哲学界的微弱的流言"(詹姆斯,《哲学、心理学与科学方法杂志》,第 1 卷,第 477 页)。

验的先在条件之间,那么已经提到的那种意义(实在和经验的同一性)当然就不成立了。实在和经验是可以分离的,因为这个异质的因素加入并且产生了它们的区别。是它而非实在产生了这种转化;它以某种方式修改了实在,并且使经验与它脱离开来。产生的经验不同于实在,因为介于其中的心灵、主体或者物质在性质上是中介的,在作用上是突然的或灾难性的。我在这里并不关注现在出现的所有绝望的迷惑,这些迷惑构成了流行的、贬损意义上的"形而上学"。甚至对于如此构造的经验来说,我也不想指出在属于纯粹的、未受污染的实在的特征和那些心灵或意识才能够说明的东西之间进行识别的困难性。我只是指出,这样一个观念是不相容于以下观念的:实在的早期条件对于哲学来说,是等同于实在的。根据这个观点,在哲学方面,实在必须包括"心灵"、"意识"或者其他任何东西,以及有科学根据的早期世界;哲学必定会尽其所能地挣扎于实在的问题,这个问题就是:在实在之内以及相对于实在自身,实在如此绝望地被概念和定义所分割。无论如何,这个观念与当前所讨论的问题是不相干的。

  我回到假定的、严格的、科学的反对意见上。除非一些异质的实在被放进来,早先的实在才能在任何时候都是朝向经验的。历史地说,它只是后来成为经验的东西的早先部分。这样看来,实在与经验对立的问题,变成了实在的早先样式与后来样式相对的问题,或者如果不用"样式"一词,那么就是实在的早先表现、呈现或者状态与它自己的后来条件相对的问题。

  但是,我们不能说早先实在与后来实在相对立,因为这否定了转化朝向的突出点。连续—转化—朝向这个事实就在(我们一致求助的)科学的基础上排除了任何把非同时①经验到的早先经验从后来经验中切除出去的做法。这样来看,对于哲学来说,这个问题被缩减为:对于哲学来说,什么才是实在的更好指示,是

---

① 我插入这个词,因为它是必不可少的。假定这个在先状态现在被经验到,即处于科学中,或者只要经验变成关键性的,这个科学事实使所有严格的客观实在论都受到破坏。这个事实也在对实在进行心理学分析之基础上和在心理科学代替物理科学而成为方法论线索之基础上,被误认为是唯心主义。当然,我们也许会指出,这个心理学程序总是从身体和它的器官、感官、大脑、肌肉等开始;因此,正如桑塔亚那所说,唯心主义认为因为我们通过身体获得我们的经验,因此我们没有身体。但是,另一方面,我们也可以指出,这个身体以及它特有的有机体和行为就像其他任何东西一样真实,因此在完全忽视它的求知态度和反应的条件下,对实在的说明(即首先以物理科学为基础而建立起来的哲学)同样是自相矛盾的。在这样的情况下,重点似乎是科学或经验在其严格受控的形式下的意义,不管这种意义是物理的还是心理的。并且在这里,经验主义的多样性以及它关于思维科学或者思想在控制经验中的地位的解释,似乎是最受欢迎的。

它的早期形式还是后期形式？

这个问题回答了自身：转化—朝向、变化—朝向的属性或者性质至少与其他任何东西一样，是客观实在的。它不能被纳入对早先实在的陈述中，而只能在经验中被理解和实现。实际上，完全愚昧的挖渠者的当前经验以科学陈述所不能（像系统阐述的知识那样不能）的方式，在哲学上公平地对待了早先的经验。如同它自身就是重要的、直接的经验，如同人的经验（就像地质学者、物理学家或者天文学家的阐述一样被忽视了），后者更加具有价值；并且对于其他解释，对于其他对象的建构和在其之上的计划制定来说，后者在价值的意义上也更加实在。在科学家关于实在的陈述中，科学家能去除实在所拥有的因素之原因，正是因为：(1)他对整体的实在不感兴趣，而对实在的这样一个阶段感兴趣，该阶段能作为意义或者计划的可靠指示那样来起作用；并且因为(2)被去除的要素不是完全被去除的，而是正好在他的经验中，在它的外在于科学的特征中。换句话说，科学家能够忽视人的经验中的一些部分，正是因为那个部分如此不可回避地存在于经验中。

假定对早先实在(先于有意识的存在者的存在)在理论上的恰当认识被获得：称它为 O，称它的属性为 a、b、c、d 等，称它的规律即这些元素之间的恒常联系为 A、B、C、D 等。现在根据进化论，这个 O 是性质上朝向经验的转化，O 不是完全的实在，即不是 R，而是把 R 的某些条件挑选出来。但是，我们可以这样来回答：进化理论没有认识到和指出这些转化因素。它的确如此。但是，这种认识的核心在哪里？如果这些因素指向 O，指向在先的对象，那么我们又处于同样的境地。我们已经拥有了某些附加属性 e、f、g 等，以及附加的功能 E、F、G 等，这些属性和功能同样指向 O，从而在性质转化之中。实在的一些本质性的东西仍然被忽略了。

认识到这个转化是在当前的经验中实现的，那么矛盾就消失了。因为性质转化是朝向经验的，它的性质在别的地方而不是在经验中实现，这种经验就是 O 即知识对象存在于其中的经验。

因此，科学认识到的 O 被包含在某种经验中，这种经验的性质不只是把 O 作为对象。这个多出来的东西不是无关的，而正是提供了一种实在的因素，该因素在作为在先物的 O 中是被去除掉的。我们没有普遍地认识到这点的原因，正是因为它如此的不可避免和带有普遍性。只有在哲学中，它才需要认识；在其他地方,它则被当作理所应当的。把 R 作为 O 来阐述的动机和基础,在那些没有得到阐述的经验之特征中,在那些只能在以后的经验中被阐述的经验之特征中。在 O 中,实在被忽略的东西总是被存放在(O 存在于其中的)经验之中。因此,O 真实地被当作它所是的东西,即作为经验的实在之条件。

我认为,把知识—对象纳入包含性的、重要的、直接的经验中(这个称呼就像"非间接"一样是同义反复的,只是用来防止把经验看作部分的或者抽象的),这可以解决知识的超验方面的问题。对于与对象相联系的知识的过度伸展和模糊特征,我们所能说的对于经验来说也同样成立。知识及其对象被包含在经验中,并且是经验系统化、结构化的部分。因此,任何经验都在自身之内把知识及其整个对象世界悬置起来,不管这个对象世界是大还是小。在这里,我们所指的经验是任何认识能够进入的经验,而不是一些理念的、绝对的或者被穷尽的经验。

因此,知识—对象总是同时伴随着其他一些东西,这些东西与知识—对象相关并且能够被知识—对象说明,这些东西与知识—对象的统一能够为知识—对象的检验、修正和证明提供条件。这种统一是紧密的、完全的。在经验之中,知识部分和它自己所经验到的非认知环境之间的区分是反思性的、分析性的区分——在**它的**经验内容和功能方面,它自身是实在的。换句话说,我们不能去掉包含情感性和意志性(因此,只是心理学上的,与哲学不相关)知识的经验之"富余"或"剩余",因为能够被认识的知识及其对象与其他被认为不相关的特征之间的区分是在后来的同一个反思经验中被建立起来的。O 存在于其中的经验是这样一种经验,在其中,O 区别于经验的其他要素,同时又与它们保持重要的联系;但是,它不是这样一种经验,在其中,知识—功能区别于其他功能,例如情感性的和意志性的。如果作出这种区分的后来经验是纯粹心理的,那么知识—功能本身以及情感性功能和意志性功能仅仅是心理学上的区分,我们又面临着相同的情况。换句话说,不管是被直接当作科学家的经验,还是后来被当作哲学家(或者逻辑学家)的经验,我们都面临着相同的问题:作为经验之条件的某些东西,区别于、伴随着受该条件所控制的一些经验特征。

如果有人想要否认这一点,那么让他问一下自己怎么可能去修改(假设的)关于这个星球早先历史的知识。如果 O 始终不与经验的外在于科学的特征发生最真实的联系,那么它是孤立的和终结性的。但是,如果它必须与这些特征发生联系，如果它作为一个因素进入更加包容性的当前实在，那么就提供了说明、检验和修改的条件。把O当作实在的一个*充足的*陈述（在哲学意义上的充足），这是提升一个科学产物而以整个科学程序作为代价，而该科学产物本身就必须根据科学程序来证明自身和接受修改。

知识的实验理论①

我们有可能识别和描述认识,就像一个人能够识别物体、关系或事件一样。它必定有它自己的标志,必定会提供一些标志性的特征,就像雷暴、国家宪法或者美洲豹所提供的特征一样多。在寻找这种东西时,我们首先想要得到某种在它出现的同时就能依靠自身的力量而成为认识的东西,而不是被其他人和从外部被称作知识的东西,不管这其他人是逻辑学家、心理学家还是认识论者。"知识"也许会被发现是错的,因此不是知识;但是,这是事后才知道的。它也许被证明能够产生很多智慧;但是,如果这种结果只有在事后才能成为智慧,那么我们并不关心它。我们想要的,是把自身作为知识(不管是正确地还是错误地)的东西。

I

这意味着一个特殊的事例、一个例子。但是,众所周知的是有些事例太危险了,因此它们也许会很自然、很优雅地回避问题的实质。我们所求助的一个实例是如此简单,甚至从表面上看简单得就像是假设一样。这个事例,我们将会逐渐地使其复杂化,并且在每一步都会留心去指明被引入的新的要素。让我们假定一个气味,一个漂浮的气味。这种气味也许可以通过假设它激发起行动来得到

---

① 根据《心灵》[(Mind)],第15卷(1906年)]重印,第293—307页。在修改的版本中,杜威在安排上和后一部分作了大量的修改。本文修改后重新发表于《达尔文在哲学上的影响》,纽约:亨利·霍尔特出版公司,1910年,第77-111页。

确定;它激起了一些变化,最后的结果是摘下并且享受一朵玫瑰。这个描述被应用于从外部经历并且叙述的事件之过程。哪种过程才能建构知识,或者才能在它的进程中有某些称得上是知识的东西?气味首先是在那里的;它所激发的运动是在那里的;最后的摘花和满足是被经验到的。但是,我们说,气味不是**属于玫瑰的气味**;产生的有机体的变化不是行走和摘取的感觉;美妙的结局不是运动所实现的,并且也不是最初气味所实现的;"不是"在任何情况下,都意味着"不是被经验为"。总之,我们可以用一种极具序列性的方式来看待这些经验。气味 S 被有感觉的运动 K 所取代(或者代替),运动 K 被满足 G 所取代。从外部观点来看,正如我们现在所看到的那样,存在着 S-K-G。但是,从内部观点来看,它依靠自身而现在是 S,现在是 K,现在是 G 等等,直到最后。在那里,不存在超前看或者朝后看;记忆和预期都没有产生。这种经验在总体或者部分上既不是知识,并且也没有发挥认知的功能。

但是,在这里,我们也许遇到了麻烦。如果在"意识"中出现什么东西,我们可以被告知(至少我们经常就是这样被告知)必定有关于这个出现(这种出现无论如何是在"意识"之中的)的知识。可以这么说,至少存在可以简单理解的知识、某种熟悉的知识、那个(that)知识,即使不是何种(what)知识。我们承认,这个气味并不知道任何其他东西,它也不是我们关于这个气味所知的任何东西(也许是同一个东西);但这个气味是被知道的,或者被它自身,或者被心灵,或者被一些主体,被一些目不转睛、从不放松的眼睛所知道。不,我们必须回答;如果没有一些(不管多么微小)环境,就不存在理解;没有什么认识既不是认知,也不是期望。认识的出现总是有一些伴随物,或者冒出来迎接它的伴随物。认识总是暗示着一些关联,暗示着再认识,以及某种预计受欢迎的或担忧的附带特性。

这个观点不能被当作微不足道的而被打发掉。如果它是有效的,就带来存在和认识之间的差距,并且让我们能够认识到所有知识中的中介要素,即技艺。这种差距,这种超越,不是存在于我们的知识或有限知识之中的某种东西,而是标志着在我们的意识类型和我们以不可知论者或先验论者(这两者共同拥有很多属性!)的方式来具有的其他意识类型之间的差距;而是因为认识作为认识,即因为我们称为反思活动的使事物与事物发生关联的方式(对于根据彼此而被经验到的事物之操控)而存在。

我在最近的一篇文章中读到:"感觉(feeling)直接被认识到它自己的性质,

认识到它自己的主体存在。"①在感觉内部的这种双重性如何以及何以进入对认知者和所知物的感觉,进入作为存在的感觉和作为认识的感觉?让我们直接否定这些怪物。感觉是它自己的属性,是它自己的**特定**(又一次,为何以及何以是**主体性的**)存在。即使这个陈述是教条主义的,它也是通过对其他教条主义(认为"意识"中的存在总是为知识或者在知识中出现)的反应而产生,那么它至少值得坚持不懈地被提出。因此,让我们再一次重复:成为气味(或者其他东西)是一回事,作为气味被认识是另外一回事;"感觉"是一回事,作为"感觉"被认识是另外一回事。②首先是事物性;不容置疑的、直接的存在;以这种方式来看所有那样的事物都是在"意识"中。③ 其次是反思的存在,暗示并且召唤其他事物的事物(即提供真理和错误之可能性的某些东西)。首先是真正的直接性;其次是(在所讨论的事例中)伪直接性,这种伪直接性在宣布它的直接性的同时在别的东西(以及在它自身和与它的关系中都不被经验到的东西)中偷偷地带入了与直接性相关联的主体或者"意识"。④

但是,我们不必保留教条主义的断言。认识一个事物或者一个人有确定的经验含义;我们只要想一下被真正地、经验地认识的东西是什么,对于这种神秘的存在我们所做的是什么,这种神秘的存在尽管是无修饰的、简单的存在,但却是未被认识的,因此也是被遮蔽的和复杂的。认识一个事物,就是确信(从经验自身的立场来看)它有如此这般的特征;如果给出条件,它将以如此这般的方式

---

① 我必须再次提醒读者我已经提出过的一个观点。这个观点就是把意识中的存在等同于某种知识,这种知识导致了设定一个心灵(自我、主体),心灵拥有认识(只不过它经常发生错误!)的特定属性,或者这种知识导致了为"感觉"提供能够审视它们自己的内部构件的特定属性。假定正确地感觉到知识包含联系,并且假定意识中的事物并不联系于其他的**事物**,那么它立即联系于一个灵魂实体或者它的幽灵般的产物,即"**主体**"或者"**意识**"自身。
② 让我们进一步回忆,这个理论或者要求现存的事物已经是心理物(感受、感觉等),以便被吸收到认知心灵中或者屈从于意识;或者,这个理论把真正素朴的实在论转变为心灵的奇迹,因为心灵超出自身,幽灵般地作用于外部世界的事物。
③ 这意味着事物可以作为所知(known)而出现,正如它们可以呈现为坚硬的或柔软的、令人愉快的或令人厌恶的、期望的或者害怕的。作为知识特征的中间状态或者干涉的技艺,精确地指明了被认识的所知物直接出现的方式。
④ 假设休谟有很小的兴趣关注于知觉之流和习惯(即连续性原则和组织原则),他把两者作为区分的、孤立的存在,那么他也许可以把我们从德国人的确认理论(erkenntnisstheorie)中解救出来,以及从现代圣迹剧(miracle play)和对意识的要素进行研究的心理学中解救出来。这种心理学在科学的庇护之下,敢于拥有心理要素的混合物和类型,并且由于它们的精妙而嘲笑它们不那么机灵的相近物即物理原子的运作。

来行动；如果现存特性的引导性被执行，那么明显而公开的现存特性将与其他显现自身的伴随特性相联系。认识就是某种程度上根据早先经验进行预见。例如，我不怎么认识史密斯先生，那么我就不拥有一系列更多的与那些可感存在相联系的关联性质，但是至少会出现一些暗示性的特性：他的鼻子、他的腔调、我看见他的地方、他在生活中的职业、关于他的有趣轶事等等。去认识，就是去知道在一些细节上一个事物是什么样的。如果有人知道一朵花的气味，这意味着这个气味不只是气味，而且是提醒这个人与这个气味发生联系的其他一些被经验到的事物。因此，为我们提供了控制和抓住当前存在物的条件，即把它转化为其他一些当前不能感觉到的存在物的可能性。

让我们回到我们的例子，假定 S 不被 K、因此也不被 G 所取代。让我们假定它是持续存在的，并且不是作为伴随着 K 和 G 的不可改变的 S 而存在，也不是作为与 K 和 G 相融合而成的一个新的可感性质 J 而存在。因为在这些情况下，我们只能得到已经考虑过并加以拒绝的类型。对于一个观察者来说，新的可感性质也许比原初的 S、K 或 G 更加复杂、更加完整，但是不会被经验为复合物。因此，我们可以假定有这么一张合成图片，而这个照片并不会暗示它的起源和结构的复杂性。在这个情况下，我们只会有另一张图片。

但是，我们还可以假定这张图片上的模糊暗示出一些图片及其特征的叠加。因此，对于我们的问题来说，我们得到了另一种更有成效的持存。我们会想象最后的 G 采取了这种形式：满足—终结—运动—诱发于—气味。这个气味仍然存在；它持续存在着。它不是以起初的形式存在，而是被一个性质、职能所代表；这种性质、职能就是激发活动并且终结于某一满足的可感性质中。它不是 S，而是 Σ，也就是由于过程之维持和完成而被增加意义的 S。S 不再只是气味，而是起过激发和保证之作用的气味。

在这里，我们拥有一个认知的（cognitive）而不是有认知力的（cognitional）事物。我们说气味最终被经验为**意味着**满足（通过干涉性的控制、观察等），并且不是以偶然的方式，而是以对所意味的东西施加影响的方式来进行意味；由此，我们回顾式地把理智力量和功能加给气味——这就是"认知的"所表示的意思。但是，气味不是有认知力的，因为它不是有意地想要表示这个意思，而是在事后被发现有这样的意味。这个最终的经验 Σ 或者经过转化的 S，也不是知识。

这个陈述又一次受到挑战。那些否认"意识"中可感性质的直接存在构成了认识和简单理解的人,也许会转而反对我们,并且说意义之实现的经验对我们来说正是知识所表达的意思,这正是我们阐述中的Σ所是的东西。这个观点是很重要的。正如气味一开始是存在或者存在物而低于认识,这个完成同样是超出认识的经验。看着和握着花朵、享受这个美丽事物的气味的全部含义不是知识,因为它超出了知识。

如果这也许看起来是教条主义的,那么让我们假定完成、实现的经验是知识。那么,它将如何区别于其他知识并且与其他被称作知识的东西(即反思的、推论的认识)一起被归类?这样的知识是它们所是的东西,因为它们不是完成,而是公开的完成之意图、目标、计划和符号。关于猎狗的知觉性或者概念性的知识,是我真实地带着猎狗打猎的先决条件。打猎也可以反过来增加我关于狗和它们的行动方式的知识。但是,关于狗的知识,作为知识,它仍然典型地区别于那种知识在经验之实现中的使用,即打猎。打猎是知识的**实现**;请允许我这么说,它单独地证明和证实知识,或者提供真理的检验。关于狗的预先知识是假设性的,缺乏保证和绝对的确定性。打猎、完成、实现经验单独地产生知识,因为它单独地提供完全的保证,使信念成功地运作。

现在再没有、也不能有对这种知识定义的反对意见,我们假定它能始终如一地被坚持下去。人们同样有权利把知识等同为完全的确信,正如我必须把它等同为其他任何东西。在语言的日常使用以及在常识中,把知识定义为完全的确信,可以找到相当多的理由。但是,甚至在这个定义上,实现着的经验也不是完全的确信,因此也不是知识。跟随着它而出现的确信、认知确认、确证并不是与它的出现保持一致的。它给出确信,而本身不是确信。具体地编造一个故事,控制机器,带着狗打猎,就其是实现而言,它不是对以前被认为是认知性意义的证实,即不是同时被经验到的。思考在后来的经验中得以实现的一个在先的体系、符号和意义,就是在它们彼此之间的联系中反思性地呈现出意义和经验,它们事实上正是被包含在经验之中的。这种反思性的态度不能等同于实现的经验本身;只有当意义的价值或者认识观念根据它们的实现而被批判性地审查时,它们才出现于回想之中。猎人停止他的作为实现活动之打猎,去反思他关于他的狗之观念出了差错,并且反思他的狗是他所认为是的那种东西——他关于它的观念得到了确认。或者,那个人不再建造他的机器,并且重新回到他的计划而去改正或者评估这个计划的价值。因此,即使我们把知识等同于确信或者保证的充分性，实现的经验自身不会自动成为知识。而且，它只关于我们还未曾考虑过的情境而给出、提供确信。①

在证实或者否认之范畴能够被引入之前，必定存在一些想要意味某物的东西，以及可以被结果所保证或者拒绝的东西——这正是我们还没有发现的东西。我们必须回到我们的例子，并且引入更多的复杂性。让我们假定气味的可感性质在日后再次出现，它不是作为原初的 S、也不是作为最终的 Σ 再次出现，而是作为 S′ 再次出现，S′ 拥有实现（正如实现 Σ）之可能性含义。再次出现的 S′ 意识到它所意味的其他东西，即它想要通过它所激发的运作而施加影响的其他东西；如果没有这些其他东西，那么，它自己的存在就是失败的，或者是未被证明的、无意义的。现在我们拥有了有认知能力的经验，而不只是认知的经验；它能同时意识到超越它自身的意义，而不是拥有后来其他东西加给它的意义。气味认识玫瑰；玫瑰被气味所认识；每个项的意义都通过彼此的联系来建构。这就是说，气味的意义是指示和要求气味与享受玫瑰花（作为它的实现之经验）之间一直保持的联系；而这种享受正是气味有意识地意味着的东西之内容或者定义，即想要去意味。但是，意味着的东西和被意味的东西是同一情境中的要素。它们都呈现，但不是以相同的方式呈现。实际上，一个事物的呈现，不是以其他事物呈现的方式那样出现的。通过操作的干涉，它的呈现如同某个事物以相同方式而被呈现。我们不能回避纯粹语言上的困难。说一个事物是缺席的存在，这暗示着一种语言上的矛盾。但是，所有理念内容、所有目标（即想要得到的事物）都以这种方式来呈现。事物可以作为缺席而被呈现，就像它们可以作为硬的或者软的、黑的或者白的、离身体 6 英寸或者 50 杆远来被呈现。假定一个理念内容必定或者完全是缺席的，或者以它被实现的那种方式来呈现，这种假定不是教条主义的，而是自相矛盾的。理念内容可以被经验到的唯一方式是以不同于其他事物呈现的那种方式被呈现的，后一种呈现提供了令人满意的呈现标准或者类型。当以这种方式呈现时，它不再是一个理念内容。不是无修饰的存在和非存在之间的对比，也不是现存意识和现存意识之外的现实之间的对比，而是令人满意的呈现模式和不令人满意的呈现模式之间的对比产生了"真实地"呈现和"理念地"呈现之间的区别。

根据我们的阐释，握住和欣赏玫瑰是呈现出来的，但它们不是以气味呈现的

---

① 换句话说，所描述的这个情境不会与打猎的情况（意在检验关于狗的观念）相混淆。

方式来呈现。通过气味所激起的操作,它们以将要呈现的那种方式来呈现。情境内在的是一个不稳定的情境,在这样的情境中,任何事物都依赖于操作的进程,依赖于作为连接环节的运作之恰当性,依赖于意味着的事物和被意味的事物的真实调整。把这个事例进行普遍化,我们得到了以下定义:如果在经验的可感性质中有被经验到的以下两种要素之间的区分和联系,那么这个经验就是知识:其中一个以它自身已经呈现的方式表示或者意谓其他事物的呈现,而另一个则尽管不是以相同的方式来呈现,但是如果它的同伴或者同类物的意义或意图将要通过它设定的操作来实现,那么它也必定变为如此的呈现。

II

我们现在暂时回到知识作为认识的问题,并且进一步回到知识作为确信的问题,或者知识作为进行证实和确证的实现。随着作为意味某些超越它自身的东西的气味之再次出现,于是有了理解,即那种知识。现在也许有人会说,我知道一朵玫瑰闻起来像什么;或者,我知道这个气味像什么;我知道玫瑰令人愉悦的气味。总之,在当前性质的基础上,气味预示和预告了更多的特性。

我们也有了确证和否证类型的知识之条件。在产生刚才描述过的情境时,在从冲突的情境到和谐的或满意的情境的自我指示、自我要求的转化过程中,实现或者失望产生了。气味在玫瑰中实现或者不能实现它自身。作为意图的气味被事实所证明或者否认。正如已经指出的那样,实现的后续经验主要不是确证或者否证。它的含义是如此的重要、如此的紧迫而不能完全地还原为对一个意图或意义的检验的价值。① 但是,它在反思中获得了这种证实意义。如果气味的意图没有被实现,那么这种差异也许会在反思中让某人回到原来的情境。有趣的发展出现了。气味意味着一朵玫瑰;它并不(它结果被发现是这样的)意味着一朵玫瑰;它意味着另一朵花或者其他东西,我们不能说出那是什么。很显

---

① 在《逻辑理论研究》的一篇论文中,摩尔(Moore)博士在对罗伊斯(Royce)的《世界和个体》中发展起来的意义和实现理论进行批评的基础上,清楚地表明了这种区分所带来的全部后果。我引用一句话(第350页):"在作为意图性观念的经验和实现这个意图的经验之间,肯定存在着很容易识别的区别。把它们都叫做'观念',至少是令人误解的。"以上文本简单地补充了:在实际的、意图性的和正在实现(即被看作是外来的)经验和那些被意味着是如此的并且被发现是它们所意味的东西的经验之间,也存在着可识别的和重要的差别。

然,有某些其他东西进入其中;当它一开始被经验到时,某些超越气味的东西决定了它的意义之有效性。因此,也许我们拥有一个超越的相关物,区别于实验性的相关物?只要这样的其他东西在气味自身中不产生任何差别,或者任何可识别的差别。如果最大程度的观察和反思在不能实现或者可以实现它们的意图之气味的可感性质中不能发现任何差别,那么就有一个外在的控制性和扰乱性因素;并且这种因素是外在于情境的,因此不能在知识中被利用,也不能在任何具体的检验和证实中被使用。在这种情况下,认识依靠于额外的实验性或者超越的因素。然而,正是这种超越的性质使得对事物的要求或意义之证实或者反驳、修改和批评成为不可能。我们必须在超越的基础上,用这些偶然性的成功或者失败来取代真理和错误的观念。意图有时候朝向一个方向改变,有时候又朝向另一个方向改变。为什么以及如何,只有神灵才知道——并且只有对他们来说,额外的实验性因素才不是额外的实验性的,而是在具体的气味中产生具体的区别。但幸运的是,这个情境不是我们所描述的那样。决定成功或者失败的因素的确在意味着对象的事物中产生了差别,并且这个差别是可识别的;如果不能被识别,那么我们就需要找到这个差别。至少它产生了这种差别:气味受意义的不确定性之因素的感染——这作为被经验事物的一部分,并不是针对一个观察者的。这个额外的认识至少产生了额外的注意。意义更加具有批判性,而操作更加谨慎。

但是,我们不能停留于此。我们还要充分注意到气味的主体。气味也许成为知识的客体。它们也许暂时地(*pro tempore*)①取代玫瑰在之前所占据的位置。也就是说,人们可以观察以下事例:在其中,气味意味着其他事物而不只是玫瑰,也可以有意地产生新的事例以便进一步考察,并且因此说明意义出错的情况;更仔细地区分被事件所证实的那些意义的特性,并因此在某种程度上保卫和防止在未来对相似意义的使用。从表面上看,似乎气味被当作洛克的简单观念那样被处理,或者好像是休谟的"作为分散存在的不同观念"。很明显,在这个调查研究期间,气味采取了一种独立的、孤立的状态。正如实验心理学家和分析心理学家通常所进行的研究那样,"感觉"只是这种分离事物的样本。但是,如果我

---

① 科学、哲学和闲暇、经济富余之间的联系并不是偶然的。在实践上值得去推迟实践,去进行理论研究,去发展出一个新的和吸引人的实践模式。但是,实践上的额外获得才使这种推迟和替代成为可能。

们忘记了这种表面上的孤立和分离是科学工具的有意产物,即它只是用来确保受检验之结论的探究活动的科学技术的一部分,那么就会产生极其严重的错误。正因为气味(或者其他任何一些性质)是一个关联的世界的组成部分,它们才是超越自身的事物之标志;并且正因为它们是标志,才有需要和有必要去研究它们,好像它们是完全的、自足的实在。

相关于事物特定地意味着其他事物而对它们进行反思性的决定中,关于实现、失望和误入歧途的经验不可避免地起着重要的和反复出现的作用。它们也是实在的事实,并且以实在的方式联系着那些想要意味其他事物的事物,也联系着那些被意味的事物。当这些实现和拒绝在它们与它们的相关意义的确定联系中被反思的时候,它们就获得了一个性质;该性质在它们作为实现或者失望而直接出现中是没有的,即提供确保和修改的属性,也即确证和反驳的属性。真理和错误不是任何经验或者事物本身或者首要的属性,而是相关于有意识的证实活动的事物之属性。真理和错误只有在以下情境中才把自身呈现为有意义的事实,在这种情境中,特定意义和它们已经被经验到的实现和非实现就价值问题,就意义的可靠性,就特定的意义或者意义种类的可靠性,被有意地进行比较和对比。就像知识本身,真理是事物之间被经验到的联系,并且它没有外在于这些联系的意义。① 就像用于居住的舒服、用于演讲的正确、用于演说家的有说服力等这样一些形容词,它们不拥有独立于它们所应用的特定事物的价值。如果我们总是把名词"真理"转化为形容词"真的",并且进一步转化为副词"真地",那么这对于逻辑学和认识论来说是一个很大的收获;至少,如果我们这样去做,将会使自己完全地熟知以下事实:"真理"是一个抽象的名词,概括了特定的一些事实在其自身的特定内容中所呈现出来的特性。

III

在前面几页中,我试图根据知识自身的特性和价值来描述知识的功能——如果我们用"现实的"来指自然的,那么这种描述的意图是现实的,并且是基于桑

---

① 就我看来,不能抓住意义之真理和通过事物表达出的特定期望、任务或意图之间的关联,这是对真理的实验理论和实用主义理论进行批评的基础。同样是出于这个原因,产生了所有绝对主义者的普遍的真理观。

塔亚那所说的"跟随着主题的引导"。不幸的是，现在所有这样的任务都要忍受严重的、外来的阻碍。实现这种任务具有它自己所不能面对的困难性；最先的努力肯定是不完善的（如果不是极端错误的话）。但是，现在这些努力在很大程度上甚至并不被它们自己所关注，它们作为自然的努力而不被考察和批评。它们与完全不同性质的任务相比较，与知识的认识论相比较，并且这种外来的理论之假设被当作现成的标准用来检验它们的有效性。当然，在表面上，"认识论"只表示知识的理论。因此，这个词也许只被用作描述性逻辑学的同义词；也是以下理论的同义词，这种理论把知识当作是自己发现自己的，并且试图给予知识以特定类型的说明，这种类型也会运用到对其他任何自然功能或者出现的说明上。但仅仅提到也许会是什么，这只是在强调实际上是什么。被称作认识论的东西都假定了知识不是自然的功能或者事件，而是一个神秘之物。

认识论从以下假定开始：某些条件是知识的基础。如果知识是由支持知识的非自然条件所构成，那么这个神秘之物是足够巨大的；但是，这个神秘之物被以下事实所增强：条件被限制，使得它不能和知识兼容。因此，认识论的首要问题是：一般的（*überhaupt*）、普遍的知识如何是*可能*的？由于这个在知识的具体出现和功能与它必须遵守的、作为基础的条件之间的不兼容性，一个附属的问题产生了：普遍的、一般的知识如何是*有效*的？因此，产生了当代思想中作为知识理论的认识论和作为对特定方法（根据此方法，在同一问题上优于其他可选择的信念的特定信念被形成）之说明的逻辑学之间的这种完全的分离，以及在自然的、生物的和社会的心理学（它们说明了知识的功能如何从其他自然活动中发展出来）与作为对知识如何可能的说明的认识论之间的完全分离。

我们现在不可能详细说明超验的认识论和知识的实验理论之间的冲突。但是，如果我坦率和简要地指出从*特殊的经验情境*中如何产生出认为知识是一个神秘之物的假定，并且由此为哲学研究的特定分支提供一个主题，那么这将有助于理解后者。

正如已经指出的，认识论使得知识的可能性成为一个问题，因为它假定：当知识经验地存在时，知识条件的基础与知识的明显特性并不相容。这些假定认为，知识的元件或者工具不是自然对象，而是心灵或者意识的一些现成状态，一些纯粹"主观的"东西，居留于、行动于并且存在于不同于所知事物之领域中的某种特定存在物；并且认为，知识的最终目标和内容是确定的，是一个现成的事物。

它与认识这个事物的过程之起源、目的和发展并无有机联系,是某种*自在之物*(Ding-an-sich)或者绝对物,即超验的"实在"。

(1)不难看出,在自然知识或者通过其他事物意味一个事物的知识之发展中,什么时候出现了认知中介的概念,这种认知中介在存在等级中完全不同于被认识的事物。它随着对未实现的、受挫的和失望的重复经验而出现。气味毕竟并不是意味着玫瑰;它意味着某种完全不同的东西;但是,它的指示功能是如此强制性地被执行,以至于我们禁不住(或者至少*确实是禁不住*)去相信玫瑰的存在。这是一种熟悉的和典型的存在,一种很早就让我们认识到"事物不是它们看上去的那样"的存在。有两种互相冲突的方法来对待这种认识:一种在前面提到过(第116—117页),我们现在更加彻底地、更加耐心和细致地深入这个事例。我们使用了为这个目标而制作的所有方法来考察作为标记的事物和被意味的事物,并且实验性地制造了不同的情境,使得我们可以说明当玫瑰被意味之时,是*哪些气味*意味着玫瑰,是关于气味和玫瑰的什么东西让我们出错;并且,使得我们可以区分出环境只能接受暂时性结论的那些情况。我们只是尽我们所能去控制我们的标记体系,使它们具有最大可能的工具性。为了这个目标(正如上面所提到的),利用所有成功和失败的经验,并且有意地建立一些事例;这些事例可以用来说明成功和失败的特定经验原因。

现在这样的情况发生了:在希腊思想中,当错误的事实被有意识地普遍化和公式化时,特定的探究和修改这样一种技术并不存在;实际上,只有在错误被用来建构反常的功能*之后*,它才会存在。因此,刚才勾勒出来处理这个情境的方法是不可能的。我们可以想象,忧郁的灵魂希望推迟对难题的任何解决办法,直到后代对这个问题本身有更加清楚的认识;我们不能想象,充满热情的人类在执行这样的保守做法。无论如何,希腊思想提供了似乎令人满意的出路:有两种等级的存在,一个是永恒的和完全的实在界,存在的特征可以恰当地应用于这个领域;另一个是变动的、现象的、感官的非存在领域,或者至少是正在进入存在的领域,一个存在和非存在、非实在无望地相混合的领域。前者是知识和真理的领域,后者是意见、混乱和错误的领域。总之,在关于(事物成功和不成功地维持和实现其他事物的意义的)一些事例的经验*之中*的冲突,被抬高为在两种类型的事例中事物内在特征的完全不同的状态。

随着现代思想的开始,"非实在"的领域及意见和错误的来源被限定在个体中。客体是完全实在的和完全令人满意的,而"主体"只能通过他的主观状态、他的"感觉"和"观念"来接近客体。希腊关于两种等级的存在之观念被保留了,但不再是刻画"世界"自身的两种等级,而代之以这样的划分:其中一个是世界,而另一个是试图认识这个世界的个体心灵。这个框架显然很容易解释错误和幻觉;但是,知识、真理如何能在这样一个基础上出现?希腊关于错误可能性的问题成为现代关于知识可能性的问题。

122　　现在抛开历史背景来看这个问题,对于意义和观点之功能的失败、失望和未实现的经验也许会引导个体走上科学之路,即更加仔细和全面地研究事物本身,同时探测错误的特定来源,提防它们,并且尽可能地控制它们,使对象成为超越自身意义之承载者的条件。但是,由于失望,人们也许会因为这种缓慢和试探性的方法(它们所确保的不是绝对可靠性,而是有效结论的更大可能性)而对认识论者感到不耐烦。因此,他可以把这种差异以及气味不能执行它自己有意图的意义,当作是一个普遍的而不是特定的事实:当作在意味着的事物和被意味的事物之间的普遍冲突的证据,而不是需要我们更加谨慎和彻底地对气味进行考察并执行气味所指示的操作之证据。人们也许会说:悲哀只是我的,气味只是我的气味,是存在于产生自意识的存在之等级中的主观状态,而玫瑰存在于另一个存在等级,这个等级产生自一个完全不同种类的材料;或者说,气味产生自"有限的"意识以作为它们的材料,而实在事物即实现它们的对象,产生自"无限的"的意识以作为它们的材料。因此,必须引入一些纯粹的形而上学纽带以联系两者。这种纽带与知识无关,它并不能使一个气味的意义比其他气味的意义更加正确,也不能使我们有能力去区分正确性的相对程度。作为控制的原则,这个超验的联系是与所有同类物相联系的,因此能够批判和证明所有同类物。①

---

① 对知识之对象的形而上学超验性的信念,似乎起源于特定的、可描述的经验超越性。意味着的事物是一回事,被意味的事物是另一回事,并且不是(正如已经指出的)以进行意味的事物被呈现的那种方式被呈现。它是将要被如此给出的某种东西。无论对指示着和意味着的事物进行多么细致和完整的考察,也不能消除或者去除这个鸿沟。能够在不同程度上增加正确意义的可能性,这就是我们所说的控制。但是,最终的确定性不能获得,除非通过实验,即进行一些受指导的操作并查明预期的含义能否被个人亲身(*in propria persona*)实现。在这种实验的意义上,真理或者任何特定意义的对象总是超出或者外在于意味着它的有认知力的事物。错误和真理是认识的一个必要功能。但是,对这种超验(或者超越)的联系的非经验的说明,把所有的错误放在一个地方(我们的知识),而把所有的真理放在另外一个地方(绝对意识或者其他自在之物)。

有趣的是，我们注意到，先验论者几乎总是先陷入心理学的谬误；然后使自己采取心理学家的态度（这个态度关注于自身作为自我封闭的"观念"的意义）而去指责经验主义者，批评经验主义者混淆了纯粹的心理存在和逻辑有效性。也就是说，他一开始假定我们阐释中的气味（以及所有用作符号的有认知能力的对象）是纯粹的精神或者心理状态，因此，逻辑关涉性或者意图性的问题，是纯粹的心理物如何"知道"外在于心理之物的问题。但是，从严格的经验观点来看，进行认识的气味不是纯粹心理的，就像被认识的玫瑰一样不是纯粹心理的。如果我们愿意，我们可以说：气味包含有意识的意义或者意图时，它是"心理的"；但是，"心理的"这个词并不指一些分离的存在样式，即作为意识状态的存在。它仅仅指以下事实：气味作为一个实在和非心理的对象，现在正在执行一个理智的**功能**。正如詹姆斯所指出的那样，这个新的属性包含一个**附加的联系**——当非心理的对象出现在新环境中并采取了其他功能和用途时，一个新属性拥有了那个对象。① 在"心灵中"意味着处于一个情境中，在其中意向的功能被直接涉及。② 那些相信认知经验从起源上（*ab origine*）就是严格"心理的"事物的人，难道不用去解释在事实上它是如何获得特定的、外在于心理的关涉物，从而能够被检验、证实或者反驳吗？或者，如果他相信把认知经验看作纯粹心理的，这种做法表达出为了能够对它进行心理分析而唯一能够采取的形式，难道他不用去解释为什么他如此执著地把它的内在"心理"的特征赋予他所批评的经验主义者吗？一个对象当以某种方式被经验地使用时，它才能进行意味；并且在某些环境之下，这个意义的精确特征和价值才成为关注的对象。但是，先验主义的认识论者及其纯粹心理"意义"和纯粹外在于经验的"真理"假定了一个解围之神（Deus ex Machine）③，其机制仍然是一个谜。并且好像是要增加他的假定的任意性，他必须承认，使心理状态获得客观意义的超验的、先验的能力丝毫不能帮助我们**在具体环境中区分错误的客观意义和有效的客观意义**。

---

① 参较他的论文《"意识"真的存在？》(《哲学、心理学与科学方法杂志》，第1卷，第480页)。
② 参较伍德布里奇教授的论文《意识之问题》(收录在《哲学与心理学研究·加曼纪念刊》中)。
③ Deus ex Machina是希腊或罗马戏剧中的解围之神。当时的剧作家们写作时常常会遇到情节前后抵触、故事走进瓶颈的情况，就想象出这样一个神。他能够突然从天而降，使所有不合理的事情变得合理。在戏剧演出中，Deus ex Machina总是被舞台机关送到台上，专门消除剧情冲突或使主人公摆脱困境。后来，Deus ex Machina就泛指解围的人或事件。——译者

(2)与纯粹原初的"心理状态"的假设相对应的假设,当然是绝对实在的假设。绝对实在自身是确定的和完全的,而我们的"心理状态"是对它直接的、短暂的暗示,它们的真实意义和超验目标是**物性**(*in rerum natura*)的真理。如果认知的机制和中介是处于存在的自我封闭的等级之中,而不同于被认知的对象,那么,对象必定完全脱离于对该对象进行认识的具体目标和程序。但是,如果我们回到能够被描述的作为自然事例的认知,那么,我们发现,正如气味并不普遍地意味玫瑰(或者普遍意义上的任何东西),而是意味一些特定的性质,对于这些性质的经验是有意的和预期的,因此认知的功能总是表现于特定经验与特定可能的被需求经验之间的联系之中。在特定情境中被意味的"玫瑰",是那个情境的玫瑰。当这个经验被实现时,它作为持有那个意图的条件之实现而被实现,而不是作为普遍意义上知识或者意义的功能之实现。后续的意义和后续的实现,也许会增加和丰富实现着的经验;被认知的玫瑰的对象或内容,在下一次也许会成为其他东西或者变得更加丰富,等等。但是,我们没有权利设定一朵普遍意义上的"玫瑰"以作为认知着的气味之对象;知识的对象总是严格地与意味着它的特定事物相联系,而不是以普遍的方式相对于在认识上意味着它的东西,正如认识论者把真实的"玫瑰"(对象)完全对立于**这个气味恰好意味着的纯粹现象的或者经验的玫瑰**。当这个意义变得更加复杂、更加充实、更加具有确定的差别性,实现或者完成这个意义的对象同样在性质上获得增长。但是,我们不能设立最充实、最完全、最彻底的一朵玫瑰或一个对象,如同它能被玫瑰的任何以及每一个气味所真实地意味那样,不管它是否有意识地想要去意味它。对气味的认知正确性之检验,在于它想要保证的特定对象中。这就是以下陈述的意义,该陈述认为,每一项的意义被发现于它与其他项的联系之中。这适用于被意味的对象,同样也适用于意义。实现或者完成总是相对性的词。**因此,意义、恰当性和有认知力的事物之真理或者错误的标准在情境的关系之内而不是之外。**通过干涉性操作的方式而意味他物的事物成功或者不成功地实现所指示的操作,而这种操作能够给出或者不能给出被意味的对象。因此,产生了最初有认知力之对象的真理或者错误。

IV

从刚才对主题的偏离,我在结语中回到了情境简要的、普遍的特征。在那些情境中，我们意识到事物意味着其他事物，并且我们如此紧迫地意识到它，以便增加实现的可能性和降低受挫的机会，我们值得付出所有的努力去控制附属于事物的意义。这些情境决定了我们称之为科学的认识类型。存在着某些想要意味其他经验的事物，在其中意味其他对象的特性不是外来的和事后被发现的，而是作为事物自身的一部分。事物的这个特性，正如它的其他特性一样，是实在的、特殊的。因此，它的性质就像其他特性一样，可以接受检查和决定。另外，对于实现的确信（区别于偶然性）所依靠的正是这种特性，所以对它的决定会带来特定的关注或吸引人的关注。因此，产生了知识的科学类型，它并日益控制着其他类型。

我们在对经验的所有意向性建构中（即在所有预期中，不管是艺术的、功利主义的，还是技术的、社会的、道德的）使用意义。我们发现，预期的成功依赖于意义的特征，因此强调对这些意义的正确决定。因为就实现是受控的而不是偶然的而言，这些意义是实现所依靠的工具，它们自身成为非同寻常的关注对象。对于在某些时期的所有人，以及对于在几乎所有时期的某一类人（科学家），在对（根据意义起作用的）实现之控制中对意义的决定是核心的。实验的或者实用主义的知识理论解释了科学的最大意义，它并没有轻视科学或者敷衍了事。

也许实用主义者受到责备是因为他们的批评者倾向于假定实用主义者所认为的实践在狭义上是功利主义的，指向某些预想的、低等的效用；但是，我现在还找不到任何证据来支持这个说法。实用主义的理论所认为的是：所有需要控制的生命事务（所有类型的价值）依靠于对意义的使用。活动仅仅是对观念的运作和意义的执行，不管是艰巨的还是轻松的。因此，对于意义进行仔细而公正的建构，以及关于意义的价值（由实现和背离目标的经验所证明）而对意义进行持续地考察和再考察，这具有极端的重要性。

真理表示众多的真理，即意义的特定证实和组合以及被反思观照的结果。有人也许会说，这是实验理论的核心要点。在普遍和抽象的意义上，真理只是一个名字，用来表示在经验之物中被经验到的联系；在这种联系中，我们从实现的立场来反思性地察看意图，而意图根据它们自身的自然运作或刺激来确保这些实现的完成。因此，实验理论直接而简单地解释了以下这种绝对主义的倾向：把具体而实在的事物转化为普遍联系即真理（truth），并且进一步把这个抽象物实在化为真实的存在，即从本质上和依据自身而是的（per se and in se）真理。所有短暂事物和事件，也就是所有被经验的实在，都只是这种真理模糊而无用的近似物。这种联系对于人的意志，对于人有意识的努力，是很关键的。去选择、保留、扩展和传播事件之过程所产生的那些意义，去注意它们的独特性，去提前预防着它们，去焦虑地寻找它们，去用它们替换无用地耗费我们精力的那些意义，这些决定了理性努力和合理奋斗的目标。绝对主义的理论把这样道德的或者意志的选择活动之规律，转化为无差别存在物的类似于自然的（也就是形而上学的）规律。把形而上学的存在物等同于*意义卓越*的存在物，即等同于在我们进行最深刻的洞察和最广泛的审视之时，才会持续和再现的那种事物之联系。并且只有实验主义者而不是绝对主义者，才有权利宣称真理的至上性和为了真理自身的目的而不是为了"纯粹"行动的目的去奉献生命。但是，要把规定我们思想和行动之目标的性质重新纳入脱离我们的反思和目的而存在的事物之秩序中，这同样是把实在进行了神秘化，而且剥夺了思想着而且奋斗着的生命的存在基础。

经验和客观唯心主义①

I

作为哲学体系的唯心主义与经验处于这样一种微妙的联系之中,从而引起我们的关注。在它的主观形式或者感觉主义(sensatinalism)的形式之中,它宣称是经验主义的最新表现形式。在它的客观形式或者理性形式中,它宣称通过强调思想之作用而弥补了主观形式的缺陷,因为思想提供了在感觉主义中所欠缺的客观性和普遍性的因素。关于作为它现在所是的经验,这种唯心主义半是对立于经验主义,半是赞同经验主义——对立,因为存在着的经验被看作是受感觉特征所浸染的;赞同,是因为尽管如此,这种经验预示着某些最终的、无所不包的或者绝对的经验,即实际上是关于实在的经验。

以下这点是很明显的:对于当前经验的反对和对于抽象的经验起因的热爱之结合,使得客观唯心主义处于一个不稳定的平衡状态之中,而它能从中解脱出来的唯一途径就是在彻底的经验主义中寻求安乐死。支持这个观点的一些理由可以轻易地通过简要描述三个历史时期来获得,在这三个历史时期中出现了重要的经验概念,以及经验与理性的联系。首先是古典的希腊思想。在这里,经验意味着通过记忆来保留多种特定活动和经历的最后结果;这种保留提供了积极

---

① 首次发表于《哲学评论》,第 15 卷(1906 年),第 465-481 页;经过修改后重新发表于《达尔文在哲学上的影响》(纽约:亨利·霍尔特出版公司,1910 年),第 198-225 页。

的技巧以维持更多的实践,提供了在新的紧迫情况中得以成功的保证。木匠的手艺,医生的技艺,就是体现其性质的例子。它不同于本能的、盲目的、习惯性的或者奴役性的实践,因为在其彼此的适应之中存在着关于材料、方法和目的的认识。但是,它的消极和习惯性的起源之标志,不可磨灭地印刻在它之上。在知识方面,它不能追求超出意见的东西。如果真实的意见被获得,那也是由于它的好运而得到的。在活动方面,它被限制于特定工作或者特定产物的完成,伴随着一些未被证明的(因为是假设的)方法。因此,它对立于理性的真实知识,因为后者是永恒的、和谐的内容之直接理解、自我揭示和自我证实。经验和理性在其中相互影响的领域由此被经验到。经验涉及生产,而生产又涉及衰落。它处理的是产生、生成,而不是最终的存在。因此,它受到相对的非存在和纯粹的摹本之特性的影响;也就有了它的多样性、它的逻辑不完备性,以及对于超越它自身的标准和目标的相对性。相反的(per contra),理性涉及意义,涉及永恒和终极的意味(观念、形式)。因为任何东西的意义都是那种东西的价值、善和目的,经验在使这种努力注定是无最终结果的条件下,为我们呈现了部分的、试探性的努力,以实现具体化的目标。但是,它拥有实在的奖赏,因为它的成果参与到意义、善和理性之中。

因此,从这个古典时期到了经验(即历史性实现的、部分的、多样的、不可靠的意义之体现)的反题,即作为永恒的、可靠的、统一的意义之来源、创造者和容器的理性。唯心主义意味着理念性,而经验意味着粗野和破碎的事实。事物由于并且为了意义而存在,经验以奴役的、中断的、内在不足的方式给予我们以意义——这就是所有的观点。经验给予我们生成中的意义;在特定的和孤立的事例中,它恰好暂时性地出现,而不是意味着纯粹、纯净和独立。经验展现"被包含在物质中"的目标、善、对阻碍之反抗。

很难讲清楚的是,声称建立在一个严格的认识论而不是宇宙论基础上的现代新康德主义的唯心主义风潮,在一个神学处于衰落的时期,是如何产生于一种模糊的理解,即肯定理性在建构可知世界中的功能(在其自身建构中,可以是逻辑上的可知,以及道德上或者精神上的可知,随便你怎么选择),以及伴随而来的对善、美和"真"之物的更高级实在的一种肯定。无疑,在使徒传统(apostolic succession)中的一种安慰效果似乎从古典唯心主义传到了认识论;因此,新康德主义很少不带教诲的语气,好像自己是人类精神利益的守护者,从而对立于自然主义和经验主义所假定具有的粗野性和迟钝性。无论如何,在这里发现了我们问题中的一个要素:被认为是与被实现的和被恰当表达的意义相联系的,对过去一系列经历和事件之概括的经验。

第二个历史时期集中在关于内在观念或者纯粹概念的争论。这个关于科学知识之起源和证明的争论,发生在经验主义和理性主义之间。经验主义者认为,阻碍科学方法前进的主要障碍是对于纯粹思想的信念,这种纯粹思想不是来源于特定的观察,因此与经验之过程无关。他们反对"高等的先验途径",因为这种先验途径以一种不可靠的方式引入了一个假定的知识模式;该知识模式可以在任何重要的时候用来引起纯粹的传统和偏见,并且因此使依靠观察事实以及被观察事实所证实的科学结果变得无效。用皮尔士的话说,经验由此意味着"某种强加在人对于愿意做什么和不愿意做什么的认识之上的东西,并且把他的思想改造成某种完全不同于它们自然所是的东西"①。在詹姆斯的"论必然真理"的章节中,也可以发现同样的观点:"经验意味着对于某种外在东西的经验,这种东西被假定为自发地或者随着我们的行为和活动而进入我们的脑海。"②经验作为外在元素,迫使思想进行运作,控制它的有效性,正如皮尔士所说,这种观点可以追溯至洛克。经验是"或者对于外部感觉对象的观察,或者对于我们心灵的内部运作的观察"③,简而言之,经验提供对于思想和知识的一切有效的资料和检验。皮尔士认为,这种意义可以被看作"是一个容不得被扰乱或者取代的界标"。

在这里,与理性主义相联结在一起的唯心主义观点是:感觉和观察不能保证高级意义上的知识(科学);科学知识的特点是一致性、普遍性和必然性,这完全不同于感觉材料,同时必然需要概念的功能。④ 总之,**事实(感觉材料)在性质上的转化**,非它们的构成机制上的减少和重组,而是科学知识和感觉知识的区别。当然,在这里所出现的问题是感觉和概念对于经验来说所具有的意义是什么。⑤

第三个时期以一种奇怪的方式(使我们当前的讨论变得混乱)颠倒了作为外

---

① C. S. Peirce, *Monist*, Vol. XVI, p. 150.
② *Psychology*, Vol. II, p. 618.
③ 《人类理解论》,第二卷,第2章,第2节。毫无疑问,洛克从培根那里获得这个观点。
④ 这不一定涉及对数学的强调,也不一定涉及对逻辑、伦理学和宇宙论的基本命题的强调。
⑤ 当然,在作为有效"记忆"的经验和作为"观察"的经验之间,有着内在的历史联系。但是,动机和重点以及问题都极大地改变了。我们看到,霍布斯仍然是在亚里士多德的"经验只是记忆"的观点(*Elements of Philosophy*, Part One, Ch. 1. Sec. 2)之影响下进行写作的,并且因此是对立于科学的。

在的、相异的、强迫的东西的经验之观念。它把经验看作是通过纯粹的心理联系而得到的单独意识状态的偶然联系。这要归因于对洛克思想的休谟式发展。对于洛克来说,只是在观察中被给与和证实的"对象"和"运作"成为了主观感觉和观念的变化着的复合物,该复合物表面的持久性是因为显示出来的幻象。当然,这是使康德如此不安地在他的教条主义迷梦中受到震动(他把这个震动当作惊醒)的经验主义;并且,这种经验主义通过反作用,召唤出作为一种功能的思想之概念,该功能就是把感觉材料提升到科学的地位,同时赋予感觉材料和它们的结合以客观地位或者可知的特征。① 在这里,出现了我们问题中的第三个因素:为任何宣称有认知意义或者认知能力的经验,提供客观性的思想之功能。

总之,唯心主义的发展伴随着它的主张,即思想或者理性是:(1)经验中的所有意义、理想、目标的发起者,即善、美以及真的创造者;(2)在纯粹概念中的力量,这种力量能把感觉的或者观察的材料提升到科学的层面;(3)把客观性甚至一些秩序、体系、连接、交互性赋予感官材料的构造,而如果没有这种构造的帮助,那么感官材料只是主观之流。

II

我从最后一个功能开始讨论。在这里,思想被理解为*先验的*,不是指特定的内在观念,而是指构成任何客观经验(任何包含超越它自身纯粹主观发生之关涉物的经验)之可能性的功能。我将试图表明,唯心主义注定要徘徊于两种不相容的对于这个*先验性*思想的解释之间。它可以表示有组织的、受控制的、有准备

---

① 当然,洛克的思想中也预示着休谟的观点。但是,把洛克式的经验看作是等同于休谟式的,这违背了历史。洛克就他自己而言以及就他之后的一个世纪而言,他不是一个主观主义者,而主要是一个常识主义的客观主义者。正是这一点,使他具有这种历史影响。但是,休谟和康德的争论完全地主导了最近的思想,以至于这个争论经常被提到。在几个星期之内,我已经看到,三篇文章都认为"经验"一词的意义必定是主观的,并且陈述或者暗示那些把这个词当作是客观的人破坏了这个词已经确立的用法!但是,对词典的不经意的研究,会显示经验总是意味着"被经验到的东西",作为知识来源的观察、行动、事实或经验之模式。在牛津字典里,"实验检验"、现实的"对事实和事件的观察"和"受到活动有意识的影响的事实"(废弃的)意义几乎产生于同一年代,即分别是 1384 年、1377 年和 1382 年。一个比第二用法即培根式的用法更加客观的用法,是"被经验到的东西;特定时期或者普遍地发生在个体、集体、普遍人类之经验中的事件"。这是在 1607 年。让我们不要再因为对于语言用法的无知而进行挑剔的批评和抱怨(这个真诚的希望并没有被满足。J. D.,1909 年)。

的、已确立的经验之特征，以及内在的和结构性的秩序；也可以表示进行组织、控制、形成、综合的力量，以及操作的和建构的力量。这两种不同意义之间的摇摆和混淆，是新康德主义的唯心主义所必然具有的。

当康德把他的哲学成果同其他那些把建构引入几何学以及把实验引入物理学和化学的人的哲学成果相比较时，他的论述重点依赖以一种调节性的、指导性的和控制性的意义来看待思想的**先验价值**，把思想看作是有意识、有目的地以一种**确定**的意义和方式来使经验变得不同。但是，他对于休谟的回答之要点在于：以不同的意义来看待**先验**，看作是某种已经固有于任何经验之中的东西，以及相应的不会在经验与其他经验之间产生任何确定的差别，或者说不会在经验与经验的过去形式和未来形式之间产生任何确定的差别。这个观点首先被看作是使经验实际上变得独特，并且控制经验朝着连贯性、一致性、客观可靠性发展；然后，它被看作是已经影响到任何以及每一个被认识到的经验的组织结构。他从没有摆脱的错误在于摇摆于把概念定义为在区分意义上的**建构性综合之规则**，以及把概念定义为潜伏在"心灵"之中的静态能力，这种能力自动为任何被经验对象之决定提供严格的、确定的规则。康德的**先验**概念就像下雨一样，内在地施加于公正和不公正，施加于错误、意见和幻想。但是，康德使由经验的、反思的思想所体现的优先价值变成了这样的先验功能。在几何学上，毫无疑问，三角形意味着构造空间要素的一个确定方法；但是，对于康德来说，它还意味着一些先于所有这样的几何构造的、存在于心灵中的东西，并且这样的东西无意识地施加规则于它们的有意识的制作，也施加规则于任何空间知觉，甚至那些把长方形当作三角形的空间知觉。第一种意义是理智的，是对科学逻辑的独特贡献。但是，它不是"客观唯心主义"，它对修正的经验主义有所帮助。第二种意义是一种模糊的话语。

我并不怀疑一些存在于任何经验中的组织结构。很显然，孤立、差异、破裂和不相容只有相关于一些在先存在的组织模式，才能被带入认识和逻辑功能。同样清楚的是，反思能获得益处，只是因为它所处理的材料已经有某种程度的组织性，或者已经例示了不同的联系。与休谟甚至与洛克不同的是：我们有理由感谢康德，因为他加强了对这些事实的认识。但是，这种认识仅仅意味着被提高和修正的经验主义。

我们注意到，首先，这种组织不是理性或者思想的工作，除非"理性"超出所有的同一性；其次，它没有神圣的或者最终有效的和有价值的特征。（1）经验总是伴随着它以及在它自身之内携带着特定的、系统化的安排,以及特定的共存的或者序列性的分类(使用这个术语时,不带有任何的思想偏见)。如果我们把这些赋予"思想",那么,以特定分类来听见并且组合声音的莫扎特的大脑结构、希腊人的心理—物理的视觉习惯、人类身体在安排和规划空间时的运动机制是"思想"。社会制度、确立的政治习俗导致并延续了反应模式和知觉模式,这些模式操纵了特定种类的对象、元素和价值。国家的构造产生了对于人类活动之因素的特定布置,这种布置以特定的秩序把事物甚至是物理事物结合在一起。每一个成功的经济进程以及劳动力、物质和工具的精细划分和调整,正是这样的客观组合。现在说思想在这种组合的起源和发展中起到一定的作用,并且继续在它们的理智使用和应用中发挥作用,是一回事;说这些组合是思想或者是它的唯一产物,是另外一回事。以这些方式起作用的思想,只是**反思性的思想**,即为了特定目标而运作的实践的、意志性的、有准备的思想,即作为一个活动或技能性沉思之技艺的思想。作为**反思性的思想**,它的目的是中止它自己的最初和实验性的形式,并且确保组织的实现。这种组织尽管激发新的反思性思想,但是却使确保这个组织的思想实现终结。作为**组织**,作为经验中对于对象已经确立的、有效控制的安排,它们的特征是它们不是思想,而是活动的习惯、习俗。①

另外,这种介入了实践组织的形成和维持的反思性思想回到了在先的生物学或者社会学性质上的实践组织。它用来**评价**已经作为生物功能或者本能而存在的组织,然而如同它自己就是生物性的活动,它使这些组织朝向新的条件和结果。例如,认识到几何概念是关于生命活动之维持而对刺激进行安排的实践性运动功能,而这种实践性运动功能**被带入意识中**,并且作为核心来把这些活动重组为更自由、更变通和更有价值的形式;认识到这点,我们拥有了康德主义观点的真理性,而排除了它的多余物和奇迹。这个观念就是实践活动,实践活动有意识地、巧妙地完成了它以前盲目地、无目标地所做的事情,因此不仅可以做得更好,而且打开了一个更自由的有意义的活动之世界。作为自然功能这样一种重组的思想,自然地完成了康德主义的形式和体系只能通过超自然的方式来完成

---

① 我们发现,组织和思想的联系在心理学上被习惯和注意有节奏地起作用所代表。在反面的意义上(ab quo),注意首先习惯之失败的标志;而在终结意义上(ab quem),注意是对于习惯的改造性修改。

的事情。总之,"思想"的建构或者组织活动并不是作为一些超经验的自我、心灵或者意识的超验功能、形式或者模式而内在于思想的,而是自身作为关键性的活动而内在于思想的。无论如何,我们已经转到了反思重构性和指导性的思想之观念,而远离了内在建构性和组织性的思想之观念。实现这个转变并且忽视它的存在和意义,对于客观唯心主义来说,这是必需的。

(2) 无论如何,这些原初的安排和构造并不具有最终的和终极的有效性。它们的价值是目的论的、实验性的,而不是确定不变的本体论价值。"规律和秩序"是好的事物,但是当它们变得僵化并创造出机械的统一性和习惯性时就不好了。偏见是**先验**所达到的顶点。关于这种意义上的**先验性**,我们可以引用通常对习惯和制度所说的那些话:它们是好的仆人,但又是严厉而无用的主人。已经被产生出来的组织总是处于会成为**永久性事物**的危险之中;它是牺牲静态标准的新颖性、灵活性、自由、创造的一种方式。在这一点上,唯心主义奇怪的无效性很明显地反映在以下事实中:真实的思想、经验的反思性思想正是重新形成已经确立的和固定的结构所需要的。

总之,(a)**先验**特征不是思想的唯一功能。携带着经验之媒介的每一个生物功能,每一个运动姿态,每一个生命冲动,因此都在预期的意义上**先验**地起到调节作用;我们称作领悟、期望、预期、欲望、要求、选择的东西,都包含着这种建构性和组织性的力量。(b)就"思想"发挥这种重组性的作用而言,这是因为思想自身就是一个**生命**功能。(c)客观唯心主义不仅依赖于忽视生命功能的存在和能力,而且依赖于把**先验**构造、无意识的支配与经验的反思性思想相混淆。就先验性作为思想之属性是有价值的而言,思想不可能是客观唯心主义者所界定的那种存在物。显然,普通的和日常的经验反思作为探究、建议、实验的核心而起作用,并且朝着有利的方向在对后来经验的控制中起到有价值的作用。

涵盖公正和不公正、错误和真实的已经完成的体系之范畴,它们(不像上帝之雨)并没有**特定的**或者区分性的刺激和控制之活动。错误和无效,以及价值和能力,都体现在我们客观规定的划分之中。为什么客观主义者不愿意帮帮我们的忙来表明:在一些单独的事例中,他内在的"理性"如何对于错误之决定和消除产生任何差别,或者对于发现和证实真实的价值提供哪怕是最微小的帮助?这种实践工作,即在日常生活和严格科学中的理智的生命源泉,是由被人们所轻视和拒绝接受的具体经验环境和功能之因素来实现的。把这个问题加以普遍化:

如果内在的组织被赋予思想,为什么它的工作是要求连续的改正和修改?如果特定的反思性思想如同经验思想一样,要服从于假定存在于经验中的限制,那么,它如何能承担实现、补充、重构和发展意义的责任?这个事例的逻辑似乎是:新康德主义的唯心主义获得它们对立于经验主义的地位,首先是因为接受了休谟式的经验观念,而它的积极贡献则是表明任何被描述为主观意识之纯粹状态的东西的非**存在性**(不仅是认知有效性)。因此,最后它要走向消亡,并且朝着更加恰当的经验主义发展。

III

在上面的讨论中,我不可避免地预示了第二个问题:概念性思想同知觉材料之间的联系。但是,一个明显的观点仍然存在。知觉以及先验性是在根本上有着模糊性的词。它可以表示:(1)一种独特类型的活动,尽管在其核心之处有着重要的认知的、审美的特性,可是在特征上主要是实践性的;或者(2)特定的认知经验,明确地具有逻辑性的观察功能,这是科学**之为**科学的一个因素。

在第一种意义上,正如最近的功能经验主义(在与心理学的合作中工作,但它自身不是心理学的)非常明显地表明:知觉主要是一种有机体与环境之间的调节活动,区别于纯粹反射性或本能性的适应,目的是补偿本能性调节的失败。因此,它需要活动条件客观的或者区分性的表达:否定性的条件或者障碍,以及肯定性的条件或者方式和资源。① 当然,这是它的认知阶段。因而,材料不仅用作更多的成功活动(成功是指克服了维持功能运作所面对的障碍)的直接提示,而且提出辅助性的间接对象和性质;这些对象和性质给予调节活动以更宽泛和更深刻的意义,在这个意义上,知觉是审美的也是理智的。②

现在,这种知觉不能被当作是与思想相对立的,因为它也许自身满载着任何数量的在想象中被提供的和被反思性维持的理念因素,如同在决定和选择

---

① 例如,比较斯图亚特博士在《逻辑理论研究》(第253-256页)中的论文。在这里,我仍然完全不能看到,把客观性**解释**为控制活动之条件(如同上面所说的,这些条件是否定的和肯定的)这种做法如何偏离了它原初的客观性,或者它如何意味着认知的主体性,或者它如何不相容于关于知觉的常识实在论。

② 关于我们所提出的这种把美感阐释为令人惊奇的或者无意识的、无根据的附属性增加物,请参见戈登的《意义的心理学》(*Psychology of Meaning*)。

相关刺激物以及提出和发展适当的行为之计划和过程时所需要的因素。这种浸染着理性的材料之数量,依赖着行为者的复杂性和成熟性。另外,这样的知觉是严格目的论的,因为它从被经验的需要和功能中产生出来,并且去实现这个需要所指示的目标。实际上,认知内容是被情感性和意图性环境所包含的。

因此,我们拥有了作为科学观察的知觉。这涉及有意地、人为地把情感性和目的性因素看作会对认知性或者客观性内容产生损害而加以排除;或者更严格地说,把更一般或者更"自然"的情感性、目的性伴随物转化为贝恩(Bain)所说的"中立"的情感,以及探索问题之当前条件的目标(因此,实践特征没有被否认或者消除,而当前起主导作用之目标的不合理影响被避免了;因此,这个目标的特征之变化可以被实现,如果是我们想要的话)。在这里,观察也许对立于思想,因为精确的和详细的描述也许会被当作是对立于阐释、解释、理论研究和推论。在思想作为同样的反思过程的更广的意义上,观察和描述的工作形成了思想内部的结构区分。客观地划分和精确地记录什么是客观存在或者当前出现的东西,这是为了:(a)消除习惯性但是非批判性指向的意义;以及(b)得到可以被经常指向的意义之基础(首先是纯粹推论的或者假设的);并且(c)依靠检验而不是纯粹的先验习惯,可以经受住后续经验的压力。但是,说思想等同于如同逻辑功能那样的概念模式,在这个意义上观察,当然是对立于思想的;但是,这种对立是有意的、意图性的和人为性的。

我们会很正常地去听到,据说洛克主义的思想倾向对心理学来说是很好的,但是因为侵入逻辑的领域而误入歧途。如果我们用心理学来指关于在任何时期被看作知识的东西的自然史,而用逻辑来指有意识地控制以朝向有根据的确信,那么,这个评论似乎颠倒了真理。作为在意见和信念意义上的知识的自然史,洛克对分离的、简单的(后来被结合并且被分类)观念或者意义的说明,很明显触犯了事实。但是,洛克所写的每一行都表明,他对颂扬意义上的知识,即对受控制的确定性或者在不能实现确定性的地方得到被测量的可能性感兴趣。洛克对以下一个合理化的信念之形成作出了重要的积极贡献,该信念认为逻辑是对我们通过技艺来建立经受检验的确信之方法的说明。遗憾之处在于:他倾向于把它当作科学逻辑的全部,①而没有看到它只是假设或者推论工作中一个相关的劳

---

① 但是,这不是绝对正确的,因为洛克在他关于"理解的技艺"的说明中还进一步提供了其修改方式。

动分工;以及他倾向于把它等同于自然史或者心理学。后一个倾向使洛克被后人进行休谟式的阐释,并且相对于他的理论对逻辑的积极贡献永远处于次要地位;而且,它还导致了不真实的心理学与在一定界限内才有效的逻辑相混淆。关于这一点,穆勒就是一个标准的范例。

在分析性的观察中,积极目标是尽可能地除去所有推论性的意义,即把事实尽可能地还原到去理性化的材料,以便有可能进行新的、更好的理性化。在这个进程中,知觉材料接近了分离的多样性之界限、原初的所与物之界限、纯粹的感觉呈现之界限;而意义凸现为对于统一和解释之原则的寻求,即作为思想、概念和假设。这个观点所适用的范围完全依赖于特定情境和问题的特征;但是,普遍地来说,或者关于限制的趋势,有人也许会说,一方面,它适用于纯粹的观察、纯粹原初的描述;而另一方面,适用于纯粹的思想,即假设性的推论。

只要洛克忽视了观察的这个工具性特征,那么,他自然就激发并且加强了理性主义的唯心论;他引起了对于理性、概念和普遍命题的需要,以便建立颂扬意义上的知识。但是,两个对立的错误并不会产生真理,尽管它们暗示并决定了某个相关真理的性质。这个真理就是:观察和概念之间冲突的(存在于确定类型的情境中的)经验性起源;在控制后续经验之特征时,这种冲突的经验相关性和经验价值。假定具体存于动物、人类或者个人的早期经验中或者存在于后来受到改良和扩展的经验中的知觉,等同于科学观察严格分析的、客观区分的、内在分解的因素,这是对经验的曲解;实际上,这种曲解的范例就是那些自称是经验主义者的人,而如果它没有在一种改进的功能经验主义中找到其目标的话,唯心主义必定会使这种曲解延续下去。①

IV

现在,我们来讨论问题的第三个方面:理念(即重要的、规范的价值)与经验的联系,以及作为试探性的、不完整的、无效的意义体现的经验与完满、永恒的意义体系之间的对立,经验甚至在无效或者损坏的情况下仍然暗示着后者。

从记忆的观点来看,经验把自身展现为大量的短暂事件以及它们之中足

---

① 特别是在《泰阿泰德篇》中,柏拉图似乎通过把一个后来的、工具性的区分(与逻辑控制有关)应用于所有的经验,从而开始攻击知觉经验的好名声。

够的连续性,并且暗示着"总体上"或普遍意义上的真实原则,但是并不能说明它们的精确范围和关联,这点看起来是足够清楚的。它为何不能?因为引起我们反思过去经验的动机不能以其他方式得到满足。连续性、联系环节、动态转化消失了,因为在回忆中,它们如果再次出现的话,将会成为阻碍;或者因为只有当它们以确定方式被客观化,并且因此被给予准独立性或者准原子式的自身独立性时,它们才是现在可以被利用的。这是唯一可以用来替代心理学家称作"整体回忆"的东西,但这个东西是如此的全体,就好像放了一头大象在我们手上。除非我们将要使过去大规模地复苏,从而给予我们另一种令人为难的当前经验以及不相干的幻想,否则,记忆必定通过零散的方式来工作——通过召唤独特的事例、事件、结果和惯例。分解肯定是回忆的一个必然功能。但是,所导致的*支离破碎*(*disjecta membra*)决不是经验;它们仅仅是被分离的元素,并且暂时性地联结在当前经验中,以便获得它最令人想要得到的发展,朝着可想象到的最好意义或者价值的发展。如果记忆是有效的和相关的,它解释了现在的可能性;这就是说,它阐明了内在地属于现在的过渡性和转化性的特征。把关键性的现在分解为不相联系的过去,并与对于未来的预期和理念化相联系。

另外,从对事例、事件的研究中产生的原则或者规律之偶然特征(区别于确定的或者必然的特征),确保了在预期的理念化事物之紧急情况中或者对优点的改进中所需要的东西。正是这种特征确保了观点的灵活性和多样性,并且使我们有可能考虑替换物和尝试着选择、执行它们中更有价值的东西。确定的和必然的规律意味着像过去一样的未来,即一个僵死的、非理念化的未来。使人感到气恼的事情是去想象如果亚里士多德曾经使用发展着和完善着的价值之功能,而不是认识一个不可改变的对象之功能来作为评价和测量理智的标准,那么亚里士多德对偶然性"经验"的评价会多么的完全不同。

从最原初的形式到最成熟的形式,经验的一个恒常特性是它的内容经历了意义之变化,这里指优秀和价值方面的意义。任何经验都是在过程之内的,①在

---

① 比较詹姆斯的观点:"连续转化是一种连接性的联系,成为一个彻底的经验主义者意味着要牢固地坚持这种与所有其他事物的连接性联系,因为这是一个关键点。如果在这个点上出现了一个漏洞,那么所有辩证法的陈腐和形而上学的幻想都会涌入我们的哲学之中。"《哲学、心理学与科学方法杂志》,第1卷,第536页)

它们的内容变得更坏或者更好的过程之内,或者在有意识地努力维持某一令人满意的价值水平而反对侵犯或退步的过程之内。在这个努力之中,先前的范例,即对当前状态的还原;与理念化事物,即对可能的尽管是可疑的未来之期望,一起出现了。如果没有理念化,即如果没有令人满意的结果(根据先前事例定义现在其自身转化中推演出结果)之观念,那么对先例的回忆和对试验性规则的表述是胡说八道。但是,如果没有根据过去的元素来对现在进行鉴别,那么作为目标的理念和价值仍然是无效和无用的,缺乏得到实现的手段。类似的事例和预期、记忆和理念化是对应的词,这些词中的当前经验拥有它们的转化力量;这种转化力量被分析为相互关联的方式和目的。

经验的内容和价值会改变,这个事实是确定的。它如何改变,无疑是不确定的。因此,反思和发明之技艺是很重要的。控制变化的特征朝着有价值的方向发展,这是理论和实践的一般任务。这是对过去历史的一系列回忆和对可能性的理念化预见之领域。客观唯心主义的不恰当性在于以下事实:它完全忽视了理念性事物在持续的和严肃的努力中的地位和作用。如果价值被任何并不体现在人类记忆或者计划中的力量自动地被放入经验世界之中,那么,这种力量是斯宾塞式的环境还是绝对的理性也就没有什么区别了。如果目标乘着宇宙的机动车朝着预定的终点前进,那么目标会继续保持其物理性和机械性,因为这些性质被贴上了神圣观念或者完满理性的标签。道德将会成为"让我们吃喝玩乐",宇宙机动车会不断地到达明天——或者如果不是这个明天,那么就是那个明天,它不会受我们经验性的记忆、反思、发明和理想所影响。如果客观唯心主义是正确的,作为目标的精神性、理念性,意义将是最后一个展现自身的东西。价值不能同时是理念的和被给予的,并且当它们被称作永恒或者绝对的时候,它们"被给予"的特征被强调而不是被改变。但是,当自然价值的维持依赖于经验主体的意向性活动时,自然价值成为理念的。假定因为价值是如此永恒地被给予,所以它是理念的,这是一个矛盾,而客观唯心主义坚持着这种矛盾性。客观的、本体论的目的论意味着机械论。反思的和意志的、实验的目的论意味着理念性。① 客观的、理性的唯心主义表明了以下事实:它在意义必定获得的体现(物理性的或

---

① 在桑塔亚纳的《理性的生活》一书中,相当重要的优点之一,是一致性和效力。这种一致性和效力用来支持以下观点:有意义的唯心主义意味着理念化(idealization)。

者其他以形而上学的名义来流行的准物理性的)和被给予的、理念的完全对立面之间没有中介物,这意味着它们之间是无关和无效的。承认经验的转化特征,以及承认有可能通过理智努力来控制转化之特征的经验主义,拥有大量的机会,在富有成效的技艺、有益的道德和公正的探究中颂扬理念的恩惠和肃穆。

圣路易斯艺术和科学大会①

致《科学》的编辑：在《大西洋月刊》（Atlantic Monthly）的第五期中，出现了一篇由胡戈·明斯特贝格（Hugo Münsterberg）所写的文章，以一种准官方的方式对圣路易斯艺术和科学大会②的规划作出了陈述。一份文学的而不是科学的刊物被选出来作为与公众进行联系的方式，以及在那里提出的这个计划本身是哲学的而不是科学的，这两个事实使我有理由关于这个主题写点东西；而在通常的情况下，我在技术和科学方面的限制，使我除了对一些科学表示尊敬之外，就没有资格讨论这样的主题了。

这篇文章把圣路易斯艺术和科学大会的运作计划建立在来源于特定的形而上学流派的特定方法论基础之上，又没有在其支持者中列举大量的科学家或者哲学家，这很自然地引起了某些忧虑。我写作的主要意图是希望进行某些解释以减轻这些忧虑，我发现，并不是我一个人感觉到这些忧虑。甚至在阅读这个文章的清晰表述之后，人们也不能相信自己的眼睛，并且怀疑他们有权力加给这个杰出的委员会以下的思想，即把大会建立在特定的形而上学之逻辑体系的基础之上。人们确信，这个计划必能够以其他一些方式来建构。因此，如果我在下面的评论中为大会提出一个计划，而这个计划实际上并不是大会所主张的，那么我要提前请求委员会的原谅。

1. 这篇文章一开始就提出了一个理性的和可行的观点，并且是一个可能引

---

① 首次发表于《科学》（Science），第18卷（1903年），第275-278页。
② 参见本卷第252—373页（本书边码，下同。——译者）

起普遍或一致同意的观点:大会应该使自身关注于科学的普遍方面和关联,它们彼此之间的联系以及它们与人类知识和奋斗之统一体的联系,而不是关注于完全专门化的问题和研究。

2. 忧虑始于我们阅读以下话语:"必要的条件是提出一个计划,在其中任何可能的真理追求、任何理论和实践的科学都会找到其精确的位置……这个计划必定可以阐明知识不同分支的内在联系……这个广泛计划将会在整个体系中给予每个部门以确定位置。"(《大西洋月刊》,1903年5月,第674页)文章反复地说,该计划的主要特征对所选科学的安排基于不是实践方便性或者有效性,而是基于知识的逻辑理论。我们没有必要指出以下两者之间的根本差别:一方面是根据科学普遍化的视点和兴趣而运作的大会,而另一方面是基于一个预先规划的和决定的知识统一体之体系的大会,而从前者是推不出后者的。不是由科学和哲学工作者的大会去揭示(或者接近于揭示)当代理智生活各种趋势的统一和内在关联。大会之工作的必要前提不是要遵循这个统一体实际上是什么的预先决定,即由负责大会的委员所预先决定的一个构思!如果人们加给委员会以如此专横、如此无用的心血来潮的体系,自然会请求委员会的原谅。

3. 当我们进一步阅读,知道这个"广泛计划"的前提符合委员会的要求,委员会已经正式采用了这个"广泛计划"。从历史的观点来看,我们从这篇文章获知:委员会已经正式裁定当代理智生活超越唯物主义、实证主义、心理主义,实际上超越任何心理科学和物理科学并列于其中的体系。当我们被告知,每个学部都要对上个世纪它们工作的历史发展发表讲演时,它的实践意义显示出来了。每位演讲者都提前知道他自己的科学团体在上个世纪所遵循的发展之"广泛计划",这无疑会减少智力劳动。但是,仍然还有一些人(我承认自己也是其中一员),他们更愿意从大量领域的科学领导者所进行的有准备的研究之结果来形成关于这个世纪现实的历史发展的认识,而不是接受即使像为大会构建计划的委员会这样杰出的团体的结论。

4. 这个"广泛计划"也是在其逻辑的视野和对称性中被提出来的。存在着五种科学;区分是基于以下的几种区别,首先是"目的"和"现象"的区别,其次是这些对个体有效的目的、现象和那些在性质上不只是个体性的东西之间的区别。我们知道,在目的和现象之间有一个巨大的鸿沟。目的"不是被说明而是被解释"(原文如此,第677页);它们代表了只能被评价而不能被描述的价值;它们只能通过目的论方法而不是因果方法来达到(第 676—677 页)。我们得知,艺术、历史、文学、政治学、法学、教育学的学生所研究的就是这种东西。但是,我们并不知道,这些艺术、历史、政治学、教育学等的学生将会怎么做,他们坚持认为他们所关注的是现象以及对现象的描述和解释,并且力图在描述和解释中使用心理学的方法。然后,"现象和目的"都可以对自身进行细分;每一个都细分为个体的或者只为一个主体而成立的那些事实,以及为任何可能的主体而成立的那些事实。处理个体现象的科学,是心理的;处理个体目的的科学,是历史的。不只处理个体现象的科学是物理的;不只处理个体目的的科学是规范的,即形而上学、逻辑学、伦理学和数学。因此,我们有了第五类知识:处理在"一方面是物理的或心理的、规范的或历史的事实,而另一方面是我们的实践目的"之间的联系的那些科学(第 678 页)。

但是,在这第五种分类中,我们多少会有些疑惑地发现:目的和规范结果被发现仅仅是事实,并且甚至在我们检查完关注规范和目的的科学之后,仍然还有实践目的有待处理。但是,我在这里提出的观点并不是想要指出这种分类的最终价值和最终真理。我的观点是:它是以一个有限的哲学思想之流派为特征的体系。现在的真正问题是把一个艺术和科学的世界性大会建立在任何代表特定先验逻辑的宗派性理智观念的基础之上的智慧(wisdom)。为什么委员会敢于规定人类知识统一体的建构,并且敢于为它的所有部分的内在联系提供一个现成的计划或者规划?为什么这不是科学工作者和哲学工作者的任务,他们来自地球的各个地方,聚集在一起,去思考、比较和提出关于人类知识统一体的结构和划分的观点?是否这样一个大会的任务并不是像《大西洋月刊》的那篇文章所说的那样,根据委员会已经看到适合于预先判断和预先下结论的特征,去促进达成判断或者至少是探究的共识?

有人也许会提出问题:是否任何体系有权力赋予自身以人类知识统一体之"广泛计划"的资格?该计划的最终结果是要把心理科学与逻辑学、美学和伦理学分开,并且把这一切与历史科学分开,同时把历史科学与社会科学分开,因此建立作为第五种分类的实践科学来"连接"以上被分割的学科!它涉及对特定计划之价值的讨论,这种讨论主张任何终结于这种任意分类的计划都要因而遭受归谬法。但是,我们是在当前讨论的范围内指出:这种分类,如果它们有任何效果的话,只能损害大会之理智讨论的自由和完整。今天科学生活的本质特征是它的民主、它的交流、它的和平共处的特征。今天的科学家正在努力且成功地打破了以前存在的分割不同科学的人为屏障，而确保连续的、开放的和自由的探究领域。今天最为活跃的科学有双重的名字——天体物理学、物理化学、地球物理学、生理化学、精神物理学、社会心理学，并以第一个称呼来表示自身。我们可以看到这种第一权威传递到语言科学上：我们理解语言有两个层面，即意义和形式；并且，对意义的解释是心理学和逻辑学的事情，而形式问题由物理学和生理学所组成的语音学和音韵学来研究。转到委员会的这个分类，我们发现，语言科学被正式地看作是关于"目的"而不是"现象"的科学，并且因此排除了心理学。它是关于个体目的的科学，因此排除了逻辑学。作为关于目的而不是现象的科学，它还排除了物理学或生理学或它们的任何联合。这个情况典型地、决定性地反映了这种试图根据一个先验逻辑来安排科学即探究分支的计划，注定在实践上是无效的。在划定探究的各种领域时，"大学目录的随机组合"也许不会遵照任何已经存在的形而上学逻辑之"广泛计划"；但是，它们至少具有适当的价值去代表那些共同追寻真理的人的重要活动，以及建立人类知识起作用的体系。

　　阅读这篇文章之后，以下困境出现了：这个体系是在文学性和哲学性刊物中出现和讨论的，而不是要对大会的实践行动有任何影响，或者它代表了对人类知识进行建构和区分的一种理论。不同的项目和子项目实际上都要遵照这个理论。在前一种情况下，在《大西洋月刊》的那篇文章中，我们不可能看出为什么要如此强调大会的哲学基础和目标，以及要如此强调以下事实：它不是基于对实践便利性的考虑，而是基于知识之逻辑的安排。在后一种情况下，对于大会自身的影响只能是灾难性的。想象有人被邀请进行演讲，但不管在普遍上还是在这个体系与他所要讨论的特定科学的关联上，他并不接受这个体系。这件事例可以用作展现这种处境之实践逻辑的一个体现。他会因为不能接受委员会预先决定的阐述而谢绝出席演讲吗？如果是这样，从任何观点来看这种结果是我们想要的吗？或者他会接受并且进行演讲，同时完全忽视已经提出的"广泛计划"吗？如果是这样，那么"广泛计划"的意义何在？并且这个体系如何区别于另外一个体系，后者完全是基于我们为了方便而根据经验对当前研究方向所作的分组？

对明斯特贝格的反驳[1]

圣路易斯艺术和科学大会

致《科学》的编辑：在《科学》8月28日出版的那期中（中期著作第三卷：第145—150页），我用了相当大的篇幅来提出一些问题。这些问题是由明斯特贝格博士在《大西洋月刊》5月号中关于圣路易斯大会的文章所提出的，我反对以下观点：

1. 明斯特贝格博士把大会的框架或计划之有效分类和分组建立在哲学方法论之体系（他自己恰好是创作者之一）基础之上。

2. 他在文章中提出，大会的委员会已经依据他的方法论制定了一个体系，从而正式批准和认可了他的方法论。

在《科学》10月30日出版的那期中，我不知道明斯特贝格博士出于什么样的意图对我进行了如此的答复。他巧妙地忽视了我所提出的反对意见，并且把我从没有采取甚至暗示过的观点加给我且对之进行拒斥。他加给我的反对意见从表面上看，或者是微不足道的，或者是荒谬的。这就是反对为了大会之活动而采纳的现实起作用的分类和分组。并不需要花费《科学》的两页篇幅来指出：如果这个反对被理解为是针对这样或那样关于分组、部门和项目的数目和设置，那么是微不足道的；如果这个反对被理解为是针对任何分类或者分组，那么是荒谬的。人们也不需要仔细阅读我在《科学》上的那篇文章，去发现我从来没有持有过这些反对意见。

---

[1] 首次发表于《科学》，第18卷（1903年），第665页（参看本卷第374—381页）。

我很遗憾,明斯特贝格博士提出了不相关的问题,而并没有讨论关键性的问题;不过,我还是从他的文章中得到一种安慰。他忽视了我的反对意见的关键点,这表明,事实上,在《大西洋月刊》5月号上所发表的如此显著地提出的哲学方法论已经与大会的实际行为没有任何关联了(如果曾经有过关联的话);并且,现在存在的正是某些起作用的分类,正如我所提出的那样,它们的精确价值体现于细节而不是原则。在那种情况下,尽管一些解释对于《大西洋月刊》的编辑和读者来说还是备受期待的,但是这个国家的科学家也许会相当的安心了。

实用主义的实在论[1]

科尔文(Colvin)教授在他关于主观唯心主义和心理学的具有启发性的论文中,[2]提出了这个重要的评论:"它是一个非常迷人的学说,这种极端的主观主义**当用理智的术语来阐释时就成为唯我论,当用意志的范畴来阐释时则成为实用主义**。"我用粗体标出的话语很重要,因为它们被顺便地提到而不是作为对于实用主义正面或者反面的论证,并揭示了似乎是普遍性的假设。因此,这个评论提供了一个合适的、无可争议的机会来进行一个有些个人性和独断性的**辩论**(*Auseinandersetzung*)。

对于我个人而言,实用主义的前提和趋势显然是实在论的,而不是任何唯心主义或者认识论所意味的唯心论(伦理学意义上的唯心论是另外一回事,并且伦理学意义上的唯心论与认识论的唯心主义之联系除了历史的巧合之外,主要是文字上的关联)。实用主义相信,在作为事实或者已完成事情的知识中,事物是"彼此的代表物"。这是使用伍德布里奇(Woodbridge)所喜欢的表述,因为它正确、简短。[3] 观念、感觉、心理状态在认知的意义上是使事物彼此相适应的中介,以便使它们成为彼此的代表物。当这实现时,它们消失了;[4]并且,事物以最素

---

[1] 首次发表于《哲学、心理学与科学方法杂志》,第 2 卷(1905 年),第 324—327 页。

[2] 《主观唯心主义对于心理学来说是一种必然观点吗?》(Is Subjective Idealism a Necessary Point of View for Psychology?),《哲学、心理学与科学方法杂志》,第 2 卷,第 9 期(1905 年 4 月 27 日),第 225 页(参见本卷第 382—389 页)。

[3] 参见《科学》,第 20 卷,第 587 页;以及《哲学、心理学与科学方法杂志》,第 2 卷,第 5 期(1905 年 3 月 5 日),第 119 页。

[4] 这时,它们的价值仍然存在,后面将会谈到。

朴的实在论方式被呈现给行动者。"意识的状态"指的是**获得**知识;指的是我们失去作为对象之事物的情形;也可以这么说,已经背离了我们;这时,我们既不能用它们去认识,也不能认识它们。在认知的意义上,而且只有在这种情形下,"意识的状态"才存在或者拥有意义。如果我提出"在认知的意义上"这个短语,它只是考虑到情感;关于情感,重要之处在于它们也在有问题的情境中出现和起作用;这种情境的客观决定或者特征还没有被认识,没有被呈现。

因此,对于知识客观的或者实现的条件来说,工具主义完全是实在论的。在认知的意义上,意识的状态、感觉和观念作为工具、桥梁、提示、功能(随便你怎么说)而存在,从而影响对于事物的现实呈现;在此呈现中,没有如同面纱或代表物一样的意识之干扰状态。被认识的事物作为被认识的,是在可想象的最透明媒介中的直接呈现。如果获得(getting)知识[区别于拥有(having)知识]包含代表物(representatives),那么实用主义就伴随着对于作为代表物之"意识状态"的重新解释,也是实在论的解释。它们是实践的或者有效的而不是超验的代表物。它们起着代表的作用,正如一个签名为了法律目的而代表合约中的一个真实的人;或者正如金钱为了经济目的而代表牛排或者夜宿。总之,它们是符号,被这样来认识和使用。

知识,甚至**获得**知识,必定依靠事实或者事物。但是,对于真理和认知上确定的事物之需求,再一次意味着这些事物是不存在的,正如对于金钱所代表的牛排来说,牛排不是食物。如果在问题情境中的事物只存在于那里,那么,它们必定通过代表物、代理工具、心理物来起作用。心理物为了并且只为了相关目标而代表并因此完成了事物将要完成的事情——即交互的实在论意义。因此,心理物自身被实在论地理解,它们能够用生物学和心理学的术语来描述和识别,用化学的和物理的对应术语(以及恰当的科学)来描述。① 在心理学上,它们自身是表面上的情感和被感觉到的冲动。此外,它们在产生方面真实地受到控制。作为存在物,它们的起源能够并且必定根据在习惯、生物功能中的调节或者失调来

---

① 我认为,这种客观陈述的可能性就是身心平行论的意义——如果它有任何意义的话。我认识到,没有理由把对于它们的描述限定于大脑术语而不是化学术语,或者外在于器官的对象之变化的术语,或者社会对象即人的变化的术语。重点在于心理变化确实对应于实在之中的变化。

说明。① 我们将会看到,对利用生物进化论材料的"实用主义"进行的指责,至少可以使它免于受到主观主义的指责。

总之,实用主义的批评者们令人吃惊地都一致忽视的要点是:在对知识的性质和作用进行重新解释时,实用主义必然完全地重新解释所有认知工具——感觉、观念、概念等;这种重新解释,不可避免地使这些东西在素朴意义和物理意义上比当前所认为的更加具有实在性。实用主义从唯心主义那里获得东西,正是并且仅仅是*经验主义*。对实用主义来说,这就是从笛卡尔和洛克以来就处于主导地位的主观主义的真实教训。由于吸取了这个教训,我们可以根据事物自由而自然地进行思考,因为事物不再是与被称作"心灵"或"意识"的另一个世界相对立的世界(这两个世界之间有某种神秘的本体论关联)中的实体。另外,实用主义还认识到,主观主义的真正含义正是反二元论。只有在二元论只是代表二元性质的时候,哲学才能够再一次进入实在的思想,并且和常识及科学进行对话;而二元性质的区分,只具有工具的和实践的而不是终极的和形而上学的价值;或者说,区分只具有实践和实验意义上的形而上学价值,而不是表明事物性质中极端的存在论分裂。

就我个人而言,由于完全同意詹姆斯教授关于真理的性质的观点(参见《哲学、心理学与科学方法杂志》,第2卷,第118页),我可以期望他也会以我已经提到的那种方式来理解这个问题。这无疑是从他对意识之存在的否认而得来的,也从米德(Mead)教授的《心理的定义》(*Definition of the Psychical*)一书中得到了证明。我认为,这就是从《逻辑理论研究》中本人论文所能产生的唯一可能的结果——尽管我非常高兴有机会表达本人对伍德布里奇教授及其已经发表文章的感激,因为这些材料使我意识到它们的实在论含义的充分的论证力量。

最后,我想对所涉及的伦理唯心主义再说几句。从认知的观点来看,起源上受到生物性控制的某些东西即情绪和感觉,成为了事物之间转化的承载者,这些事物彼此之间相互代表和赋予意义;很难想象,比以上这个事实更加奇怪、更加新奇、更加完全不可预测的东西了。但是,这是经验的事实。它说明:尽管观念即意识状态不参与我们与事物审美的、理智的和实践的交流,脱离了面对面的或

---

① 因此,实用主义会绝对否认心理学依靠于唯心主义的预设。心理学家对于事物和身体,拥有和地质学家及动物学家一样的自然权利。

者现实的情境,可是它们的价值和用处仍然在作为彼此的代表而存在的事物所获得的意义之中。事物一直具有的意义之增加是心理存在物的产物,如同词语的意义之增加是它们在命题中即在语境中使用的结果一样。它们作为中介而使冲突的、不能令人满意的因而是意义破碎的情境,转化为事物在其中确定地、交互地(多方面地)意味着彼此的情境,因此是实在中自由的、不确定的、增长着的潜在因素。意义或含义从来都不是被预先决定的,它总是依靠于心理物或者特定个体的操作。因此,道德作为对于心理物之使用的责任之认识,就好像是最终决定了所有生活在事物之中的人(你和我)所组成的世界的意义增长方式。因为心理物在认知上是实在的,所以道德具有经验上的现实约束力,也具有理念上的无限意义。它从来不会阻碍或者误导知识的事物;但是,它在先的运作控制了什么事物成为彼此的代表物,因此控制了这些事物被经验到的意义或价值。

157

直接经验主义的预设[1]

158 针对充满活力但尚未形成的思潮（根据它这个或者那个主要方面而被称为极端经验主义、实用主义、人本主义、功能主义）所作的批评，使我相信：**根本的差别**与其说是公开讨论的问题，不如说是隐含的预设，这个预设是关于经验是什么以及经验意味着什么。为了对清除这种混乱发挥一点微薄的作用，我将试图阐明自己的预设。因此，这篇论文的目标是提出我所理解的**直接经验主义**(immediate empiricism)的预设和标准。[2]

直接经验主义预设事物（在"事物"一词的日常或者非专业的用法中的任何事物、每一个事物）是它们被经验到的东西。因此，如果有人希望真实地描述任何东西，他的任务就是讲明它作为存在被经验为何物。如果它是一匹要被描述的马或者是一种要被定义的马属的**动物**(equus)，那么，马贩子、骑师、想要一个

159 "安全驾车人"的胆怯的居家男人、动物学家或古生物学家必须告诉我们：这匹被经验到的马是什么。如果这些说明被发现在某些方面有些不同，而在其他方面

---

[1] 首次发表于《哲学、心理学与科学方法杂志》，第 2 卷（1905 年），第 333 - 399 页；修改后重新发表于《达尔文在哲学上的影响》（纽约：亨利·霍尔特出版公司，1910 年），第 226 - 241 页。

[2] 当然，所有的标签都是令人讨厌的和误导性的。但是，我希望读者们按照它将要被解释成的那种意思，而不是按照更通常和更熟悉的那种意思来理解。在文章中使用的经验主义与情感论的经验主义对立，正如它出于相同的理由而与先验论对立。这两种体系依靠某些非直接经验到的东西，以证明那些被直接经验到的东西。因此，我批评这种本质上带有绝对主义的经验主义[《哲学评论》，第 11 卷，第 4 期，第 364 页（《杜威中期著作》，第 2 卷，第 31 页）]；并且批评[《逻辑理论研究》，第 30、58 页（《杜威中期著作》，第 2 卷，第 332、344 页）]它试图根据获得**确定性**的某些方法论检验手段和指示来建立经验。

则是一致的,那么就没有理由假定某个说明的内容才是唯一"实在的",而其他说明的内容是"现象的";因为对被经验事物的每一个说明将会表明它是马贩子的说明,或者是动物学家的说明,因此将会给出理解不同说明的差异性与一致性所需要的条件。如果我们引入心理学家的马、逻辑学家的马或者形而上学家的马,这个原则也不会丝毫改变。

在每个情况之下,问题的关键在于**哪种**经验被表示或者被指示:一个具体的和确定的经验,当它变化时,它是在特定的实在要素中发生变化;当它保持一致时,它是在特定的实在要素中保持一致。因此,我们拥有的不是在实在和这个实在的不同近似物或者现象性表象之间的对比,而是在经验的不同实在之间的对比。请读者记住:从这个立场来看,当"一个经验"或者"某种经验"被提到时,"某个东西"或者"某种事物"总是被意谓到。

事物是它们被经验到的那个样子,这个陈述经常被转化为另外一种陈述:事物(或者归根到底,实在、存在)只是并且正是它们**被认识到**的那个样子,或者事物、实在是它对于有意识的认知者来说所是的那种东西——至于这个认知者被理解为主要是观察者还是思想者,这是一个次要问题。这是所有唯心主义的根本谬论,不管是主观的还是客观的唯心主义,不管是心理学的还是认识论的唯心主义。根据我们的预设,事物是它们被经验到的那种样子;并且,除非认识是唯一真实的经验模式,那么,说实在正是并且只是它对于一个全能全知者来说所是的那种东西,这种说法就是错误的;或者甚至说相对而言,以及就部分而言,它是对于一个有限的和有偏见的认知者来说所是的那种东西,这种说法也是错误的。或者,更加肯定地说,认知是一种经验模式,因此首要的哲学要求(从直接经验主义的立场)是查明认知是**哪种**经验,或者具体地说,当事物被经验为已知事物时,它们是如何被经验到的。① 足够清楚的是,具体来说,这种对已知事物的经验之说明能够揭示认知经验的事物的典型特性和区别,而区别于那些被审美地、道德地、经济学地或者技术地经验到的事物。如果假定,因为从认知经验的观点来看事物是它们被认识到的那个样子,因此在形而上学和绝对的意义上,我们可以不加限定地说:任何事物在其

---

① 我希望读者不要因此而假定:从经验主义者的立场来看,知识只具有较小的价值和意义。相反,从经验主义者的立场来看,知识具有它被具体地经验到的**全部**价值,这种价值简直是巨大的。但是,这种价值的精确性质可以在对"经验到已知对象"意味着什么的描述中找到——在经验中被产生和发现的现实区别。

现实性上(区别于它的"现象"或者表象性的显现)是认知者发现它所是的东西。从直接主义者的立场来看,这种假定如果不是所有哲学错误的根源的话,也至少是错误的主要根源之一,因为这个假定没有说明认知立场本身被经验为什么。

我被我听到的一个声响惊起和感到慌乱。经验地来说,声响是可怕的;它的确是可怕的,而不仅仅是现象地或者主观地如此。那是它作为存在物被经验到的那种东西。但是,当我把那个声响经验为一个已知事物时,我发现它是无害的。它是一个帘子被风吹得敲打窗户。这个经验改变了;也就是说,被经验到的事物改变了,并且这种改变不是非实在让位于实在,也不是一些超验的(非经验到的)实在发生了改变,①也不是真理发生了改变,而只是被经验到的具体实在发生了改变。现在,我羞愧于我的惊恐;可怕的声响变成了作为风吹帘子的事实,因此实际上不会破坏我的安宁。这是被经验到的实在通过认知中介而发生的改变。在认知上,后一个经验之内容毫无疑问比前一个经验之内容更真实;但是,它并不是更加实在。另外,从经验立场上说它更真实,是表示在被经验到的实际事物中的具体区别。② 在一些情况下,只有在内省中早先的经验才从认知方面来被对待。在这样的情况下,只有相对于后续经验中的内容而言,"更加真实"这个断言才具有效力。

也许一些读者会反驳说,事实上,全部经验都是认知的,但经验的早先部分只是不完善地认知的,导致了不真实的现象;而后来部分是更加完全的认知,导致了相对而言更加真实的现象。③ 总之,批评者也许会说:当我被声响惊吓时,

---

① 因为非经验主义者相信自在之物(他可以称作"原子"、"感觉"、超验统一体、先验概念、绝对经验或者其他什么),并且因为非经验主义者发现经验主义者很重视这种变化(好像他必须这么做,因为这种变化被持续地经验到),他假定经验主义者认为他自己的非经验性实在是处于连续之流中,并且他自然会由于他的神圣之物被如此粗暴地对待而感到震惊。但是,一旦认识到经验主义者并不拥有这样的实在,变化与实在之联系的整个问题就呈现了完全不同的面貌。
② 试图说明我们称作真理的、被经验到的区别之性质是什么,这会让我们脱离主题。詹姆斯教授最近的论文可以很好地提供参考。在这里我们要明白的问题是:经验主义者所谓的真实的或者更真实的(当然,名词"真理"是一个适用于所有真实情况的通用名称)所意味的是哪种事物。任何特定说明的恰当性不是一个可以通过一般推理来解决的问题,而是一个通过查明真理性经验现实的是哪种经验来解决的问题。
③ 我说"相对的",因为先验论者仍然认为认识最终是不完善的,他们只给我们以实在(实在只存在于绝对物中或者自在之物中)的一些象征和表象——否则,风吹帘子的事实会具有与绝对物自身的存在同样的本体论实在性;非经验主义者会夸夸其谈这个结论,但是我却觉得不合理——若不是它将终结他的先验论。

我知道我被惊吓了；否则，将不会有任何经验。在这个时候，有必要作出一个简单而又非常基本的区分，我害怕读者会把它作为一个文字上的区分而加以忽视。但是，我们要看到，对于经验主义者来说，这个区分不是文字上的而是真实的区分，这是理解经验主义者的前提条件。直接主义者必定根据他的预设，询问惊吓被经验为什么。被现实经验到的是*我知道我被惊吓*，还是*我被惊吓*？我认为，绝对不能说经验必须要通过前一个说法来被描述。在所有的可能性中（经验主义者在逻辑上只需要这样一种情况），经验只是并且正是*被声响惊吓*。后来，人们也许会（也许不会）拥有如同*我知道我正……*（或者*曾经*）不恰当地或者恰当地被惊吓的经验。但是，这是一个不同的经验——也就是说，不同的*事物*。如果批评者继续认为人们"*真的*"必定知道他被惊吓了，那么我只能指出批评者改变了话题。他也许是对的，但如果的确是对的，那也只是因为"真的"是某种没有被具体经验到的东西（至于它的性质是什么，这是批评者的事情）；这脱离了经验主义者的观点，把经验主义者明确批判的观点加给经验主义者。

如果我说我们必须在*认知的*（cognitive）事物和*被认知的*（cognized）事物之间进行区分，那么问题也许会变得更加清楚。① 我将把认知的经验定义为拥有特定的关涉性和含义，这些含义将在后续的经验中引导和实现自身；而在后续的经验中，相关的事物被经验为被认知的，被经验为已知对象，并且因此被转化或者被重组。在前面提到的事例中的*对声响感到惊吓*，在这个意义上显然是*认知的*。通过描述，它引起研究和调查。在其中，声响和惊吓都被客观陈述或者展现出来，声响是风吹帘子的事实，惊吓是对突然的听觉刺激的器官反应；该反应在特定的环境之下是无用的，甚至是有害的，是一种不适应。现在，差不多所有的经验都是属于这种类型的（当然，"是"表示被经验为），并且经验主义者如果没能恰当地注意到这个事实，那么他就没有忠实于他的原则。② 但是，如果他允许自身混淆在被经验到的这两个事物中的具体区分，那么他同样没有忠实于他的原则。

---

① 一般来说，我认为，在- ive 和- ed 之间的区分是一个最基本的哲学区分，也是最容易被忽略的。这同样适用于- tion 和- ing。
② 就其本性而言，时而作为"演变论"（geneticism）（如果我可以设计出这个术语的话）、时而作为"实用主义"而受到批评的地方是以下事实：经验主义者的确注意到了人们所经验到的被经验事物的"趋向、诱因和构造"——用霍布斯的话语。

通过对两个词——"作为"(as)和"那个"(that)——的说明,经验主义者的立场也许可以被揭示出来。我们可以通过说事物是它们被经验为(as)的样子,或者说对任何事物的说明就是表明**那个**(that)事物被经验为何物,来表达经验主义者的预设。通过这两个词,我想表明,每一个被经验到的事物与其说具有(has)不如说**是**(is)那种绝对的、最终的、不可归约的具体可感特性(quale)。抓住经验主义的这个方面,就能理解经验主义者通过客观性和控制性要素所表达的意思。作为经验主义者的关键事例,假定我们采用一个彻头彻尾的幻觉,例如策尔纳(Zöllner)线条①。这些东西被经验为会聚的;它们"其实"是平行的。如果事物是它们作为存在物被经验到的那个样子,那么如何在幻觉和真实的事态之间进行区分?我们不能回答这个问题,除非坚持以下事实:关于发散线条的经验,是一个有着具体性质的事物或者**那个**。它是它所是的**那个**经验,而不是其他。如果读者们反对这样同义反复的重复性,我只能再一次说,这个同义反复的**意义之实现**是经验主义认为用来解决经验客观性之整个问题的关键。**那个**经验的线条是发散的,不仅是**看上去**如此。真理的问题不是关于存在或非存在、实在或纯粹现象被经验到,而是关于特定被具体经验到的事物之价值。判断这个问题的唯一方法,是绝不妥协地坚持**那个**经验的实在性。那个经验是:两条具有交叉影线的线条被理解为会聚的;只有通过把那个经验当作是实在的并且是完全实在的,才有根据或者方法达到"这些线条是平行的"这一经验知识。在**被经验到的**具体事物之中,才包含所有对它自身进行理智的或者逻辑的修正的基础和线索。因为这个在后来被判断为错误的事物是具体的**那个**,因此它发展为校正的经验(也就是说,关于一个被校正事物的经验——我们改变事物就好像改变我们自己或者改变一个坏孩子一样),其所有内容丝毫也不是更加实在,而是真实的或者更加真实的。②

任何经验都是**确定的**经验,这种确定性是唯一的、恰当的控制原则或者"客

---

① 策尔纳线条:一种视错觉,长平行线被一系列相互平行的短线通过时,由于这些短平行线是斜过长线,且相邻两组间的斜角相反,即排列如人字形,可使长平行线给人以会聚或分离的错觉。——译者
② 如果我们这样来说,也许问题会变得更加清楚些:除非对于价值的后续评估被引入,否则"实在的"只意味着是存在的。把"实在"一词等同于**真实的**或者真正的存在这种颂扬性的含义,具有很大的实用主义意味,但是它把实在和存在相混淆。这是上面这一段所要批评的观点。

观性"。这种经验也许是最模糊的,我也许看不清任何我能识别为熟悉对象的事物——桌子、椅子等;也许是黑暗的,我也许只有模糊的印象,觉得存在着某些看起来像桌子的东西。或者我也许完全被迷惑或者被搞糊涂了,就好像一个人在一个漆黑的屋子里突然醒来时所发生的那样。但是,这种模糊、不确定、混乱是被经验到的东西,是真实的,就像绝对物的自我显现一样,是"良好的"实在。一般而言,或者普遍而言,它不只是模糊、不确定、混乱。它是**这个**模糊而不是其他;它是绝对的独特,绝对的是**它**所是的东西。① 在被经验到的内容之清晰性、充分性和真实性中得到的任何东西,必定来自对于(被经验**为它所是的**)这个经验的一些要素。回到上面提到的这个错觉:如果对于会聚线条的经验是虚假的,这是因为被经验事物中的一些要素,而不是因为根据这个特定经验之外的一些因素而被界定的某种东西。如果这个错觉可以被发现,这是因为被经验到的事物是实在的,在它被经验的实在中有某些要素,这些要素彼此的张力导致了它的重构。具体来说,对于会聚线条的经验在其自身内包含它自身内容之转化的要素。正是它自身而不是其他一些分离的真理,强烈要求它自己发生改变。因此,从经验主义者的立场来看,我们不必去寻找一些原初的**那个**。所有后继的经验都附属于**那个**,并且**那个**会因此经历连续的变化。经验总是关于一些**那个**的;哲学家自己能获得的对于宇宙最广泛和最包容性的经验是典型的关于**那个**的经验。从经验主义者的立场来看,对于假想的全知者包容一切的、完全的洞见,和对于刚醒来的睡觉者的模糊、盲目的经验来说,这都是同样真实的。作为实在之物,它们处于同样的水平上。作为真实之物,后者通过定义是更真实的;但是,如果这种洞见是盲目醒来的那种情况,那么这是因为后者在其自身的确定**可感性**质中有同前者发生实在联系的因素;根据假设(*ex hypothesi*),它可以通过一系列被经验的实在之物不间断地转化为绝对的思想—经验。没有必要使用逻辑控制来实现这个转化,任何逻辑思考也不可能实现这种转化。如果能够实现,那是通过直接经验来进行的,每一个直接经验都如同它处于其间的另外两个项一样是真实的,不多也不少。至少经验主义者的观点之含义是这样的。因此,当他谈

---

① 人们并不像他们所想象的那么容易挣脱中世纪的实在论。或者每个被经验到的事物都有它自身的确定性,即它自身的不可替代的、不可弥补的实在性,或者"普遍之物"是一些完全独立的存在物。

论经验时,他并不意味着某种就像网一样铺洒在一系列流逝的经验之上的宏大、遥远的事物;他也不意味着某种环绕着无限之流无止境的、囊括所有的经验;他意味着**事物**是它们被经验到的那个样子,并且任何经验都是某一事物。

因此,从经验主义的预设来看(或者从对于经验概念的**一般**考察来看,这是同一回事),没有什么东西可以被推论得出,甚至一个单独的哲学命题也得不到。① 因此,读者可以得出结论:所有这些都是自明之理,即经验是经验,或者是经验所是的东西。如果人们试图从经验的纯粹概念中得出一些结论,那么读者是相当正确的。但是,这个原则的实在意义是哲学分析方法之实在意义——这种方法等同于(但是,在问题和操作上有所区别)科学家的方法。如果你希望查明主观、客观、物理的、心理的、宇宙的、心灵的、原因、物质、目标、活动、恶、存在、性质(总之,任何哲学术语)所表示的意思,那么就要去经验并且看清事物被经验为什么。

这样一种方法并不是可以公开展示的;它不能立即显示上帝、自由、灵魂不死,也不能显示物质、观念或者意识等所专有的实在。但是,它提供了方法去表明所有这些术语意味着什么。它也许看起来是无意义的,或者让人心灰意冷,但仅仅是在某些条件下才不起作用。我相信,哲学概念比起作为情感的刺激,或者作为一种鼓励,具有更大的意义;并且,哲学概念作为特定被经验到的意义,将使哲学作出更大的、更有效和更有价值的事业。

注释:人们对于这篇论文的接受,证明了我曾经盲目乐观地认为附加在标题之下的警示性脚注会预防极端的误解。现在我看到了没有理由去期望在哲学写作中"直接的"一词能够被普遍地理解为适用于除了**知识**之外的任何东西,即使这篇文章的主要部分就是为了反对这种限制。但是,我大胆地重复以下观点:这篇论文不是否认知识中的"中介"或者反思的必要性,而是断定推论性要素必定

---

① 当然,除了一些否定的命题。人们可以说某些观点肯定是**不真实的**,因为按照假设,它们指向的是非存在,即非经验物。但是,即使在这里,经验主义者也必须小心处理。从他自己的观点来看,甚至最公认的先验论的陈述也是同经验一样真实的,因此会与事实发生一些联系。基于这个理由,在理论上,他不能全盘(*in toto*)否认它们,而必须具体地表明它们是如何产生的,以及它们如何被修改。总之,他与这些陈述(这些陈述承认与自在之物、不可知物、不可经验的存在等有着联系)的逻辑联系,正是心理学家与策尔纳线条之间的联系。

存在，或者必定出现，以及所有的存在都是直接和关键的。因此，哲学只能通过首先确定它作为什么而存在或者出现，才能判断它的性质——就像判断它的题材的所有其他部分之性质一样。

我大胆地重复文章的另外一个陈述：我并不是用"直接经验"来指事物从中产生出来的任何原初材料，而是用这个词来指在哲学中使用直接描述方法的必要性。现在，这种直接的描述方法已经在各门自然科学中得到发展，当然要做一些这门学科所需要的修改。

在文章中，没有什么地方暗示着事物原子式地或者孤立地存在于经验中。当我说被认识的事物不同于早先非认知性经验到的事物，这个说法并不暗示着事物之间缺乏连续性，就像种子区别于花或者叶子这种说法并不否认它们的连续性。存在着的连续性或者间断性的数量或者类型，可以通过经验中现实发生的事情来被发现。

最后，在文章中并没有什么地方否认了事物在人类经验到它们之前就已经存在。实际上，我认为，相当明显的是：我们把绝大多数事物经验为在时间上先于我们对它们的经验。这篇文章的意义在于使人们认识到：我们没有资格对关于早先的存在物之意义作出哲学性（区别于科学性）的结论，除非我们弄清楚把一个事物经验为是过去的这一点是什么意思。我认为，以上这四个否认涵盖了所有显露于四篇或者五篇引起争议的文章（下面有所注明）中的误解，并且这些文章都是由先前的文章所引发的。这些文章中的其中一篇（伍德布里奇教授的文章）提出了一个事实，认为认知经验不可更改地告诉我们其他类型的经验之事物是什么，从而超越其他经验。这个论点过于根本，使得我们不能只在一个注释中讨论它。在这里，我愿意指出：关于这个问题，本文的意义在于指出这个问题必须通过对被经验事物作仔细的描述性考察来解决，通过当事物被经验为已知物时，即性质上为真或者为假时，去弄清存在物中是否出现一些变化。有兴趣继续这个讨论的读者，可以参考以下文章：《哲学、心理学与科学方法杂志》第2期，两篇由贝克韦尔（Bakewell）写的文章，第520页和第687页；一篇由博得（Bode）写的文章，第658页；一篇由伍德布里奇写的文章，第573页；同一份刊物的第3期，由莱顿（Leighton）写的文章，第174页。

直接经验主义[1]

贝克韦尔教授在《哲学、心理学与科学方法杂志》中一封写给我的针对"直接经验主义"[2]的公开信中写道:"我的困难简而言之就在于:或者,任何被经验到的事物是实在的,如同并且只是像它在此时此地被经验到的那样——因此,没有理由谈论更改或者纠正经验;或者,在任何经验中都存在着一种自我超越,这种自我超越指向被经验到的事物以作为它自身的实在性——因此,对直接主义、原子论或者是先验论说再见。"在一个脚注中,他写道:我的观点是原子论的,把实体彼此切分开了,并且如果"通过使早期经验隐含地包含它所导向的后期经验未避免这个结果,那么,直接主义就让位于中介学说"。

曾经有一个植物学家提出,不是把植物学从植物的概念(从特定的类似概念)中推论出来,正确的方法是研究植物以看清每一个植物都是处于自身之中的。于是,一个反对者认为,这种学说破坏了植物学。"例如种子,"他说,"或者你意味着这个种子只是如同它现在这样的实在,那么成长就是不可能的;或者在种子中有自我转化的某些东西,这些东西首先把种子转化为发芽的植物,接着最终转化为带有它自己的种子的成熟植物——因此,不再是认为种子的实在性只是种子现在所看到的那样。"他继续说道,"而且,既然每一个植物自身都是与任何其他植物不同的东西,这个学说使得植物间的彼此联系和归类成为不可能,并

---

[1] 首次发表于《哲学、心理学与科学方法杂志》,第2卷(1905年),第597—599页。
[2] 同上书,第2卷,第19期,第521页(《杜威中期著作》,第3卷,第390—392页),以及第2卷,第15期,第393页(《杜威中期著作第3卷,第158—167页》)。

因此使得科学成为不可能。"

因此，一开始提到的植物学家回答道，或者特定的种子是有生命力的、能够成长的，或者是死的并且不能成为一个植物，这方面的真实状态只有通过对特定种子所进行的研究才能被决定；"进一步生长"或"不进一步生长"的问题不应该通过普遍概念而应该通过特定种子的确定特征来解决，这本质上是方法论的问题。另外，人们应该通过对任何"依据自身而是"(in itself)的植物的研究来查明它是不是某种不相联系的、原子式的东西，或是一些普遍地、可靠地联系于其他植物的东西，并且这种联系正是作为种子的确定特征。

换句话说，尽管我在文章中清楚地表明：(1)一个在后续的认知经验中被修改的事物，"在其自身中包含"(作为它自身具体的、确定的事物性之组成部分)"它自身的内容之转化要素"，以及(2)明确否认从直接经验的概念中获得任何结论的可能性。贝克韦尔教授明确地认为：(1)直接经验的概念必然伴随着一些关于被经验到的事物之特征或者性质的含义，以及(2)它排除了任何被经验事物的连续性。作为一个直接经验主义者，我只能回答道：我是为了被经验的事物而寻求工具以获得连续性、转化和中介；并且，我相信连续性和自我调节，这只是因为我发现事物被直接经验为连续的、自我调节的。比较前一篇文章中在认知的和被认知的事物之间的区别，以及事物的"趋向、诱因和构造"的重要性——这种区分是内在而不是外在于事物的。先验论者是否相信被经验到的事物是连续的？如果是的话，那么为什么他要指责经验主义者依据自身的职责(*ex officio*)否认这了个经验事实？但是，如果他认为超验的原则或功能是赋予被经验为"分裂的"事物以连续性所必需的，那么他似乎会否认现实的、经验的连续性。我总是希望对于先验论者们指责经验主义者错误处理的问题，他们能扩展并且展示他们自己的肯定观点，而不是假定先验的观点是自明的或者至少是被完全认同的。也许贝克韦尔教授能有助于这个说明，同时还要知道发展更新的哲学之重要动机就是去相信：中介、连续性、重构和发展是先验论者不能融贯地定义和说明的事实。我不理解以下观点：因为直接经验的事物是实在的，所以中介不能是实在的。我很确信，直接经验主义的逻辑包含了中介以及"主体、客体、物理、精神、心理等"范畴①，并且说："如果你希望查明它意味的是什么，那么请转到经验并看

---

① 参见《哲学、心理学与科学方法杂志》，第 2 卷，第 399 页(《杜威中期著作》，第 3 卷，第 161—162 页)。

清它被经验为什么。"我发现,很难体会到人们把事物直接经验为间接的时候所面临的困难。除了把它直接经验为它所是的那个东西,即中介,我不知道还有经验到中介性的其他任何方法(就像经验不到猫或者狗一样)。如果要猜测这个困难的起源,我将认为,这是由于使用概念而非经验的哲学之心理习惯。① 这个习惯如此根深蒂固,甚至当人们试图评价经验主义者的立场时,它还在起作用。

我以一个问题和一个评论作为总结:贝克韦尔教授是不是要否认(1)所有哲学概念必定以某种方式进入经验,或者(2)所有作为**存在物**的经验是直接的? 我要作出的评论是:我非常同意我以前的陈述②,即根据我给出的这个直接经验主义的预设,甚至一个单独的哲学命题也推导不出——它的重要性是能够为哲学分析提供一个方法。

---

① 为了不因为我表示过概念是非实在的和非经验的而使我受到谴责,我立刻表明我相信意义也许并且的确被直接经验为概念性的。
② 《哲学、心理学与科学方法杂志》,第 2 卷,第 399 页(《杜威中期著作》,第 3 卷,第 161—162 页)。

知识经验及其联系①

伍德布里奇教授最近在《哲学、心理学与科学方法杂志》上的一篇文章清楚而有效地提出了某些问题,这些问题涉及哲学的概念及其问题。我认为,它们与《逻辑理论研究》的第一章所提出的观点有联系(《杜威中期著作》,第2卷,第298—315页)。无论如何,我将把他文章中的一些观点作为理由来回到我在那里所采用的立场,即哲学的特有问题是经验的确定的、典型的功能或模式(例如实践的、认知的、审美的等等)之间的相互联系。客观地说,哲学的出现是因为作为这些不同类型之独特的、适当的题材之实在物彼此之间陷入了冲突,这个冲突是如此的彻底,以至于我们没有别的选择,除了(a)怀疑所有;(b)多少比较任意地选择一个作为评价他者的标准和模范;或者(c)通过更加彻底地考虑它们各自历史性的、有效的位置和联系,使它们各自的主张都能协调。②

伍德布里奇的文章提出了普遍问题的一个特殊案例,即如何证明知识的特定主张;知识对经验的其他模式提供了一个有效的说明。"如果真实的实在只是一种实在或者一种经验,那么我们如何能断定:当我们拥有那种实在时,即当实在被经验为真实时,实在的性质被最恰当地定义?"(第394页)并且,"我们试图说明那些使自身成为思想的经验。如果我们提出怀疑:任何对于能够成为思想之经验的说明必定是偏颇的和不充分的,而且也完全不同于经验所是的东西,那

---

① 首次发表于《哲学、心理学与科学方法杂志》,第2卷(1905年),第652-657页。
② 布拉德雷的《现象和实在》一书的许多价值中的一个,是它在事实上(如果不是有意的话)把这个观点推到了一个显著位置的方式。它留下了三种选择:接受布拉德雷的结论;令人满意地解释不同功能之间的不一致性;或者,找到比他的方法更协调一致的其他方法和框架。

么我们如何能成功做到这点？"（第397页）

1. 任何最终意味着知识说明（knowledge account）完全不同于"经验所是之物"的经验陈述，无疑都是在自取灭亡。但是，当我们和伍德布里奇一样说（1）"实在只是被经验到的东西，是它被经验到的那个样子"（第393页）以及（2）"存在很多种类的经验，认知经验只是其中一种"（第396页）时，我们似乎相信，知识-经验是这样一种事物，这种事物在某种意义上不同于其他经验的事物曾是的那个样子，并且不同于它们在未来继续所是的那个样子，除非有知识-经验的参与。当我解释思想史的时候，很明确的事实是：知识说明不同于其他经验的事物之所是，这些事物伴随着那些经验，并且是先验的、非经验的知识概念的主要动机。

因为经验的事物是如此多的不同事物，故而有人认为，实在是一个单独的和包容性的东西，实在必定唯一地等同于完满的知识说明之内容；这被认为是凌驾于其他经验的事物（所有作为经验的经验），作为绝对与现象的对立、实在物与现象世界的对立。因此，先验论者对最近的经验主义（不管怎么命名的）进行了批评，因为经验主义否认知识功能专有的、单独的控制权限。经验主义者也对"先验的"知识概念进行了指责，认为知识所处的孤立地位使知识概念成为一个任意的、粗暴的声明（同样也是专断的，甚至是唯我论的，因为指向了一个被称作绝对者的认知者）；或者成为一种主观主义的审美沉沦，因为这样的孤立状态排除了人们所进行的证实活动。因此，正如伍德布里奇教授所说明的那样，当我们拥有一个伴随的经验动机和基础的"先验的"知识概念时，有一个形式上特别令人感兴趣的问题：知识-经验如何能够联系于其他经验，并且知识-经验不会以其他经验为代价来证明自身？同时，知识如何能够超越其他经验，而其他经验的事物又是实在的？

2. 具体地说，知识-经验是什么？"知识"一词指向两种事实：（1）它可以指称事实上（*de facto*）存在于一个区别性的、突出的可感性质或者内容之经验中的东西。某种程度上的区分性，对于任何被经验的事物来说是必需的，在经验中的这种确定性可以称之为知识。这种东西不能被当作是超验的——因为它超越的是什么呢？超越的不是其他经验的事物，因为它是一切经验的事物。它意谓的是一切经验的确定特征。如果先验性指向这些事物之间的联系，并且这些事物根本不是确定地出现于经验之中，那么它具有一个可以理解的意义；但是，这似乎涉及脱离经验的（或者是非经验的）实在物之存在的理论。先验性作为经验之中的事物和经验之外的事物之间的联系,肯定会使任何关于知识是否修改经验之外的事物之陈述变得毫无意义。只有在与其他被经验事物的冲突和联系之条件下表述知识的事物时,这种陈述才具有理智意义。因此,在这个意义上(不考虑这个词的恰当性问题),知识看起来只不过是对直接经验主义预设的重新表述:事物是它们被经验到的那个样子,并且认识到某种区分性对于任何事物来说是必需的。所有的事物,真理或者错误、模糊或者清晰、实践的、逻辑的、审美的,都是这样存在的,都是同样的实在(尽管不是同样的有价值和有效)。

(2) 关涉性(reference)作为同时发生的经验特性,并不是刚才被定义的存在物(presence)的必然伴随物。区分一个事物的可感性质或者内容也许并不明确地指向其他事物,并且也没有其他事物指向它。但是,联系也许是实践性地存在:一个事物也许后来被发现有利或不利地影响、改变或者控制其他一些存在物的性质。关涉性作为一个经验事实而被确立,也就是说,成为复合物构成中的一个确定因素。因此,也成为了知识的第二种含义。这种关涉性是在经验中被研究和定义的。这包括早先事物之特征的转化,这种转化使得早先事物拥有和维持相应的关涉性成为可能。

认识到实践性的关联或影响,正如冲突的因而是不确定的、矛盾的关联之情形下所涉及的那样,成为显而易见的。那么,我们就得到了伍德布里奇所定义的知识概念,他说:"它具有这种性质,使得当我们询问其他经验是什么类型的时候,我们能够说明它们实际上是什么。"

经验的实践冲突能够说明它们的关涉性问题,也能说明它们所具有的能够维持这种关涉性的性质之问题;它使它们旧有的特征变得可疑、不确定和不稳定,总之就是有问题的。这种内在的反对就其目标(*terminus ad quem*)来说,总是一种探究、规定或者定义的活动。这就构成了一种解决或者"告知"的经验,在其中,确定的事物取代了可疑的事物。因此,尽管我们并不是说前面提到的陈述是一个乏味的自明之理(存在太多流行的主观主义的知识理论,使得我们除了指出它的重要性之外,很难指出它的实在论含义),但可以说它的优点在于以下事实:它把知识定义为怀疑—探究—解决的经验。

当伍德布里奇补充道(补充刚才所引用的陈述):"问题也许不会被提出,也不会被回答。在那样的情况下,没有一种经验被鉴别和区分出来。如果它不是我们所谓的无意识的经验,那么,它又是哪种经验呢?"(第396页),这似乎又陷入了已经提到的知识的第一种含义。说独特性对于任何经验是必需的,以防止陷入无意识经验的矛盾之中,是一回事;说关涉性的**那种识别和区分**(识别和区分伴随着明确的提问而来,并且构成了明确的解答)对有意识的经验是必需的,是另外一回事。这个矛盾只与知识的第一种含义相关,提问和解答的关涉性只与知识的第二种含义相关。

由于知道了这些事情,我并不重视以下陈述中的困难,即认为实在(reality)最应该被规定为是真实的(true),"因为以这种方式来定义,最能有效地满足对于定义所提出的要求"(第394页,但是"需要"并不"提出"要求,它们**就是**要求)。"需要"和它们的"有效地满足"都不是外在于情境的,需要是构成不可忍受的处境之不稳定、异质性的特征;而"有效地"是对这个要求的满足,也就是说,它们转化为一个稳定的、可靠的事态。需要不是或多或少被有效地满足;而是或多或少被成功地满足,并且这种成功之实现规定了这个情境的有用之物。这里,没有其他的使用标准。

我相信,主观主义和任意的、功利性的实用主义对当前的经验主义所作的批评是由于以下事实:因为批评者依然相信主体、自我、意识或者其他外在于题材的东西的独立存在,所以他把相似的信念加给被批评的人;从而当谈论需要的起源以及成功或者实现的产物时,他假定后者正在谈论的是某种内在于主体或者意识中的东西,这些东西任意地冲进来,选取它的有利地位并且取得成功。但是,对于彻底的经验主义者来说,个体、自我、意识、需要和用途都根据被经验的事物的功能、环境或内容来进行相似的解释。

3. 对于刚才描述的那种经验,经验主义者(直接经验主义者)更喜欢使用知识-经验或者认知经验的术语。因为在这里,事物同时被经验为已知事物。此时,它们具有作为其区分属性的"已知性"——就好像它们可以拥有坚固性或者不舒适性或者货币价值一样。但是,"知识"也被用来指怀疑—探究—解答的经验在其严格可靠的存在中,在与更多经验的关联中的功能或者结果。通过这个事例,当关涉的性质被规定且事物的特征被改变以能维持这样的关涉性时,冲突事物的差异性达到了终结点。因此,当伍德布里奇说(第396页)"在认知经验中所有其他种类的经验都可以原封不动地存在"时,他所说的某些话在知识的第二种含义上看起来明显是错误的(因为转化是**它的**事物的突出特性),而在第三种含义上却完全正确地表述了知识。也就是说,在第二种含义上,知识精确的、被规定的目标是**确保**某些事物,这些事物是关涉性的持久和稳定的对象;这些事物可以持续地被使用,而无需引入更多的冲突。不变性正是意味着能够进入更多事物的能力,并且作为可靠的关注点、确立的内容和可感性质以及有保证的方法。①

因此,我们能够精确地表述知识-经验与改变以及有效性之间的联系。在第二种含义上,知识的产生是因为事物内在的差异以及随之而来的改变。但是,它给予这种改变以一个特殊的转向,并且这种转向只有在知识的帮助下才能发生——它引导改变朝着可靠性和稳定性发展。因此,正因为知识是一种经验,其起源和发展与其他经验有着密切的联系,知识或者真理的有效性才具有一种可以指定的意义。因为它是对事物具体要求的满足,这种要求是差异的事物想要通过关涉性之规定,以及通过重新规定维持关涉性的事物来达到共识、和谐。所以,有效性或者无效性是能够被经验性地研究和规定的事实之特性或属性。但是,有效性不是可以根据**孤立的**知识—内容来定义或者测量的,而只能根据知识-经验在后续经验中的**功能**来定义和测量。因此,当"它被最合适地、最恰当地规定时",知识告诉我们实在物的性质;而只有在实在物是模糊和有差异的时候,它才需要定义。它特定的适合性是功能的、相对的和经验的,而不是绝对的和先验的。怀疑—探究—解答的结果,实际上超越了它产生于其中悬而未决和差异的状态。就知识经验实现了它的功能而言,它永远超越了自身的产生条件。它使某些事物免于被怀疑,使它们变得可靠,使其他更复杂的事物在结构上变得经济而有效。**这种超越性正是对真理进行实用主义的经验主义说明之本质**。

---

① 因此,知识可以被粗略地定义为经济地(或者有效地)确保被经验事物中越来越多的复杂性的功能。

再论知识经验①

178　　我对《哲学、心理学与科学方法杂志》的编辑和读者感到抱歉,因为我第三次来辩护我的论文《直接经验主义》②;但是,博德(Bode)博士最近的文章③是如此的清晰和强有力,使我忍不住再一次参与讨论。

　　博德博士指出,因为我认识到经验(本身不是知识经验)可以是认知性的,即具有能够成为独特的知识经验的意义,所以我不能被轻易地指责为在(主要是)非知识的经验和知识经验之间划分出如此大的鸿沟,以至于当它出现时,后者不再具有任何意义。但是,他说:(1)后一种经验把前一种经验的事物识别为是如此这般的(作为风吹帘子的可怕声响)一种存在物,因此后一种经验本质上是一种"指向性"的经验,是"关于什么的知识",而不能给出前者所有的意义和真理;前者的意义和真理只能被发现于(2)完全是"亲知"(acquaintance with)类型的经验之中,这种经验既不具有前者的"引导性",也不具有后者的"指向性"。他认为,这必定是(3)"无意识的经验",这个词仅仅表示外在于经验的对象之含义和预设,而有意识的经验被局限(在此基础上)于最终外在于意识的物项之间的联系。这个观点(4)与伍德布里奇把意识定义为一个连续统一体及其实在论的含义极其相似。

179　　我完全同意前两个观点(除了经验地"完全亲知"的事物不一定需要成为完

---

① 首次发表于《哲学、心理学与科学方法杂志》,第 2 卷(1905 年),第 707 – 711 页。
② 同上书,第 2 卷,第 15 期,第 393 页《杜威中期著作》,第 3 卷,第 158 – 162 页)。
③ 同上书,第 2 卷,第 24 期,第 658 页(《杜威中期著作》,第 3 卷,第 398 – 404 页)。

整的经验,而可以成为一个更加复杂的经验中的一个要素,并且这在总体上也许具有认知性的引导性)。但是,如果第三个观点是正确的,那么假定存在不能被经验到的事物的经验主义使自身处于树的最高枝干上,并且想要成为这些枝干的种子和果实。我很奇怪的是:博德博士如此清楚地看到了前两个含义,却没有遵从经验主义的路线;不是概念性地去论证最终经验必定指向某些非经验的东西,他并没有在事物(这种事物自身既不是"引导性"的,也不是"指向性"的)中寻找一些满足完全的认知实现之条件的经验。再次以发展成为风吹帘子之事实的可怕声响为例。它的恰当过程是什么?肯定不是发展为"无意识的经验",而是发展为目前来说是实践的(或道德的)和审美的经验。有人也许会说,自身就具有恰当性的亲知是友谊或关爱(或者轻视和冷漠)的联系,和确定或控制的联系。完全的"亲知"决定了对于事物的处理态度,该事物作为达到目标的手段而出现;或者决定了愉悦的回忆之态度——不是作为逻辑指向的回忆,例如你曾经欺骗过我(一个S-P经验,或者判断),而是作为最直接意义上的重新创造或者恢复的回忆。

我足以像一个黑格尔主义者那样去相信"完满的"知识根本不是知识(在知识的理智或者逻辑意义上),而是宗教家或者实践者心里的东西,是拥有或者满足的态度——*经过理解力而获得的平静*。它意味着自我的控制,因为自我的状态同时依靠对客体的控制。在这里,实用主义就像智慧一样,被证明是它的产物;并且,如果我们拥有某种超出实用主义的东西,那是因为所获得的这种调整的态度被情感、或者道德意识和审美意识、内容所浸染。如果有人意识到:在后续的经验中①,推论知识如此巨大地在一种影响或氛围中(直接的价值因素)经验地实现它自身;那么,我认为,这个人完全不会去假定"无意识的经验"是理智经验的唯一替代物。"无意识"的经验是与逻辑确定性相关的;但是,直接经验则饱含着非逻辑决定性的价值。认识论的唯心主义者不能否认这是事实,因为正是这个事实使他能拒绝直接经验,并且坚持认为它被完全逻辑性的"绝对"所吸纳。

这种观点还把它自身与博德所批评的实在论区分开。如果意识只是认知意识,那么伍德布里奇似乎已经说出了最终的结论,即把它称作"对象的连续统一体"——该对象作为对象,是外在于意识的。因为作为认知的或者理智的,意识

---

① 在戈登博士名为《情感》(*feeling*)的文章中(《哲学、心理学与科学方法杂志》,第2卷,第23期和第24期)有很多论述,我很乐意用来作为对我的观点的注解。

肯定是只在对象中且通过对象来被决定(即成为确定的)。否则,常识是疯狂的,而科学是一种系统的疯癫。但是,知识用来构成连续统一体的"东西"也许正是直接价值;这些直接价值不是通过逻辑因素来构成,而是通过个人活动的态度、调节和协调来构成。在严格的或逻辑的意义上,知识对这些活动(当然包括被动活动)进行调节,建立某些"引导"和"指向"、某些同一性,并且因此建立直接的结合或价值的某些中介和转接点;当它完全产生某个同一性时,它发现,它自己终止于一个新的价值之中,并且表现于一个新的审美—道德态度之中。从这个观点来看,知识不是连续统一体,而是发展出连续统一体;作为基质,具有情感性内容的存在物构成了连续统一体,而知识的"指向"或者被区分的同一性是分离的。①

我们是否没有拥有在实在论和唯心论之间进行调和的因素?我们拥有某些超越认知意识的东西,和某些决定认知意识的东西——**完全地决定它**,如同实践的—审美的态度为了维持自身而激发出反思的态度;并且**在逻辑上决定它**,因为知识的内容必定遵照知识的意识自身所不能提供的条件。② 但是,这个"有效的"和"形式的"原因展示出一个情境,在其中有意识的行动者或个人是必不可少的存在。它不是非经验的自在之物(唯心主义与之相反),而是某种有意识的存在者在其中发挥作用的东西。难道认识论的唯心主义不是把实际上存在于实践的—审美的情境中的联系转化到知识情境中——这个错误的转化,总是召唤出"实在论"以作为平衡;这个错误的转化,最终毁掉了作为这些情境之本质的特定个体性(把个体性融入唯一适合知识的普遍的、客观的内容之组成部分中);这个错误的转化,通过有意地去掉它的解释的关键点,从而不可救药地使它对知识情境本身的处理变得复杂化?

我希望利用这个机会再简短地谈论一下贝克韦尔教授对这个问题所作的令人感兴趣的论文发表。③ 正如贝克韦尔教授所看到的那样,我最初投稿是打算使处于争议中的根本问题变得更加突出,以便新近经验主义的反对者的炮火(我承认它的范围和射程是我最敬佩的)在这里被点燃,而不是关注不相干的人或者次要问题。我必须承认我没有成功地把它展现给贝克韦尔教授。他说唯心主义

---

① 再一次参见戈登博士的文章,以及她的论文(《意义的心理学》,第 22-26 页)。
② 参见《逻辑理论研究》,第 85 页以及第 253—256 页。
③ 《哲学、心理学与科学方法杂志》(第 2 卷,第 25 期,第 687 页)之前的段落是在贝克韦尔教授的文章出现之前写成的。

者否认"任何存在的或者被认识的单个的现实经验是直接的,或是完全直接的"(第690页)。翻到我最初的文章的第394页,可以看到,我在那里主张直接经验主义的关键点正是形而上学的彻底谬误,即把"被认识的"经验绝对地等同于"存在的"经验。这是问题的关键点。因此,依靠所有知识都包含中介因素这个事实而提出的反对是不相关的。在直接内容和间接内容之间(以及它们彼此的关涉)的区别对这种知识经验来说是必需的,我不仅完全接受而且不辞辛劳地来进行说明和解释(在《逻辑理论研究》一书中)。

因此,当"唯心主义者"(贝克韦尔的文章的第688页)说"经验总是直接感知物和间接领会物的复合"时,就独特的知识之内容或者逻辑的经验而言,他是在说某些经验主义者所接受的东西,而他(1)在这个基本的问题上具有以下意味:经验"总是"逻辑的,并且(2)指出甚至是逻辑的经验也"总是"直接经验;或者更加特别地说,在"直接感知"及其物质("材料")和"间接领会"及其方法("思想")之间的区分总是处于"实用的"(我个人还要加上"审美的")经验的价值之中,并且以此价值为目的,而不能归结为认知性的东西。因为在直接被感知物(感觉给与)和间接领会物(关系性的思想)之间的区分,只是作为直接经验的内容中的要素而出现,很显然,直接经验主义并没有把它所具有的直接性等同于在特殊的结合点上它自己内容的某些部分。①

当贝克韦尔教授说"在广泛的和普遍的意义上,直接性注意到个人占有的直接拥有性,这通常发现于沉思的概念和原则之中……直接性是被唯心主义所充分考虑的一个事实"的时候,他指的是某些他的唯心主义无疑能够恰当说明、而我们中的许多人认为认识论的唯心主义完全不能对之进行说明的东西。它乐意假定这些事实的好处,但其途径只是通过引入不是而且不能被还原为认知项和认知关系的要素;这些要素包含情感性和意志性的价值;"人本主义"、"实用主义"、"激进经验主义"都想把它们的形而上学影响施加于这些要素之上。如果贝克韦尔教授的唯心主义考虑了这些事实,那么,我相信,他会是一位彻底的直接经验主义者,尽管似乎他并不能完全摆脱认识论的束缚。

---

① 我重复一下我说过的话:感觉论的(sensationalistic)经验主义的本质错误是使依据功能决定的知识之工具和检验等同于同样的经验。

爱默生——民主的哲学家①

184 　　有人说爱默生不是一个哲学家。我觉得,这种否认的错误或正确依赖于是以贬低还是赞扬的口吻来说的——依赖于所提供的理由。批评家认为爱默生缺乏方法,缺乏连续性和内在的逻辑,只有像松散串起来的珍珠一样的古老故事,故而把他看作是一个写作格言和谚语、记录闪光的洞见和支离破碎的名言警句的作家。然而,对我来说,这些批评家只是表明了他们不能理解一种经过精心设计的逻辑。"我们希望在任何人中都有一个长久的逻辑;我们不能宽容它的不存在,但是它不能被说出。逻辑是直觉的发展过程和适度的展开;但是它的优点是缄默的方法;一旦它作为命题而出现,并且具有单独的价值,那么它就变得毫无价值。"爱默生实现了他自己的要求。批评者需要单独提出的方法,但是并没有发现他的习惯性的引导线索已经丢失了。爱默生又说,"这里不存在什么赞美之辞,去认为人类的思想超出了特定的高度,并且假定他的智慧"——这个赞美之辞是爱默生的批评者所竭力避开的。但是,简要地说,我看不到任何一位作者的思想发展能够更加紧密和统一,也看不到有谁能够把理智工作更恰当的多样性同形式与作用之集中性相统一,不管我多么确信他在哲学史研究中的地位。我最近阅读了一封来自一位先生的信,他也是一位杰出的哲学家。在信中,他评论

185　说,哲学家是一类愚蠢的人,因为他们希望每个原因都被仔细地指出并被标注,

---

① 在爱默生纪念大会上宣读的一篇论文(1903 年 5 月 25 日在芝加哥大学)。首次发表于《国际伦理学学刊》(*International Journal of Ethics*),第 13 卷(1903 年),第 405—413 页;以"拉尔夫·沃尔登·爱默生"为题再次发表于《人物与事件》(纽约:亨利·霍尔特出版公司,1929 年),第 1 卷,第 69—77 页。

而不能把任何事物都当作是理所当然的。在文学上,爱默生由于被批评为缺乏内在统一性而遭到贬低,这也许提醒我们:并不只是哲学家才拥有这种愚蠢。

但是,也许那些人才是更正确的,他们否认爱默生是个哲学家,因为他不只是一个哲学家。爱默生说,他可以通过艺术而不是形而上学来工作,"在十四行诗和戏剧中"找到真理。"我",再一次引用他的话,"在我的所有理论中,伦理学和政治学,我都是一个诗人"。我认为,我们可以确定地把他的话理解为他想成为一个创造者而不是反思者。他本人更愿意成为人类的预言家而不是推理家,因为他说:"我认为哲学仍然是原始的和初步的,它有一天将会被诗人来讲授。诗人处于自然态度之中,他相信,哲学家在经过努力之后只拥有相信的理由。"我并不认为以下另外一个言论是与上述言论不相关的,即他说:"我们必须知道,在话语中被表述的事物并不能因此被证实。它必须证实自身,或者说没有什么语法形式和表面的合理性能够证明它,也没有什么论证排列能够做到这点。"对于爱默生来说,直觉比推理更加有效;交流的解放比对论述的束缚更被我们所期望;接受的惊奇比意图性的证据之结论更加有说服力。正如他所说,"交谈亦好,沉默更佳,并且使之相形见绌。交谈的长度暗示了说者和听者之间思想的距离",以及"如果我说话,我进行规定或者限定,我变差了","沉默是一种溶剂,破坏了个体性而让我们可以成为伟大的和普遍的"。

我不会在哲学和诗之间进行严格而彻底的区分,但在思想的重点和语言的韵律之间还是有一些差别的。清晰表达的逻辑而非沉默的逻辑是哲学的内在要求。观点的展开必定被陈述出来,而不能仅仅被遵守和理解。有人也许会说,这种有意识的方法是抽象的思想者最终关注的唯一东西。不是思想,而是理性化的思想;不是事物,而是事物的方式;甚至不是真理,而是寻求真理的道路吸引了他。他精心地构建了思想的符号。他投身于建造和锐化精神的武器。产物、解释、成功是无所谓的。否则,它就是和艺术一样。正如爱默生所说,那是"创造者到达他的成果的途径",并且"通过爱细节之美的眼睛来习惯性地关注整体"。情感朝向符号的意义,而不是朝向它的构造。只有当他运用它们时,艺术家才打造精神的剑和盾。他要做的是发现而不是分析,是识别而不是分类。他阅读而不写作。

但是,有人一旦作了这样的划分,立即感到羞耻并且撤销他的划分。欧里庇得斯和柏拉图、但丁和布鲁诺、培根和弥尔顿、斯宾诺莎和歌德也都会提出反对。

爱默生的精神，反对有人通过把他放到一个比哲学平台更高的艺术层面来夸大他的价值。文学批评家承认他的哲学，却反对他的文学。如果哲学家赞美他那敏锐而沉默的艺术，并且谈论他的形而上学的一些贬值，这也许是因为爱默生知道某些比我们对形而上学的传统定义更深刻的东西。反思的思想家把到达真理的方法作为他们的真理，这的确是真实的；生活的方法作为生活的行为——总之，已经把手段作为目标。但是，同样可以肯定的是：在它们的完全投入之中，它们补偿了它们的越界；手段变得和目标相同，思想朝向生活，智慧不是证明自身而是证明她的儿女。语言公正地保留了哲学家和智者之间的区别。不太可能从思想家的定义中消除爱和产生，就像不可能从艺术家的概念中消除思想和限制一样。是兴趣、关注、爱心造就了一方，而另外一方也是同样造就的。在哲学家和诗人之间的古老争论被这样一个人赢得胜利，他在自身之内而不是在其他个人那里统一了艺术家和形而上学家的特性，这具有很大的讽刺意味。实际上，这个争论不是关于目标或者方法的，而是关于情感的。爱可以分门别类，有爱心之人的统一性却是始终存在的。因为柏拉图是如此的伟大，在他的情感中，他被分离了。一个不那么伟大的人，也许不能容忍这种分裂的爱，因为这种分裂的爱而使他把诗人和哲学家看作是彼此对立的。放眼看看，我们在文学和形而上学之间设置的围墙显得很恰当——标志着人们努力把属性的合法性和公式附加给精神性事物。如果曾经存在过一位不但是形而上学家而且是形而上学教授的人，那么他就是康德。但是，他宣称，如果他不相信他在他的理论学科和专业分类中也是为人类获得自由（为了启迪人类）而进行奋斗，那么他将会把自己看作不如田野里的劳作者那么有价值。

　　对于爱默生来说，他首先对一种片面性和夸张性进行了嘲笑，并且过分地提升了他的创造性而牺牲了他的反思方法。实际上，他在某种程度上认为个体的人只是进行安排的一个方法或计划。这个说法是对爱默生的充分描述。他的唯心主义是对思想者之思想被**极大**提升能力的信仰。"历史，"他说，"和世界的状态在任何时候都是直接依靠在人类心灵中的理智分类。"并且，"当伟大的上帝对这个星球上的思想者放任自由的时候，我们要小心提防。那个时候，所有事物都处于危险之中。人的希望、他的心灵之思想、国家的宗教、人类的风俗和道德都受到新的普遍化的支配"。以及，"任何事物看起来都是持久的，除非它的秘密被认识。自然看起来是让人恼怒的稳定和长久，但是它像所有其他东西一样都拥有一个原因;并且当我理解了这一点,那么这些领域是否就会延伸得如此不可改变的宽广?这些树叶是否会如此独特而多样地悬挂?"最后,"在历史中,一个观念总是像月亮一样高高悬挂,并且控制着在一代人所有的心灵中同时产生的潮汐"。实际上,很多次,人们都倾向于把爱默生的整个工作看作是对理智的赞美,对思想的创造万有和扰乱万有的能力之赞美。

因此,为了补偿爱默生的灵魂,有人会描绘他的思想、他的方法,甚至他的体系。这一点可以在以下事实中发现,即他采用区分和分类,对于大多数哲学家来说,这些区分和分类在他们的体系中是真实的;并且使它们适用于生活,适用于普通人的日常经验。用他自己的话来说,"唯心主义中有很多等级,我们首先学会从学理上来使用它,就像磁铁曾经是一个玩具。接着,我们在青年和诗歌的繁荣时期看到它也许是实在的,它也许在部分上是有些实在的。于是,对它的支持变得坚定而重要,接着我们看到它必定是实在的。它现在表明自身是伦理的和实践的"。唯心主义本来对教授来说是学术理智的事情,对于高尚的青年来说是一种希望;而对于爱默生来说,是对在所有人生活最实在的世界中的事实所进行的精确描述。

这种与直接生活的相关性,是他用来试验任何哲学家的主题。"我们接近的每个新的心灵似乎都需要,"他说,"放弃我们所有的过去和现在的拥有。一个新的学说,一开始看起来是对我们所有的意见、趣味和生活方式的颠覆。"但是,当有人"毫无保留地屈从于牵引他的那个东西,因为它是他自己的;他将要拒绝那个不会对他进行引导的东西,因为它不是他自己的。我会为我的理智完整性而牺牲1000个埃斯库罗斯①,否则,我就是愚蠢的。特别是对于抽象真理即心灵的科学,要坚持同一个立场。培根、斯宾诺莎、休谟、谢林、康德只是多少有些拙劣地翻译你意识中的某些东西。因此,不要胆小地钻研他的模糊意识,这是因为他不能成功地把你的意识重新呈现给你。总之,当最后它被完成的时候,你会发现,那些著述者所传递给你的东西并不是深奥的,而是一个简单的、自然的状态"。采用另外一个说法:"亚里士多德、培根或康德提出了一些作为以后哲学发展之基调的格言,但我更有兴趣的是认识到:当他们最后抛出他们的重要话语

---

① 埃斯库罗斯:希腊悲剧作家,其戏剧作品首次使登场演员由一个增为两个。他的90部剧本只幸存7部,其中包括《奥瑞斯忒亚》三部曲(458年)。——译者

时，这些话语只不过是一些大街上的每个人都熟悉的经验。"我认为有人错误地理解了爱默生所谓的折衷主义，因为他并没有看到这是把所有种类的哲学家、甚至是那些爱默生认为最可敬的哲学家，例如柏拉图和普罗克洛，都要在现在的和直接的经验所提供的帮助下接受检验。至于那些因为爱默生习惯于在我们眼前像展示发光的珠粒一样罗列一连串的名字而谴责爱默生是肤浅地卖弄学问的人，他们只是显示了自己的迂腐，因为他们没有看到所有这些没有经过修饰的东西都是爱默生向普通心灵展示不同用途的符号。

爱默生像对待哲学家一样来对待他们的学说。柏拉图主义者宣称，绝对观念内在于世界和人类之中，任何事物和任何人都分有绝对意义；这种绝对意义个体化于个体之中，且个人借此来与其他人交流。但是，当这种宇宙的真理变得适合于宣讲时，它以某种方式变成一种哲学的真理、个人阐释的真理。它由某些人而不是其他人所获得，因此对一些人而不是所有人来说是实在的，也不是对于任何人来说都是完全实在的。但是，对于爱默生来说，所有的"真理存于大道(highway)"。爱默生说："我们处于巨大理智的范围中，它使我们成为它的活动器官和它的真理的接受者。"这个观点不再是学术的，也不是诗歌，而是对当前经验的平实纪录，就像那些通过历史的传说、科学的工具、交谈的传播、商业的交换而丰富和增强了个体的东西。任何个体都是人类之长久而广阔的事业的焦点和路径，所有的自然都是为了人类灵魂的教育而存在——正如我们理解爱默生一样，这些事物不再是对分散的哲学的论述，而是成为事件的过程和人类权利的自然纪录。

爱默生的哲学与超验论者们的哲学有共同之处，他倾向于从他们那里而不是从其他人那里借用某些材料和描绘。但是，他是在大道上、在未被宣扬的努力中、在意外的观念中发现真理，这使他脱离了超验论者的冷僻性。他的观念不是固定于任何超越的、基础的或分离的实在之上，因此它们不必受到任何强迫。它们是此时此地的不同样式，并且自由地流动。爱默生担心精神的民主，他发现过分超越的和分离的所谓的超验价值拥有不可置疑的当前性。当爱默生谈论历史的年代时，认为在那里和在那时是"粗野、原始和荒谬的"。他还划出了把他与超验论相区分开的界限——超验论是等级(class)的唯心主义。令人遗憾的是，唯心主义者经常与感觉论者联合在一起，剥夺了急切而短暂的现在的精神性价值。通过这种有害的共谋的联合作用，普通人不能或者至少不知道他自己是一个唯心主义者。爱默生所召唤它们自身的是如此被剥夺的一个世界。"如果人病了、无能了,是卑鄙的或者令人讨厌的,那是因为他的本性中有很多东西被不正当地抑制了。"

爱默生反对宗教信条和体系、习俗和制度,他支持把某些被盗用的东西还给普通人,这些东西以宗教、哲学、艺术和道德的名义从日常生活中被窃取过来并且转移到宗教和阶级的用途之中。比我们所知道的任何人都高明的是:爱默生理解到并且宣称这种盗用如何使真理脱离它的简单性,变成偏袒的或者自我拥有的,变成神学家、形而上学家和文学家的迷惑或者诡计——一个强制法律的迷惑、一个不受欢迎或者被拒绝的善意的迷惑、一个只在遥远处闪光的浪漫的理念之迷惑,以及一个被操纵的技巧的诡计、专门化行为的诡计。

出于这些理由,将要来到的世纪也许会很好地揭示现在所显现的是什么,即爱默生不仅是一个哲学家,而且是一个民主的哲学家。我认为,柏拉图的同代人也许会发现很难对柏拉图进行分类。他是一个不切实际的空想家,还是一个狡猾的辩证学家?他是一个政治改革者,还是一个新的文学类型的创立者?他是一个道德的倡导者,还是一个学院的教授者?他是一个教育理论者,还是一个认识方法的发明者?通过很多世纪的说明和解释再来看柏拉图,我们发现,可以毫无困难地把柏拉图看作一个哲学家,并且赋予他以一个思想体系。我们就这个体系的性质和内容进行争论,但并不怀疑它是存在的。正是其间的这些世纪赋予柏拉图以他的方法,并且把柏拉图发展和构想为一个体系。100 年对于 25 年来说多不了多少,预测并不是可靠的。但是,至少认为爱默生作为新世界中一个可以和柏拉图相提并论的公民的人能够确定地相信:即使爱默生没有体系,他依然是某种体系的提倡者和传达者,这种体系可以建构并且维持民主。这些人还相信:当民主阐明自身的时候,我们可以毫无困难地发现,民主已经被爱默生所提出了。直到今天,这还是正确的,即爱默生说:"我们最需要的不是命题、新的教条和对世界的逻辑说明,而是观察并且珍惜理智和道德的敏感性,并且使它们和我们并存。当它们和我们在一起的时候,我们不会错误地思维。"我们很容易说爱默生是第一个并且差不多是唯一的一个理性的基督教徒。从对我们的共同性质之本能和冲动的这种敬畏之中,适时地出现世界的命题、体系和逻辑展现。因此,我们将会拥有哲学,这种哲学不会受到宗教的指责,并且知道它与科学和艺术的联系。

爱默生讨论了特定类型的心灵:"这种平静的、有根据的、视野广阔的灵魂不是急速的骑手,不是律师,不是地方长官。它存在于世间,并且思考着世界。"这些话语描述的是爱默生的灵魂。但是,这不是个人的价值或私人的荣誉。对于地球上成千上万个孩子来说,爱默生搬走了遮蔽太阳的屏障,从而使来自上天的光可以伴随着丽日和风,自由而欢快地徜徉。那些急速的骑手之所以肯吃苦耐劳,而又不屑于勾心斗角,是因为他们最终追求的就是这样一种状态,因为万物终将为之服务。他们不屑于为自己辩白,但最终审判日到来之时,所有的律师都将为他们进行辩护;因为尽管错误堆积如山,但真理是自然所能容忍的唯一存留物。对于那些拒绝被称作"主人、主人"的人,所有的地方执法官都将恭敬如命,因为他们的事业是情系所有人的事业,所有控制欲、强权、最高权力都将被踩在脚下。在这样的成功面前,即使那些对今日所谓的成功顶礼膜拜的人,那些对大众和帝国主义俯首帖耳的人,也会稍稍有所放松,因而至少暂时会赞同爱默生哲学的结论,那便是完整的、永恒的*存在*(*being*)与*品性*(*character*)的同一性。

赫伯特·斯宾塞的哲学工作①

我不知道是否还有别的人曾经把埃米尔·左拉(Émile Zola)在小说方面的工作和斯宾塞在哲学方面的工作相联系。但是,我发现自己在内心中把这两个人的事业结合起来,尽管他们在环境、兴趣、目标和个性上有所不同。我发现自己无法找到更合适的语言,除非借助于亨利·詹姆斯(Henry James)对埃米尔·左拉所作的著名评论(发表在1903年《大西洋月刊》的8月号中)来对赫伯特·斯宾塞的哲学工作进行描述,至少在这个程度上两个人在我的内心中是相互联系的。詹姆斯先生首先谈到的情况是:"三十年前,一个有着不同寻常头脑且意志坚定的年轻人,希望以一部极为巨大的著作来衡量他的这些才能,于是他构想并写作《卢贡-马卡尔家族》(Les Rougon-Macquart)②,而没有在物理学、数学、政治学和经济学领域里从事相同的工作。多亏了他的耐心和勇气,在他生命快要结束的时候,他看到他的事业终于得到了实现……我认为,没有比他更具勇气和自信的行动曾经在文学历史上出现过。同情他的评论家非常想知道,一些如此奇怪的、令人敬畏的事情是如何结合在一起的。这项巨大的工程,他的一生的工作,从他踏入成年的门槛时就开始被构想并且被执行,这也预先宣告了它不可避免的缺点,但也说明了它那令人钦佩和几乎难以想象的意志力。"

---

① 首次发表于《哲学评论》,第13卷(1904年),第159-175页;重印于《人物与事件》,约瑟夫·拉特纳编(纽约:亨利·霍尔特出版公司,1929年),第1卷,第45—62页。
② 《卢贡-马卡尔家族》是法国作家左拉的一部包括20部长篇小说在内的庞大作品。这套巨著是第二帝国中一个家族的自然史和社会史。——译者

几乎用不着言语改动，上述情形肯定同样说明了斯宾塞先生的情况；以上评论肯定不可避免地使其他所有可能的尝试都相形见绌。同样，我发现没有比詹姆斯先生进一步所说的话更合适的。"这对《卢贡-马卡尔家族》来说是运气，在某种程度上也是命运，即它几乎总是以群体的方式来处理事情，并形成一幅关于**数量、阶级、人群、混乱和运动**的图画……个人生活即使没有完全缺失，也是以粗糙和普遍的方式、以概括的方式来反映的；借此，我们到达……这种情形，在那里我们在某种程度上期待着并且经常不幸地渴望着对美好的体验。我们发现，它不在我们的作者之想象力中，而在完全不同的东西中。我们正是从斯宾塞的奋斗历程和他一生活动（这相对来说，是个人的、精神性的，甚至……通过所有的忍耐和痛苦）的图景中得出它。"

当我们对斯宾塞先生思想的相关论述进行权衡时，在我看来，有一点是如此重要（并且确实绝对有必要考虑在内），即这种"坐下来"得到一个预先形成的观念——而且是一个关于宇宙中万事万物的综合的、演绎的观念。每当我们打开《第一原理》(*First Principles*)这本书时，这一点就会由于它的简洁性和大胆性而变得显著。在那本书中，我们也发现他的 1860 年的纲要即整个**综合哲学**(*synthetic philosophy*)之体系的重印。并且，我们越是把这种宣告与它取得的成就进行比较，我们越是会被这种方式所吸引：整个体系和计划保持完整和独立，并且从刚开始就能够保持独立。

斯宾塞和他的读者们已经预先知道了一个明确制定好的、全面的、封闭的关于宇宙的理解。进一步的发现和交流，并不值得考虑；它只是对框架的进一步补充。后续的几卷都已经做好了提纲；每一卷的特定章节都被列出。所有基本的概括都已准备好，它们适用于除无机的自然以外的宇宙所有领域。我们应该特别注意这个例外，它作为一种间断是不可避免的，但也是令人遗憾的。这儿也有一件比这个体系所体现的思想更加不寻常的事情：它被执行的事实。我们是如此地习惯于我们称之为哲学体系的东西（柏拉图、亚里士多德、笛卡尔、康德或者黑格尔的"体系"），以至于我怀疑我们并没有正确领会斯宾塞先生这个工程的意义。其他体系终究都是有点"事后式的"(*ex post facto*)。在这些体系中，它们有一个单独心灵**发展**的统一，而不是一个预先确定的、**有计划的**实现。这些体系在某种程度上是回溯式的。它们的完整性部分归因于旁观者的心灵，这些心灵把多少是分散形成的部分聚集到一起，并作为是对可感处境或特定问题的回应。我们的反思帮助把这些部分结合成一个聚集而成的整体。但是,斯宾塞的体系从一开始就已经是一个体系。它是一个概念中的体系,而不仅仅是在问题中的体系。它是一个完整的、结构紧密的、连贯的体系,由其作者意志决定而不是借助一个单独的人格,后者主要通过无意识方式而持续不断地重新尝试着获得一些有价值和有效的自我体现。当我们遵循斯宾塞那种稳定的、不变的思想动力时,几乎倾向于相信有意识的意志与物质力量是等同的。

正是这种预先筹划和解决的体系,使詹姆斯的话预示了这个结果,即"这项巨大的工程预先宣告了它不可避免的缺点"。正是斯宾塞思想中个人生活的缺失,又使我们不可避免地借用詹姆斯的那句话。这个事实也让我们能够引出进一步的评论:"远见和机会存在于个人感觉中,存在于个人历史中,通向它们的捷径还没有被发现过。"同样,这个事实也使我对斯宾塞形成进一步的表述,即他的工作在一个我描述为"通过模仿的经验"之领域中进行。说斯宾塞从事于以这样一种方式来证明"通过模仿的经验"这个术语,这看起来似乎有点苛刻。或者,另一方面,有人可能会说,不管这种事情在艺术和文学中情况如何,在哲学中,人们必须在经验的领域中工作,称它为"通过模仿的经验"仅仅是一种赞扬,因为它是非个人的经验,而个人交往和职业之性质、其环境偶然性,以及相应的感情牵涉,都已经被有意地从这种非个人的经验中排除出去。但是,不管人们认为这个短语是苛刻的,还是认为它是所有哲学思考中起决定性的必不可少的特征,以下说法仍然是正确的,即如果人们事先就宣告一个体系和它所有典型概念和使用的话,就会以一种威严的方式贬低所有个体的偶然性,所有空间和时间、个人环境和个人交流,起源于新交往和生活新进展之新观念的偶然性。自主的努力与未计划、未期待的努力一直是混合在一起的,从中产生出新的发现;我们大多数人学会了通过这种新发现来形成思想和指导理智活动。我们依赖于不断到来的经验而不只是已经阐述过的经验,进入可以通过"模仿"进入的领域。为了向世界确保一个广泛的宇宙系统,在某种意义上排除了这种个人性质的进一步发展和塑造,这是最具权威的理智无畏性。正是斯宾塞工作中的这种不同寻常的客观性,这种迄今为止前所未闻的对个体和主观的排除,使他的哲学获得了独特性,使之与其他哲学工程区别开来;并且,既是它力量之来源,又是它"不可避免的缺点"之来源。

斯宾塞个人生活的那种严格的虔诚、单一性、简单性和坦诚性,他的离群索居,以及独特地对所有其他思想之影响的"免疫",是同一件事情的不同方面。这里,我们可以很好地相信,这是自然的报复。无论在内容还是风格上,他的哲学中都非常缺乏个人生活的成分,这是斯宾塞个人努力之历程中对我们触动很大的东西。毕竟,还没有一个体系能够完全取决于其创作者在理智和道德方面的个性。体系的这种非个人性反映出创作者个人并没有参与到历史发展趋势之中,而这种参与是很有必要的。

无论我们从什么角度来接近他,这种斯宾塞式的体系所必需的隔离和孤立都会出现。毫无疑问,他的自传使我们拥有了这个世界曾经看到过的一个最值得注意的教育文献。但是,即使没有这个,我们也知道他的思想生活最早形成于某种孤僻性。在他的教育中,社会元素相对缺乏,与他自己后来对非机构性教育和对学校和班级之外的家庭教育的有意识偏爱,构成和反映了他对于通常的交流过程的冷淡。缺乏大学教育是另一个显著的特征。对古代语言知识的缺乏和对现代语言与文学的相对无知,也应该值得我们重视。不同于培根、洛克、贝克莱、休谟和约翰·穆勒,斯宾塞不是一个事务繁多的人;那种事务繁多的人,通过对生活中复杂情况的参与(这迫使人们去再思考、再感觉和再选择;总之,去拥有第一手的经验),不断地更新"通过模仿的经验"和系统阐述的知识之领域。我们很难发现另一个一流的知识分子,能像斯宾塞那样缺乏历史意识和兴趣;难以置信,他竟然是进化论体系的创始人。无疑,这个世界可能要等很久才会出现另一个这样的人,他敢于设想并有勇气和精力来实施一个哲学体系,并同时几乎对整个思想史一无所知。当我们读到斯宾塞的这些表述时,我们对此是如此熟悉以至于很难停下来。在他读完康德《批判》(Critique)的前几页之后,他放下那本书。"相同的事情已经发生两次了;因为我是一个没有耐心的读者,当我不同意一部著作的主要命题和观点时,我就不能够继续深入下去。"①

这里,我关注的不是斯宾塞的无知,更不是责备他没能够贯通整个思想领域。通过这些天以斯宾塞式的朴素和纯粹的态度没日没夜地学习,这里也有一

---

① 《科学、政治和思辨论文集》,第3卷,第206页注释。

些事情让人耳目一新。在这儿,我想指出的是斯宾塞对人类观念史以及它所引起的行为不感任何兴趣,而后者则被简单地认为是历史——作为个人开始、发现、实验和斗争的事件。他与作为动态进程的时代之理智潮流的隔绝(除了它们在"科学"形式上客观的、事实的积累),是对他早期所受的隔离教育,以及他以后所有个人生活的反映。我认为甚至没有必要来为斯宾塞的一个小策略道歉,即当他对谈话感到厌倦时,他堵上他的耳朵,对身边所发生的事情不闻不问。这里并不是两个事实,而仅仅是一个。他的离群索居对于他完成这项巨大的任务是必要的;它不但提供方便来保证必要的闲暇时间,避免受到侵犯,千方百计地对不充分的体力进行调理;而且,它是这样一个工程的必要前提,该工程已经预先把宇宙划分为"几卷",并稳定地和不可抗拒地把它们一"章""章"地进行填充。这种工作只有在一个人对观念的不断改变、观点的迷惑以及兴趣的冲突都不受影响时,才是可能的。这些短语描绘了一个被历史性观察的世界——世界被看作在本质上是一个发展着的东西。

我们还得注意斯宾塞存在着一个明显的矛盾,即他的理性的、演绎的和系统的思想习惯与所有传统英国人的思想相悖离。一个自认为是杰出的(par excellence)经验主义哲学家的人,怎么能够在"普遍预设"(universal postulate)的名义下存活?而后者正是笛卡尔学派的形式理性主义的基本概念,甚至连斯宾塞鄙视为纯粹先验的哲学家们在康德(斯宾塞在晚年把康德看作为某种"迟来"的超自然主义者)的攻击下,也早已放弃这些概念。斯宾斯在各个方面都是一个典型的英国人这个事实太明显了,以至于不用提,大家都知道——确实,我们可以称他为"大不列颠人"(Britisher),这没有任何不尊重甚至还充满了敬佩之情。但是,英国人那种经验的和归纳的思想习惯怎么能够突然地、完全地、没有任何犹豫的迹象和保留就投身到一个系统中,而该系统所声称的目标是从一个关于物质和运动再分配的单一公式中演绎出生活、心灵和社会的所有现象?

这里,我们看到了有关斯宾塞哲学的理论起源和结构的问题;然而,这个问题仍然可以从斯宾塞的个人发展来加以探讨。我们不要忘记,通过教育和周围环境的影响,斯宾塞对英国政治和社会自由主义的所有独特原则和宗旨都有了初步的了解,对其个人主义的内涵也有了初步的认识。值得注意的是:斯宾塞最早的文章发表(写于22岁)是关于政府合法的作用范围,并且打算出于个体利益的要求而说明对政府行为的限制(我所说的只是从二手信息得到的,从来没有看见过这本小册子)。我并不认为斯宾塞对英国早期哲学思想所拥有的彻底性和成效作出了引人注意的颂扬,也不认为斯宾塞完全沉浸在和被吸纳入这种个人主义哲学的独特传统中,或者简单地说,通过对霍布斯、休谟和(最重要的是)约翰·洛克经典著作最低限度的学习和反思性认识,沉浸于这种个人主义的思想氛围之中。我们所知道的是,斯宾塞对以前的哲学史甚至他本人的哲学渊源的无知达到相当惊人的程度;我倾向于认为,即使是他对前辈著作的这种粗浅阅读,也给他带来了愉快的无意识,而这种无意识正是他个人思想的起源和归属。斯宾塞的个人主义之主体和实质通过下面这个假定而更容易得到理解,即它的获得不是通过有意识的阅读和个人学习,而是通过斯宾塞对其思想环境的日常记录。这些结果无意识和不由自主地形成和影响了他个人的品质,以至于它们变成他的本能而不是一种反思或理论。

正是这种对先前个人主义哲学之产物的完全采纳,与对哲学前提和预设的完全无意识,使得斯宾塞免除于系统和演绎综合中所隐藏的怀疑主义,而这正充斥于洛克、贝克莱、休谟和约翰·斯图亚特·穆勒的著作中。正是这种彻底的无意识的吸收,使他形成一个自信的、积极的和独断的个人主义——这使他能够运用个体主义作为一种演绎的工具,而不是作为一个有用的观点,来批判不正当的理智要求和为归纳的与经验的哲学扫清障碍。18世纪确实向我们展现了17世纪那种受怀疑论影响的个人主义之转变,那种个人主义主要作用于人类知识的本质及限制之理论,以及最有效地用于摆脱存在于哲学、神学和政治学中的教条——我认为,这把17世纪个人主义转变成一种旨在进行社会改革的个人主义,从而使之变得积极、理性、乐观和具有建设性。

斯宾塞并不是洛克的心理学个人主义的直接继承者,而是输入法国后又重新引入英国的个人主义的继承者。这是法国百科全书派的个人主义,它坚定地信仰进步、人性的最终完善和处处都能很好地体现出这种命运的"自然",只要它能够摆脱教会和国家的束缚;斯宾塞把这种个人主义与科学的普遍化相混合,并且重新认识到一种新的生活。以这种方式看的话,这里没有对连续性的破坏。矛盾消失了。斯宾塞的工作很精确地向我们展现出来,这是因为,它非常显著地保留了上面那种个人主义的最终结果；而这些结果（我们也可以对其进行争论），展现了17、18世纪所取得的杰出成就。斯宾塞的工作通过延续它，通过把它转化为有机的、系统的普遍术语——这些普遍术语呈现了19世纪的精神之存在，以其能够保存的方式来保持。并且，如果某种组成上的不连贯产生了，如果个人主义和社会有机论的结合显示了基本矛盾的分裂，我们仍然用不着重申：旧事物本来会失去，某种薄弱和疏远将会成为新事物的特征。后康德主义思想中更早和更彻底的有机论之表述，在并且必定在语言和观念上是先验的（在通常意义上，如果不是专业意义上的话），因为这种表述虽然在逻辑上更加充分，但在社会和心理上是不成熟的。它没有并且不能够在自身中引入早期个人主义的思想习惯和感觉特征，并根据现代人社会的和道德的态度来改变它们。

  在为调整而进行的努力中，斯宾塞无可匹敌地作为一个调停者、一个交流的媒介和一个转化者。正如我们将看到的那样，他成功地运用这种功能，这使他对于今天的文化产生影响，并且使他的形象如此引人注目，以至于对于许多人来说，他不是众多进化论理论的创造者之一，而是进化论理论自身的具体化身。为了支持以下观点，即斯宾塞的著作必然是把早期主要是社会和伦理的个人主义转变为19世纪科学和行动的更加有机的概念特征，我们这儿只能够提到他1851年写的《社会静力学》(Social Statics)——从追溯理智发展之起源的观点来看，我判定它是最卓越的著作之一。这本书用大量的细节展现了英国知识论中个人主义方法的转变，即不再是控制信念的方法，而是一种获得信念的行为方法，并且因此本身是重要的第一原则、一种公理、一种无可置疑的绝对真理。在它之中有许多重要的资源，这些资源通过合适的顺序（也就是通过运用演绎的方法）可以被陈述和阐明。它展现了占支配地位和激进的个体主义的信念，这不再是批评的原则，而是对社会生活的改革和建设的原则，并且因此是理智领域中不可缺少的建设性准则。在这部著作中，后来哲学的"进化"的世界图式表现为"进步"的社会图式。它作为一种含蓄的信条，重复着革命自由主义关于人类无限完满性的信念。"人在过去、现在、并将在长时期继续处于适应的过程中。对于人类可臻至善的信念，只不过是对于人类将通过这一过程最终完全适合其生活方式的信念。因此，进步不是一种偶然，而是一种必然。"①

在这个典型的句子中,我们已经看到了几个概念:第一,进化;第二,进化的目标,即人类生命对某种超出自身的环境之适应;和第三(这个观点虽然是隐含的,但在这本书的其他部分则有清晰的阐述),正是生命所适应的环境,其本身作为诱发的操作性力量导致了"适应",因而有了"进步"。斯宾塞综合哲学中的"有机论",是对他1850年的个人主义思想的反映。后一系统中的"环境"(environment),在他较早的论述中似乎对应着"生命的条件"(conditions of life)。后来系统哲学中的"进化"一词就是出现在早期社会信念中的"进步",即人类生命对其外在环境之必然性的不断适应。总之,贯穿始终的是关于"自然"的观点——18世纪的社会改革和哲学改革对这个"自然"有着坚定而极端的信仰。通过对"自然"填充物理科学和生物科学的具体成果来装填图式,转化的图景最终得以完成。1850年到1862年(《第一原理》发表的日期)就是对这种装填的记录。"自然"从来没有放弃它在18世纪的功能,即让人们接近人类最终完善和幸福的目标,但自然不再是把自己显示成一种对卢梭黄金时代的虔诚回忆,也不是孔多塞千年王国的那种预言式灵感;而是通过科学探究的发展,保证把所有最实质性的、最实在的力量都揭示给我们。并且,"科学"反过来又成为启蒙运动"理性"的具体展示。

斯宾塞对于这个信条的信念,从来没有动摇过。18世纪的自由主义在经历过卢梭那个时代后,完全相信对自然产生完满这一仁慈目标的阻碍只来源于政府和教会机构;这部分是因为无知,部分是因为统治者和牧师的自私,并暂时阻碍了自然之有益目标的实现。自由放任主义(laissez-faire)和它的极端典型的表现——无政府主义,并不是起源于商业生活的偶然,更不是起源于商业阶层的自私设计,即以社会的其他部分为代价增加它的物品。不管对还是错,不管出于好的还是坏的考虑,它起源于深刻的哲学思想;把自然看成一种巨大的力量,并认为只能迎合自然,而不是用自然自身微小的、有意的手段来阻挠它,以便在不受阻碍的进步中进行引导。斯宾塞对政府行为延伸超出警察职责之外领域的持续和坚决的反对,避免一个个体对另一个个体的侵害,都起源于对自然的这种相同的崇高信念。斯宾塞伦理

---

① *Social Statics*, pp. 31f, edn. of 1892.

学进化论的目标,最完美的个人适应,最完美的社会状态,都只是对"共济会"(fraternal society)理想的放大投射;这种理想借助于革命自由主义的相同信条,进入了《社会静力学》(Social Statics)。他的"绝对主义伦理学"起源于对生命第一法则的演绎,它的来源和科学并没有任何关系,而是完全与启蒙运动的理性和自然相联系。当然,人们经常会提出:斯宾塞后来伦理学的主要特点早在运用进化概念之前就已经成型,而他承认他的社会学和伦理学是以进化论为基础的。然而,这一点一般被用来作为对他道德系统之内容进行怀疑的方法,并暗示着它和进化论根本就没有如此密切的联系。但是,我不知道人们已经注意到这个更为重要的相反事实:斯宾塞的整个进化概念和体系只不过是在18世纪后期自由主义之乐观的先验理念谱系的宇宙图景上的投射。

某些文章,现在绝大部分已重印成三卷本,其书名为《科学、政治和思辨论文集》(Essays Scientific, Political, and Speculative),它们把转化之环节和计划之工具展现到我们眼前。我们可以特别提到的是这些文章:《进步:它的法则和原因》、《超验生理学》(这两篇写于1857年),《科学的起源》(1854)和《星云假说》(1858),以及《社会有机体》(1860)。我们在这些文章中发现的是关于科学"个别和一般"的逐渐明确和一致的描述,并把它们解读成政治和社会公式,由此实现了向1860年计划中所概括的系统之转变。这种融合,确实在《社会静力学》中就已经得到预示。

在这儿不适于进行细节讨论。但我有充分的把握说,斯宾塞的最终哲学体系在于他把以下这些概念紧密地联系在一起,即占支配地位的社会进步概念(继承启蒙运动)、生理学的某种更大的普遍化(特别是从同质到异质变化的增长和伴随着部分之间相互依赖的"生理学分工"),以及来源于天文学和地质学的宇宙变化的思想——特别是以星云假说的名义来阐述。社会哲学提供了基本的理想和观念;生物学论述提供了必要的定义性和说明性的成分来把这些模糊和分散的理念转化成像科学形态那样的东西;同时,天文物理学的推测提供了因果的和有效的方法来保证这个计划能够进行,并且还提供了更多的科学确定性和精确性的外观。至少,这些就是我对斯宾塞体系之起源的纲要性说明。①

205 　　我认为，我们现在不仅要理解斯宾塞和达尔文彼此之间工作的相互独立性，还要理解这种独立性的重要性。因为斯宾塞的思想起源于18世纪的社会哲学和政治哲学（它反过来仍然是一种更加专业的哲学），并且运用了相关的概念来
206 同化和组织从地质学和生物学中归纳出的概念，所以它不需要来自科学的方法和意见之专业规则的特别帮助，而后者正支配着达尔文的工作。但是，对达尔文理论和斯宾塞理论两者都极其幸运的是：它们在传播中碰巧几乎能够相互一致。

---

① 如果我们在这里的主要兴趣是关于思想史的话，那么有趣的事情是在考虑上述因素中的第二个时，我们注意到斯宾塞的思想发展依靠来自德国后康德哲学的因素。我只顺便提到《社会静力学》一书中的几页（第255—261页），在那几页书中，在作出重要的论述"道德基本上是一种体现自然法则的真理——事实上，它是超自然的生理学的一个种类"之后，为了支持他的理论，他又提到了"柯勒律治（Coleridge）关于生命的理论"。这个理论是关于个体化的倾向（tendency toward individuation）和相互依赖的增长相结合——这当然是谢林的一个基本概念。一个同样重要的脚注（第256页）告诉我们，正是在1864年斯宾塞撰写《科学的分类》一文的时候，他自己认识到了这项真理是"一切正在进化的事物的特征，无机体的和有机体的"。在他的《超验生理学》一文中，斯宾塞提到了把首先在社会中观察到的差别转化成生理学术语的重要性，以至于它们在那里变成了用来理解和解释的观点。这个概念也在《社会有机体》一文中占据支配地位。事实上，他在生物学的思考中，运用了"劳动分工"（division of labor）的思想（这个思想首先在政治经济学中制定出来），然后又运用在宇宙学中，这种方式和达尔文借用马尔萨斯人口理论非常地相像。社会思想首先发现它的生物学形式，然后被投射到宇宙学术语中。这代表了斯宾塞思想发展的一般过程，对此我非常确信。在《进步：它的法则和原因》这篇文章中，斯宾塞特别地提到了个人有机体的进化法则，它"被德国人——沃尔夫、歌德和冯·贝尔的调查研究"所确立。这个法则就是"发展"存在于从同质向异质的发展之中。他在那儿，把它从个人有机体的生命史转移到对所有生命的记录；同时，在同一篇文章中，他明确地指出，如果星云假说能够被确立，那我们就应该有一个整体上关于宇宙的单一图式，无机体和有机体都一样。并且在第36页，他谈到"它决定了各个种类的进步——天文的、地质的、有机体的、人种学的、社会的、经济的和艺术的"。

　　人们只需查阅斯宾塞一些关于方法论的写作，来看看他是如何有意识地运用我归之于他的这个方法的。一篇标题为"方法中的一个要素"（An Element in Method）的小文章，和一篇标题为"泰特教授论进化的方案"（Prof. Tait on the Formula of Evolution）文章的某些部分，是特别重要的。后者说明了对理性演绎（它展现在数学物理学中）和生物科学中的经验归纳特征进行综合的必要性；并对物理学和动物学家的片面性进行了指责。前一篇文章说明，在为了进行演绎而进行概括之前，我们应该采用独立的现象组，它们看起来是不相关的，当然彼此之间关系非常遥远。我倾向于认为，斯宾塞的方法是通过运用明显完全互不相同的几组事实，比如一方面是太阳系形成的事实，另一方面则是现代社会生活的事实，来发现他称为"某种共性"（some common trait）的观点。这些对哲学方法来说，确实比一般人所认为的更有价值。从某种程度上说，他本身已经证明了这个方法。因为从方法的一面来说，他的综合哲学就正好是这种事情——天文学和社会学形成了两个极端，而生物学处于中间的地位。但是，当然，斯宾塞把这种"共性"转化为一种力，或一种法则、一种原因，而后者可以立即用来演绎地解释其他事情，这就是与前面那种启发式的或方法论价值完全不同的另外一种事情。但是，这个注释已经写得太长了。

每一个不仅仅是通过被另一个干扰和搅乱而获得好处,也通过心理学上和逻辑上的增强而获得好处,因为在读者和学生的头脑中,这两种理论相互融合并混成一体。有趣的是:虽然这是没有希望的猜测,我们还是想知道,如果缺乏对它们自身薄弱点非常有效的支持,那么它们各自的特定命运将会是什么,因为它是如此的无计划——因为每一个都自动涌现出来,并应用于思想和事实的不同序列。

这反过来又解释了进化观念与斯宾塞的名字的关联。随着时间流逝,有必要重复进化概念不是一个新的东西。通过更大的哲学归纳和确切而详细的科学考察,我们了解到进化概念有一个古代的"祖先"。从古希腊时代(那时科学等同于哲学)开始,一方面到康德、歌德和黑格尔的年代,另一方面到拉马克(Lamarck)和《创造的痕迹》(*Vestiges of Creation*)之作者的年代,进化的观念一直在流行和发展。这个观念如此地接近于人类思考的过程和生命的明显事实,以至于它在人类关于宇宙的计划中总是拥有一些体现。那么,我们怎么来说明斯宾塞所占据的这个特别的、独一无二的位置呢?斯宾塞体系中的通俗见解与那个进化观念之完全等同是一种无知的错觉吗?我不这样认为。大规模和普遍地把进化观念加到斯宾塞头上,这只有在积极的意义上才能加以解释。斯宾塞的体系起源于对科学观念和哲学思考的融合,这赋予体系现实的支撑点,并使之合法化。

斯宾塞的工作有资格在大众的视野中占有一席之地。对于大部分人类来说,哲学自然而然并且也应该是专业的和遥远的。除了它体现在社会和政治哲学中——一种行为的理论,不仅仅是个人的,还是作为对公共事务和社会福利进行批评和改革的原则。但即使是社会哲学和政治哲学,当它们仅仅以批评和改造的程序之术语来表达时,也多少有点思辨、浪漫、乌托邦或者"理想化"。只有"科学"能够给它以主体性内容。而且,科学的专门化自然而然并且也应该对人类大众的利益是遥远的和专业的。当我们说它们是专门的时候,我们已经描述了它们。但是,利用大量的科学材料和公认的科学阐述之规范来给已经产生影响的哲学思想以力量和主旨,这正是一项重大的成就。斯宾塞采用了两套观念,它们之间是抽象的和孤立的;通过它们的融合,他把它们的最终结果变得可以为大众意识所利用。通过这种融合,斯宾塞为这些最重要的思想提供了一种为大众所熟悉的和合理的语言、阐释和图像。这些思想如果没有融合,则肯定还是不能被大众所理解的。

207

甚至有人（就像我一样）被19世纪上半叶的德国哲学家的工作所打动，以至于相信他们提供的观点从长远的角度看，比斯宾塞现在所做的更有见识、更有成效和拥有更多的构成力量。然而，这些人也必须知道，德国哲学的工作是以一种外国的和陌生的词汇完成的。现在，这不仅仅是一个语言使用的事件——就好像一个人偶然选择了说希腊语而不是法语。这种词汇的专业性意味着他们（指德国哲学家——译者注）所使用的思想，并不是在人们普遍意识下采用的。这种哲学的"超验"性质，不是它的题材的内在的和永恒的特征，而是标志并说明了它们涉及的价值并不完全胜任于人类经验；没有在日常社会生活和大众科学中发现自身的存在，也不是通过日常运用来证明自身的有效术语。

斯宾塞为他那个年代的普遍意识提供了术语和概念，以至于它能恰当地在"生命、心灵和社会"这些事务上得到正常的应用，也就是应用在哲学和科学的抽象领域中都已经被制定好的最基本的概括。他这样做了，尽管他没有能够从一个关于"力"的单一公式中推演出"生命、心灵和社会"。这是一项对任何人都十分庞大的工作——尽管我们不得不指出，这项工作已完成的全貌说明了斯宾塞毕竟只达到了他那个时代的理智生活的水平，而没有通过对更个体化和原始的力量的认同而开创一个新的运动。同样，斯宾塞个人的孤僻、有意的自我封闭在起作用。斯宾塞是一个纪念碑，但是就像其他的纪念碑一样，他纪念着过去。他在公开和外在的实践中，展示了极为成功的思想顶峰。他结束了一个旧的规则。这就是他取得令人惊讶的成功之秘密，并且他是这样彻底地施加他的思想，以至于即使是非斯宾塞主义者也必须以他的术语来谈论，并且调整他们的问题来适应斯宾塞的论述。同时，斯宾塞也存在着不可避免的缺点。他只可能预先构想和宣告一个阐述不容置疑之事情的体系。

任何一个演绎系统都意味着通过事实的必然性来组织大量材料，以便对它们进行安排。这个系统看起来为所有进一步的努力确立了界限，设定了它的目标并指定了它的方法。但是，这是当前重要的错觉。在现实中，这种对材料的大规模处理为新的、未加检验的首创性扫清了障碍。它为迄今还未想到的推测提供了资源。它的演绎结果，就会像是轮船在未知海域中航行和冒险。

少用些隐喻来说，斯宾塞关于进化的概念总是一个有界限的概念。既然他的"环境"只是对形而上学家们的"自然"的翻译，那么它的工作就有一个固定的起源、性质和目标。进化在斯宾塞同时代人的心目中，仍然是"一个单一的、遥远的、神圣的事件"——能够达到顶点和获得稳定性。在某种程度上,存在一些固定的法则和力量(在"环境"的名义下被概括出来),它们控制着运动,并以一种确定的方式使运动发展到某种终点。如果向后看,我们会看到一幅时间的图景:所有这些都开始运动,同质的东西开始分化。如果进化被构想为本身是**持续的**,那么这只能是一种通过循环的进化——一个没有终点的序列,不断地从一个固定点出发并返回该点。我确信这样的时刻正在来临。这时,我们会看到:不管所有这些是什么,它都不是进化。一个完全的进化必须在本质上废除所有固定的限制、开端、起源、力量、法则和目标。如果存在进化的话,所有这些东西也会演变,并作为与进化的一些特别部分相联系的起点和终结。它们是根据过程来定义的,而这个过程现在是并且永远是不能根据它们自身来定义的。然而,要不是斯宾塞的工作的话,从一个固定外在事实和确定理想价值的世界向一个自由的、变化的、自我发展和自我组织的实在之世界的转移,将会是不可想象和不可能的。这个工作由于充满矛盾而一直在变化,因此能更有效地用作从固定事物到变动事物之转化媒介。一个固定的世界,一个有着固定界限的变动世界,一个变动着的世界,这就是顺序。

以现代心理学和教育学
为条件的宗教教育[①]

210 在我看来，当前的心理学理论仅仅在强调和强化一些伴随着已经开展的实践运动而产生的普遍原则，心理学理论从这些普遍思想中获取它的主要目标。心理学不会宣布它自己的独特原则或者新发现。但是，它也许是被用来解释和说明已经进行的事情的一些方面，因此能够帮助它指导自身。

我将大胆地仅仅提出一个原则，这个原则对我来说有助于以下这个说明：现代心理学理论对经验的发展原则和在不同层次上的后续扩展原则的强调。因为心灵是发展的，它经历了一系列的阶段，并且只是逐渐地达到它的成熟。儿童的心灵不同于成人的心灵，这当然不是一个新的发现，差不多每个人都知道这一点；但是，很久很久以来，儿童都被看作似乎只是一个微缩的成人、一个幼小的男人或者女人。他在目标、兴趣和关注方面都被当作成人来对待，只是在能力和力量方面才强调儿童和成人之间的不同。

但是，实际上，区别是在心理和情感以及态度方面的，而不是在程度上的。如果我们假定儿童和成人的本性是一样的，唯一的区别只在于能力的大小方面，那么可以立即得出推论：儿童应该从成人的立场来被教育或者对待。不管在精神教育方面还是在其他方面，大多数的教育和授课都是以这个标准来进行的。

211 但是，如果这个区别是实质性的，整个问题就发生了改变。问题不再是修改

[①] 首次发表于《宗教教育协会会刊》(*Proceedings of the Religious Education Association*)，1903年，第60-66页。

成人的观点和信念，直到它们被缩减到更低层次的儿童思维；而是把儿童放在这样的成长条件之中，使他能够被引导去意识并且领会他自己的经验范围的全部意义，如同这些意义是在自己的生活之中发展起来的。当儿童被这样看待时，他在自身特定需要和目标方面的能力被发现是与成人的那些能力相似的，而后者的需要和目标也相似地通过成人的关注和责任来评价。

除非这个世界失常了，否则儿童必定拥有同样的能力去做他作为一个儿童真的需要去做的事情，就像成人在他的生活领域中同样拥有这样的能力一样。总之，问题在于使儿童认识到他自己的成长生活中的真正的宗教层面，而不是从外部把成人恰好觉得有用的信念和情感灌输给他。

不可否认的是，成人的意见、观念和情感之体系经常被认为是为儿童的宗教本性提供了标准。人们习惯于把宗教教育放在教会学说和信念的形式化表述基础之上，这就是一个典型的例子。一旦承认这个标准的正确性，那么就可以毫无争议地推论出：因为基本的信仰原则代表了成人心灵的智慧和真理，那么正确的做法就是立即给予儿童以这种成人经验的帮助。唯一的逻辑改变是在量上进行可能的缩减——更简短的信仰原则和在所使用语言上的一些（并不是很多）修改。

尽管这个说明是很清楚的，但它还是不能指出问题的最严重之处。最严重之处，在于假定成人的精神性和情感性经验是所有宗教生活的恰当标准；因此，如果儿童要拥有任何宗教经验的话，必须根据成人所熟悉的对原罪、忏悔、救赎等的同样意识来拥有它。只要成长观念的深刻意义被忽略了，就会把以成人思维和情感为模式的灵魂与上帝之间精神联系的摹本强加给或者传授给儿童。然而，对于这些实体之意识的深度和有效性经常依靠于渴望、奋斗和失败，后者的性质决定了它们只出现在那些具有成人生活之责任的人身上。

意识到儿童只有通过一系列伴随他自身发展的经验才能获得充分的宗教经验，这就回到了《新约》中的理想："我作孩子的时候，话语像孩子，心思像孩子，意念像孩子。"这就回到了耶稣的观点，即种子通过连续的阶段长成叶子，然后长成成熟的果实。这样的区分是种类或者性质上的区分，而不只是能力上的区分。发芽的种子、成长的叶子和开放的花朵，都不是在数量和尺寸上缩小的果实。获得完美的果实不仅依靠于允许，而且依靠于鼓励，扩展生命去经历那些对它来说是自然且必须的阶段。

要试图提前把成人的成熟观念或者精神性情感强加给儿童,这会导致严重的危险,即阻止了未来更深刻的经验的形成,而这些经验本来是可以变成他自己的真实存在的。我们可以使儿童更熟悉灵魂关于原罪以及个人和宇宙之最深刻力量之间的和解与和平、混乱与和谐的伟大经验之形式,而这一切发生于儿童在生活中的自身需要和联系,使得他有可能理解或者意识到这些伟大经验之前。

只要这样的情况发生了,那么肯定就会带来缺陷和歪曲。首先,儿童也许会成为庸俗的厌世者。对于这些事物的外在形式的熟悉,会在一定程度上使儿童以后讨厌与它们打交道。心灵被过量的过早熟悉所消耗,并且不再有未来发展的需要和可能性,而发展总是意味着新奇和新颖——一些独特的、新奇的因而是灵魂从未经历的经验。其次,这种过度的熟悉如果不造成轻视的话,至少也会产生无礼和不尊敬。再次,过早地经验到并没有真正理解或者经验到的事情,肯定会促成怀疑论和严重怀疑的危机。当一个热切的灵魂意识到以下事实:它一直以来都被动地接受和再现一些观念和情感,而现在它意识到这些观念和情感都不是它自身存在的一个重要部分,这是一个多么关键的时刻。它失去了对精神性真理所表现于其中的形式之把握,它们的本质似乎也消失了。这个人陷入了对他的感官之外的所有事物之实在性,或者对生命自身价值的怀疑和痛苦之中。

无疑,更加真诚和严肃的人能够找到出路,他们对生活的基本条件作一些再调整,这样来重新获得一个有效的精神信仰。但即使是这样的人,也可能会在他们所经历的努力之中留下伤痕。他们经历了一个震动和突变,而如果可能的话,每个年轻人都应该避免这样的震动和突变,并且对成长条件的恰当遵循也应该避免这样的震动和突变。如果在孩童时期就过早地确定理智和情感的习惯,这会导致失调;并且如果把这种失调之表征的特定经验看作是青少年生活的标准现象,那么就很危险。不同于少年,青年无疑是精神性经验中的一个关键时期;但是,如果扩大这种差别,而不强调发展连续性之更基本的原则,那么这将会是一场灾难。

在其他情况下,就没有什么是太严重的了;否则,青年就会生活在一个更加混乱的环境中。因此,在短暂的怀疑期之后,他多少变得冷漠且转而生活在他周围世界的肤浅利益和刺激之基础上。尽管没有产生一些极端的罪恶,但是后来经验的一些旺盛性被消除了;它的一些丰富性被忽略了,因为个人在能够把握其更深刻意义之前就了解了它的形式。一些人的宗教发展相对而言是没有中断的,他们发现自己习惯于把精神生活看作理所当然的。他们完全习惯于特定的形式、情感、甚至表达的话语,这使得他们的经验变得习俗化。宗教是当时风俗习惯的一部分,而不是激发和更新能力的源泉。它变成了一种遵守,而不是转化。

接受了宗教知识和经验的逐渐发展之原则,我接下来要提到一个实践性的结论:从宗教观点来仔细研究单个儿童在其青年期的成长、本能、需要和兴趣的整个纪录的必要性。如果成功地使我们对待儿童的方法适应于他当前的生活经验,那么我们就第一次发现了有关正常发展的事实。问题是很复杂的。儿童研究已经有了开始,但仅仅是开始。它的成功开展,需要一个延续的和合作性的研究。我们不仅需要大量事实方面的归纳来作为基础,还需要心理学理论最好的有效工具和方法。宗教领域的儿童心理学和经验的其他方面一样,如果从它作为其中一部分的普遍心理学之控制中分离出来,那么它将会发生倒退。如果我们急于从新发现的任何一组事实中立即得出实践方面的一些结论,它就会发生倒退。例如,尽管关于青春期之现象的一些已经被确认的材料对于设定未来研究的基调是很重要的,可是如果试图立即从这些事实中抽取出一系列普遍原则,这些原则是关于从宗教立场来对青年进行教导或者教育的,那么,这也是一个错误。材料还是太缺乏。我们还从来没有在各种社会性和宗教性环境下通过对青年的广泛研究来对它进行检验。否定性和变动性的事例被排除了,而不是被利用。在很多情况下,我们不知道事实是被解释为原因还是结果;或者,如果它们是结果,我们不知道它们在多大程度上是心灵发展的正常伴随物,或者多少是外在社会条件的病态结果。

但是,"小心谨慎"这个词并不是与儿童研究本身相悖的。它的意图正相反:指出儿童研究更多更多的必要性。我们有必要以合作的方式来开展这个研究。只有在不同环境下、从不同的立场来从事相同的普遍问题的大量研究者,才能获得令人满意的结论。如果像这样的一个大会逐步发起并且组织一个从事这种研究的运动团体,将标志着宗教教育新时代的开始。这样一个运动团体,将为一个建设性运动的确定基础提供所需要的事实;并且,同时还会消除对粗略而不确定的事实进行片面的、不成熟的普遍化之危险。

我对于得出这样一个实践性的建议并没有进行解释。我演讲的标题"现代心理学与宗教教育的联系"比我所能做的任何评论来说,本身就表达了更大的真理。这个标题暗示着我们有可能以科学的虔敬精神来接近宗教教育的主题,使对这个问题的研究变得与对其他教育问题的研究一样。如果在教育所有假定的世俗分支学科中,教育的方法、选择和使用主题之原则要服从仔细而系统的科学研究,那么对宗教问题感兴趣的人(谁不感兴趣呢?)如何能为对所有教育问题(道德的或者宗教的)之最基本原则的疏忽而辩护呢?

几何学教育中的心理学和逻辑学①

在促进几何学教育方面,作为一个对一般的教育感兴趣而不是对专业数学感兴趣的人,在阅读霍尔斯特德(Halsted)教授在《教育评论》12月号的那篇富有天赋、具有启发性的文章之后,我将冒昧地提出潜伏在我心中的一个疑问。

疑问所产生的领域是关于初等的、更直觉性和感觉性的几何学与后来理性的、严格的几何学之间的联系。

在多大程度上有可能仅仅根据早先的和后来的这两个术语,就把直觉的、应用的几何学和逻辑的、科学的几何学相区分,使得后者开始的时候,前者已经被一劳永逸地完成了,这是一个问题。而我心中的问题是。如果学生已经达到卓越的数学学术水平(甚至可能在发明而不是证明的情形下),是否就不再需要那些并不具备严格论证性的因素和材料?我们是否要拥有纯粹的初等几何学,并且完全是直觉性的和一劳永逸地被完成,然后一下子跳跃到理性的几何学?或者几何学教育的真正问题是一个阶段到另一个阶段的连续的调整和渐进?

毫无疑问,霍尔斯特德教授对于并不具备严格论证性的初等几何学采取了特殊的宽容态度。正如他所说:"教育领域是恰当的领域,已经扎根下来了。"(《教育评论》第24卷,第457页)在这篇文章的结尾处,他还做好特定的准备来

---

① 在本文被写成之前,已经发表了摩尔(E. H. Moore)教授的相似演讲(*Science*, March 13, 1903),名为《论数学的基础》。这个演讲详细讨论了所有数学的进化特征,这种进化特征使得不能在数学的不同分支或者在纯粹数学和应用数学之间进行确定的区分。我希望表达我对摩尔教授的谢意,因为他提出了多方面的建议。本文首次发表于《教育评论》(*Educational Review*),第25卷(1903年),第387-399页。

进行调整,这种调整是"设计来促进课堂教育和儿童心灵的习得"(第470页)。同时,他非常恰当地主张:这样的调整和感官因素将不会阻止发展朝着更加恰当的科学方法前进;或者如他所说,"初等的几何学必定适合于理性的几何学"(第457页)。

这两个限制给予我们一个非常明确的问题。一方面,我们有这样的考虑:哪种在严格论证意义上无效的因素对于辅助心灵来说是必需的,这种因素仅仅在普遍意义上正发展为逻辑的,以及在特定意义上、在几何学方面正发展为逻辑的,它能确保自身被引入并且密切协调于几何学的主题?在另外一方面,我们有这样的考虑:外在于逻辑的因素要如何被引入,才不会留下心灵习惯和偏见,而这些习惯和偏见在后来必须全部被移去或根除,才能确保人们正确地理解该主题?这种陈述问题的方式肯定在原则上不会产生任何争议,因此提供了一个平台,使得数学家和教育学家都能在上面进行讨论。正如霍尔斯特德教授所说(第470页),这使得教育成为涉及个别作者或教师的"一种天才、洞见和机智的事务"。这样一个人,必定经常从两个角度来考虑,对于经验和心理能力的现存状态怎么改造是可取的:教育的直接有效性,以及与严格逻辑化表述(作为数学的最终目标)的关系。并不是每一个让步都是可接受的,即使它确实看起来有助于更容易的、更快的直接理解,因为这也许会以理解的连续增长为代价,因而并不是真正的学习。即使外行的人也可以很好地理解的是:其实不是必需的,或者阻碍后来研究的调整有时候被当成是必需的而被开展。另一方面,对于绝对逻辑方法的脱离,不会仅仅因为它是一个脱离而受到谴责。如果这种偏离是使主题处于学生能力的运作范围之内所必需的,那么它本质上不是一个偏离:回家最长的道路,有时候实际上是回家最短的道路。认识到这两个限制,问题不再是当下视觉的、运动的经验之允许和调整是否将被实现,而是哪种特定的调整是可取而必需的。

到目前为止,一切都是清楚明白的,不存在任何的可疑之处。但是,我在读到第457页的时候又感到迷惑了,因为它不满足于"从不精确的陈述开始,然后在我们的发展过程中对它们进行修改,使得它们能够符合更大的洞见和更严格的要求。我们必须从一开始就使我们自己和我们的学生不但获得真理,而且获得全部真理"。这给我们留下了相反的印象,即没有任何调整或者允许被实现。这种印象被以下事实所加强,即霍尔斯特德教授进一步批评了许多特定的表述,即使这些表述是在初等几何学之中被提出来的,批评的理由是它们没有符合高等几何学的现状。

例如,在讨论作为最直接的运动路径的直线概念时,并没有提到要根据与已经获得的成长条件相适应或者可应用性来进行检验。除了科学的无效性,没有其他的标准可以用来进行指责。这种无效性无疑决定了不能进入数学科学的几何学;也就是说,是已经达到某一阶段的学生的几何学。但是,问题仍然存在:这个阶段在什么时候和什么地方被达到?是在高中一年级学生的心里面?是在大学二年级普通学生的心里面?或者在什么地方?如果霍尔斯特德教授的文章仅仅是关于几何学以及关于声称是几何学家的人的错误,这些问题就是完全不相关的,但他论述的是几何学的教育。他在谴责直线的特定定义(在原则上也适用于他所谴责的任何其他程序)时,出现了一个逻辑上的断裂,除非他也表明:从有效地发展为数学来看,定义完全不是必需的。这个鸿沟也许真的是完全不可克服的。我们很有可能表明:一个逻辑上恰当的直线定义能够从一开始就被带入理解之中。但是,除非这种可能性被证实,否则在逻辑上就没有充分的理由去谴责任何特定的方法,而谴责的原因仅仅是因为这些方法不符合严格的论证科学的要求。

为了把这个问题说得更加明确,我认为不可能一开始就要学生接受全部的真理。从身心两方面讲,这都是不可能的,并且这个陈述暗示着这两种不可能性中的一种。要试图实践这种方法,在教材和教师两方面都是不可能达到的。要全心全意地追求真理,但不能这样,因为它是无意义的要求。对教育的要求和需要产生于以下事实,即我们并不依靠整个真理。如果一个人想要依靠这种东西,而这种东西又是它努力想获得的目标,那么,这是教育学的自相矛盾。

直线的正确定义的问题,只是数学的问题。心理学家冒着巨大的危险,才能侵入这个领域。但是,有必要弄清以下事实:特定年级的学生的特定书本或者课程之内容,并不只是数学的问题。它也是心理学的问题,并且在合理的心理学基础上工作的教育学家在这些问题上进行论断就不是越界的。所涉及的心理学问题可以被缩减为以下两个问题:(1)学生在特定时期掌握特定主题时,他所应用的是理解和解释的什么部分?(2)未来的什么心理调整被产生,以及通过学生的学习过程,哪种反应被设定?

1. 实际上,学生所学习的东西不是提出这个定义的制订者或者教师心中的东西:学生所学习的东西是命题对他来说所意味的东西。这无疑是一个自明之理。但是,当我们回想起一个特定的陈述对一个学生来说所意味的东西,无疑依靠于所提出的主题与学生对这个主题所采取的习惯之间的相互作用,那么这个表述就变得极其重要。这是相互作用的问题,并且最后的心理陈述之内容是两个因素的最后产物。两点决定一条直线的概念满足数学心理的逻辑条件,即便有老师作出清楚的解释,也并不能够不可避免地推论出:它满足一个16岁的男孩或者女孩的心理条件。正式的和文字的定义,对于专家和学生来说是一样的;心理定义(实际学习的标准),也许会是完全不同的。甚至还有可能的是:这个陈述对于一个在最理想的条件下学习的聪明的初学者所具有的唯一意义,被霍尔斯特德教授以下的陈述所提出,即两点决定一条直线的假设"可以被当作是证明了对点的图解式的指定,以及用一条直线来连接两个被指定的点之图解式操作"(第468页,楷体为我所加)。它也许是画线的操作,并且把它看作是被画的,这就提供了现实的心理内容,或者心理上被考虑的定义。在这个情况下,学生名义上使用的是科学家所使用的相同定义;实际上,他依然根据运动(以画线为象征)和路径的直接性(以标志着运动点之路径的轨迹为象征)来领会直线。如果这是真的,那么,学生正是利用霍尔斯特德教授所谴责的观念,并没有通过术语的纯粹转化得到任何东西。如果这个观念是数学逻辑所厌恶的,使得它无论如何要被避免,那么现在的问题就是:在学生认识直线概念的时候,要确保一定的教学条件,以防止学生使用运动、移动的路径或轨迹这样的术语。

几乎不可能的是:高级的数学家不需要借助于运动就可以很好地开展研究,仅仅因为他彻底地定义了它的条件,使得这种借助不再影响或者修改任何特定的操作或结果。因此,有意地以一种统一的方式或者根据原则来排除它,也就是说,通过根据其他定义和公理来最终规定运动自身可能性的方法,这是更高效的。如果以一种不那么荒谬的方式来论述的话,就是说,有可能高级的数学家不需要借助于运动就可以在逻辑上获得发展,只是因为他从最初的、具体的现实条件中所进行的抽象是如此的完美,使得他现在有意地使用的所有术语都仅仅是通过他自己先前的抽象来定义和建构的。这无疑代表了逻辑上理想的、完全的控制,没有任何其他的材料、要素或者条件起作用,除了那些被有意识地引入或者公式化表述的东西。因此,我认为,我们同样有理由从运动的定义和公理开始,然后以相反的方式达到一个结论。科学家还需要做的,是根据他自己设定的规则和条件来玩他自己的游戏。当然,所有的这一切意味着一个最初的抽象,从现实的复杂条件中进行抽象并因而有意识地进行参照,并且要求不断地插入越来越具有脱离性的相似抽象物。当然,学习者处于这个系列的另外一端。他的问题不是使新的建构服从于由之前的抽象物所创造的条件,而是克服进行这种所需的抽象所面临的困难。作为一个学习者,他每走一步都必须朝向两方面。一方面,为了成功地从现实中进行抽象,他必须有意识地把那个具体的现实展现给他自己;如果可以这么说的话,他必须是感官的、直觉的和应用的(也就是说心理学的),而不是抽象的、论证的和严格的(也就是说逻辑的)。但是,他还必须使他未来的程序遵从以前所作的抽象,以及它们所产生的条件。他必须服从它们,并且使他以后的努力与它们相协调。这样,他才是逻辑的。我相信,任何把学习看作这样一种连续过程或发展的人,在原则上可以毫无困难地使心理学或者教育学的陈述与科学的和逻辑的陈述相协调;他的困难也许有很多,但它们只是细节上的、实践上的困难,而不是理论上的困难。

现在回到我们的例子,可以理解的是:对运动路径有意识的认识把具体经验之参照和逻辑抽象之参照联系起来,使它能够适合成为有效工具,来影响从当下经验未经分析的复杂性转化到更大抽象性的限定控制。相对于学生以前的经验,运动路径的概念是抽象的;实际上,这是造成很大困难的抽象。学生拥有大量关于运动物体的经验,但是也许从来没有机会去区分运动物体和它所采取的路径,即它所跨越和描绘的轨迹。同样很相似的是,他也没有机会去理解被还原为更低层次之术语的运动,以及被规定为一个点之轨迹而不是一个固体之轨迹的运动。

当前的这个问题在霍尔斯特德的引文(第 446 页)中表现得很清楚,大意是:作为两点之间最短距离的直线定义,对于初学者来说是**不可理解的**。上下文清楚地表明这种不可理解是逻辑的,而不是心理学的。最短距离的观点明显涉及另外一个观念,即曲线的长度,这又能作为直线长度之总和的限制。从逻辑观点来说,这两个考虑无疑是肯定不能获得最后的理解的。有人也许会说,逻辑是不可以被理解的;因此,非逻辑照其事实(ipso facto)是不可以被理解的。但是,仍然还有一个心理学的问题:在个体心灵发展的什么阶段,这种逻辑理解才能够被确保? 初学者的问题与其说是理解,不如说是领会——即至关重要地引入和吸收一个新的事实或者观念。根据这个理由,有可能作为在最径直运动中的点的

222

轨迹、路程或路径之直线概念不但是可理解的，而且提供了最大程度的可理解性。从个体心灵的立场来看，这种概念比起能满足高层次学生的定义来说，也许涉及更多现实的抽象和普遍化。在以前的经验中，直线的概念和大量其他考虑因素联系在一起，这些其他的考虑因素从几何学角度来说是不相关的，因而必定要有意识地加以排除。如果直线的概念让熟悉这个领域的人（已经比较过直线和曲线的人）感到非常不满意，并且把这个直线概念作为产生这种抽象的最有效的工具，那么，在教育中就不能仅仅通过参照那些完全意识到决定产物之所有条件的人心中的逻辑就消除掉它。

2. 我在心理学方面提到过第二个检验因素：在学习活动中并且通过学习活动被创造出来的心理命题、习惯—倾向。我们必须考虑对于特定表现模式进行反应而产生出来的整体心理态度。一些人的心灵，也许根据他们自己的条件，在一个相当早的阶段就适合于考虑严格的数学关系。如果不存在这样一些人，他们在16岁甚至12岁就很适合于严格的科学研究的许多主题，这倒是很奇怪的。数学素质毫无疑问，与其他素质一样，是实在的。如果让这样的学生处于营养不足的状况，这肯定是一种错误。但是，其他人会怎么样？那些兴趣不在这种教育模式的人会怎么样呢？那些并不适合绝对逻辑之游戏的人，那些并没有上升到更高的科学水平的人，或者那些也许把几何学的大多数掌握只作为纯粹工具的人会怎么样呢？数学家作为数学家，并不需要依靠这种分类；但是，那些关心教育的人必须考虑这些因素。对于这些人的心灵来说，过早地引入逻辑的严密性和科学的精确性，只会增加理智和情感上的厌恶；并且容易形成习惯去依靠纯粹的记忆、背诵的技巧、各种逃避，包括精神上的和实践上的，或者甚至依靠完全的欺骗；最后，讨厌进一步从事任何暗示着与数学学习有关的令人不愉快经历的科目。换个说法，已经稍微从逻辑上脱离出来的方法（这再一次仅仅意味着成熟心灵的立场，即已经熟悉作为单个的、内在联系之整体的全部领域），也许在当前可能性和促进未来发展的立场来看，是恰到好处的。也许有些学生能够依靠代数学、算术学、力学、图表式工具，以及并不是强有力的心理学科的资源来确保（并且只能通过这样的途径来确保）心理活动和心理能力方面的发展。甚至对于一些学生来说，比起不考虑运动经验和视觉经验的、被两点所决定的直线之最初定义，拉伸一根绳子、落下一根垂线，具有**更基本的**逻辑价值。

如果这些都是真实的（并且所强调的是**这些**），那么又有一个问题产生了：形式化定义的假定的逻辑因素等等,是否在主流的几何学中不能被过分强调,以便(尽管在某一方向通过更严格的方法是可以期望得到改进的)可以通过放弃科学当前的一些繁荣景象来进行改革?不同于逻辑理解,当心理学理解较之更不完善的理智态度取得领先地位,并且当它促进了进一步的理智控制时,它是有价值的。那么,为什么不能坦率地在这个基础上来处理教育问题呢?现在所使用的普通教科书中的定义,不管是否能够符合一个严格的标准,都至少主张要以理性形式来呈现这些材料。在很多情况下,如果概念不是作为这样的专业性研究来被提出,而仅仅作为已经获得的观点之表述,或者作为把一个有效的方法应用于未来而提出,那么是否就不能产生更好的结果呢?当然,这个立场不排除特定的、文字上的明确表述。相反,命题会自然地产生出来,以便概括获得的结果——尽管应该提供合适的机会来让学生自力更生地进行概括。但是,也应该以这种方式来提出一些规则,使得学生能够认识到:它们是临时的假设和起作用的猜想,而不是拥有最终逻辑价值的定义。

坦白地说,即使在这里,我也必须表达我的怀疑:即使有才能的数学家的定义在任何意义上都绝对是逻辑性的,但它并不像初学者的相对粗略和现成的概念符合初学者的发展和需要一样,符合数学家之心理发展的情况,以及他对方法和问题的掌握。我认为,心理的和逻辑的区分只是发展过程中的一个历史阶段,只有当这些历史时期在它们的序列中被比较时,而不是仅仅在这些历史时期本身当中才具有意义。

也许,这引入了一个可能有争议的主题;如果是这样的话,那是令人遗憾的。在前面的考虑中,我看到了科学的数学家和教育学家在教育的实践问题上进行调和的可能性。诚如我所理解的,前者与当前教科书和教师的一些定义和方法是不相协调的,因为它们是非逻辑的,甚至它们中的一些还达到了自相矛盾的程度。很好。教育学家同样是不相协调的(大体在同样的观点上),因为定义和方法并没有很好地从心理适应的立场来被设计和选择。说当前的教科书非此亦非彼,这还是有一定道理的。相信霍尔斯特德教授的权威的话,教科书就缺乏一些真正的几何学特点;相信一些教育学家的信念的话,那么教科书对科学严格性的承认,和它所主张的对绝对逻辑方法之使用,就阻止了一部分学生自由地使用他自己的经验,也阻止了在理解被呈现的材料时和在为以后的有效控制获得工具时的灵活使用。可以肯定的是,当我们宣称拥有关于理性陈述和推论的科学立场时,我们就拥有纯粹而绝对的它。但是,要达到这种程度是不可能的。因此,我们不应该允许伪科学或者某些从数学的过去历史中继承而来的东西,或者对当前的数学概念进行模仿而只做少许修改的做法,从而妨碍教师最大自由地去使用所有材料和方法;因为这种最自由的使用会促进学习,并且会激发数学抽象和概括之能力的发展。

226　　　正是当前这种方法的中庸状态即折衷性,给我们造成了很大的困难。在教育者看来,它们在很大程度上是非教育学的;在数学家看来,它们看起来或多或少是非科学的。在可能的地方,就让几何学变得更加严格;在不可能的地方,就让我们放弃逻辑特征的主张,因为它只能让我们拥有一个外表上的、累赘的工具,从而可以满意地在从教育的角度来说是最有利的环境下做任何事情。对于高中生来说,就像对于小学生一样,既不是严格的逻辑性也不是正当的心理学性的事物状态不应该阻止个人熟悉需要使用几何学陈述之经验,或者熟悉几何学原则的具体应用。当学生不能掌握逻辑形式的公理或者定义的时候,看起来更好的做法是:不要妨碍他得出看起来是科学性而实际上并不是科学性的表述。允许所有这些事情保持一定的变通,在实践中看作是理所当然的而并不是作为逻辑假定而表述,这可以增加目前的兴趣,也可以增加理解的合理性,还可以减少更加具有严格论证性的未来发展之阻碍。

　　　要在小学学校和文法学校的学生之间,以及文法学校和高中学校的学生之间进行确定的划分,似乎是不可能的。在每一个阶段上,学生都需要他所能真正掌握的表述和定义,以及任何在他能够进行的严格演绎推理中所引入的东西。但是,他还习惯于在察看这些定义和命题的同时关注它们所表达的真实经验。他需要在它们之中看到一种语言,在这种语言中,不同的符号代表不同的意义,不仅仅是彼此之间的联系,而且是作为生活经验的表达。另外,似乎特别是高中生,正处于这样一个阶段,他最需要的既不是纯粹直觉性的几何学,也不是严格论证性的几何学,而是从经验的具体情境转到这些情境在几何学表述中的抽象

227　性之能力。如果教师足够地吸收了理性几何学的观点和方法,并且记住他是一个教师而不是一个数学家,那么,我们就没有理由担心学生在几何学论证方面的进步不会像环境所允许的那样稳定和快速。

　　　因此,对我来说,霍尔斯特德教授文章的价值不仅限于此,即它谴责了那些虽然承认逻辑严格性但仍然缺乏逻辑严格性的书本和教师。因此,它允许自由

地运用对需要和发展的条件适应的原则。我还将补充的一点是,从主题的更直觉性的阶段到更论证性的阶段之转化中的调整之需要。我们很难明白,如果不能先成为一名数学专家,那么如何能够避免求助于经验中的说明和应用。实际上,有人告诉过我,即使在数学研究的最高级阶段,即使专业的数学家,也会发现在一些问题上求助于直觉的建构是可取的。

如果这种调整的问题更加确定地被我们牢记在心,我并不认为"佩里运动"(Perry Movement)会受到这样明显的、无保留的谴责。佩里运动在很大程度上涉及的是数学教育。要从纯粹数学的立场来批评那个运动具有某些可能的缺点,这是完全不切题的。几何学教育的改进,肯定依靠那些关注几何学更理性化表述和严格序列的人。但是,它也依靠那些从常识和日常经验来看待几何学的人;也依靠那些从它在日常生活中应用于技术性和实用性目的的不同实践来看待几何学的人;也依靠那些寻找经验中的因素和学生的智力的人,这些因素和学生的智力能使数学对学生来说更加重要。这两类人应该彼此合作,而不应该划分为敌对的阵营。

在任何学科中重要的教育问题,是获得以双重方式来看待每天被传授的学科题材的习惯。它需要被看作是从现有的习惯以及情感、思想和活动之经验中发展出来的;它还需要被看作会发展到最有序的理智体系之中。我大胆地将这两方面称为心理的和逻辑的,它们是连续发展的限制,而不是相对的力量或者甚至独立的要素。另外,我们唯一需要的是认识到:尽管这是心灵一般会经历的发展,可它是以非常不同的程度来与单个学生之心灵的发展相联系的。一些心灵很适合对作为方法的方法感兴趣。这些学生应该有机会开展他们的兴趣,去关注纯粹逻辑性的表述和演绎之**最高目标**。但是,对其他一些人(也许总的来说是人类的绝大多数)来说,对于方法的考虑总是具有价值的,这主要是因为这些考虑具有工具意义——因为它们是应用、发明、建造之领域中的工具,是解释和未来使用已经发明和建造的东西的工具。在纯粹科学的名义下,强迫这些心灵遵循那些对它们来说几乎没有意义且最终不会有什么结果的路径,这是一种社会性的错误。

教育中的民主①

现代生活意味着民主,而民主则意味着使理智获得自由,从而发挥独立的效用——把人的头脑作为一个独立器官而予以解放,使之发挥它的作用。我们很自然地把民主和行动的自由联系在一起,但这种行动的自由如果没有自由的思维能力来支持,则只能是一片混乱。假如行动中的外在权威被放弃,那必定被借助理性所发现和认识的真理的内在权威所取代。

学校在这个问题上采取什么立场呢?学校作为一个公认的代表,展现了作为精神力量的民主之特征吗?它领导和指引着这场运动吗?还是它落后于这场运动并起着相反的作用?我发现,当前学校的基本需要依赖于对理智自由原则的有限认识。在我看来,这种限制影响了学校生活的两个主要组成部分:教师和学生。对于两者来说,学校已经落后于当代普遍的社会运动(指民主主义运动),并且很多方面令人不满。学校的这种相对不民主的组织体制,影响了老师和学生的心灵,而校外生活中的民主原则正得到不断的增长和扩展,于是两者产生出不一致,而许多冲突和欠缺正来源于这两者的不一致。

通过本世纪后三分之二时间的努力,思想的民主机制已经被成功地建立起来,它提供了保存和训练理智的许多方法和途径。剩下来的就是个人的思想活动,不管教师还是学生,是否被允许和鼓励去拥有这种机制:即用自身的合法支配权来替代继承而来的奴性。事实上,我们的公立学校系统(public-school systerm)的建立,只有三分之二个世纪的时间。如果可以被追溯的话,它开始于

---

① 首次发表于《小学教师》(*Elementary School Teacher*),第 4 卷(1903 年),第 193 - 204 页。

1837年,那一年,霍勒斯·曼(Horace Mann)①成为马萨诸塞州的州委员会秘书;或者开始于1843年,那时亨利·巴纳德(Henry Barnard)在康涅狄格州开始从事相似的工作。这个时候,对社会和教派之势力的各种斗争开始增多并最终取得胜利,这些势力试图阻止或是减轻公众对私人教会和阶级利益的控制。在1837年至1850年间,美国公立学校系统所有的典型特征逐渐得以形成:这个时候开始出现州师范学校、市培训学校、国家和州两级的学院、教师协会、教师杂志、城市监管制度、监察官,处于国家公立学校系统之顶端的州立大学也得到发展。这个时候也开始对校舍和操场、教科书以及地图、地球仪、科学仪器等物质装备提出了要求。作为上述各种力量作用的结果,民主体制大体上产生了一套有组织的大众教育体制。虽然它还容易受到各地相关限制的影响,但面对这个伟大制度所服务的目的和方式时,我们发现,我们的民主还没有认识到它所依赖的伦理原则——在发现和证明过程中,思想具有的责任和自由——于是,在应该有秩序的地方,我们发现的是混乱;在应该有光明的地方,我们发现的是黑暗。教师缺乏创造力和建设性的努力,而这些是实现教育功能所需要的。学生发现,学校的环境在阻挠着(或者至少是缺乏)个人智力的发展和运用这种智力的责任感。

1. **关于教师**。是否在美国存在着一个单一的公立学校系统,在那里,由官方和宪法保证把在学科和教学方法中的问题、课程和教材中的问题提交给那些实际参与教学工作的人来讨论和决定,但是,很遗憾,我还没有发现那样的事实。而且,相反的情形却是如此常见,以至于看起来它被理所当然地认为是事情正常的和最终的情况。把任何其他的方式看作是需要的或者甚至是可能的(更不用说是必要的)的,很明显,人数是非常有限的。但是,除非公立学校系统的组织方式使每个教师都能通过经常性和代表性的途径,对教育上的重要事情作出判断,并保证这些判断以某种方式对学校系统产生影响,否则,现有的学校系统从其内部来看是不民主的,这种论断就被证明是对的。或者我们在这里发现民主原则的一些固定的和内在的限制,否则,我们会发现学校行为与社会生活行为之间事实上有明显的不一致;这种不一致如此之大,以至于要求立即进行持续的改革。

公众中一部分较开明的人士,已经意识到这种不一致的一些方面。许多改

---

① 霍勒斯·曼(1796—1859),美国教育家。——译者

革家反对把学校事务包括教科书的挑选等,被那些置身于教育系统以外、不具有必要的教育专业知识甚至受非教育动机所驱使的人支配。不幸的是,他们虽然注意到了这种不民主的情形并努力改变它,但一般说来,他们构想出来的只是一种补救的办法,即把专业问题上的决策权转移到学校管理者那里。他们热衷于把决策中心转移到学校系统内部,也热衷于减少外行的校董会的特权,并减少腐败的机会和与之相伴随的私人影响力,但他们只是尝试着采用专制原则来弥补民主体制的一个弊病。因为不管学校系统的领导人是多么英明,或有专长或仁慈,一人独断(one-man)的原则总是专制主义的。

这种论述的逻辑意味深远,比这些改革家所看到的还要深远。认为学校系统的管理必须掌握在专家手中的逻辑,必然推出以下观念:学校系统的每一个成员,从一年级的老师到高中的校长,在教育权力的使用上都必须分享一部分。补救的办法并不是让一个专家把教育方法和教材(subject-matter)强制灌输给被动接受的教师,而是把对理智的主动性、讨论和决定的采用贯穿到整个学校团体中。这种对民主制度部分弊病的纠正,以及学校系统在地方政治中的牵连,都在呼唤着一个更加彻底的民主制度。

这种对参与到实际教育工作中的教师所讲授教材的强制,以及在严密监督之名义下试图规定在教育中所使用的方法,至少在理论上意味着对理智的有意限制和对精神的禁锢。这个国家每一个有很好安排的学校系统,都会在学习过程中感到愉悦。我们不难发现,阅读、写作、拼写和算术等学科的教学方法已被官方制定好;历史和地理中的提纲要点对于老师们来说,是现成被提供的;文学名著被划分成对应着不同年龄段的男孩与女孩。甚至在艺术领域,在歌曲和歌唱方法、教材以及绘画技巧上,外在的权威也伸出了它的"罪恶之手"。

我以上所陈述的理论,在某种程度上和在某些地方也适用于实践。然而,我们可以庆幸的是:实践并不像理论所要求的那么糟糕。学校管理者和校长在教学方法的创造和采用中,经常鼓励有个性和有思想洞见,也默许在学习中不采用印刷的学习手册。然而我们不得不承认,这种伟大的进步只是个人的和非正式的。它依赖个别主管官员的智慧和机智,他可能随时会收回他的特许权;或者也可能被他的接任者无情地抛弃,因为该接任者已经形成了一个高度理想化的"体系"。

我知道,人们会说这种事情虽然有弊病,但是必要的;没有它,迷惑和混乱将会盛行;同时,这种规定将不可避免地成为任何等级系统的伴随物。并且人们也会说,普通教师在制定课程方面或在提出教学以及学科方法方面,是不胜任的。这种类型的论述从古老年代起就在生活的各个方面起着作用,该论述不正是民主发展的对立面吗?除了个人可以参与决定自己工作的条件和目的,除了总体上由于不同个体自由和相互的协调,整个世界的运行将比由少数人计划、安排和指导要好得多,无论这些人是多么明智或是出于多好的意图,民主又能意味着什么?我们怎么能够在其他地方宣扬我们关于民主原则的信念,而在教育上则完全是落后的?

而且,这种论述太言过其实了。现有的教师团体越是被强调不适合在重大教育问题上有发言权,不适合运用理智原创性和在建设性工作中担负责任,那么就会发现,他们越不适合从事更加困难和棘手的指导心灵的工作。如果这些人是不适合的,那么他们怎么能够被信任来完成这些最聪明专家的推荐和命令呢?如果教师不能够对教学方法的决定负理智责任的话,当他们被别人命令时,他们怎么能够运用这些方法,除非以机械的、笨拙的和反复无常的方式来运用?所以我说,这个论述太言过其实了。

此外,就像该论述所假设的,如果教育力量是不合格的、不理智和不负责任的,那么肯定的是,主要问题将会是它们如何得到改进。教师只有通过分担一些有责任的工作,才能使他们变得更胜任。如果认为我们必须等到他们完全准备好去承担理智的和社会的责任,这将会挫败在民主进程中所采取的每一个步骤。权威方法以及外在命令和指示的盛行,会自发地倾向于把效率低下、缺乏兴趣、无力承担需要自主决定的岗位等情形变得长久,而这些则构成了为权威制度辩护的理由。

这个系统对原创性、发明创造和持续的个性表现没有什么大的要求,因而将自动地让更多无能的教师留在学校里。这是因为,根据精神吸引力(spiritual gravitation)的自然法则,最好的头脑被吸引到它们能够最有效工作的地方;而最好的头脑不太可能被吸引到存在着威胁的地方,在那儿,它们不得不服从于自我尊重的理智所无法忍受的条件,并且它们的时间和精力将很可能被外在的琐事所占据,以至于没有机会来自由而全面地施展自己的活力。

我已经详细地论述了对教师理智和心灵之个性的认识问题。我只有一个理由:所有其他的改革,都取决于对从事教师职业的人们所具有的品质和性格的改革。在最近的讨论中,"枪口下的人们之理论"(the doctrine of the man behind the gun),在生活的各个方面都已广为人知。只是因为教育相对于其他事务而言,在所有人类事务中是最具个性和最关己的,在那里唯一的最后依赖以及最终的力量源泉是个人所受的训练、性格和理智。如果可以制定出的计划能够顺应教育者对于性格的道德力量以及同情儿童的内在需要,并且由此对于教学和学术产生兴趣,那么没有人需要再为其他教育改革或者教育问题的解决而烦恼。但是,只要原则上一个不民主的学校组织倾向在学校系统更高级的部分中去除独立力量、理智主动性和发明能力,或者倾向它们被引进教室之后去阻止它们的作用,那么所有其他的改革都会在源头上妥协,并无限期地推迟取得成果。

2. 关于学生。对于教师个性的不民主,会自然地伴随着对学生思想不恰当的限制。思想无疑只是孩子的思想,但它仍然是思想。使思想服从外部的和现成的规章和计划是对民主理想的否定,因为民主是建立在个人道德的自我指导原则基础上的。对儿童所需要的自由天性之误解是如此的常见,以至于有必要强调一个事实,即我们主要寻求的是理智自由、精神态度和行动的自由运作。如果个性不依赖理智的一些感受、冲动和外在行为,那么,毋庸置疑,我们将要为在学校的儿童争取更大的自由度。在这种情况下,反对意见会具有很大甚至是独断性的说服力,个性原则在卢梭学说的更夸张部分中得到实现:感情用事地把儿童的不成熟加以理想化;非理性地否认成年人的知识和成熟的经验具有较高的价值;刻意地否认社会组织所体现的目的和工具之价值。这种对孩子般异想天开、不成熟幻想和随意情感的神化,必然只是一种纯粹的浪漫主义。那些自诩为改革家的人认为,个人主义原则的这些方面,由于脱离了恰当的比例和立场而背离了它们自身的目标。然而,问题的症结不在这里。教育改革为了使儿童的个性得到更大程度的施展,意味着确保某些条件来为理智成长提供途径和指导。在自身进一步的成长方面,要获得心灵被解放的能力,在还不成熟的情感和想象之表现中不可能没有一定的误差和灵活性,这么说是正确的。但同样正确的是:我们所需要的不是对个性不受约束的放任,而是一种在一定限制下的自由,这种限制被证明对保证理智的充分运作是必要的。

现在,不需要怀疑智力活动或理智自由表达的意义,也不需要怀疑那些对它有益的条件。我们并不需要求助一些人们认为是不确定的、让人分心的、甚至令人沮丧的、来自心理学方面的观点。科学探究者所运用的科学方法,为我们精确而具体地展示了理智如何最有效和在最有利的条件下运作。

构成科学本质的那种直接探索,最需要的是直接经验;一种通过所有身体器官的媒介,对构成直接经验的手段和材料之积极而重要的参与。拿心灵有效运用所需的首要的和最基本的条件,与我们在如此多的小学和中学所发现的情况进行对比,在那里,直接经验并没有受到重视;取代它的,是对别人成果的总结和系统表述。仅仅在最近,才制定出一些明确规定来保障教室里的一些活动、设备和安排,以便允许和扩大儿童的原初经验。学校完全是穿着"世代相传的衣服"(hand-me-down garments),即穿着别人已经穿过的理智外衣。

其次,在我们称之为"科学"的心灵之自由活动中,总是存在一个特定的问题。这个问题使努力集中并控制着与问题相关的事实之搜集、获取进一步数据的观察之运用,以及运用记忆以便提供相关的事实并发挥想象力,来产生丰富的建议并形成问题可能的解决方法。

让我们把注意力转移到学校,我们发现,它和上述的精神活动在很大程度上没有相似之处。这是因为,二手材料是以"批发和零售"的方式被提供的,但不管怎样,它们都是现成的,总的发展趋势就是使心灵活动降低到简易地或被动地接收现成的材料——总之,就是死记硬背,附带一些对判断力和积极研究的简单使用。正如我经常提到的,获取取代了探究。毫不夸张地说,在学校中被鼓励的思想活动是科学还未取得重大进展之年代的残留物;当时教育主要涉及的是学习,即对过去获得知识的保留和传递。无疑,在学校中,每天人们都越来越多地呼吁判断、推理和个人效率,呼唤亲身的而非纯粹书本的经验。但是,我们还没有达到扭转教学方法的地步。在学习过程中,仍然存在需要获得二手的、现成的材料的负担和压力。正如扬女士(Mrs. Young)最近所说,流行的理念就是要求完整无缺地背诵和丝毫不差地展现所学过的内容。除非重心转移到设置某些条件,使得儿童必须积极参与到亲身设定他自己的问题和寻找解决问题的方法(甚至以实验和错误为代价),否则的话,心灵不可能真正被解放。

在学校里,我们已经以各种外在表现方式解放了个性,但并没有解放理智,而理智正是所有这些表现形式的根本来源和保证。因此,我们让那些守旧人士有了表达鄙视并鼓噪恢复到往昔美好的年代的机会,那时教师作为社会和道德权威的代表稳定地置身于学校的高层。但是,在这里,正如我们社会民主的其他阶段一样,纠正的方法并不是倒退,而是更进一步,即使学校发展成为适合获得和检验经验的场所;这些经验对于儿童的现有层次来说是真实而充足的,就像实验室、图书馆的所有资源适合处于某个层次的科学家一样。我们需要的不是任何激进的变革,而只是对在学校里已经发现的各种力量和手段进行组织。可以这么说,我们所需要的任何一个主题或者手段都可以在我们国家的很多学校里找到。我们所需要做的就是搜集这些材料和效用,并使它们统一发挥作用。它们经常被运用得千差万别,并且目标时常发生冲突。如果心灵成长过程之解放这个单一的目标被提出来,那么,这些作用将立刻各得其所并相互增强。

这些已经可行的手段之目录至少包括以下几个方面:把儿童带出家门,拓宽和组织关于他所生存的世界之经验;自然研究,即对于在其自然条件下运作的力量,在其园地生长的动植物的重要观察,而非仅仅对僵死标本的讨论。我们还有学校花园、对初级农业的介绍,尤其是园艺——一场已经在西部几个州取得巨大进展的运动。我们也有许多研究自然地理条件的工具,这些可以在河流、池塘或者湖泊、海滩、采石场、山谷、小山等处被发现。

在学校里也存在着相类似的力量,我们能发现建设性工作所需要的各种各样的工具,这些建设性工作经常但有点令人遗憾地被称为"工艺训练"(manual training)。在这个名目下,有烹调(它的简单形式在幼儿园就可以开展)、缝纫和更具教育价值的编织,它包括设计和建造简单的设备来进行各种纺纱过程等等;还有各种以纸板、木材和铁器为基础工具的劳动;另外,还有黏土塑造和以各种方式操作塑胶材料以便获得能力和更多的经验。

这些事情很容易转化为科学实验的简单形式。从最低的小学一年级起,每间教室就应该配备汽油、水,以及一些化学物质和试剂。在尝试意义上做实验,或者想看看什么事情将会发生,这是儿童最自然的本性;这确实是他的首要关注点。学校在很大程度上要么忘记了这种本性,要么在事实上压制了这种本性,以至于它一直不得不在恶作剧中或者甚至以实际的破坏行为来寻找出路。这种趋势的解决办法在于构造简单的设备,进行简单的试验,并且逐渐转为越来越受控制的实验,并更加强调智力成果的清晰性和逻辑过程的控制性。

除了积极实验的这三种典型模式,以及各种形式的艺术表达——开始以音乐、黏土塑造和讲述故事为基本要素,后来发展到在各种媒介中进行素描、绘画和设计,我们有许多力量和材料来充分满足儿童的自然需要和能力,并提供增长儿童各方面经验所需要的东西。只要这些作用能够融入学校,则关注焦点就会转移,体制也会发生变化,从思想对外在和现成材料的服从转变为以对题材的控制为指导的心灵活动以及它自身的建立。

在政治上,我们发现这个国家不能容忍半自由半奴役的状态。如果学校永远地依赖于外部权威的话,我们应该发现,在社会生活的各个方面鼓励自由、独立和主动性有着同样大的困难。社会生活的各种力量已经侵蚀了从过去传承下来的学校机构,以至于它的许多保留部分都已经摇摇欲坠。除非结果将是混乱的,否则,我们必须把握住民主中有机的、积极的原则,并把它完全运用于学校的精神和工作之中。

教育满足人类活动的三个最强的动机。我们在此发现了同情和慈爱,这是对最具吸引力和最有价值的爱的对象(即小孩)的情感。我们也发现了通过最确定和最直接的手段来获得社会福利、进步和改革的社会性和制度性动机和兴趣之盛行;此外,我们还发现了理智和科学的动机,即对知识、学术和真理自身的兴趣,这种兴趣没有被任何外在的理想所阻碍和混合。一旦这三个动机——慈爱、社会进步和科学探究统一起来,则这三者的联合被证明对任何人来说几乎是不可抗拒的。并且最重要的是,对民主的精神基础以及自由理智的效能和责任之认识,对于保障这种联合是必要的。

教育：直接的和间接的[1]

几天前，一个孩子的家长告诉我——她的儿子最近从公立小学转入了我们开办的小学，她儿子告诉她说："我觉得，我在那个学校几乎学到了和在约翰·史密斯小学那里同样多的东西——我相信，只要我们享受如此美好的时光，而且不停下来思考我们正在学习着的东西，也许可以学到更多。"在这里，我用这个故事来帮助解释"间接教育"这个概念的含义。我们可以在两种方法中作出选择。我们可以塑造条件，并且对学校活动可能造成的影响进行引导，从而使学生们永远提醒自己：他们是学生——是来学校学习课程和完成作业的。这样一来，我们会使孩子们总是意识到自己要去学校上学，而去学校做的事情是与他在其他地方做的事情完全不同——即学习。这就是"直接教育"。以这种直接的方式来进行表述，这个观念可以很好地唤起我们对核心问题的探索。我们是否真的愿意承认：在学校之外，孩子们并不能学到任何东西——孩子们的思考、感觉和活动永远不可能使他们受到教育；而不是去承认：孩子们所关注的并不是他们正在学习这一事实？因此，这就有了另一种选择：孩子们可以被给予某些特定的东西，这些东西的目的在于使学生学习它们，并且我们可以信任那些产生于或者伴随着这些出于自身目的之活动和探索的学习、教育和训练。这就是"间接教育"。

到此为止，我们准备好去追问：这样一种间接教育是否以及如何在学校内部获得一席之地？我们是否可以将学校的教育方法看作由于做那些因其自身而具

---

[1] 1904 年 1 月在芝加哥的弗朗西斯·W·帕克学校（Francis W. Parker School）所作的讲演。发表于《教育进步杂志》（*Progressive Journal of Education*），第 2 卷（1909 年），第 31-38 页。

有价值的事情而获得的发展;或是看作由于和自然世界或者社会世界之现实进行接触而获得的某种成长,这种成长的目的是为了让接触变得丰富而真实? 我们又是否可以按照这样一种方式来设计我们的学校,使孩子们永远不断地被提醒着:存在这样一个地方,在那里,他们去认识事物,去学习,去理解并且背诵课文?

在试图回答这个问题之前,让我们首先来探讨一些方法。正是凭借这些方法,我们成功地在孩子们的意识中突出而强烈地印刻了这样的事实:他们是来学校接受教育的。我之所以首先从这个问题最明显的一个方面来讨论,并不是因为它自身很重要,而因为它是隐藏在背后的那些事物的绝妙象征和指示。我观察了所有依赖于"评分机制"的学校系统(school machinery),发现的情况是永远存在的成绩单,一部分孩子总是知道自己因为功课表现的优劣而被打分,建立在那些纯粹传统的、数学的或是按字母顺序的体系[①]之上的寄送回家的成绩报告,孩子们之间各自分数的比较以及由此产生的所有的计谋(甚或舞弊)。

一个睿智的幽默作家以约翰·菲尼克斯的名字讲述了一个故事,描写他是如何对我们现在所使用的描述性的语言产生厌恶的。他指的是这样一些概念,如少许、显著、极其等等,然后再设计一个十进制的符号系统来替代这些概念。他曾认为,这个过程会遇到各种困难。更具体的想法是这样的:与其说"今天天气不错",人们可以说"今天天气有大约53%的好";同时,一个极为美好的日落可以被描述为 95%美好的日落。他继续这样设想着,对自己的想法感到洋洋得意。后来,他把这个想法告诉了他的妻子,妻子告诉他:这是一个很好的方案,并且将对这个方案进行实施——她对他说:"你是一个99%的傻瓜。"

我不知道这是否可以看作被特意设计的对学校方法的讽刺;但是,它确实可以被看作某种恶搞。假设我们要去看孩子的运动比赛,却没有信心纯粹凭借活动本身使孩子获得力量和知识的内在增长;因此,我们认为,有必要在孩子的脑海中强调:他是有一些东西需要学习的,我们对他在弹珠游戏的表现打 60 分,在棒球比赛中的杰出表现打 A。但是,设想我们试图提供一个类似的方案,并将其应用于孩子们在与年长者们日常交流中所收获的东西;应用于他们在必要地调整自己的行为模式来适应他们在其中生活、行动和获得自身存在的社会之要求

[①] 这里指除了分数系统外,还以 ABCDE 的字母形式来评定等级。——译者

时所导致的结果;或者设想孩子回到家中,对他在公园中看到的景物或前往乡村旅行感到异常的欣喜。从对这些经历生动的表述中,我们看到了他们的兴趣,但是我们却有"职责"去判定:由于他观察得细致入微,在观察上可以获得82分;然而,我们却被迫判定:在语法上,他的准确性低于60分——基于上述这些原因,孩子可能在他的成长中始终被测试,并且被刺激着进一步学习。

显然,这是十分荒谬的,以至于对学校的评分系统似乎极为不公平。但是,我希望指出:评分系统暗示了一种基础性的、不容置疑的自明之理,即孩子们所学习的实际主题以及建立在此基础上的自身情感和心理活动的反应,并不足以提供教育的动机和素材——需要某些超出和外在于它们的更深远的刺激,因为一个外部施加的传统评估体系对保持学习重要性的关注是必需的。

现在,认为教育并不是自然的和吸引人的(本质上是如此)假设对教师责任和学生责任都产生了极为负面的作用。人性本是如此,认为学校仅仅是一个学习课程的地方。受到这种观念影响的每一个教师都会认为:经过他们尽可能完整和无私的考察之后,给学生判定了成绩,即判定学生在学习课程上的成功,这样他们就完成了对一个学生的全部责任(只要这涉及对学生的学习和价值的判定和评估)。如果一个特意建立的方案是为了阻止老师承担他的全部责任,即阻止老师认为有必要去保持对孩子生活的监督和看护,把孩子的学习和他的性情、能力,以及影响他的全部要素联系起来;或者,如果这个方案被特意设计出来是为了使老师对学生最亲密和持续的了解成为不必要,那么我们就不可能发现什么更好的情况。

我可以毫不含糊地说,如果给出两个其他条件完全相同的学校,其中一个学校盛行的是分数评定系统,另一个学校则没有这样的分数评定系统,后者将很快拥有那些对所有学生以及他们的优点和缺点都不厌其烦且富有同情心的老师。无论是有意识的,还是无意识的,在工作中的所有要素都迫使老师去深入了解那些和他们交往的学生。这就并不仅仅只是外在地判定学生的"工作",也不仅仅只是考虑如何公正地将学生成绩排列于A到E之间,或者0到100之间;而是将每一个学生都看作是一个活生生的、积极向上的、可能成功或失败的个体。在这种情形下,必须根据人自身的"独特性"和就其他人而言的"不可复制性"来认识和判定一个人。而在最后的分析中,之所以认为一个个体和其他个体具有不可比性,仅仅因为他的自我是独一无二的。然而,在分数评定系统中,则会允许甚至鼓励老师逃避责任,即当他们公平地判定那些个人的外在和死板的产物之后,他们就感到已经完成了全部的责任。

同老师缺乏责任相同的趋势也出现在孩子身上,并在孩子之间传播开来。我曾经看到一个对评分和考试系统效果的强有力的控诉:作为一般性的引导,评分和考试系统建立了一个错误且令人沮丧的标准,并使孩子们通过这样的标准来判定自己。人们不是认为应该对自己可能达到的最优秀的程度负有责任,而是认为一个人如果达到平均意义上的期望值,那么他就已经做得很好了。因此,所有超出学校所规定的及格分数之外的东西,对于获得学分(代表一种能力的积累,并在紧迫的情况下避免了因为退步而受到谴责)而言都是多余的了。这个要点在这里是影响深远的。我有时候听到一些争论,这些争论表明:在严苛的考试和分数的纪律性目标中,蕴含着一些特别艰辛的付出,而放弃则意味着用一种不那么严格和苛刻的标准来进行替代——即我们有时所说的"温和教育法"(soft pedagogy)的一部分内容。而在我看来,现实情况完全相反。只要哪里存在一个着眼于学习固定课程的体系,那里的学生就不可能理性地去坚持达到他所能够达到的最好程度。除了明显的不及格之外,其他情形都可以在学生的自我辩护中表明:他们达到了由学校所设定的官方要求。如果一个学生完成了学校所宣布的对于他的要求,我们还有什么更多的权力去责备他呢?而这样看来,"平均"就是一种错误和令人沮丧的标准。

请不要认为我对"分数"过分苛刻了,它们确确实实是有害的。然而,分数本身并不十分重要,重要的是它们外在地象征了我所提及到的将课程学习视作教育标准这样一种状况。任何标准,只要能够用符号表示或者被转换为外在形式,那么就其必要性而言,它就是一种机械和定量的东西。它告诉学生应当去做某些事情,同时也告诉学生应当避免去做某些事情。而且它不仅仅允许,甚至还支持学生去相信:当这些特定的事情被完成了,并且另一些特定的事情被避免了,一个人的全部责任就实现了。然而,无论生活的理性原则或是道德标准都不可能提供这样的限制。事实上,生活法则要求每一个人在各种情况下总是尽力而为。因此,学生应当学会用来判定自己学习的唯一合理的且在长远来看唯一有效的标准是:他们是否最大程度地发展了他们所接受的学科?他们是否尽可能地认识到在其学习对象中所能够认识的全部内容?他们又是否通过全身心的参与而从中得到了可能得到的全部收获和力量?让学生使用"及格"(达到某种特定的外在界限)的标准,就是让他们彻底地松懈。而其最坏的可能,是这种"随和"的标准趋向于成为某种"习惯"。——它散布到生活的其他方面,并安居其中。

分数评定系统本身只是一个很小的问题。它仅仅是结果而不是原因,仅仅是症状而不是隐伏其下的疾病,其危害性的根源隐藏在更深的地方。对科目的人为划分,以及那些被视作任务而有待完成的、被分割为特定部分的作业,这些都更为接近"直接教育"的有害本质。在学科之间首先进行严格的等级区分,然后安排这些被武断选择的题材,从而提供各种素材使学生清醒地意识到:在他们面前,有且仅仅有这些东西需要他去学习。而那些可能被涉及的经验事实,以及真理和美的实质则变得完全次要了;因此,最主要的事情是布置下次课的段落和书页。这样一来,对教育工作的评价就不是依据它所带来的眼界的深化和开拓,也不是依据在它展示美好和真理之后所激起的愈发强烈的渴望,而是依据对所布置的特定作业的完成情况。

没有必要指出由此产生的损害和停滞。毕竟,这里有一个假设,即存在着确定的真理和正确性之洪流,它流淌于所有可以在学校课程表中获得一席之地的科目之中。宇宙真是一个奇妙的地方,而历史则记录了人类渴望和努力过程中那些引人入胜的奋斗、失败和成功,这是正确的,又或者不是?如果这是正确的,当我们试图把所有这些展示给孩子,就好像它们正好构成了这样一些课程,而这些课程并没有十分明显和重要的理由让孩子们必须学习,那么我们的做法对于自然或者历史,甚或对于作为这个奇妙世界之新到者的孩子来说是不是正当的?如果我们的做法是有价值的,那么曾经针对热烈而活泼的兴趣在教室中所具有的地位而引起的反对意见,则可能会让人一笑置之。这个反对意见基于这样的假设:兴趣是教育问题中只与孩子相关的东西——如同物体自身,即自然、人类生活和艺术的现实(通过它们,孩子才能获得教育),就其自身而言是无趣的或令人反感的。教育上新举措的目的并不在于凭借一种杂耍娱乐或是吸引眼球的装饰物来包围孩子,从而使事物变得有趣;其真正的目的在于允许那些联系着所有隐藏于学校课程背后之现实的内在价值重新被孩子所理解,并按照它们自身的发展携带着孩子一同前进。我们这些成年人确实容易厌倦享乐,常常被生活的惯例所战胜,而且还不知何故地对那些存在于生活事实中令人惊奇的价值感到本能的怀疑。但是,我认为,假设自然万物和人类社会是可以构成学习和课程之素材的唯一东西,但这对孩子而言却不具有任何内在的鼓舞性和吸引力,或者假设所有人的后代被设想为对这种吸引力只有迟钝和缓慢的回应,那么这种假设就要求一种特别坚定的悲观主义态度。但作为对教育素材进行处理的基础,如同有些东西仅仅适合于以课程和作业的形式被传播一样,这个假设也支持了教育作为纯粹和直接的意识过程(接受者和给予者都能意识到)的观点。我的一个教师朋友所讲述的一个比喻,总是浮现在我的脑海里。她说,教育使她想起的不是别的东西,而是尸体——总是无声的、镇静的、昏厥的,而且是无生命的。

在这里,我同样反对这样一种理解:让孩子们与那些最值得看和做的经验事物发生恰当的交流和反应,这种教育观念代表着一种低下的标准,是一种理智和道德的严格性的降低。事实上,与此相反,才是正确的。当被给予了公平的机会、开放和自由的空间,并且当每个个体的权利得到充足的保障,此时,宇宙真理和秩序所建立的标准要比那些课本和教师一致认可和设立的规范要准确得多。对"正确"和"价值"作出回应的责任,比背诵一篇特定课文的责任更加重要。当教师的影响与来自职业和科目的影响相结合时,它就比将它视作纯粹独立和直接的资源要更加真实和鲜活。

更为具体地来看,"直接教育"之所以陷于一个低级的标准,其原因在于:它将对学生的关注集中在老师和课本的要求之上,而不是科目本身对学生的要求;并且,它徘徊于个体思考和努力的中间层次。"我是否已经学习得足够好了,以至于可以在今天进行背诵了呢?无论如何,既然我昨天已经背诵了课文,那么今天我又被抽到背诵的几率有多大呢?"这个标准被以下标准所取代,即"在这里是什么如此真实,以至于变得如命令一般,使我跟随和探讨它"。将一个学科简单地理解为功课和作业,会存在一个不可避免的趋势,即老师的渴望、心愿和真实期待,老师个人的特殊兴趣、嗜好和标准,都将成为控制性的因素。至于孩子们是否会经常地并且通过一些聪明的手段来逃避这些期待和要求但却依旧表现得顺从,或者孩子们是否(因为老师的高超技艺,或所谓的老练手法)专注于尽可能用最友好的方式来达到这些要求(那些被恰当对待的孩子,对于老师提出的方法和目标的那种等级表现得十分友好),从道德目标来看,是没有什么差别的。在任何一种情形中,孩子们都将开始于某种外部的道德习惯,而且学着从他们自身的外部去寻找自我的理性重心。

我凭借经验认识到:我们接受了某种特定模式的教育实践,因为发现这些教育实践虽然与我们的理论不相符,却对我们的孩子发挥了很好的作用;但是,我们还是在某种程度上,对作为这些教育实践模式之基础的理论和目标表现得"顽冥不化而难以信服"。我回想起一位先生,他时常强调说:他的孩子曾经离开盛行着我所谈及的"间接教育"方式的学校,而被转送到了必须去学习课程(按照他的原话,去工作)的学校。但是,在获得妻子的同意后,他总是在最后指出:虽然我们的这个理论显得有些荒谬和混乱,不过在当时它似乎起到了很好的效果,以至于他认为应该让孩子在那里待得更久一些。的确,这个观点在教育实践中是相对新颖的,以至于我认为,即使是最热情的信奉者,也需要时常提醒自己:它在根本上的合理性,以及它所依赖的事实基础。我们需要提醒自己:这些新的学习形式,以及各种形式的社会职业,如烹饪、售货、纺织、音乐、绘画以及粘土塑造等等,它们并不仅仅是使旧有的学习变得更加有趣的工具,也不是伪装那些在以往的学习中对孩子们而言所固有的不愉快;它们也不仅仅是某种使孩子们比以往学得更多、更轻松、也更好的手段,而是代表着某种根源性的道德。它们代表了一种观点:世界上最终且唯一的教育力量是参与到生活的现实中去,并且就其效果而言,这样的现实在本质上是道德的。正是由于各种学习和职业在我们所说的新教育中扮演了如此重要的一个角色,并且是推动真理和正义之发展的恰当模式,它们才值得在一切有资格被称作学校的地方被当作核心要素。而当这个核心要素成为学校生命的源泉时,我将不再担心作为结果的教育质量了。

教育学中理论与实践的关系①

如果不对(1)理论和(2)实践的本质与目标各自作一番初步的探讨,想要界定理论与实践的恰当关系,即使是可能的,也将是困难的。

一、我不需要论证就可以假定,对教师充分的专业指导并不完全是理论性的,而应当包括一定数量的实践工作。关于后者的首要问题,在于这些实践工作的执行所要达成的目标。人们也许会持有以下两种如此极其不同的主导目标,以至于会改变实践工作的数量、条件与方法。一方面,我们可以把让教师学会使用必要的教学工具之训练,对课堂指导和管理的技巧之掌握,以及教学工作中的技能和熟练,作为目标而开展我们的实践工作。以这种观点看来,实践工作在本质上终归是学徒式的。另一方面,我们也可以提议把实践工作看作是提供真正且重要的理论指导的工具,即让教师获得关于教育主题和原则的知识。这是一种实验式的观点。

这两种观点的差异是明显的;而且,这两种目标共同提供了所有实践工作都要服从的限定条件。从其中一种观点来看,目标在于塑造和训练现实中的教师;这个目标,从直接和根本的意义上是实用性的。从另一种观点看来,直接目标,即作为达成最终目标的途径,是提供良好技艺的思维方法与材料,而不是像往常那样,力求立即培养出一个有效率的技工。如此理解下的实践工作在执行中主

---

① 本文仅代表作者的个人论点,而不代表任何特定机构的官方论点;因为作者认为,讨论一下自己认为重要的原则而不是规定一套程序的体系,将会更有益处。本文最早刊登于国家教育科学研究学会的《第三年度年鉴》(*Third Yearbook* of the National Society for the Scientific Study of Education),1904年,第1部分,第9-30页。

要关注它所引起的理智反应,即让学生①更好地掌握他所学的教材的教育意义,以及科学、哲学和教育史的教育意义。固然,结果并非是唯一的。如果说类似于实验室帮助学习物理和化学的学生获得对它们的原理更深刻理解的实践工作,却未能帮助学生获得有关指导和管理班级的技能,那将是难以理解的。如果获得这一技能的过程没有能够启发和丰富对教材和教育理论的指导,则同样是很奇怪的。虽然如此,分别以两种不同的观点作为主导的实践工作,在理念和执行中存在着根本的差异。如果说实践的首要目的是获得履行教师职责的技能,那么用于实践的时间数量,引入实践工作的场合,实施、监督、批评和联结实践工作的方法,将会与以实验式的理念为主导的方法有着广泛的不同;反之亦然(vice versa)。

在这一问题的讨论中,我将试图阐述我称之为实验式的东西,以区别于学徒式的观点。虽然我首要地立足于大学,但我将坦率地说(以作为必要的修正),我所谈到的同样适用于师范学院。

(一)我首先要引证其他专业学院的例子。我怀疑,作为教育者,我们是否始终如一地牢记着这样的事实,即培训教师的问题是更加一般的事务,即专业培训的一个分支。我们的问题类似于培训建筑师、工程师、医生、律师等职业的问题。此外,既然(这似乎是令人惭愧且难以置信的)实际上人们最容易忽视特定的专业准备在教育职业中的必要性,教师们就更有理由发掘他们从其他职业更为广泛且成熟的经验中学习到的东西。如果我们现在转向对其他职业培训历史的考察,能够发现以下几个显著的趋向:

1. 要求获得更多数量的学术知识,这是进入专业工作的前提。

2. 在应用科学和技艺中,发展出特定的工作方法是专业工作的核心。例如,我们可以将化学和生理学在当今医学培训中所占据的地位与"实践"和"药物"(materia medica)在上一代所占据的地位作一番对比。

3. 实践的和半专业的工作安排基于如下假定(时间限制等因素被考虑在内),即当专业学校给学生提供了典型且集中而非大量且细致的实践活动时,对学生是最有益的。总之,它致力于学生对实践技能的个人独立运用所要求的理

---

① 本文中的"学生",主要指为今后从事教学工作而进行教学实习的师范学院的学生,而不是一般意义上的学生。——译者

智方法的掌握,而非立即成为技能的熟练掌握者。这种安排必然涉及专业常规程序和技巧之掌握在相当程度上的推迟,直到学生毕业后开始从事他的职业。

这些结果对我们更加重要,因为其他的专业学院大多和教师培训学院处于同一出发点。它们的历史表明,人们曾经认为学生在起初应当被要求尽可能熟练地掌握实践技能。在导致专业学院如此坚定地从这一立场转向实践工作应当以激发和阐明思维方法为目标的原因中,我们可以列出以下两点:

(1) 首先,学院可支配的时间是有限的,因此必须高效率地使用时间。我们没有必要假定学徒模式本身就是一件坏事。相反,它可以被视作一件好事;但学生在培训学院花费的时间毕竟是短暂的。既然时间是短暂的,发挥它最大的功用就成为一个紧迫的问题;而且,相对而言,对这段短暂时间的合理利用就在于打下科学的基础。这些是人们无法在专业的实际工作中充分获得的,而专业生涯却能够给人提供用以获得和完善专业技能的时间。

(2) 其次,学院没有能力为最好的技能学习和应用提供令人满意的条件。与真正的实践相比,法学院和医学院至多只能提供与现实相差甚远的模拟条件。对这些学院而言,尝试提供学生在现实工作中不知不觉且不可避免就能充分掌握的技能,就好比让文法学校花上几个月试图传授(这种传授通常是十分失败的)学生在银行和会计所里花几个星期就可以学会的商业会计技能。

人们或许会说,这个类比不适用于教师培训学院,因为这些机构有模拟和实践的部门,提供给教师们在现实职业生活中会遇到的相同条件。然而,这仅仅是就以奥斯威戈模式(Oswego pattern)而组织的师范学院而言,也就是说,只有在这样的学院里,小学教师才被给予足够的时间来完全掌管课堂上的教学与纪律,而不会受到听课教师的干扰。在其他情况下,学校一些最基本的重要特征则被削减或取消了。多数"实习学校"不过是折衷的产物。理论上,它们接近于正常的环境。实际上,"孩子们的最大利益"被如此严格地保障和监管,以至于这个环境类似远离水池而学习游泳。

从现实的教学活动中去除"实践工作"的方法,有很多让人乍一看并不至于感到惊讶。维持教室纪律的职责之取消,无时不在、随时准备提出建议并将事情揽入自己手中的专家,封闭式的监督,教学对象的规模缩小等等,不过是这些方法的一部分。"课程计划"的话题,会涉及其他话题。在这里,它们也许会被暗中作为某一方式来使实习教师所面临的情境成为不真实的。如果实习教师准备了一系列或多或少确定的课程,得到有关这些课程计划的评价,并且以是否实施预定计划来判定他在教学上的成功,那么,他与那些依照与学生的交流中获取的经验而制定和修改课程计划的实习教师们所持有的态度,则是完全不同的。

一种是在现实教学所提供的条件下发展教材,通过教师的自发和反思的批判发挥效用;另一种是在对更高级的教学管理者评判(假定的或者现实的)的密切关注下发展教材,或许很难找到如此相去甚远的两类路线了。在实践教学问题中,那些与维持教室或课堂纪律的职责更为相关的方面在过去曾引起很大的重视,而那些更加细致且意义深远的有关思维职责的事情却常常被忽略。在那里,人们只考虑确保某些条件来使教学实践成为真正的学徒制。

(二)强调教师需要精通教学和管教,这让实习教师把注意力放错了位置,而且朝向错误的方向——也许不是完全"错误"的,但从需求和机会方面来看,相对而言,则是错的。实习教师们时常会面临并解决以下两个问题,这两个问题极为广泛和严肃,需要深入且专心地对待。这两个问题是:

1. 立足于教材的教育价值和用途来掌握教材,或者可以说,通过教育原则在教材中的应用来掌握教育原则,而这也是教导之内容和纪律与管理之基础。

2. 掌握课堂管理的技巧。

这并不意味着这两个问题是互不相干或彼此独立的。相反,它们是紧密联系的。然而,学生们无法同时给予两者相同程度的关注。

刚开始教学的教师首次面对有 30 到 40 个学生的课堂时,对他们来说,最为棘手的问题是不仅仅要完成教学任务,还要承担维持课堂秩序的责任。年长的教师已经掌握了同时做两三件事情的必备技能,比如:在全班朗诵的时候,既照顾到整体,又注意到个人;有意识地完成每天、每周、每个月的教学计划,同时把当前的事情先处理好。这样的年长老师,很难了解刚刚从业的教师所面临的困难。

教学如同演奏钢琴,存在着技巧。如果这种技巧要在教学中发挥功用,则要依赖于基本原则。但是,学生可能只是学到了方法的外在形式,却无法将它们真正地运用在教学中。正如每个老师都熟知的,孩子拥有内在和外在的注意力。内在注意力意味着对身边事物无保留、无限制、全身心地投入。它是对智力直接且私人性的运用。因此,它成为智力成长的基本条件。了解这类智力应用,识别它是否存在,明白它是如何被激发和维持的,如何通过得到的结果检验它,以及如何检验由它引起的明显效果,这些是教师工作最高级的特征与评判标准。这意味着对心灵活动的洞察,区分真实行为与伪装行为的能力,以及鼓励真实行为而阻止伪装行为的能力。

另一方面,外在注意力则是将书本和老师看作独立的对象。它表现为某些惯常的姿态和肢体表达而非思维的活动。小孩子们很善于表面上对学校课程的形式表现出通常人们所期望的那种注意力,而内心却将其思想、意象和情感倾注在那些与课程毫无关联却对他们更加重要的主题上。

然而,过早地注重维持教室秩序这一紧迫且实际问题的教师,几乎必然将外在注意力看作是最为重要的。教师还未曾接受过提供心理洞察力的培训,从而使他能够立刻(几乎是自动的)判断:在某一特定时刻,哪些种类和模式的教材能够保持学生的注意力有效且健康地向前发展。但却清楚地知道:他必须维持秩序,必须保证学生们的注意力集中在他所给出的问题、建议、指导、评论,以及他们的"课程"上。因此,这种境况内在地导致了教师在外在注意力而非内在注意力方面获得其技巧。

(三)随着将注意力集中在次要的问题上而忽略首要的问题,如此形成的工作习惯越来越具有经验性而不是科学性。实际上,学生不是根据他被要求遵循的原则调整教学方法,而是根据自己在经验中认识到的得失不断进行调整。比如,他看到在维持班级纪律上比自己更成功和有经验的教师的做法,以及其他人对他的嘱咐和指导。这样,教师的主导性教学习惯最终形成了,相对来说,却没怎么参照心理学、逻辑学和教育史的原则。在理论上,这些原则是占主导地位的;在实践中,推动力是手段和方法,它们是从盲目的实验中获得的,从不合理的事例中得来的,从或多或少是任意的和机械的规律中得到的,从他人基于经验的建议中得来的。这样,我们至少能在很大程度上解释这种双重性和无意识的口是心非,这两者是教师行业最严重的弊端之一。一方面,人们对某些崇高、抽象的理论热情高涨,如自我活动、自我控制、思维和道德上的原则。另一方面,教学实践很少留意正式的教育学信条。理论和实践没有在教师个人的经验中得到同步发展,也没有得到整合。

最终,教师的教学习惯可以建立在两个基础上。它们在理智的启发和不断批判下形成,并且应用于已有的最好条件。但这仅仅是在实习教师熟知他所教导的题材,并且掌握有关心理和伦理的教育哲学的条件下,才是可能的。只有当这些因素被纳入思维习惯中,并成为观察、洞见、反思时的基本倾向的一部分,才能自动地从而积极有效地得到运用。而这意味着,实践工作首先应当考虑的,是将这些专业学生培养成善于思考和思维敏捷、具备教育学知识的学生,而不是帮助他们立即就精通教学工作。

直接技能会随着能力不断增长而获得。那些从专业学院毕业并拥有管理班级能力的教师,在最初的时间里,一天、一周、一个月甚至是一年里,比起那些在有关儿童发展的心理学、逻辑学和伦理学方面掌握更多重要知识的教师,可能显得更有优势。但是,以后的"进步",只有通过教师业已掌握的自我完善和提高的技能才可能达到。这些人似乎知道如何教学,但他们却不是教育学的学生。即使他们继续学习教育学书籍,阅读教师期刊,到教师学院进修等等,也无济于事;因为问题的根本不在于这些,除非他们继续学习题材和心理活动方面的知识。除非教师成为这样的学生,他才可能继续改进学校管理机制,但是他终究不能成为真正的教师、启迪者和灵魂的导师。培训学院的老师们总是坦率地承认,他们对自己的学生日后的发展是多么地失望,即使是对那些比较有前途的学生也是如此!那些学生刚开始时,似乎很成功;然而,他们不能保持稳定的进步,这让人意想不到,而且似乎很难解释。在某种程度上,这是不是由于在初期的实践工作中过早地强调对直接教学技能的掌握而造成的?

我还可以继续指出其他弊端,它们在我看来,或多或少都是同一原因所导致的。其中包括教师们思维独立性的缺乏,即他们思维上的盲目屈从。一方面,师范学院和教育期刊上的"模范课程"标志了那些不惜一切,为了取得即时的实践效果而仰仗权威的教师们的心态;另一方面,也表明了我们的教育组织不加考察与批判地接受任意一种保证良好效果的方法或手段的自发态度。已经是教师的和打算成为教师的人们,簇拥着那些能明确而清楚地指导他们如何教学的人士。

教育发展遵循这样一种趋向,即从一种路线转到另一种路线,在一年或七年的时间内采用这种或那种新的教学研究和教学方法,然后又突然转向另一种全新的教育原则,这是由于教师们缺乏独立思想所导致的结果。教师们,尤其是那些身负行政职务的教师们,倾向于关注职业的程序细节,花费大量精力去制定表格、规章和条例,以及填写报表和统计数字,这些同样表明思维活力的缺失。但是,只要教师们能够抱着自己永远是教育学的学生的精神,这种精神就能打破客观环境的束缚与扰乱,并且使自身得到体现。

二、让我们从实践方面转向理论方面。为了使实践工作真正实现教育实验的目的,那么,理论的目标与核心必须是什么?在这里,我们具有这样一种信念,即理论指导仅仅是理论性的、深奥的、远离实际的,因此相对而言,除非学生被立即推向教学工作,否则理论指导对教师的教学工作是无用的;而只有"实践",才能为专业学习提供动力,并为教育学课程提供素材。人们通常声称(或者至少不自觉地假定),除非通过让学生进行教学工作来即时且同步地巩固理论知识,否则的话学生们将缺乏研究教材、教育心理学和教育史的专业动机,而且将缺少有关它们与教育之间关系的认识。但事实真是这样的吗?还是恰当的理论指导本身就包含了实践性的因素与内容呢?

258

(一)既然本文无法涵盖教育哲学和教育科学的所有方面,我将从心理学的观点谈起。我认为,这是所有教育学理论指导中最有代表性的方面。

首先,初学者虽然没有直接的教学经验,但从自身经验中获得了大量极其实用的知识。有人认为,除非学生们立即通过亲自的实践教学来检验和阐明所学的理论,否则,理论指导便仅仅是抽象且一无是处的。这种论调忽略了课堂中的**思维活动与一般经验中的思维活动之间的连贯性**。它忽视了这种连贯性对达成教育目的的极端重要性。持有这种论点的人们,似乎把课堂内的认知心理与其他场合下的认知心理隔绝开来。

这种隔绝不仅不是必要的,而且是有害的,因为它抛弃或轻视了学生拥有的最重要的财富(不仅是最重要的,还永远属于那个学生),即他的自我指导和个人经验。我们有理由假定(因为学生并不低能),他已经从生活中学到了知识,并且还在日复一日地学习。他肯定会相应地从自己的经验中得到大量的实际资料,用以阐明理论原则和学习过程中智力发展的法则,并且给予这些原则或法则以生命力。而且,由于没有人是在理想环境中长大的,每个初学者都有许多实际经验,并用它们解释发展受阻——失败、适应不良、退步,甚至是堕落。现成的资料是病态的,也可能是健康的。它能体现和说明在学习问题中的成功和失败。

然而,没能将这个实践经验的主体考虑在内,不仅仅是一个严重的错误(这违反了从已知到未知的原则)。这种忽视还会导致在当前的教育方法中的一些严重弊端继续存在。正因为学院没有引导学生们认识到他自己在过去和现在的成长与在学校中的成长所遵循的是同一法则,也没有引导学生们认识到在幼儿园、操场、街头和客厅所遵循的心理学和课堂心理学是同一性质的,学生们不自

259

觉地假定了教室内的教育属于完全不同的类别且遵循着特有的规律。① 不自觉地,但同样是确定无疑地,学生们开始坚信特定的学习"方法"和专门适用于学校的教学方法,这些方法适用于特定的场所并有着特殊的应用。因此,他开始坚信材料、方法和手段对达成教学目的的效用性,但他却从未意识到应该信任他在学校外所获得的经验。

我认识一个师范学院的教师,她总是说,当她无法让她的学生们懂得有关孩子们的某些事情时,她会要求她的学生们转而想一想自己在日常的家庭生活中所熟知的侄子、侄女或表弟、表妹。我认为,无需过多的论述,就能证明学校内和学校外学习连贯性的断裂,导致了教育中的资源浪费和错误的努力方向。我更愿意利用这个假定(我认为它将会被普遍接受)来强调,灌输给实习教师们对课堂心理学这样一种生硬且错位的理解是有害的,而这种理解之所以生硬且错位,是因为学生们不知道如何预先从他们最为了解的自我经验中选择和组织相应的原则和材料。②

从这个基础出发,我们在对他人教学的观察即课堂观摩中,转向教育心理学的探讨。但是,我希望在这里指出我已经提到的关于实践工作的相同原理。对模范教师或重要教师之教学活动的最初观察,不应当是以实用为导向的。学生不应该为了积累成功教学的方法而观察优秀教师是如何教学的。他们应该去观察心灵的互动,去观察老师和学生是如何彼此回应的——心灵之间是如何沟通的。他们应该首先从心理学而非"实用"的角度来进行观察。如果人们强调后者甚于前者,那么模仿原则将必然会在观察者未来的教学中起着过分夸大的作用,从而牺牲他们的个人洞见和主动性。学生在这一阶段的成长中,最为需要的是能够洞察彼此进行着思维交流的人们心中在想些什么。他们需要学会从心理学的观点去观察,这极为不同于仅仅观察特定教师如何在展示某一特定主题时获得的"良好效果"。

毋庸置疑,具备了心理学之观察和解释能力的学生,将会进而关注教育中更

---

① 在这里,"成人"心理学发挥着效用。一个不了解自己的人很难了解他人。然而,成人心理学应该与儿童心理学一样具有一般性。
② 如果我一直重复"经验"这个词,或许会避免误解。它并非指我心中的形而上学的内省,而是指转向自身经验的过程,并考察它们是如何发展的,以及什么东西促进或者抑制了这个有机体内部的和外部的动力与束缚。

加技巧性的方面,即优秀教师在任何科目的教学中所运用的各种方法与手段。如果得到适当的准备,这不一定会导致学生们成为模仿者或传统及范例的追随者。这些学生有能力将优秀教师所具有的重要的实践手段与他们自己的心理学知识相匹配,而且不仅仅只看到它们的确发挥功用这一简单的事实,还能了解这些手段是如何并且为什么能够发挥功用的。这样,他们就能独立判断和评判教学手段的正确应用和改善。

我在前面假定了对两种因素的重视,使教育心理学区别于普通意义的心理学。首先是对特定目的即成长与发展的重视,同时也是对它们的对应物即停滞与适应的重视。其次是对社会因素的重视,即对不同心灵的彼此互动的重视。我认为,我们绝对无法直接从纯粹的心理学数据中得出任何教育程序和教学格言。未经整理的心理学数据(也就是我称之为纯粹的心理学数据)涵盖着人的所有心理活动。如同思维的发展和进步,思维的停滞与衰落,也同样遵循着心理规律。

我们无法从物理学中总结出实践性的格言,例如建议人们遵照重力法则行走。只要人们行走,他们就必然是在这一法则所揭示的条件下行走。同样的,只要人们进行思维活动,他们就必然遵循着正确的心理学理论所陈述的那些原则。试图将这些心理学原则直接转化为教学规则既是多余的,也是没有意义的。但是,当一个懂得机械原理的人想要达成某种目的的时候,他会知道将哪些条件考虑在内。他知道如果想建一座桥,那么就必须用特定的方法和特定的材料来建造,否则,他所得到的将不会是一座桥,而是一堆垃圾。这同样适用于心理学。给定某个目的,例如促进健康的成长,心理学的观察和反思能帮助我们控制相关的条件。我们会明白,如果我们想达到那个目的,就要按照一定的方法去做。教育心理学的特殊标志在于:它将心理学材料置于如何促进成长并避免停滞与浪费这一问题之下。

我谈到过社会因素的重要性是另一标志。当然,我不是说一般的理论心理学忽视了心灵间互动的存在和重要性——尽管可以说,直到现在,社会因素在心理学中还没有得到重视。我的意思是:与心理学家不同,对教育者而言,考察某人的思想受到另一个人的思想自觉地或不自觉地提供的刺激时做出的回应是很重要的。从教师的立场看来,不用多说,学生们所表现的所有习惯都被看作是对某些人或某一群人所提供给他们的刺激的反应。因此,教师应该考虑的最重要的事情在于：就他目前与学生的关系而言，他自己的说话和行为方式推动或抑制了哪些态度和习惯。

如果这两个关于教育心理学的假定得到认可，自然而然，只有遵循这样的步骤，即从学生自己的心理成长经验中所包含的价值和规律开始，进而逐渐过渡到他所知甚少的对于他人情况的了解，最后再试图影响他人的心理活动，教育理论才是最有效的。只有这样，学生才能养成对教师而言最为重要的心理习惯，即对内在注意力而非外在注意力的关注；或者说，教师的重要职责在于指导学生的心理活动，而且在这之前，他必须首先了解学生的心理活动。

（二）我现在转向教材或者学术知识，希望表明恰当的教材并非如人们有时所想的那样，是纯粹理论性的，或者是与实践毫无关联的。我记得，一个毕业生曾经调查过他所在学院的主要教师们是否接受过专业培训，以及是否学习过教育学。他将一份基本上是否定性的调查结果送到了当地的教育组织。有人或许会说这没什么，因为众所周知，仅仅就教学而言，大学中的教学本来就很糟糕。然而不可否认，大学里的确有些不错的教学，而且那些从未接受过教育实践和教育理论之指导的教师也有着一流的教学。

这个事实是我们不能忽视的，就像我们不能忽视另外一个事实，即在教育学产生之前，就已经有了很多优秀的教师。我并不是主张取消教育学培训——这是我最不愿看到的。我认为，上面所提到的事实证明了学术知识本身或许是用来培养和塑造优秀教师的最有效的工具。如果说它在不自觉和无确定意图的情况下就发挥了如此大的功用，那么我们绝对有理由相信：如果老师们从培训学院里获得这些知识，并能因此有意识地思考它与心理活动的关系，学术知识将会比我们通常所想的更具有教育学价值。

人们有时认为，学术知识似乎与方法无关。即使当人们不自觉地采取这种态度时，也会使方法成为外在于教材知识的附加物。它就必然相对独立于教材而被阐释和获得，并进而被应用。

究其本性而言，构成实习教师之教材的知识体系必须是系统性的教材。它不应当是一堆混杂的废物。即使（如同历史学和文学）它不能被严格地称之为"科学"，也同样是依据一定的方法而制定的材料，这种方法就是参照控制性的理智原则筛选和安排材料。因此，教材中也存在方法，这种方法是人类迄今为止所发展出来的最高级的科学方法。

我们不能过分强调这种科学方法就是心理方法本身。① 这种使教材成为研究分支的分类、阐释、解释和归纳方法,并不处于脱离心理的事实之中。它们反映了教师在努力处理经验所提供的原始材料并使它们能够满足和激发积极思考之必需条件时心灵的态度和运作。既然如此,如果通过这种方式,学生未能持续获得心理活动方面最好的实物教学(object-lesson)(这标志着心理成长和教育进步),那么就意味着在专业培训的"学术"方面存在问题。

我们有必要认识到,教师使自己习惯于更高级的心理运作方式是很重要的。一个教师在将来越是有可能从事基础教学,这种锻炼就越是必要的。否则,当前初等教学的传统倾向于谈论并且描绘儿童假定的理智水平,并且这种传统还将继续。教师只有在更高级的思维方法下得到全面训练,并且时刻牢记充分和真实的思维活动意味着什么,才可能真正尊重孩子们心灵的真诚与力量。

当然,这种观念会受到以下论点的挑战,即教材的科学编排(这构成实习教师的学术研究课题)与适合于略欠成熟的学生的教材的编排原则是完全不同的东西,以致对更高级别的学术知识的过多、过早熟悉,可能会阻碍对儿童和青年进行教育的教师的活动。我不认为有人会主张教师真的完全知道什么才是对他们有益的,但也许可以合理地说:特定形式的心理习惯的持续学习,可能会使那些较年长的学生摆脱较年轻的学生的心理冲动和习惯。

然而,我认为在这一问题上,师范学院和教师学院有一个最大的机遇,这一机遇不仅关涉教师的培训,还涉及与教师培训无关的大学和高等院校中教育方法的改革。师范学院和教育学院校的职责在于使学生能够看到并感受到:这些研究是以思维运作之重要体现的方式来展示有关科学、语言、文学和艺术的题材,从而使他意识到它们不仅仅是为专门知识的应用而服务的技术手段的产物,而且代表了基本的心理态度与运作。事实上,特殊的科学方法和分类不过是以最具体的方式表达和阐释了简单而常见的思维活动模式在令人满意的条件下同样能够做到事情。

总之,对未来教师的"学术"指导,应该将教材带回到它日常的心理根源。②

---

① 埃拉·F·扬(Ella F. Young)教授在《教育学中的科学方法》中,值得注意地发展了这一观念。对此,我十分感激。
② 似乎没有必要再提及哈里斯(Harris)博士不断提到的观点,即师范培训应当给予即使是最基本的事物以更高的关注与综合。

只要这一目标能被达成,上面提到的那些依据对教材的高级处理和低级处理之隔阂而得出的反对意见就会失去说服力。这并不是说,以相同的模式展示相同的教材假如对师范学院的学生是合适的,也一定适用小学生或高中生。但是,这的确意味着:如果习惯于从教材的功能与**心理反应、态度与方法**之间关系的角度来看待教材,他会敏锐地察觉 4 岁的儿童或 16 岁的青少年**理智活动的迹象**,并且能够被训练来自然而然地评估适合于用来调动和引导心理活动的教材。

这样就解释了为什么有些教师虽然违反了教育科学所制订的规则,但却依然获得成功。他们充满了探究的精神,并且不管做什么或如何做,他们对这种精神的存在或缺失都十分敏感。他们能够成功地唤醒和激发他们所接触的人去进行同样机警与热烈的心理活动。

这并不是在为这些不规范、不成熟的方法辩护。但是,我想重申刚才的论点:如果说某些教师单纯依靠丰富的知识和直觉洞察学生的思维活动,并且在没有确定的理论原则指导下就已经取得如此多的成就;那么,如果同样的学术知识能够被更加自觉地使用,即明确地联系心理学原则而得到运用,它肯定会发挥更大的功用。

我在上文提到师范学院拥有改良一般教育的机遇时,我的意思是,如果有关教材的指导(不论在何处)仅仅使学生获得有关外在事实和规律的特定知识,甚至提供如何运用这些材料的理智方法,那么它就是不充分的。不仅师范学院,而且所有专业的高等院校都有责任让学生们意识到:心灵被训练来能够有效地控制其自然的态度、冲动和回应,这才是所有科学、历史和艺术研究最为重要的目标。

当前的学术知识与方法的分离在两方面都是有害的,这既不利于高等学术教育,也不利于教师培训。不论是为了最终目的,还是为了实用或专业的目的,我们在使用教材时应当把教材理解为心灵寻求和处理事物之真理的方法之客观体现。这是能够消除这种分裂的唯一途径。

从更加实用的角度说,这一原则要求学生们使用一本新教材(从而提升他们的学术知识并更加清楚地意识到方法的本质)时,应该结合教导他人的经验而进一步组织这一教材。作为"实习"学校和"实验"学校的小学和中学的课程,应当与专业学院的老师所提供的教材指导保持最紧密而有机的联系。如果在某个学院中的情况并非如此,这要么是因为在**培训课**(training class)中,教材是被孤立地,而不是被作为心理方法的具体表达展示给学生的;要么是因为**实习学校**受到某种有关教学材料和方法的惯例和传统的制约,没有采用有效的教学方法。

事实上,众所周知,有两种原因导致了当今教学的现状。一方面,既定的条件导致在小学教学中教材微不足道的地位和内容的贫瘠,强调进行机械的反复练习,而不是心理活动;并且导致了在中学教学中对某些传统文化科目的专业掌握,而这些科目被当作是同一知识体系中的独立分支!另一方面,对科学(教材的学术方面)的分支的传统划分,倾向于将师范学院中的教学目的理解为特定技巧或信息的获得,从而或多或少地脱离了它们激发和引导心理能力的价值。

当今最为需要的是融合与集中。如果小学和中学要逐步地在理智上引入更有价值和意义的教材,就需要使教材和思维而非"训练"保持一致,这个目标要求大学教材的完全孤立的专门化现状被取消,而且使人们关注教材在表达心理活动之基本模式中所起到的重要作用。这些模式之所以是基本的,在于它们不仅是心灵处理日常经验提供的一般材料时所要遵循的,而且在处理科学的系统化材料时也要遵循。

(三)如上所述,这一点要求在培训学生的时候,把学生在实习学校和实验学校的学习过程与进入他们视野的更广阔的学习领域联系起来。但是,考虑到小学和中学对教材的需求,这种联系需要连续地、系统地实施。习惯于为某个年级做单独的、孤立的教学计划,只用于几天或者几周的教学,不仅不能达到目的,而且可能很有害处。我们不要让学生抱着这样的态度,也就是抓着他们得到的教学材料不放,想尽各种方法看看能否把那些材料立即变成课程并且应用于教学。我们需要的,是把整个课程看成是持续的、反映心灵自身发展的增长。所以,在我看来,这就要求对小学和中学的课程进行连续的、纵向的考虑,而不是横截面式的考虑。要引导学生明白以下这一点:地理、自然研究或者艺术中的相同教材,不仅仅是在某个特定年级逐日发展,而且是在整个学校发展中逐年发展;在他受到足够的鼓励去试图为这个或者那个单独的年级而采用课程计划中的教材之前,他们就应该了解这一点。

三、如果我们试着把已经提出的几点归纳起来,那么,教学实践应该是如下所述——虽然我有点担心,下面的方案也许显得有些刻板而不那么令人满意。

第一,实习学校应该主要用于进行观察。而且,观察不是为了解教师教学效果如何,或是为了得到对教师自身有用的"分数",而是为了得到心理观察和反思的材料,以及关于学校整体教学活动的一些观念。

第二,通过让那些已经获得心理学的洞察力以及对教学问题有很好了解的学生做助教,使他们更加深入地了解儿童的生活和学校的工作。这一阶段的学生不会承担直接的教学,但是能够帮助正式的教师。辅助的方式多种多样,且能够真正起到作用——不管对学校还是对儿童都有用处,给这些受训学生带来的价值也比公认的要多。① 给予落后的孩子或者曾经辍学的孩子特别的关注,在工艺方面帮助准备材料,这都是一些可行的方法。

第三,这种实践经验能使这些未来的教师对课堂教学和管理的看法和理解,从偏向心理上和理论上的视角转为更加技术性。在初期,非正式、逐渐地接触教学,让学生头脑里充满了材料。这些材料不知不觉地被吸收并组织起来,为教师的工作提供了背景,也促使他们承担更多的责任。

如上文已经讨论的那样,这些学生在做助教的同时,肯定也会帮忙选择和组织教材。开始组织教材的时候,他们至少会参照几个年级来强调不间断和连续的增长;此后,他们会专心地找出补充材料和与辅助教学内容有关的问题。如果有需要的话,他们会精心选择材料来让自己的助教工作更加深入。或者,对于更高一级的学生,他们可能会为课程和研究作出可供选择的科目规划。

第四,当学生通过做助教准备好去接受更多的责任时,就可以进行实际的教学了。基于之前的准备,实习教师在教材、教育理论和前文提到的观察上都很过硬了,应该给予他们最大限度的自由。他们不应该受到严密的监督,也不应该在教学内容和方法上受到过于挑剔的批评。学生们应该知道,人们不仅**允许**他们发挥自己的智慧和主动性,也**希望**他们能发挥自己的智慧和主动性。而且,在对他们进行评价的时候,他们控制局面的能力要比按部就班实施某个特定的教学方法或计划更为重要。

当然,他们也应该与资深的老师一起对完成的工作和获得的教育效果进行讨论和评价。但是,应该给实习教师足够的时间,允许他们从突发事件带来的冲击和新环境中恢复过来;并且要让他得到足够的经验,能够理解批评对已完成工作的**根本**意义。与此同时,应该要求专家或者监督者引导学生批判地评价自己

---

① 什么是实习学校真正需要完成的工作,这个问题对其道德影响和使"实习"状况与真实教学趋同都很重要。

的工作,找出成功和失败的地方及其原因,而不是过于挑剔和具体地批评他们工作的某个方面。

理所当然的是(可惜,并不是所有的情况都是如此),批评的目的是让学生从原则角度思考自己的工作,而不是就事论事引导他认识某些方法是好的或是坏的。不管怎样,最滑稽的思想评价莫过于要学生上几堂课,基本上每堂课都全程监督他,而且几乎每堂课结束都评价他讲课的方式。这样的评价方法,可以让学生掌握一些诀窍和手段,但是不可能培养出有思想且独立的教师。

而且,尽管对学生的培训(像已经提到的那样)应该足够地广泛或是持续不断,让学生熟悉工作且积累大量经验,可是培训应该有明确的目标,而不是杂乱无章。对于教师来说,更重要的是承担责任,不断地发展某个主题,体会那个主题的发展;而不是针对更多的主题,教授一定数目(必然是在较小的范围内)的课程。换句话说,我们想要的不是那么多具体的技能,而是要了解一个主题在教育发展上的意义;并且,在某种典型的情形下,对控制方法的掌握会成为教师自我评价的标准。

第五,如果实际情况允许——也就是说,如果培训期足够长,如果实习学校足够大,能容纳的学生数目达到要求,而且能完成所需的工作——经过上述学习阶段的学生应该准备好进行特定的学徒式工作。

假定学校的条件允许真实的而非外在形式的实习教学,并且假定学生在实习之前已经完成了教育理论、教育史、教材、观察和实验式的实践活动等培训,那么请不要把我前面所说的话理解为要取消实践教学,因为这些实践教学活动是用来让个人掌握教学和管理的实际技巧。教师一定会在将来掌握教学技能;如果条件适宜,在培训或类似的过程中掌握这些技能是有许多优势的。通过实习期的考验,我们会尽快发现和筛选掉那些不适合教学但却有可能成为教师的人,我们可以在他们进入教育机构之前就将其筛选掉。

然而,即使是在学徒期,给予学生所能承担的责任和主动性也是非常重要的,而且对他们的监督不能时刻不停或者过于紧密,批评也不能太局限或者太具体。这种过渡性实习期的好处,不在于监督者自己成为老师,让学生延续他们的理念和方法;而在于学生通过与成熟和富有同情心的老教师长期接触,得到启迪和启发。如果公立学校的情况是恰当的,如果所有的学校管理者和校长都具有相当的知识和智慧,而且如果他们有时间和机会用自己的知识和智慧影响寻求他们帮助的年轻老师的发展,那么,我想,学徒期的用处将会被简化为使年轻教师能够尽快适应角色并把不适合教学的人及时筛选掉。

我总结一下,可以说,我不认为自己在论文中提到的原则有多么理想化。现在,师范学院里旨在改进教材范围和质量的运动正在稳步进行,势不可挡。级别较高的师范学院实际上已经被称为"大专"(junior college)。也就是说,他们提供两年的课程,这些课程在很多情况下已经达到正规大学的水平。这些学院的老师逐渐拥有相同的学术培训经历,这是大学教师应该有的。许多学院已经超出这样的水平;今后十年的显著趋势,必将是许多师范学院宣布有权授予正规大学的学士学位。

所以,论文中探讨的学术方法在不久的将来会得到保证。如果加上另外两个因素,就没有理由不实施本文所阐述的理论联系实践的观念。第一个必要的因素是作为观察和实习之学校的小学和中学需要采用先进的教育模式,而这种教育模式与培训课程中关于学术题材和教育理论的教导是相符的。第二个必要的因素,是心理学和教育理论方面的学习活动,把关于教学题材的标准指示与中小学教学活动之间的关系变得既具体而又重要。

如果要证明不可能实现前面阐述的观念,我认为,理由不可能来自外界的条件,而是那些校内或校外的权威认为培训学院的真正作用就是满足人们已经意识到的需求。当然,在这种情况下,培训学院的教学就是简单地延续现有的教育实践之类型,并偶尔简单地改进一下细节。

相应地,本文所隐含的假设是:教师培训学院没有完成去接受和遵循现行教育标准的全部职责,而且领导教育事业应该成为它们必不可少的职责。我们需要做的,不是仅仅培养出能够更好地完成当前任务的教师,而是改变教育的观念,从而促进教育事业的发展。

教育学院的意义①

这个题目立刻引起质疑:是否存在任何不同于由学校掌握的、作为孩子和年轻人接受教育和指导的地方呢?好吧,让我们看看。我是一个坚定地相信历史的约束性和神圣性的人。那么,对于教育学院的意义,历史到底给予了什么启示呢?

有一种令人吃惊的说法是:教育学院才刚刚起步,到现在也仅仅只有21年的历史。你们当中的一部分人,可能会认为教育学院是从我们拥有这些建筑才开始存在的;而另一部分人则可能理所当然地认为,现在是教育学院存在的第三年,并且他们自以为有足够的证据来证明其观点的正确性。但是,我要将教育学院存在的历史追溯到1883年。正是在这一年出现了一个巧合,而在我看来,那是一个好的征兆,即帕克上校进入了库克县师范学校(Cook County Normal School)②,以及芝加哥工艺培训学校(Chicago Manual Training School)在贝尔菲尔德先生的指导下成立了。回忆雅各布森上校和哈姆先生,是非常令人愉悦的事情。他们在推动芝加哥工艺培训学校的建设中,起到了非常积极的作用;并且,他们竭力通过各种方法来鼓励并帮助帕克上校将工艺培训工作引进库克县师范学校,这是帕克上校之工作的最开始。

由于教育学院现在的状况是芝加哥研究所(Chicago Institute)的成立和埃

---

① 在1904年1月28日于芝加哥对教育学院的家长联合会所宣读的论文。首次发表于《小学教师》,第4卷(1904年),第441-453页。
② 现在的芝加哥师范学院。——译者

蒙斯·布莱恩(Mrs. Emmons Blaine)夫人的巨大捐赠的直接成果,并且由于这个捐赠是帕克上校在库克县师范学校工作时期的灵感发挥作用(的确,是为了完成帕克上校的工作,使其已表现得非常明显的可能性得到更全面的实现)的幸运产物,所以,我以构成教育学院之意义的这个因素开始讨论,并不需要任何的解释。

我们历史中(我会一直声明,我们有资格称它为我们的历史)的这个部分摆在我们面前的事实,是在任何教育计划中对教师进行培训的意义。在帕克上校到芝加哥之前,作为一名致力于推动教育事业发展的战士和先知,他已经非常著名了。但是,由于帕克上校预见到,任何教育运动中重要且主导的因素是推进该运动的那些人的人格和培养,所以1883年教育改革风潮的中心从昆西城转移到了芝加哥。对普通人而言,生活中的每一件事情最后都会重现;对教师而言,学校生活中的每一件事最后都会重现。并且,作为一名足够有谋略的战士,帕克上校认识到,对教师的培训是教育活动中具有战略意义的一个要点。只有立足于这样的堡垒,才能使战役既经济又有效地进行。但是,有一点是不言自明的,即小学以及中学(即使不是事实,也至少存在于思想中)作为教师培训工作的有机组成部分,是与师范学校相联系的。帕克上校是一名合格的改革者,因为在他看来,孩子们和教师们在目标方面是一致的。正是通过对教师的标准、理想和工作设备的改进,教育事业才得以发展。但只有在孩子们充实、有目标和自由的生活中,这种发展才会有效和真实。对教师进行更好的培训,以及为孩子们提供可以帮助他们发现自我的更好的学校生活,是教育改革的"连体婴儿"。

如果我们翻阅历史,至少可以学到以下这些道理:教育学院的意义中有一个根本的和显著的因素,那就是推动教育事业发展的愿望和坚定目标;不仅仅在这里,而且在每一个地方,通过对教师工作之本质更重要、更充分的认识来激励他们;同时,通过为他们提供所需要的理智工具,使他们更有效、更称职地实现这些既有广度又有深度的理想。

但是,就像我已经提醒你们的那样,在同一年,即1883年,教育学院另一个不可或缺的组成部分即芝加哥工艺培训学校诞生了。它的诞生同样包含着对当时的主流方法和教育目标的不满,尤其是在中学教育方面。我认为,这在一定程度上就像是帕克上校所代表的运动一样,都是反对片面教育的抗议,因为后者仅仅注意到对事物表象的感觉运用,而忽视对事物自身的触觉和视觉以及肌肉感觉的运用;并且反对以下这种教育理念,即抛弃对实践操作之器官的训练,将教育等同于吸收和积累才智之能力的训练;也反对那种为拘泥于书本知识和传统守旧的职业做准备,而忽视贸易、商业以及其他生产性创造模式(它们与社会生活之基础有着紧密的联系)的教育。换言之,芝加哥工艺培训学校代表了迄今为止在教育领域仍被忽视的因素和功能。并且,像帕克上校在库克县师范学校中的工作一样,它也是一种先驱性的工作,在其自身领域中具有开创性。我们可以充满自豪地回忆,在追溯当前学院的两个方面的源头时,同样是在追溯两个具有全国性意义的运动之源头——这两个运动的影响从来不会局限在它们自己的界域中,甚至不会局限在芝加哥城里,而是成为全国范围内那些与之相似的工作的模范和激励。

就这些而言,我们的先驱者至少不是平庸和无价值的。但是,教育学院指的是*芝加哥大学*的教育学院,这使我们想到,在衡量教育学院诸多的考虑因素中,还有其他的历史推动力。从这个观点出发,另外两个学校——以前的大学附小(后来被称为实验学校)以及南部分院(South Side Academy)——需要被考虑进来。尽管它们的成立要晚许多,但也同样使得教育学院与大学工作直接联系起来。

实验学校就像它名字所暗指的一样,是特意为了对教育心理学和教育社会学的相关问题进行科学调查和研究而设立的,其目的在于促进管理学校工作的科学概念和方法之运用。将科学应用于生命的物质方面是一个大家都非常熟悉的事情,以至于除非是在更与众不同和更特别的表现形式下,否则在很短的时间内,它难以引起人们的关注。但是,将科学界盛行的调查研究方法,通过任何有效的途径使之与实际的学校问题相联系的观念,确实是一种非常新颖的想法。的确,这种新颖性可以由以下这个事实来证明,那就是实验学校。就像其他两个被考虑到的因素一样,这是一种先驱。除了在斯坦福大学(Leland Stanford University)教育系主办并在较短时间内得以维持的幼儿园以外,这个学校没有任何的先例。将其看作构成教育学院的意义中的一个因素,实验学校并入教育学院这一事件标志着教师培训的必要性。培训的方式不仅仅要给予教师以启发、实践洞察力和技巧,而且要给予他们其从事的工作所需要的最基本的理智工具。更为重要的是,实验学校还代表了教育必须依靠的思想主体,而不是由大量常规的和实证的工具所增强的一系列抽象和一般的理论。它使教育学院去承担一项更重要的任务,即对隐藏在教育实践中的规律不断地进行研究,并对实践中运用的方法不断地进行批评,目的是为了影响全国范围内的文化思想和实践——如果考虑到其并不太长的历史和有限的设备,实验学校已经在某种令人惊喜的程度上完成了这一任务。

从与大学的关系上说来,实验学校并入教育学院,预示着理智方法被运用于实践;并且对于这种运用来说,在所有的教育问题上(不论是初等教育还是高等教育),现代大学都是一个合适的体现。为了将激励大学工作的思想理念灌输给更低层次的教育,在最高级思维过程中,方法和思维活动都是富于发现和应用的,如何在儿童进行学校培训的开始,使二者的结合更有效和具有操作性,无疑是一个具有重要意义的事实。现在,所有的这些意义都体现在教育学院的生活中。

南部分院建立于1892年,当时是作为大学的预科学校。因此,这个机构完成了与大学的整个联系。在这里,我说明了,仅仅对教师进行培训,仅仅就教育的现代的、更加实践性或应用性的方面,甚或仅仅探索和使用科学的方法,仍然是不够的。一个包含并代表所有可能的教育状况的教育机构必定包括以下的重要工作,即提供开办大学所必需的信息、纪律和文化。有时候,我们中的很多人对于我们学院看似进展很慢的教育理念缺乏耐心,并开玩笑地说是要恢复到大学机构的中世纪起源状态。但是,在我们清醒且严肃的时候,我们都知道,大学是一个我们更高层次的生活所必不可缺的事物之高贵体现和机构;同时,在那种模糊和有些捉摸不透的称之为文化的方面,任何对其利益的减少,都会导致我们生命中最有价值的东西永久地损失。如果大学有如此重大的意义,致力于为大学做准备的这些机构也应该拥有同样的重要性。"大学预科学校"是一个有时带有指责意味的词语。有的时候,大学预科的确意指对那种要完成工作的缩小化,以及对全面参与社会生活之准备的限制。因此,这个词语本身带有一些贬低的色彩。但这并不是一定的,而且的确也是一种歪曲。只要大学存在,并且只要它们充分完成了服务社会的职责,大学预科的工作就是一种荣耀,而不是一种耻辱。如果学校的文化工作由于脱离更直接的、实践性的社会发展动力而变得过分生僻、抽象或者呆板,那么,手工和商业的教育也会由于脱离文化教育中的启发性和扩展性而变得束手束脚,并且缺乏独立精神,让人难以忍受。

以上就是我们关于教育学院之意义这个问题的历史性回答。从其起源来看,教育学院表明自身将教育问题中的所有因素都囊括在一起。在个人的方面,它珍惜并维持了与过去的连续性。虽然伟大的领导帕克上校离去了,而由他培养的教员中很大一部分直到今天仍然是教育学院的一部分。芝加哥工艺培训学校最初的校长和一部分从一开始就参与工作的教员,仍然参与着我们今天的工作。我们同样拥有那些与实验学校和南部分院的创办密切相关的人们。这个名单如果要成为完整的,必须包括以下这些人:他们通过与教育系和实验学校的关系,使教育学院与芝加哥的一些学校建立了最密切的联系,从而使教育学院仍有生命力的部分体现了公立学校系统中的劳作与荣誉之成果。除了对自然的虔诚之外,还存在一种对历史的虔诚,所以我很自豪,现在可以有这个荣幸来提醒各位:教育学院并不是武断而极端地在各个方面都严格地忠于过去,而是尽可能地将那些随着岁月的增长而积累的智慧和经验吸收进来。我同样可以非常高兴地告诉大家:虽然教育学院曾是一所捐赠的学校,并且因此在那种意义上来说是一所私人的学校,但是其全部历史却赋予它一种理念来帮助和激励其发展;这个理念就是,这所学校产生于并同样适应于公共学校的工作。

但是,所有这些对于未来有什么意义呢?这个故事表明,教育学院并不是一个暴发户。它通过多年的艰辛、奋斗和斗争,赢得了它现有的地位。但是,所有的这些并没有回答这个问题,即它对于教育之未来的意义。

我假设所有关注教育学院的人都会作出以下这个评论:要将如此多的要素联结并融合成一个整体,是一件多么艰难的工作。然而,这个评价仅仅适用于学院状况的机制方面。这真的仅仅是一个技术上的问题。更高和更深的方面,应该建立在所谓的学院的**有机组织**上。事实上,这里有很多有机的组成部分,它们各自很好地完成着自己的工作,但这个工作是有限的。通过教育学院,这些部分彼此之间建立起一种有效的联系,也彼此接受并得到了强化。问题并不是对机制进行调整,而是一种生动的乘数效应和繁殖增长。每个组成部分都为整个教育学院带来了一个要素,没有这样一个要素,就不会存在一种教育的整体。因此,这些相互作用的组成部分能提高其效率和能力。

有一个特别重要的方面需要注意,那就是教育学院现在本身代表了构成当今教育理论之问题的各个因素。我的意思是,在具体而实际的制度化形式中,我们拥有当前关于教育的所有著述者在教育问题上将会提及的所有因素。因此,我们拥有所谓的实践的和实用的因素。这不仅仅来自于芝加哥工艺培训学校,还来自于最初在库克县师范学校对工艺训练的强调,以及实验学校对社会参与的强调。因此,这里呼唤一种个人的实践方面的动力。教育学院认识到,"全面教育"如果忽略观察事物和完成事情的直接兴趣,它就只是一个名称而已。因此,在这里,所谓的实践的和实用的因素并不是一种孤立的和独立的东西,而是对以其他方式被浪费的(因此是被误用的)资源的利用。但是,学院也代表了对教育中科学的和文化的因素之重要性的最全面认识。进一步说,学院并不仅仅是在其自身结构中,而且是(通过教师培训和恰当教育理论的传播)为了教育进步和改革的更高目标而代表了这些东西。我可以想象,没有任何一种灾难比得上以下事情:一个自身包含了三种独立的先驱活动的机构变得如此的制度化,或者如此自满地沉溺于其过去的辉煌,没有认识到仍然还有很多的先驱工作在等待着它;因为在我们对生活领域的逐步开拓中,总会有这样的先驱工作存在。要吸纳这里所阐述的教育体系中一些不同而独立的部分,本身是一件很了不起的成就。但是,因为过去所实现的一切就此止步,而没有认识到这种发展可能产生于它们融合为一个重要整体的过程,这就会成为一种最为严重的灾难。

知道以下这点,我并不会感到惊讶,即一些来听演讲的家长在我演讲时一直在问自己:为什么这些要讲给他们听,而不是讲给那些聚集到一起的不同学校的教师们听。这个问题的答案非常简单和直接。这是因为,来自不同机构和其他一些地方的教师们,以及他们所组成的教师团队,如果得不到建立在你们谅解基础上的合作,就无法进行他们将要开展的工作。我这里说的"谅解"(sympathy),并不是指一种善良的和礼貌的宽容,或者说愿意原谅我们的各种错误的意愿,而是一种对我们正在尝试做的事情的*理解*的体谅、一种由于理解而愿意帮助我们更好完成我们职责的协作与批评。这是没有任何一个人有异议的共同教育的一种形式。如果学院的未来就像它的过去所要求的那样重要,那么,这种形式就是绝对不可少的。这是一种通过教师、儿童和家长相互协作的共同教育。这里是说*通过*他们,而不是*在*他们之间。因为我认为,共同教育并不是大家都被动地接受相同的指示,而是积极地参与到通过彼此而进行的教育中去。如果学院继续稳定地前进,并且自身要作为一个整体,那么它必须这样;因为它与那些将孩子托付给学院的家长一同发展,并且反过来,家长也会持赞同态度,与学院自身的努力、实验和改革一同发展。

因此,我毫不犹豫地将学院的过去情况(它们指示出学院在未来将会遇到的问题)向你们展现出来。我相信,如果你们将这个过去牢记在心,并且从各个部分在其中发挥作用的整体的角度来考虑你们个人最感兴趣的学院的特定部分(小学、中学、学术的或工艺的训练),便会更好地理解这个特定部分的工作,也就能够通过鼓励和评价这两种方式来给予我们更有效的支持。

为了使这个笼统的谈话在一定程度上更加具体,请允许我以一个特别的问题,也是我们尤其需要且越来越需要得到你们合作的问题,作为这个讲话的结束。尽管在全国范围内已经取得了很多进步,但是在初等教育和中等教育中仍然有一个尚未解决的问题,这就是充分实现实践的和实用的、执行的和抽象的、工具和书本以及脑与手相互协调的问题。这个问题涉及面如此之广,以至于任何一种系统性地处理这个问题的尝试都会对地方的教育发展产生重大的影响。教育学院,在其初等教育和中等教育部门,正在为努力解决这个争论不休的问题贡献自己的力量。功利和文化,吸收和表达,理论和实践,都是教育体制中必不可少的部分。但是,它们通常是被分开来探索的。就像已经指出的那样,不同的学校在这里被组合起来,这使得教育学院有必要将迄今为止仍是分离的部分融合在一起。而在缺少各方面调整和改革的条件下,这种融合是不可能进行的。我们有必要将更多自然的和工艺的要素,更多技艺的表现形式,以及工作室制作活动,引入到学术课程中。在另一个方面,既然没有对技术和工艺的预备工作之完整性的抨击和削弱,我们无疑会发现,将从历史、科学和所有我们称之为普遍文化的更大视野中的东西灌输到更直接的工业的和实践的教育中,这是必需的。因为这些东西在过去的孤立关系中严重地与教育的最大利益相违背,所以像教育学院这样的机构更有必要不让这种分离长存,而要踏着坚定的、坚持的和前进的步伐,发展出一个平衡的教育系统。在这个教育系统中,每一个要素都应该有其合适的位置;与此同时,使学生可以将重点放在他们自身的喜好和兴趣最需要的任何方面。

第二,我希望各位能够赞同某些社会理念和精神,因为如果教育学院忠于其历史的话,这些理念和精神必定会盛行于教育学院。我们信赖,并且会继续信赖,作为社会秩序中最终的和主导性目标的社会精神。我们相信,我们过去的经验给予我们相信的理由,那就是一个更高的、更有效的、更严格的个人纪律和政府之类型,可以通过诉诸青年与儿童的社会目标与利益而不是他们背离社会目标和利益而得到实现。我们相信的,是他们对于一种有秩序的社会生活之正常要求的反应，而不是对于那些看起来是任性的和随意的强制要求的反应。在任何一个像教育学院这样规模的机构中，这种社会精神的增长都必定是缓慢的，但确实没有理由来解释为什么这种增长是不稳定和容易受阻的——至少，如果家长们理解了我们正在实施的方法，并且在他们与自己的孩子、与教育学院老师的谈话和交流中一起来完成这个目标，那么上面提到的"没有理由"就是有根据的。

当然，管理学院有很多不同的方法，到目前为止所涉及的是通常被称作秩序和管理的方法。在帕克上校最重要和有影响力的工作成果中，最毋庸置疑的部分是他所从事的持续斗争：他反对依赖纯粹外部的和外在的教育动机，即使用贿赂和胁迫来使学生完成他们的工作并且"遵守秩序"。没有一个有经验和成功的教师对于以下论述有异议：正确的指导是保持纪律的首要手段。被他们自己的工作所吸引且着迷于正在很好地完成他们工作的学生，并不是那些对学校的稳定有威胁的学生。不论在哪里，孩子们都会有一点调皮和马虎。如果孩子们是在表现他们自己，那么这样的事情要解决起来是非常容易的。对学校"秩序"唯一严重的威胁，是在一个班上那些或多或少故意拒绝对自己的行为负责任的学生，以及那些为了表现得体而最终将责任扔回给教师来处理的学生。在这样的体系下，一些持续的监督行为，一个明确而详细的规则体系，以及求助于纯粹的竞争动机、汇报和级别划分，成为学校系统不可避免的一部分。

但是，教育学院认为，它提供的手段应该诉诸这样一种班级来实现，该班级的家长和教师对学校有着不同的要求。无疑，在一定的程度上，教育学院可以吸引足够多的家长和学生，他们对教育本身充满兴趣，并对这种学校充满兴趣，因为人们从这种学校中收获的东西值得去尝试把所有用来维持学校秩序的机械的、无意义的手段进行最大程度的缩减。无疑，还可能依靠其他基础，以在学校中确保和维持有益的社会精神与道德精神。我们不能过于绝对地说，教育学院只希望诉诸这种班级来为它的学生获取资源。它并没有期望或者要求学生获得一种不合理的甚至自以为是的尽善尽美。但是，它的确希望那些来到教育学院、并充分意识到且感兴趣于所提供给他们的教育特权的人们，能够有一定的首创精神，去发展出特定的基调和氛围，以使对于琐碎的规则、一再的评分、汇告等普通机制的奴性依赖成为不必要。学生中彼此施加的道德的和社会的影响从长远来看，远比教师所设置和保持的手段更加有效；而这种影响的存在或缺少，必定在很大程度上要追溯到家庭的影响和环境。

因此,教育学院特别希望家长在创造健康的道德氛围方面的合作,这种氛围会使我们不必求助于更低级或者更无价值的目标来规范学生的行为。我们也要求得到家长的合作,以便帮助学院在一定意义上成为学生的普遍社会兴趣的中心——只要这些社会兴趣是发生在家庭之外的地方。在提供给孩子和青年自然的社会娱乐和交流模式方面,我们并不希望这所学院会取代家庭的地位;但孩子们在校外的消遣和娱乐之兴趣,应该至少与他们在院内的活动大体上和谐一致。像穿着简单(至少穿着要适合在学院应完成的任务,而非卖弄和炫耀)这些事情,不会被认为是不值得关心的。培养一种民主的氛围或**团队精神**(*esprit de corps*)——其自身依附于作为整体的学院的社会生活,而不是学院中一些小圈子或者帮派的社会生活,这是无需辩解的。确实,要详述的事情很多,但是时间并不允许,所以我只能简单地说:希望你们不要将小学或中学看作是你们的孩子仅仅来接受指导的地方。我们希望你们能够记住:一个学校有它自己的集体生活;不论是好还是坏,它自身是一个名副其实的社会机构——一个共同体(community)。以这种集体性社会生活为中心并且向四周辐射的影响,比仅仅是教室里的理论指导,对你孩子的道德发展更为重要;而对于发展全面的智力能力来说,它们至少有着同等的重要性。

因此,我不再用更多的努力来阐述那些我们可能需要您的合作的细节,而用一个劝告来结束我的发言。希望你们牢牢记住:对于您和您的孩子以及学院来说,作为整体的教育学院要保持正确的社会目标和社会精神,这具有根本性的重要意义。

教育中的文化和工业①

曾经有这样一段时期,当时工业和教育的关系问题是以下面这种方式来被理解的:学校应该为工业做些什么?但是,现在问题变成了另外一种方式:工业应该为学校做些什么?或者,它与学校是什么关系?商业是现代社会的支配力量,它决定并且引导着即使是那些与它没什么联系的人——那些也许因为与商业没什么联系而感到自豪的人——的活动与享乐、潜能与成就。

在政治领域,最近的发现使美国人认识到:我们的公众生活处于商业程序和目标的控制之下。政治上的门外汉,他们把时间浪费在讨论政府应该或者不应该为商业和贸易做些什么。普通的投票者想象他自己是按照控制政党之活动的原则来进行投票的。但是,现在公众开始怀疑政党及其领袖和政治纲领是否已经被商业力量所支配。需要认真思考的问题不是政治为商业做些什么,而是商业为政治做了什么。

同样,深陷于自己研究之中的学者幻想着他是某些势力的精神领袖(而实际上,他只是这种势力的驯服的寄生虫)。他会认为,现代商业和教育是两个独立的制度;并且他会思考它们之间的联系纽带是否应该在这里被放松或者在那里被加强。然而,通过社会条件的力量(如果不是有意去做的话),控制商业的目标和方法无意识地(如果不是有意识的话)占据了我们教育体系的精神和运作

---

① 首次发表于《东部地区艺术教师协会和东部地区工艺培训教师协会联合大会会刊》(*Proceedings of the Joint Convention of the Eastern Art Teachers Association and the Eastern Manual Training Associations*),1906年,第21-30页。

机制。

如果除了盲目服从、被动接受还有别的结果的话，那么这种结果一定是来自面对工业在现代生活中的统治地位以及它所带来的影响。教育的问题是：学校如何对这种统治地位进行扬长避短；学校如何选择和延续其中有意义、有价值的东西，而抛弃和去除退化的、受奴役的东西。

这个问题变得更加紧迫，因为存在于社会有教养阶层中关于教育和工业的观念，以及作为欧洲和美国的传统文化之代表的观念，是教育和工业之间分离甚至对立之信念的残存物。请允许我把你带到这些观念的源头即亚里士多德那里，他阐述了这些观念。他不是为他自己而是为希腊的特定生活而进行阐述。他看到生活被分为了两个部分，一个是高级的、具有内在价值的领域，即目的、善自身的领域；另一个是次级的、必然的，同时也是低级的领域，因为它是没有内在价值的领域，即工具的领域。人的目标是要过着一种有教养的悠闲生活，同时拥有这些终极的善；并且运用理性，去享有知识，去分享技艺的成果，去参与提出那些控制公众生活的观念，去在交流中进行思想的交换。

这样一种生活，必定要通过必需的手段来维持和支撑。只有建立在对生活必需品的支配之基础上，这种生活才能存在；食物、衣服、住所等等，这些经济财物才能保护和提供这种生活。有教养的悠闲之生活的价值在于其本身，但是这种生活作为精神生活，需要经济和物质生活的基础。工作是为了悠闲而存在，工业是为了文化而存在，就像战争是为和平而存在，但是一个人不能同时拥有两者。工作对于更高级生活的存在来说是必需的，而更高级的生活是教育的目标，尽管两者是无法并存的。

阶级的划分是这个体系的来源和结果。各种工匠、技工、机械师、手工业者从事着其价值在自身之外的活动，因此他们是仆人或佣人。他们的职业损害并且降低了身体，正如他们在扭曲和锤炼着灵魂。他们使心灵充满功利性和利益性的考虑。他们如此地耗费了时间和精力，以至于没有闲暇去参加文化生活和思想性的公众生活。正如亚里士多德所总结的那样，人们不可能过着劳动者的生活而同时献身于对卓越物的追求和运用。没有人会愿意过这样的生活，除非他心灵低级或者迫不得已。

真正的教育是自由的教育：是设计来让一个人做好准备去享受悠闲的自由生活；设计来形成习惯去处理那些依据自身而卓越的东西。它的目标不是准备去生活，而是去高贵地生活和享受科学、艺术以及对公众事务的指导，而不是参与工业性的生产。这种教育，使自身远离任何工业性、功利性和职业性的事情。正如亚里士多德所言，工匠的职能不应该被任何高贵的人去学习，除非是偶尔为了满足他自己的需要。为他人劳动，就是受奴役。在艺术家和工匠之间没有什么区别。只要能够使学生获得鉴赏他人表演之结果的能力，学生就会在艺术表演中受教育。其他的任何东西都是职业的，也就是奴役性的。在这里所凸现出来的，就像一个平原上的金字塔，事实显然是：在教育中，在文化和劳动之间的分离，在自由训练和职业训练之间的分离，是工人阶级和有闲阶级之间的基本社会划分的反映。① 在教育中的划分产生于社会的分层，因为这些分层使它们得以延续下去。不是亚里士多德创造了这些划分，而是他公正地看到了他那个时代的社会事实，并且把他所看到的东西转化为它们的理智对应物。亚里士多德的这个陈述区分了工人和思想家、劳作者和悠闲者、从事物质性事物的人和从事理念性事物的人，以及相应地把教育分成两类：为了功利的教育和为了文化的教育。

只要这种社会区分仍然存在，它仍然决定着教育理论和实践中的基本划分。不可否认的是，这种社会区分继续存在着。在很多方面，亚里士多德谴责劳动和商业之生活令人厌恶的特性变得更多。物质方面的约束及其带来的有害的心理结果，劳动的分工以及伴随而来的开创精神的缺乏和关于一个人所从事活动的基础和目标之知识的缺乏，竞争的激烈和剥削他人的欲望，纯粹的金钱占有之重要性——自从亚里士多德的时代以来，这些问题都在增加而不是在减少。

很多年以来，我一直保留着一小片取自一个典型的美国工厂的铸铁，该工厂是农业机械品工厂中的一个。我把它作为我们这个社会的状况、教育的状况的一种展示品 A 而保留。这片铸铁来自一块铸件，因为铸件上面有微小的粗糙面，故而必须经过打磨处理，才能成为被设计的带状物的一部分。一个 15 岁或者 16 岁的男孩花费一天的时间来打磨这微小的粗糙面——在他的工作日的每一分钟，以每分钟打磨超过一块铸件的速度来进行。当我们考虑这件事情令人

---

① 这并不一定是指富人和穷人之间的划分。实际上，亚里士多德把工业阶级看作有可能成为富人。尽管他们已经富裕了，但是他们仍然从事于商业，这个事实也是他们的心灵之低级性的另外一个证据。

吃惊的单调性、它在智力和想象力上的缺乏、它绝对的程式性时,可以想一想,今天我们在多大程度上有理由因为亚里士多德对工业情境的坦率描述和评价而对他进行指责。

在实践上,我们已经以公共开支建立了一个普遍的学校教育之体系;在理论上,这从幼儿园一直延伸到大学,或者甚至经过大学到更高等的教育。但是,我们知道,绝大多数的男孩和女孩在他们四年级或者五年级结束的时候就离开了。为什么呢?去工作;在这个城市中,对大多数人来说,去做一些相对不需要技能的工作。我们知道,当前的工业体系迫切需要大量从事简单劳动的廉价劳动力。我们知道,应该发展的具有开创性、思想性和管理能力的教育却不能培养出当前的体系所需要的人。如果我们是诚实的,应该知道以下事实并不是我们想要的:这些人将被大量地生产出来,除了一些需要操控机器的人,其他大多数人附属于这些机器。

总之,我们正在从事训练少数人来进行悠闲和文化的学术生活;而没有从事训练大量的人来使他们可能不那么被动和麻木地参与非理想化的劳动。我们允许一些人训练他们自己,以便为了他们自己的目的而控制大多数人的劳动。正是这个原因,我才认为,与其说是关于学校要为工业做些什么,不如说是工业体系要为学校做些什么。

但是,在希腊社会和我们的社会之间还是有一些根本的区别。第一,相互依赖的生活之理想已经取代了独立生活之理想。世界市场,世界贸易,以及为了广泛流通的生产体系及其巨大的交易体制,已经把我们紧密地联系为一个整体。在经济上自给自足的生活之观念,已经变得不可能。当一场起自贫民区工厂的传染病蔓延到由这些贫困工人所提供商品的富人那里,如同卡莱尔无情地评论道:工业已经使整个世界成为一体,不管是带来好处还是带来坏处。

第二,古代工业依靠惯例和习俗;而古代的商业,其维持仅仅是为了奢侈生活,并且依靠冒险和部分海盗行为。现代工业和现代交易依靠科学,即依靠将观念应用到对自然能源的管理上。单个工人也许对这个理性基础和观点没有什么认识,但是它的确存在并且控制着整个过程。

第三,劳动者阶级不再脱离对于公众事务的管理。在原则上,并且越来越可以说是在事实上,划分确定的社会阶级(其中一个高等而另外一个低等)这种现象已经逐渐消失了。这些是导致流动性、传输和流通的条件。

这些变化中的每一个，都意味着对教育来说极其重要的一些东西。随着相互依靠性取代了独立性，发生了工作和劳动的理想化。纯粹的悠闲生活对于我们当前的道德意识来说，似乎是无价值的、懒惰的生活。为他人提供服务，现在不是奴性的标志，而是道德高贵性的标记。因为要依靠生产和流通之现代方法的应用科学，这使得我们不可能在理论和实践之间进行固定的划分且扬前抑后；否则，会不可避免地使工业意味着盲目的程式，使商业意味着盲目的冒险。从此，工业有了理智的内在支持和对这种精神性事物的内在态度。它被提到理性和真理的高度；沉思性或者理论性的智慧则受到了削弱和阻止，除非它的产物和检验被放在更充分的现实活动之中。

刚才提到的第三个变化，即投票权和公众权利扩展到大多数人，这同样有教育方面的意义。当劳动者被排除出政治活动时，我们就有可能维持一个双重的教育体系，一种是为了有教养的悠闲，被称作是自由的教育体系；而另外一种是为了工作，被称作职业的、机械的和功利主义的教育体系。但是，既然我们最终的政治命运受到那些劳动者的掌控，那么只有愚蠢的人才去想象一个保守或者前进的社会，而其中没有自由的和全面的教育去给予这些劳动者以最大限度的洞见和鉴别能力。借用英国政治史中的一句话："我们必须教育我们的控制者。"除非我们希望被很坏地控制，否则，我们就必须很好地教育他们。

就是这些想要打破继承而来的传统之动机支撑着这种持久不懈的努力，这种动机一直贯穿在整个教育活动的过程之中，其目的是建立一个自由的教育，去填补职业和文化之间的鸿沟。除了我自己所赞同的一般化的真理外，人们只要去看看当前从幼儿园到大学的教育情况，就知道不管理论上的解释是什么，今天的教育实践中最令人感兴趣和重要的问题，例如游戏和工作的联系，以及智力的、信息的因素和动态的、肌肉运动的因素之间的联系；以及来自书本与教师的教育和来自自主掌握的生产活动的教育之间的联系；或者例如发展出一种教育类型，这种教育能够在培养一个人的同时也培养一个工人。

我们的高等教育正在加快引入商业课程和技术教育；我们的中学教育通过手工技艺和商业的课程来改变其自身。通过引入建设性和生产性的活动（这些活动不是修饰而是基础），我们的奋斗目标不仅是增加而且是重构初等教育。有人鼓动发展商业学校，或者鼓动教育中的工业之发展，直到它变成为现实经济生活做好准备的一个重要因素；或者至少是为一些教育方法做好准备，这些教育方法所做的是快要被终止或者已不再存在的学徒体系的工作。

我已经从文化教育的传统观念的角度谈论了工业。在一个艺术(art)和工艺训练的教师联席会议上,似乎不谈论一下教育中的艺术是不恰当的。很幸运的是,在我看来,这样的谈论对我的论述之整体性来说是必需的。希腊人本能地把艺术家和工匠划分为一类,我认为,这是正确的和预言性的:不是艺术家被贬低到希腊人把工匠放入其中的那个层面,而是劳动者被提升到我们把创造性的艺术家放入其中的那个水平。因为,除了通过使自己充满这种艺术的精神,难道工业生活还能有其他方式来避免奴性的道德污点?在教育方面如同在社会方面,这也许是我们最重要的评判性问题。

最近的教育理论已经使自身越来越关注于延长幼年期的基本重要性;幼年期即从独立经济活动的压力和紧张中摆脱出来的轻松和闲暇时期。我们已经认识到,孩童时期是最好的游戏时间;教育,以及从直接的经济活动中脱离出来的游戏和自由是同义词。因此,在我们的处境中,总是有一些几乎是可笑的、至少是荒谬的东西。每当我们发现游戏是教育的关键时,我们强调作为一个教育因素之工业的日益重要性。我们一方面反对工厂里面的童工;另一方面,主张在学校里推行儿童的工业教育。

实际上,要不是有艺术的介入,这个处境将展现出一个不可解决的矛盾。艺术总是游戏和工作、悠闲和工业的中间项或者联系环节。即使是亚里士多德也承认:与其说决定它是自由还是奴性之因素是什么被完成了,不如说是以什么精神完成了这些事情。正是这种从直接的经济责任中摆脱出来的儿童自由,提供了更多的机会来再造和驾驭能够维持和促进社会发展的典型工业。这种典型工业能够脱离唯利是图和竞争性,并且具有人性的和科学的意义。要实现这一点,就要把教育中的工业因素提升到艺术的层面,并且克服工作和文化之间的差距。

游戏不是消遣;孩童时期的游戏不是娱乐。消遣和娱乐需要以单调或者强迫的辛劳为基础,才能使它们变得有意义。作为工作,即作为自由生产活动的游戏,和作为悠闲,即作为充满想象力、情感和操作的行业,是艺术的本质。艺术不是一个外在的产物,也不是一个外在的行为。它是精神的态度、心灵的状态——它为了自身的满足和实现,需要把材料改变成新的和更有意味的形式。去感受一个人所做的事情之意义并且在这种意义中感到愉悦,在一个和谐的事实中把内心生活的展开和物质条件的有序发展统一起来,这就是艺术。外在的标志(节奏、对称、明暗或者音长的安排，诸如此类的东西）是艺术的标志，它们显示了内在的、令人愉悦的思想和对自然力量的外在控制之间的统一。否则，它们就是僵死的和机械的。

  总之，艺术是不同寻常地意识到（在情感上和理智上充分意识到）它自身意义的工业。在当前条件和经济生活的影响下，这种意识只有微弱的机会；因此，我们的艺术受到美和用途之分离、悠闲和工作之分离的破坏。但在教育期间，生产性和操作性活动之游戏也许在它们的执行中包含着太多的社会性和科学性意义，使得这种联系一旦被建立就不会被废除。为工业而进行的教育会变得过分技术化和功利性，使学校具有当前工业体制最不受人欢迎的特征，这总是一种很危险的状态。我们的预防措施，在于使学校中的工业活动变得艺术化。否则，会存在以下危险：苛刻的功利主义者会逍遥自在，最多是有人说他们不懂装懂（即把游戏的观念降低为伪装和无用的矫饰）。补救的方法同样是使儿童的游戏变得具有生产性、有效性，使它成为艺术。只有这样，才能对劳动之令人厌恶而枯燥的特征进行改进和理想化，同时还能引导和统领游戏的精神；而当这种游戏精神脱离对自然物质的生产控制时，就变得无力而多愁善感。艺术就像工业，因为它必须获得对人有用的、可见的和具体的体现——如此的可见而具体，从而能够通过明显的标准来进行判断；而又对人类精神如此有用，从而能在它所表达和提供的思想中具有自身的标准。就像工业一样，它需要确定的工具、正确的过程和精确的技术。但是，把材料、技术、外在的工具和目标提升到个人想象力的领域，这就提供了一种教育观念。这种教育观念不仅是为了特定的功能和用途，而且是为了最广泛的所有用途：为了对无论何时何地所呈现出来的价值进行恰当的理解。因此，我发言的结束如同发言的开始，即让我们不再去询问学校教育能对工业做些什么，而去询问根据艺术的精神来理解的工业可以对学校教育做些什么。

关于弗兰克·路易斯·索尔丹
"缩短初等教育之年限"观点的评论①

我发现自己非常赞同这个提议,以至于不会在这里花费你们的时间对它进行任何的反驳。我赞同它的原因已经被充分阐述了,这使得我看不出还需要补充什么。因此,我的评论只是提出两个问题(这两个问题存在于我们所有人的心中),并且围绕这两个问题进行一些论述。

1. 把初等教育的时期缩减为六年,这是否会限制当前试图增加课程量的趋势?我认为,这个趋势是要引入更多有价值的学习对象和重要的活动模式。它是否会促进对更加形式化和机械化课程的反对?这些课程是我们现在不惜一切代价所要避免的。

2. 在大学期间的刚开始,更加专门化和职业化工作的开始,是否会把普遍文化的重要事实从那些日益职业化的教育中排除出去?

我之所以这么提出问题,是因为如果这些结果都会产生,那么我们所有的人都会谴责这个提议;因为它们暗示着真正的危险,并且暗示着它们自身的正确答案。如果这个提议以纯粹机械性的方式来被执行(即仅仅从这里去掉一年,然后把这一年整个儿从这里移到那里),那么,这个计划肯定会有不良的后果。但是,我认为,这种数量上的、外在的重新安排是为了确保内在的、性质上的重新调整的有效执行。这个计划的真实价值在于它提供机会和提出要求,让我们能够更有效地划分教育体制中初等的、中等的和大学的学生之学习活动。

尽管在小学和中学以及中学和大学之间有太大的分离,但这种区分并不是

---

① 首次发表于《学校评论》(School Review),第 2 卷 (1903),第 17-20 页。

足够大的。区分是外在形式的;有太多的界限;在不同的转折期过多地怂恿学生退学;在连续性中有太多的阻碍。同时,对于每个人最应该做的那种明确工作缺乏认识(包括实践方面的和理论方面的认识)。

小学有太长的一个时期去从事它自己的特定任务;它被引导或者强迫去承担不属于它的恰当职能的目标,这使它自己的工作发生混乱,并且也许会为这个体系的其他部分带来损害。相反,中学从事它自己的工作的时间太少,因此它在运作中感到狭促、恼怒和匆忙。

1. **小学时期**。看起来,小学所分配到的时间之长度能够使它完成自己的工作,并且做一些别的事情。但是,所分配到的时间之长度表现出对这个时期之目标的错误理解,因此容易错误地引导精力的发挥。正如一般人所理解的那样,这个目标是要包含一定范围的学习,并且要获得一定数量的知识。这既然代表了大量的未来公民将要以学校教育的方式所获得的所有信息,因此,一个持续的趋势是增加时限,以便包含更大的学习范围。

当我说知识之获得不是初等教育的恰当目标,并且认为那个目标侵占了中等教育的领域,并不意味着现在的儿童正在获得太多的知识。当然,按照我的判断,比起如果把努力的重心放在其他地方儿童将会获得的东西,他们得到的太少,并且越来越少。我的意思是:这个目标放在了错误的地方。我要说的是:初等教育的恰当目标是把儿童的本能和冲动组织起来,使其成为起作用的兴趣和手段。我们应该强调的是方法,而不是结果;不是不需要这些结果,而是当我们把关注的重点转到心理态度和操作的问题上,可以获得更好的结果。我们需要发展出对于真理及其相关物的一种主动兴趣,一种想要进行探究的倾向,以及让探究变得更有效的工具使用;并且在观察、建构、表达和反思中,形成特定的活动模式。

六年对于完成这个任务来说,应该是足够了。并且在我看来,把这个时期限制在这个年限从长远来说,可以使我们弄清楚什么才是初等教育的真正问题。这会使普通大众和教师避免把精力浪费在错误的目标和不相关的任务上。初等学校将会消除它浪费时间的两个主要因素:一方面,日复一日地重复已经掌握了的入门技巧;另一方面,预先学习高级课程是如此之难,使得只能在日后才可以从理智上学习这些课程。在当前的初等教育中,儿童花费了太多的时间重复地做已经完成的事情,以及用一种盲目的方式竭力去做一些属于未来的事情。他太多地往返于停顿和急进、领会和疑惑之间,突然而剧烈地遭遇一些他不能很好理解的材料。缩短时限以及伴随而来的对初等学校之真正问题和功能的界定,才有可能纠正这些错误。换句话说,我不能同意那些著名权威所说的话,即初等学校除了在后期(即在文法学校期间)其他一切都好。在这期间的时间浪费对我来说,仅仅是更大问题的一个方面。批评七年级和八年级的主要目的,是要促进全面的改革。

2. **中学时期**。关于中学没有足够的时间很好地完成它自己的任务,这个事实是非常明显的,以至于我不需要纠缠于很细节的讨论。当前,中学没有它自己的确定任务和特定目标,也没有确定的起点和终点。正如哈珀(Harper)教授已经告诉我们的那样,它终结于一个情境的中期。它没有什么目标需要完成,但是却花费了它的精力去为一个适合在别的地方完成的工作进行准备。它开始于一个并不了解的问题上,并且终结于它所不能控制的结果。精力由于是混乱并且始终是涣散的,因此做了过多的无用功。六年的期限可以使中学处理它自己的问题:开放学生的心灵,使之去接近自然和社会所有的典型状态,以及对这些生活领域(总而言之即文化)获得合适的知识。面对它自己的问题而没有外在压力的影响,它将拥有自由的空间和空闲去产生关于自然宇宙和人类世界的有价值的知识;并且,这会使它的学生承担后来的专业分类以及理智性的研究道路——理智性表现在对于他们自己的能力、趣味和需要之意识,以及关于特定领域之间联系的知识,这种知识是他们将要花费毕生精力去研究的。如果我能够占用你们足够多的时间,那么我认为,我可以说明这个问题对于开设科学、社会学、历史和语言学科目的中学内部所存在的冲突所具有的意义。这个冲突现在是如此的严重,以至于一般的学生或者是被迫约束他的学习范围,并且因而约束他自己;或者如果他试图扩展的话,他将迷失于没有根基的沼泽地中。

我对于这个状况的立即改观,并不是特别的乐观。我并不期望时期上的改变能够按照刚才的说明立即解决这个状况。我相信,这种时期上的改变一开始具有一定的机械性。八年级将被转移到中学,而不会有太多的重新限定;一些在小学中的超前任务将被去除。首要的是:在中学的第五年和第六年,将大量复制目前大学一、二年级的学习任务,但是这不会持续太久。我们需要对学习任务的新安排和新顺序——视野的扩大意味着新的安排。外在情境的分配,会逐步使我们有必要进行一个更加内在的重新安排。总体而言,任务所遵循的条件与该任务的目标必须相互协调。

如果我们改变条件，那么就会有一个普遍的（即使在很大程度上是无意识的）对目标的修改，因而还会有对所使用的方法和材料的修改。在恰当的时期，将会出现真正的系统，即目标和以不断协作的方式最有效地实现该目标的功能的统一体。

欧文·W·金所著
《儿童发展心理学》之引言①

金先生试图在本书中提出心理学中某一观点和方法的实践价值和应用价值。这个努力是联系在过去年代所积累起来的大量材料,并且涉及人类个体在幼年和青年时期之间的发展,因为我们都必须记住"儿童"不是一个独特的种类或者物种,而是人类自身处于发展的某一独特阶段中。个体生命的这个时期比起其他时期来说,无疑发展得更加快速。它的必然性更加紧迫,它的外在结果更加明显和惊人。但是,我相信,还是有必要来陈述一下金先生已经清楚地表达出来的东西:在儿童研究之材料中真正值得我们关注的东西,不管是科学的还是教育学的关注(或者是道德的关注),在于它与一般的发展问题之联系——在发展所进行的任何地方,通过对照发展被阻止及其如何被影响来阐明发展的进程和功能。关于被称作"儿童"的特定种类之生命的材料积累、普遍概括、统计学平均数值和材料的收集,都要服从这个唯一的目标。

已经有很多关于"发展"(genetic)原则的宣布,实际上,它们只在材料而非方法或者最终阐释上是"发展的"。正如金先生所指出的,普赖尔(Preyer)这位科学性儿童心理学的创立者经常使用以前存在的心理学分类,而进化的和发展的观念(即关注于成长事实的观念)对这些分类并没有产生过任何影响。他把这些

---

① 首次发表于欧文·W·金所著的《儿童发展心理学》(*The Psychology of Child Development*),芝加哥:芝加哥大学出版社,1903年,第 xi - xx 页。

分类当作普洛克路斯特斯的铁床①，来评价所处理的事实之意义。材料是发展的，但处理它们的方法以及最终获得的结论不是发展的。同样的情况发生在当前所谓的"儿童研究"之中。即使官能心理学（faculty-psychology）的熟知分类和"能力"被放弃和忽略，我们取而代之的仅仅是关于孤立"兴趣"的讨论，讨论个体的或者统计学上群体化的事件和趣闻的积累，以及儿童和青年更加耸人听闻的和准病理学的现象之描述。材料是发展的，但是因为它并不与成长或者发展的问题联系起来被考虑，所以这些材料在心理学和教育学上的最终作用和价值不是发展的。

当材料而非方法是发展的，我们很容易把观察到的事实看作孤立的、自足的东西，而只需要和其他相似的事实放在一起被整理、比较或者平均化，以便进行更大的一般化；或者更坏的是，被包含到一个规则之中，以便更好地研究处于这个时期的"儿童"。就好像有人指出，处于特定年龄的73%的儿童对充满暴力打斗的故事感兴趣。因此，作为一个教育学的规则，人们便主张应该向这个年龄的儿童灌输这些故事。这个例子只是一个设想，而非它所描述的事实。当我们努力去发现事实为何以及如何显现自身，它从什么状态之中自然地产生出来，它显示的条件是什么，它是如何到达那里的，以及它到达那里后激发或者阻止了什么其他的变化，这时候的方法和材料才是发展的。73%的8岁男孩和女孩都喜爱有"五美分小说"结构的故事，这是一个不能忽视的事实，但这只是真正的科学问题，以及真正实践的和教育学的结论之初步条件。我们想要知道事实所显现自身的社会的和个人的条件与环境；我们要在心灵的历史之中，把它看作不是独立的事实，而是正在发展的生命之事实。除非我们知道引起它或者产生它的环境，否则不会知道如何科学地解释它，以及如何说明它的意义。我们应该希望知道，在多大程度上，这些条件本身又是先前条件、更早的环境影响以及之前对待和纵容儿童之方式的产物。我们应该知道某些否定的或者限制性的条件，以便能够判断在多大程度上这个"兴趣"是对儿童所感到的某些任意的和不必要的限制之反应，或者在多大程度上，它是一个去补偿环境中某些不必要的缺失的轻率努

---

① 这个典故来自希腊神话。普洛克路斯特斯开设黑店，拦截过路行人。他特意设置了两张铁床，一长一短，强迫旅客躺在铁床上，身矮者睡长床，强拉其躯体使与床齐；身高者睡短床，用利斧把旅客伸出来的腿脚截短。——译者

力,使得如果这些缺失被补偿,那么在事实的基本层面上,真正的**心理学**关注点和态度将会寻求并找到一个完全不同的表达方式。并且我们将很难知道这些事情,除非我们知道关于另外27%的儿童的一些事情。

把事实与它的产生和刺激条件相联系,我们就可以对它进行科学的判断。但是,除非我们知道关于它之前和之后历史的一些事情,否则就不能形成一个实践的或者教育学的结论,即能够认识到这些被观察和解释的事实形成了哪种行为模式。我们应该想要知道:它是如何作出反应的;它如何作为一个引起未来变化的条件而起作用,或者阻止特定的发展方向,并且因而防止退化。因为在真正的发展的方法中,发展的观念是朝向两方面的;这个事实本身从特定条件中产生出来,并且又要产生其他东西。这后一种看待它的方法(正如金先生已经陈述和解释过的那样,是**官能性的**)对完善发展性是必需的,并且如果我们试图把任何实践结论(不管是道德的还是教育学的)建立在这些简单的心理事实之上,那么它更是必不可少的。

因此,无论如何,解释儿童之活动的问题是一个复杂而困难的问题。但是,如果我们开始于更重要和更典型的事实,而不是像我们所想象的那些确定和特定的事例——尽管是更真实的说明,那么它会被大大地简化。金先生已经很好地提出了一些研究处于六七岁和青春期之间的儿童之"兴趣"的现有资料的不恰当性。我认为,其原因是由于所采取的方式经常被专门化,使得它们成为社会和国家的条件之产物,成为教育和习惯的先前模式之产物,从而变得太复杂而不能允许在当前的研究状况中被澄清。在这样的情况下,我们得到的是现象,而不具有科学结果的实在性。但是,这个复杂性不应该阻止我们着手于具有更大普遍性的事例;对一个游戏所具有的兴趣,很可能是特定环境的产物;对于一类游戏(例如射击)所具有的兴趣是更普遍的,而对于这种游戏的兴趣为我们展现了一个几乎具有相同普遍性的事实。可以肯定的是:我们可以仅仅学习特定的游戏,但我们越是对赋予这些游戏以发展意义的特征进行关注,越是对激发和满足这种游戏—兴趣的条件进行关注,并且越是试图看清儿童从玩这个游戏中获得哪种结果,那么我们越是有可能走在充满希望的道路上。正如金先生所做的那样,强调幼儿心理学知识重要性的原因之一是:在这里,条件和结果依其性质没有被高度地专门化,不那么依靠于环境中的局部差异和以前形成的习惯,或者依靠于儿童从前被其他人所对待的方式——这比儿童被有意识地教育的方式更为重要。

我回到一开始的命题：儿童心理学的科学的或者实践方面的真实价值不是我们可以知道关于儿童的这个或者那个事实，或者甚至知道关于完整的生命即"儿童"之构成的这些或者那些事情，而是我们可以知道个人的发展是如何进行的、什么会对之有帮助、什么会对之有阻碍，并且这些结果如何被产生出来。当发展心理学以这种精神来被理解，父母和教师关于科学心理学的实践价值和道德价值的争论将会由于缺乏材料而停止——但是，在此之前，争论则不会停止。

这使我认为，正如金先生已经解释和说明的那样，发生的—官能的立场也为关于儿童心理学和成人心理学之间联系的争论提供了一个解答。有人告诉我们：我们只能知道我们自己；只有我们自己是我们能够直接了解的；即使在我们带着最具同情性的洞见和记忆之时，我们关于儿童的心理和情感状态的知识也必须以我们关于自己的知识为基础，并且是我们自己的意识生活之投射。这是事实。也有人告诉我们：在成人中，我们借助于感知、感受和思维的习惯去处理复杂的结果，而这些习惯是在晦暗的、遗忘的过去中被形成、规定和变得无意识化；并且因为我们发现因果条件仍然在儿童之中起作用，所以除了与儿童相联系，我们没有别的办法来真正地分析或者解释这些确定的结果。这也是事实。金先生已经充分地警告他的读者，不要把那些代表成人意识的事件和内容转移到儿童身上。但是，一旦我们把我们的问题看作是发展（或者停止）的问题，那么就会发现关于成人经验的真正心理学相对于旧有的、严格的分类—心理学，对于处理和解释儿童的所做和所言来说是更加有用和必需的。激发成人的希望、愤怒、慈爱、警戒、专注、比较和错误推论的*情境类型*，同时能激发儿童的这些心理活动。我们只有通过亲身和完全地熟悉激发我们生命中这些反应的条件，才能获得关于儿童所作所为的必要理解。只有当我们明白，在这些情况下，我们的反应如何改变我们未来的行为、思维和感觉方式，以及它们如何促进成长或者阻止我们时，我们才能真正地评价它们对儿童的影响和作用。只有关注于发生的—功能的方面，才能使我们充分地利用我们关于自身的知识，并使我们意识到在理解别人时关于自我的知识（不管他是儿童还是成人）和在理解自我时关于别人的知识，这两者之间具有相互的必需性。

总之，对于科学的和教育的目标来说，我们所需要做的事情是去掉心理学中的*外在性*。科学研究者已经在很大程度上去掉了官能心理学的确定分类和定义的外在性,尽管后者仍然顽固地束缚着大众的心灵。但是,很可能取而代之的只是"因素"和"联合"的外在性,这些"因素"和"联合"是理论的而非现实的,因为它们脱离了它们在其中发生和起作用的重要情境,并且因此僵化为孤立的事物。或者我们有可能迷失于大脑的中心、神经细胞和纤维的外在性,或者我们可以摆脱严格分类的外在性,但是依然没有去掉儿童的行为方式和思维的外在性。我们不可能有太多的实验事实,不可能有太多的心理事实,也不可能有太多关于儿童心理学的事实,就像我们不可能拥有太多关于逻辑研究和结构之实在的事实一样。然而,这些事实或者它们的结合体对于科学研究者或者教育者来说都不是心理学。只有当它们与意识经验的变化问题(它们如何产生和它们做什么)联系起来被对待或者使用时,它们才是心理学。金先生在理解这个观念时的清晰性,以及他把它应用到"儿童研究"之材料时的彻底性,使得他的这本书不仅对于职业的心理学家而且对于所有关心(谁又会不关心呢?)儿童的人来说,都是极有帮助的。

书 评

工业在初等教育中的地位①

凯瑟琳·伊丽莎白·多普(Katharine Elizabeth Dopp)

芝加哥：芝加哥大学出版社，1903年

在教育学中的文化时期学说(culture-epoch theory)就像在生物学中的"复演论"(recapitulation)一样,经历了一个有利的转变。这个学说不再认为,因为个体的动物性或者人类的祖先经历了一些状态,所以该个体要被迫经历这些特定的发展时期,而重点转移到关注生活和社会过程中的共同力量和因素。现在我们相信,人类有机体经历了在某些方面相似于它的动物祖先所经历过的一系列状态;这是因为,相同的生活原因、在相似条件下的活动产生了相似的结果。我们还要从社会和教育的层面转到历史的层面,不仅要说明儿童必须经历什么,或者必须被迫经历什么,而且要说明儿童实际正在经历的发展,以及如何更好地引导他的发展。

这意味着历史的方法正在侵入教育的领域,并且有可能成为指引教育接下来的发展方向的最重要力量。在某种意义上,文明的每一个进步都使教育问题变得越来越困难。它加大了儿童的不成熟(就我们所知,在身体或者遗传方面,这个情况实质上依然没有发生改变)和他需要掌握的全面的、复杂的、细微的和微妙的条件之间的差距。进入文明中的新来者发现,他们面对的技术的、机械的和理智的工具与资源是他们未曾参与过的,并且远远地超越于他们,这使得他们不能以本能的或者自然的方式去理解它们。教育的问题(在未成熟的儿童和成人生活的文化和技术的成果之间建立起重要联系之问题)因此变得越来越困难。我们逐渐认识到,只有历史方法而非其他任何方法,才是解开难题的关键。通过

---

① 首次发表于《小学教师》,第3卷(1903年),第727-728页。

了解产生某一特定的工业手段、管理方法或者某种类型的科学关注和理论的社会条件和思想条件,并且通过联系它的社会的和人文的环境来把它呈现给儿童,我们才可以使儿童用一种最简单和最自由的态度去面对它。在我看来,在已经出版的著作中,多普博士的著作能够最有效地向教师们传递这种观点,并且帮助教师们用学术的和理智的方式、从教育学的角度得出这种观点。

社会发展的不同阶段可以被简要而科学地描述为:捕猎、渔猎、畜牧和农业之历史阶段,金属、传播、贸易、运输、城邦、封建体系、手工业体系之历史阶段或者城镇经济的时期,直到今天的工业体系或者国家经济的时期。这个概括对于教师来说所具有的特别价值在于:它不仅清楚地展示了外在的事实,还提出了每个时期所呈现和被激发的心理态度和基调。后面这一点在第三章"作为工业之基础的态度之起源"中被提出并且被强调,这一章对于在各种形式的工作和游戏中的竞争兴趣(race-interest)之演变进行了浅易而直接的心理学阐述。例如,它表明了畜牧阶段是如何紧密地与技艺和游戏的演变相联系,特别是与不同形式的体育测试之演变相联系。对于动物和动物活动的兴趣之增长,以及对他们的模仿的、戏剧性的再现活动之增多也被指出。纺织、编织等工业活动与对节奏的有意识关注之演变的联系也被阐明。

在第四章中,对于各种形式的工作和游戏之兴趣的发展仍然在继续,就像在儿童那里所表现出来的那样。儿童的兴趣和人类在不同阶段的兴趣之相似点被说明,不是因为儿童注定要重演人类的文化发展,而是因为有相同的事情需要去完成,从而存在着的生物必然性使得相似的典型态度会出现并发展。儿童的心灵演变的戏剧被确定而清楚地勾勒出来。教师用什么方式在人类的对应发展之记录中寻找和发现有用的方法和材料,并且这些方法和材料不是去迎合儿童,而是去帮助儿童更充分和有效地重新获得人类的伟大成就。关于这一点,作者也作了实践性的提示。

这本书的末尾是对学校教育中各种职业和工业之教育意义的重新阐述。比起在这一章中所提供的表述,我们很难找到对于被称作工艺训练、建造性和职业性工作之教育意义的一个更清楚明白的表述。我敢肯定,许多读者都会与评论者一样,对在某一页中所给出的一个提示感到高兴,即还有其他几本著作正在准备中,这些著作可以使很多现在已经被锁在人种学家和社会学家的档案袋和博物馆中的资料被教师们实际地使用。我们现在处于一个时期,在这个时期中,工艺训练和建造性工作在低年级被看作是一种"作业",或者是对儿童的娱乐欲望的认可;而在高年级,则被看作是拥有独特的技术性、甚至功利性和职业性的目标。我知道,最近没有其他文献可以比现在被评论的这本著作可能更有效地促进这种教育变革并且揭示其重要的潜在价值。

总之,人们应该认识到这本书在风格上的简洁和明晰。然而,作者在处理和展示材料时的熟练性,使得只有专家才可能完全地认识到被压缩在这本200多页小书中的真实的学术和研究价值。这本书把对事实的忠实性和表述的真正通俗性结合起来,它可以作为对未来进行相似研究的一个范例。

不同的世界观及其伦理含义

——在高级伦理学课程上的演讲提纲①

本尼迪克特（W·R· Benedict），辛辛那提大学哲学教授

辛辛那提大学出版社，1902年

我很高兴有机会让你们关注这本100来页的小书，这是大学讲演的一个课程提纲。没有什么人会怀疑所有的哲学体系和世界观都蕴含着对行动来说极其重要的意义，没有什么人会否认哲学体系的一个主要产生动机是对道德方面的某些终极问题的关注，即把生活理性地评价为有价值的或者无价值的之可能性。如果这是正确的，那么一个很令人吃惊的事实是：几乎完全没有什么文献来对哲学立场和哲学观点在生活的道德方面的内在含义进行论述。当然，那些伟大的著述者，例如柏拉图、斯宾诺莎、康德和黑格尔，同时出现在形而上学的历史中和伦理学的历史中；但是，我们很少去考虑，如果把形而上学的观点转化为伦理学上的相应观点，那么它们本质上意味着什么。本尼迪克特教授的这本书，值得被看作在进行这种转化方面作了真实而合理的尝试。

此外，本书所采取的检验方式也值得我们注意。作者自己设定的时限，在实践上排除了康德以前的时期——我认为，一个特别令人遗憾的后果就是忽略了斯宾诺莎，因为他是一个把典型的世界观和典型的生活理论有机统一起来的绝妙例子。本尼迪克特教授最终采用和阐述了一种类似于唯心主义—元论的学说，并且这种学说具有它独特的意义。占据本书约一半篇幅的是对康德、费希特、谢林、黑格尔和叔本华体系的伦理含义的说明，而其他的篇幅则用来讨论例如二元论、一元论、唯物主义和唯心主义之体系的伦理意味。有关历史的阐述也许会受到批评，因为关于费希特的研究达不到这本书所期待的目标，并且也没有

---

① 首次发表于《国际伦理学学刊》，第14期（1904年），第389—390页。

充分展现这个事例的潜在价值。书里的阐述很简短,而且也没有对费希特关于知识和存在的理论进行伦理学上的评价;费希特的体系是很有用处的,因为它是根据道德观点来分析整个世界之尝试的典范。

二元论被抛弃,因为它的伦理含义是善和恶、动物性和精神性的人类生活原则之间不可解决的对抗性,这种对抗性的逻辑结论是禁欲主义,以及对外在力量的任意抗争之假设。唯物主义受欢迎,因为它代表了朝向统一体的发展;但是也受到批评,因为它试图定义脱离"为意识的存在"的独立存在,而这是不可能的。另外,有人认为,它最具唯物主义色彩的成果,即科学(指生理心理学),实际上本身已经超越了唯物主义。"物质已经和意识非常靠近。在大脑使其成为可能的意识之中,这里有对于物质的解释,有物质所依靠的原因和在物质中的原因。"(第72页)

我们不可能概括本尼迪克特教授所提出的唯心主义一元论,因为这个提纲本身只是一个摘要性的概括。它符合关于黑格尔、特别是布拉德雷和罗伊斯的某些最新提出来的阐述,但是在评论者的心中,它对于黑格尔的阐释是更正确的,因为它更重视冲突和苦难的*积极*意义,以及建立了一个积极而有价值的世界,而不是根据"有限"对立于完满或者"现象"对立于实在而试图给予冲突以一种否定性的解释,因此本质上也是更令人满意的。我们希望本尼迪克特教授会充分地说明他在这里所简要提出的观点。特别需要指出的是:一方面,本尼迪克特教授对于这种不合理的要求(要求获得最终定论,即绝对解释)所持的好脾气;而另一方面,他认为接受以下这种假设是一种道德责任,即包含所有事物在内的世界观似乎相对而言可以最好地服务于把存在和生活进行理性化的目标。

人本主义:哲学论文[1]

席勒(F. C. S. Schiller)

伦敦:麦克米兰公司,1903 年

312　　《人本主义》一书的评论者有一个不同寻常的艰巨任务,因为他对于他所完成的工作注定会不满意。他必定要把该书的具体内容之丰富性和多样性缩减为关于普遍特征的表述;或者,他因为要列举和概括很多不同主题的独立论文,这些不同的主题是"靡非斯特"[2]、"非欧几里德几何学"、"达尔文主义和设计"、"洛采的一元论"等,所以必定要放弃思考在什么意义上本书提出了一个单独的哲学观点或者宣布了一个哲学体系;而这个哲学体系正如席勒先生所假定的那样,即使在从柏拉图到黑格尔的时期中不是如此新奇也不是如此未成熟的话,那么,它仍然发出了独特的、嘹亮的声音。由于这个两难性,现在的评论者决定与扉页以及序言中的席勒保持一致,而不是与在从 1892 年到 1902 年写作了 15 篇有趣和极具启发性然而多少是零散的论文的席勒保持一致。总之,我认为,重要的是这本书的一般论调和风格,并且即使要不可避免地忽略一些新奇而富有意义的哲学阐释和评论,甚至(这似乎更难让我接受)不提出我对题为"活动和物质"以及"哲学和对于未来生活的科学研究"的论文中所采取观点的完全反对的意见,我也将使自己完全关注这本书的一般论调和风格。

首先,关于人本主义本身——不是名称而是事实。当席勒先生直率地说(甚至霍默也会认为,有时候甚至席勒也会丧失幽默感),他"知道在威廉·詹姆斯和

---

[1] 首次发表于《心理学公报》(*Psychological Bulletin*),第 1 卷(1904 年),第 335 – 340 页。
[2] 靡非斯特(Mephistopheles):浮士德传说中的魔鬼,浮士德将自己的灵魂出卖给了这个魔鬼。——译者

我自己那里是习惯性的,并且似乎在其他人那里是偶尔可见和处于萌芽状态的"的时候,他所采取的态度是什么?答案是作为一个哲学立场和方法,它"把人当作如同他站立一样是理所当然的,并且把人的经验世界看作是向他呈现的那样。这只是一个起点,从这点我们可以朝向任何方向前进,并且也必须回到这个起点,同时在经历科学之后增加和提升对于我们经验的控制"(第 xvii-xviii 页)。另外,人本主义"满意于把人类经验当作对于人类经验之世界的线索,满意于根据人类自身的价值来看待人类……去记住人是万物的尺度,即是他的所有经验世界的尺度,并且记住如果我们的标准尺度被证明是错误的,我们所有的测量活动都变得无效;去记住人是科学的创造者,而这些科学能促进人类目标的实现;去记住对我们进行分析的终极哲学只是表明了它不能实现它的目标,……是人本主义的真正根基"(第 xix 页和第 xx 页)。

这样被理解的人本主义对我来说,不仅是一个明智和合理的方法,而且几乎是一个众所皆知的方法;而在最近几个月中出现的很多批评者的异口同声的反对意见才使我认识到,它作为一个立场和方法,还有一些特别新颖——且不说是革命性——的意义。但是,批评者一致认为,这个观点是主观主义的和不可挽救的,因此是个人主义的和唯我论的。当席勒先生评论道,如果人作为标准尺度被证明是错误的,那么所有进一步的测量活动都因而是无效的。在我看来,他通过预言回应了批评者的反对意见。这个立场不能被恰当地贴上以上那些标签,除非被当作是人类经验之关键和线索的人性是纯粹主观的或者完全被封闭在精神性的个体之中。如果这是事实,那么这个人很明显不可能超越这些界限而进行哲学研究,就像其行业或职业中的其他人也不能这样做一样。在这样的情况下,批评者有权利去谴责"人本主义"具有怀疑论和唯我论的倾向;但是,批评者要获得和维持这种权利,必须以使他自己的评论和哲学研究陷入相同的困境为代价。批评者费尽心思地竭力贬低所有科学和哲学的组成部分和手段,以便对他不喜欢的某些方法提出反对意见。

但是,有的思想家肯定会直率地承认,他将要把人作为是他所发现的,而不是他所拼凑而成的;并且,他将要诚实地认识到,这样被看待的人是经验的尺度,而他不需要因此承诺去"发现"由流沙上的残梗所构成的人(Man made of stubble blown together on a quicksand)。即使是《圣经》,也让我们有理由认为人是由物质所构成的,这些物质可以是坚硬的或可塑的,例如粘土。我不明白的是:为什么席勒、詹姆斯和我自己(是批评者让我有勇气这么鲁莽)不像其他人那样乐意去利用人类构成中任何普遍和客观的因素,而是要依靠假定的普遍性,这种普遍性并非存在于可以由观察和描述、历史和分析揭示出来的日常且具体的人性,而只存在于哲学特有的投射之中,而该投射又是被(其直接当下的构成只是主观的和个体的)人性所投射——我要克制自己去做这样的跳跃。同时,其他人并不持有关于人性的这种悲观意见,即使"事实上就是这样",他们不仅对它的可能性而且对它的现实性采取了一个更加慷慨的观点;他们实际上不愿意去谈论它的可能性,除非是在现实性中为它们找到了一个基础。

  人本主义必定对所有自然科学采取一个赞同的而非反对的态度。这不是因为它把哲学还原为自然主义,而是因为它发现它在形成作为尺度的人的观念时,或者在把这个尺度应用到这个或者那个经验领域时,可以自由地利用科学的方法和结论。因此,我们可以毫不奇怪地发现席勒教授对当前*争论的要点*(即哲学和心理学的关系)所处的立场。在关于真理问题的重要论文中最值得注意的一些地方,席勒教授表明他自己完全拒绝旧时代的双重真理之谬论在当代的复兴;这种双重真理认为,一些东西对心理学来说可以是正确的,而对于逻辑学来说则是错误的或者无意义的(*反之亦然*)。他主张逻辑的复兴要放在与情感性和意志性生活的具体联系中来考虑,而这种逻辑是我们在思考或者追求和检验真理的时候必定要出现的。当批评者反对我们在这里把纯粹描述性的科学和规范性、评价性的科学相混淆的时候,他们只是(就像已经提到的那些情况一样)首先忽略了他们所批评的人的真实观点,然后把自己所认为的观点加给他们所批评的人。

  因为人本主义者的论点正是描述性事实和规范性价值之分离的非真实性,他们确实相信价值是规范性的,即使它在生活本身之中是流动的。因此,目标、理念和标准是心理学自身所依靠的事实之一部分。生物功能和心理运作与逻辑规范的实在联系是需要被注意和阐述的最重要问题之一。同样,人本主义者尽管觉得社会科学与他自己的立场特别接近,可是也不能回避任何自然科学的方法和材料,因为自然科学帮助人们正确地理解什么人才能作为尺度,以及如同席勒先生所说的,人如何作为尺度起作用,并且通过什么方法可以使其评价和其他人的评价相协调。因此,人本主义者能够把所有科学之统一体的概念(这对于认识论的唯心主义者来说,是一个终极的但不可实现的无用预设)转化为现有方法的有效预设。它变成了经验连续性的观念;就我所知,只有这个观念能够把我们从先验论者所主张的自然和理念的空洞无用性,以及唯物主义者的目标(把精神完全合并到自然中去)中拯救出来。

其次,席勒先生之工作的特征是令人敬佩地、恰当地认识到了经验在其直接性方面所具有的意义。如果这个词不是被误解为一种否定(也就是说,否定间接物是实在的),那么席勒先生所解释的人本主义很可能会被称作*直接主义*(*Immediatism*)。他的这个思想态度,在我认为是他书中最有天赋的一篇论文《关于存留的表象》(*On Preserving Appearances*)中得到很好的阐述,所以这里只需要进行引用就可以了。"我们只能把我们自己的私人的、直接的经验作为最初的实在。因此,我们可以规定,所有直接经验都是同样实在的,除了以此为基础和根据这种直接经验的刺激,我们不能得到其他的终极实在……'表象和实在'的区分不是超越于我们经验的区分,而是在我们经验中产生出来的区分。它并不会构成我们的世界和另一个世界的联系,也不会诱使我们徒劳无功地想进入专属于绝对物之至上快乐的领域。"(第192页)当然,对于绝对和相对、有限和无限、实在和理想、主观和客观,以及所有哲学家所钟爱的对立面,也是同样的情况。它们都产生于直接经验之中。引用席勒先生的其他话语:"获得它们的过程在哪里都是一样的;我们试验那些直接经验所提供给我们的观念,直到我们发现其中一个可以服务于我们目标的观念……它们停留在相同的解释层面,并且它们都试图——或多或少都会成功——在我们的原初经验中补充一些不能令人满意的特征。"(第193—194页)。在这里,我将简单地补充一些席勒先生实际上并没有否定却没有充分意识到其重要性的观点:*发生的*(genetic)方法必定会为我们提出(1)哲学范畴和哲学对立面由于*起源于直接经验的关键时期或节点*而具有的*意义*,以及(2)当这些概念未来被应用于"补充那些不能令人满意的特征"(这是它们产生的原因)之时,根据它们被见证的相对成功性而具备的*有效性*。我认为,就是这种方法论特征描述了最近出版的《逻辑理论研究》一书之特征,而不是一方面更广泛的人本主义和另一方面更局限的实用主义之特征。

再次,过去被称作唯意志论(Voluntarism)而现在被称作实用主义的特征,以及我个人更愿意(至于原因,我将不作说明)称作工具主义的特征,能够代表席勒先生的思想之特点。引用他的原话,这种"对于精神生活之目标性特征的充分认识,必定会影响和渗透我们最偏远的认知活动……它系统地反对我们在关于思想和实在的理论中忽视现实思维之目的性,以及忽视我们所有现实实在与实践生活之目标的关联的做法。这种观点肯定了人类的评价活动对我们的任何经验领域的影响,并且否定了这样的评价活动在思考我们所知的任何实在时能够被合理地去掉"(第8页)。或者,正如他在一个脚注中(这个脚注包含着整本书中最重要的思想)(第11和12页)对这种观点的一个方面所进行的阐述,它认识到认知本身是一种活动,认知就像其他活动模式一样,改变认知活动产生于其中的世界,改变认知活动所朝向的对象。在我看来,如果这本书只去发展以下这个观念,那么它会更值得注意,即认为认知活动只揭示实在已经拥有的性质,并且不会对这个性质有任何影响、改变或者决定——这是完全的迷信和粗陋的残存物。"实在的确定性质不是'外在于'或者'超越于'认识它的过程",并且我们所有的认知活动都是一种活动模式,在这种活动模式中被认识的实在获得更多的确定特征——这就是实验性的唯心主义,而不仅仅是认识论的唯心主义;是伦理学的唯心主义,而不仅仅是理智主义的唯心主义。并且就我所知,只有这种唯心主义,才能使事实上而不仅仅是口头上承认进化论的形而上学成为可能。

  在这里对席勒先生的实用主义谈论得很少。但是,我们应该充分指出:(1)实用主义是席勒先生思想中的一个特征,而不是"全部"。事实上,它是一个重要的特征;实用主义之所以这么突出,是因为在当前心理学的、生物学的和社会学的认识论中,人们一直忽视思维过程和更大范围的情感性及意志性问题的紧密联系。我承认很惊奇于它的批评者并没有认识到:如果这个新的哲学运动的这个方面所具有的意义经常被夸大,那么,这个夸大只是反映我们普遍轻视了它的重要性。无论如何,我们没有理由把这种由个人或者很多人所发动的哲学运动看作仅仅是实用主义。詹姆斯先生肯定会知道这一点,因为他使这个术语在当前变得流行起来。詹姆斯先生只是用这个词来表达检验和评价哲学概念的一种方法。他从来都不曾否认他的哲学之实质(区别于他的哲学之方法)是彻底的或者多元论的经验主义。目标的范畴是一个范畴,但不是唯一的范畴,并且它像其他范畴一样,有自身在经验中的独特条件和功能;它不是先验的和外部决定的。

  (2)实用主义并不主张一种刻板或者令人讨厌的关于"实践"的实用性理解。我不认为要获得关于实践和行为的足够宽广和全面的理解不会遇到什么严重的问题,因为要定义实践不是一件容易的事情。我也不认为特别是席勒先生从来没有印证过批评者的话语:知识被降级为纯粹的功利手段。但是,为何席勒先生要在自己的阐述中特别指出:"精神特征的目的性必定会影响和渗透于我们最偏远的认知活动。"

(3) 几乎所有批评者的最聪明的评论,即理论本身是一种活动形式,认知也是一个实践模式,这种评论不是作为一种指控或者谴责,而只是重复了实用主义最重视的信念之一。唯一的区别在于认为知识和理智运作是活动模式的实用主义,并不认为仅仅反映、再现已经存在之实在的活动具有实在性。它认为,那种活动的确会影响、包含和建构,因而会修改实在,并且进入它自身的内在发展。这是通过它内在的和基本的法则,而不是根据推导的和偶然的法则来进行的。

理性的生活,或者人类进步的阶段①

乔治·桑塔亚那著
第一卷"引言、常识中的理性";第二卷"社会中的理性"
纽约:斯克里希纳书局,1905年

319　　这两卷以及后面的其他三卷"艺术中的理性"、"宗教中的理性"和"科学中的理性",②为这个时代的哲学改造不仅作出了承诺,而且还提供了现实可能性去作出最重要的贡献。这两卷没有被标上任何哲学流派的称号。它们可能是有意这么做的,因此对它们贴标签的话会是一种失礼的行为。如果我指出这种观点是一种自然主义的唯心主义,那么,我会被认为是想要表达自己心中的想法,并且把这种想法提交给读者,而不是对作者进行归类。理性是实在的,它是生活。理性的生活是所有人类特有的活动之重要的和启发性的原则,也就是说,是商业、政府和社会交往,以及宗教、艺术、科学和哲学活动之原则;这样被表述的理性生活具有一种反思原则,这种反思原则最简单、最直接地表现于常识中,而所谓的常识就是对于对象的知觉、对于他人的承认、对于观念的考虑——这如果不是现代认识论意义上的唯心主义的话,也可以被称作古典的唯心主义。但是,同样清楚的事情是:桑塔亚那博士坚持理性是自然的和经验的,以及它直接地产生于自然条件,并且它改进和完善它所表现的自然;它不能超越它的起源或对象(即它自身所使用的材料),也不能超越它的目标。

　　自然在感觉的生活和本能的生活中显示自身。但是,一些感觉的环节(moment)比其他环节意味更多的东西,满足更多的需要,并且处于一个更深

---

① 首次发表于《科学》,第23卷(1906年),第223-225页。
② 这三卷的前两卷已经在1906年1月出版。

的层次。这些环节所持续保持的意义构成了理性。由于这样被保持,它们提供了评价、批判和建构的标准;以此为起点,它们不断地使所有经验与它们自身相协调。生命的冲动提供了优秀物(excellence)的环节;这些优秀物抓住、控制、调整生命冲动,而这些生命冲动为了协调如此被规定的关于过去之判断以及未来之预见而发生转变——正因为反思是具有相对价值的意识,它必然是意志的新态度。这些更好的环节,尽管它们令人满意或者符合人心,但本身不是快乐;因为"感觉上的进步不是进步,除非它是理性中的进步,并且增长的快乐揭示了一些可以令人快乐的东西"(第4页)。当然,理性也不是理智主义者的抽象规则。它是在判断和改造经验中有意识地起作用的感觉之价值。感官的快乐被纳入理性之中,因为它们可以理智性地被应用和追求。

在理性的生活中,如果它被完善,那么理智会立即成为普遍的实践方法及其持续不断的回报(第5页)。①

另外,

理性的生活无非是由爱"善"之心赋予一切存在的统一性。② 在人性的高贵部分,正如在它的低劣部分一样,理性在于区别优秀的东西;归根结底,这一区别是通过非理性的冲动得以实现的。由于生活是赋予力量的较好形式,由此普遍的存在之流被用来创造、服务,可以说是永恒的兴趣。因此,理性就是给予兴趣本身的一种更好形式,它由此巩固并繁衍了自身,也有可能保证自身最终得到满足……理性……有待于一种自然的存在来占有或赋予。当确定的兴趣受到认可,事物的价值由此标准得到衡量,同时行为也与这种衡量协调运作,理性就诞生了,而一个道德的世界亦随之崛起(第46—47页)。

---

① 本文中的引文采用张沛译的《常识中的理性》,北京大学出版社,2008年,第4、36页。——译者
② 前后文表明"善"被自然主义地和经验主义地解释。它是对于人的最优经验的持久意识,因为这些经验是评价和行动的标准。

这个观点被作为对希腊哲学进行评价的基础,对于当前的著述者来说是最明智、最有启发性和最简要的一个观点;也被作为对自由主义(也就是传统的自然主义——也有些不一致)进行批评的基础,因为自由主义没有看到意义、价值、观念是无比真实的,并具有典型的自然性;也被作为对先验论进行批评的基础,因为先验论假定理念是宇宙的原因和基础,因此是自然性实在而不是道德性实在,后者在影响人类进步(并且本身就作为人类的进步)的积极的、意志性的思想生活中发挥效力和作用。

　　区分意义上的优秀物之运作,以及它对生命冲动越来越多的控制,通过和它的统一而经历了"对于自然对象的发现"、"对于同伴心灵的发现",观念的发展或者自身具体化的一般概念之发展、事物和观念之间的联系,以及思想在其中实际运作的意义(尽管意识是无效的),因此转化到对于追求目的或目标的日常实践生活的讨论。我们不可能公正地评价这里面所包含的意见之数量、微妙性和合理性,或者公正地评价使这些意见得到自然表达的明晰的、可靠的和含蓄的风格。一个肤浅的读者,甚至是哲学界的读者,如果不考虑他在阅读的是什么,也可能推断这本书缺乏一个体系;读者看不到通常的逻辑体系。但是,桑塔亚那博士不仅接受了逻辑体系,还消化了它们。有很多著作声称具有体系性和连贯的论证,但是并没有在其章节中体现出丝毫的必然性和连贯性。大体上,爱默生对于逻辑的要求被满足了,尽管并没有被说出来。

　　当然,评价会存在分歧和差异。例如,对我来说,桑塔亚那博士对于现代哲学,对于洛克—康德主义的运动,似乎是不太公正的;尽管他赞同和引用了希腊思想,但他自己的哲学立场如果脱离这个运动就是不可想象的。有人也许会相信(正如当前的著述者倾向于这么认为),桑塔亚那博士过分强调意识自身的内在混乱性或狂乱性;尽管这个观点具有启发性,可是同时其中所包含的真理因素也被忽略了。有人也许会认为,如果不能看到粗野的冲突如何自然而然地产生思想,那么他就低估了野性而盲目的生命冲动之冒险和强迫在人类进步中所起到的作用;并且还会因而认为思想的苍白外表时常被过分地强调,以及对于个人主义宣言的恐惧过于剧烈。另外,对我来说,他把事实绝对等同于观念和目标,而没有看到实用主义学说的全部效果。实用主义学说认为,在这样一个世界中,目的在观念中被发展,并在行动中被坚持,而思想作为这种观念和实现的内在体系的一部分,必定会轻视和忽略"事实之世界"——也就是说,为了解放和增加目标,为了释放和改变对方法的选择和应用。

但不管是什么批评和限制,就像现在的著述者一样,那些认为当前哲学的重要问题是自然主义和唯心主义统一的人,必定会很高兴地认识到桑塔亚那博士在理解这个问题时所表现出来的不同寻常的说服力和简洁性,以及他在解释我们日常经验的复杂性和深度时所使用的方法的丰富性和确定性。这是一项被很好地理解而且被正确执行的工作。

杂 记

对演讲者的介绍①

在今天这个吉祥的庆典上,我特别恰当、特别荣幸地承担起我被赋予的任务——介绍尼古拉斯·默里·巴特勒(Nicholas Murray Butler)先生,即哥伦比亚大学校长和今天的演讲者。

巴特勒校长是对教育工作最熟悉和最坚定的朋友,我们此时此地正在庆祝他卓有成就而美好的事业顶峰。他的兴趣和支持要追溯到早先时候由F·帕克上校(他是这个学院真正精神上的创始人)管理下的库克县师范学校的努力和成功。很多现在看起来几乎是平常的教育观念,在那个时候被看作是奇怪的和几乎是革命性的,并且当时的拥护意味着在教育方面少有的独立性和勇气。通过后来芝加哥师范学院和芝加哥研究所的发展,人们增强了当时形成的支持度。因此,当埃蒙斯·布莱恩夫人极大的慷慨使这个工作(我们今天正在谈论这个工作的正式开端)成为可能时,教育学院的全体教师一致称赞这位我们将要听到发言的演讲者。

另外,这种具有历史意义的拥护是如此的有益而珍贵,尽管这种拥护对于帕克上校和他的忠诚团队来说是私人性的行为,可它不仅仅是私人性的。它由于对更高教育目标和理念——这些目标和理念与对教师职业的培训相联系——之个人兴趣和热爱而产生并且发展。如果19世纪最后25年的教育历史要被记录,并且如果它的意义要被充分认识到,那么所有人都会意识到巴特勒先生在建立和促进现在的哥伦比亚大学师范学院(Teachers College of Columbia

---

① 首次发表于《芝加哥大学记录》[*University (of Chicago) Record*],第9卷(1904年),第12-13页。

University)之发展中所完成工作的重要性。更不用说当时付出的努力同时代表着这个国家最早的有组织运动,即让工艺教育在初等教育中占据一个恰当的位置,也就是说,放在一个严格教育性而非纯粹功利性的基础上;同时也代表着最早的有组织运动,通过把对教师的训练与大学的理念和方法相联系,从而把对教师的培养放在最健全和最牢固的基础之上。巴特勒先生是哥伦比亚大学师范学院实际上的创立者和目前的正式负责人,而哥伦比亚大学师范学院是这个国家第一个在大学的支持下培养教师的学院。因为芝加哥大学教育学院是第二个这种类型的学院,我们有理由把它的原型(即哥伦比亚大学师范学院)后来获得的极大成功看作是最令人快乐地预示着我们今天讨论的这个杰出的教育学院之内在可能性的实现。

最后,我们把巴特勒校长称为一个杰出的教育领导者——杰出之处不仅在于他从事实践管理的年限,而首先在于他对教育哲学和教育原则持之以恒的专业研究中所具有的知识和能力。

因此,我们很高兴能够有幸拥有这些高贵的建筑,而这些建筑是用来在巴特勒先生良好的管理下进行崇高而精神性的教育事业的。巴特勒先生通过自身的培训、学习和著述,证明了他有资格成为这个事业的倡导者。

我很荣幸地介绍哥伦比亚大学的校长尼古拉斯·默里·巴特勒先生,他将就正式把埃蒙斯·布莱恩大楼(Emmons Blaine Hall)用作教师培训工作而发表演讲。

（芝加哥大学）教育学院的组织和课程①

I. 进入专业学习的前提条件

学生被录取为分类的(classified)和不分类(unclassified)的。

1. 录取为分类学生的考生，除了至少有四年的中学学习之外，还必须有两年学术研究的经历。这两年的学术研究，可以在教育学院或者教师培训学院中完成。我们建议后者通过相同的大学体系并且基于相同的基础来进行检查、评估和鉴定，如同现在在一些相似的情况下所进行的那样。这意味着某些学生可以被部分地承认为教育学院的学生，一旦他们的某些不足被弥补，那么就可以立即转为正式的学生(参见Ⅰ.2和Ⅱ.1)。

2. 考生要被录取为不分类的学生，必须从被认可的中学毕业；有两年的教学经验，年满21岁；并且已经准备好开始有益于自身的学业；(1)这种不分类的学生，可以同时学习不超过两门的系统课程；并且应该至少选一门分类学生所必需的课程；(2)如果除了以上的要求，这些不分类的学生表明他们已经达到了某方面课程的所有要求，表明他们有理由不再学习系统课程，并且也收到负责他们将要进行专门学习的课程之教师的正式推荐信，那么他们就可以被允许进行专门学习。

---

① 首次发表于《小学教师》，第3卷(1903年)，第553－562页。

II. 毕业

对课程进行特定的安排使得它与入学要求的满足相联系。它可以使学生获得文学学士(A.B.)、哲学学士(PH.B.)、理学学士(S.B.)的学位,还可以获得教育学的学士文凭。

1. 我们建议对学习的数量进行规定,学习数量包括要进入并且在教育学院中学习的前提条件,以及在第三部分中每一门课程的结业所需要的条件;并且我们建议,如果可能的话,补偿和转移的体系应该被建立——就像关于"预科和大专①的合并"所具有的规定一样,这些规定可以在《年鉴》(Annual Register,1901-1902)的第71页找到。我们希望用这种方法来保证通过2到3年(根据以前达到的水平)的在校学习去获得教育学的学士学位和文凭。

2. 我们建议关于这些学位的课程安排不要包括古代语言,除非是作为一门选修课程。

III. 命名原则

委员会推荐以下名称为教育学院的组成部分:

1. 教育学院,为了专业学习和研究。

2. 大学附中,以便和中等教育结合起来——我们可以由此理解芝加哥工艺培训学校构成大学附中的技术课程,同样拥有它自己的院长、学习课程和印刷物等等。

3. 学校以及前面所带的区分性称谓,例如可以被确定为大学附小、实验学校,以及我们时常新增的其他学校。

课程

在教育学院中,我们安排了三类课程:

I. 艺术和技术的课程。

II. 为幼儿园和小学的教师、训导教师(critic teacher)和小学各部门管理者等人设置的一般课程。

---

① 大专:两年制专科学校,提供两年制的课程,相当于大学四年制本科前两年的课程。——译者

III. 为准备在中学教学的学生所设置的课程。

I. 艺术和技术的课程

对这些课程的学习,并不会获得一个学位。入学条件(学术的、技术的以及关于实践经验的)将通过一个关于艺术和技术的大学委员会来确定。所有希望学习以下课程的人都要尽可能地写信给教育学院的负责人。还需要提醒的事情是:以下课程是根据相同的普遍计划来安排的,即教育理论的5门主修课、技术性学科的7门主修课以及6门选修课。这18门课程构成了两年的课程。一门主修课每星期有5个课时。所有的技术性和手工课程都以大学实验室的课程为基础,即2个小时的这种课程等于1个小时的讲授或者讲演。

1. 音乐
2. 演讲、口头阅读和戏剧艺术
3. 制图和绘画
4. 模型制作
5. 纺织
6. 家庭技艺
7. 木工
8. 金属加工

II. 一般课程

1. 入学的一般条件——包括(1)毕业于中学或者芝加哥大学认可的专门学校或者其他相似地位的学校。

这种中学的学习必定包含大专院校入学所需要的学习量,即15个课时。除了两个课时的拉丁语可以用非英语的其他语言学习来代替,它必定还包含学习所有课程所需要的课时。规定的课时是:

历史学:1课时(unit)

英语:2课时

数学:$2\frac{1}{2}$课时

物理学:1课时

外语:2课时

剩下的 $6\frac{1}{2}$ 课时可以从已经提供的大专入学的正式目录中选择。

（2）除了已经描述过的中学学习之外的两年的大学学习。这可以在大学或者师范学校或者教师培训学校内完成。

当这些学校获得大学的认可,它可以算作达到了教育学院的特定入学条件（下面就会列出）。从没有获得认可的学校毕业的学生,将会被录取为试读生;但是,不成文的规定是:他们完成的学习要与入学条件的目录相比较,缺乏的学业可以在大专院校或者教育学院内补充完成。

2. 教育学院一般课程的特定要求(除了大学的入学要求)。

哲学(包括心理学和伦理学)和教育的理论与实践 ……… 2门主修课

英语 …………………………………………………………… 2门主修课

历史 …………………………………………………………… 2门主修课

现代语言(非英语) ……………………………………… 2门主修课

说明:如果与中学课程的现代语言学习相联系的这2门主修课并不能使学生获得用一门非英语的现代语言进行阅读的能力,那么需要学习额外的主修课。

数学 …………………………………………………………… 2门主修课

科学 …………………………………………………………… 4门主修课

说明:在这4门科学课程中,1门是植物学,1门是地形学(physiography),其他2门则在化学、地质学和生物学中选择。

艺术 …………………………………………………………… 1门主修课

说明:这可以是绘画、工艺(shopwork)等。如果不是为了入学,那么它就成为一个要求并且要在教育学院中完成。

选修课 ………………………………………………………… 3门主修课

说明:这些课程可以从以上列出的科目中选择,或者从古代语言中选择。

3. 一般课程的课程体系——包括18门主修课或者两年的学习,并且前提是要达到前面的要求(1)和(2),一般课程属于高级学院(senior college)的水平。这些课程如下:

教育学 ………………………………………………………… 3门主修课

历史、英语和口头阅读 ……………………………………… 3门主修课文科(arts) ··· 2门主修课

　　数学 ·· 1门主修课

　　科学,包括地理学 ··· 3门主修课

　说明:对于文科的学习要以大学实验课程为基础,2个课时的文科学习等同于1个课时的讲演或者讲授。

　　选修课 ·· 6门主修课

　说明:这些选修课可以从以上列出的科目中选择。学生可以选择一些选修课以便从事一般的教学,也可以集中地选择一些选修课以便从事幼儿园的教学、训导教学(critic teaching)或者专门教学等。

　4. 从一般课程毕业。完成了入学要求(1)和(2),以及教育学院必需的18门主修课后,学生可以获得教育学的文凭和相应的学士学位。这些学习代表着从认可的中学毕业后又经历了四年的学业。

III. 为准备在中学教学的学生设置的课程

这些课程有以下共同特征:

　1. 它们假定学生完成了一个大专院校的课程,或者完成了当前大学所规定的、类似院校的课程。

　2. 在完成大专的学习后,它们需要一定数量的对于教育理论的学习。学习量在不同的课程中包括4到5门主修课。

　3. 它们需要学生完成一定数量的对于特定科目的学习,该科目就是学生以后要在中学中教学的科目。这在不同的科目中包括6到8门的主修课。[①]

　这些科目的分类如下所示,并且构成了想要成为中学教师的学生可以学习的各种课程:

历史学和公民学	物理学
希腊语	化学
拉丁语	地理学、地形学和地质学
法语	生物学(包括动物学和植物学)
英语语言和文学	家政学

---

① 参见Ⅲ.4下面的说明。

数学

4. 它们需要学生完成足够数量的选修课,才能补足从高级学院毕业所需要的18门课程。

说明:如果学生为了日后在中学教书而开始学习一门课程,但是没有在大专院校中完成某些科目,那么这些科目必须从高级学院的选修课中选修。心理学和伦理学的学习是毕业所必需的,并且不算入教育学中的4门或5门特定主修课之中。这些科目的每一门也需要完成大专院校的某些课程,而这在某些情况下可能会超出大专院校的课程所必需的学习量。在这样的情况下,那么不足的课程可以在高级学院中被弥补。

为准备在中学教学而设置的课程之结业。以上列出的课程要以在大学获得文学学士(A. B.)、哲学学士(PH. B.)、理学学士(S. B.)学位的当前规定为基础,并且要参照学生之学习的特点。另外,任何一个指定课程的完成都可以使学生获得教育学院颁发的教育学文凭。

高级学院的课程如下:

历史学和公民学

教育学:
  一般的 ························· 3门主修课
  特殊的 ························· <u>1门主修课</u>
              ——4门主修课

政治科学:美国的国内政治 ················ 1门主修课
历史学 ································ 6门主修课
教师在历史学方面的培训课程 ············· 1门主修课
社会学:社会起源 ······················· 1门主修课
地理学 ································ 1门主修课
选修课① ······························ <u>4门主修课</u>
  总共 ·························· 18门主修课

希腊语

教育学:
  一般的 ························· 3门主修课

---

① 如果学生准备去讲授公民学和历史学,那么,大部分的选修课应该选择政治学。

特殊的 …………………………	<u>1门主修课</u>
	——4门主修课
历史学:希腊历史 …………………	1门主修课
古典考古学 ………………………	1门主修课
希腊语 ……………………………	6门主修课
选修课 ……………………………	<u>6门主修课</u>
总共 ………………………………	18门主修课

拉丁语

教育学:

一般的 …………………	3门主修课
特殊的 …………………	<u>1门主修课</u>
	——4门主修课
历史学:罗马历史 …………………	1门主修课
古典考古学 ………………………	1门主修课

拉丁语:

塔西陀的《日耳曼尼亚志》 和《阿古利可拉传》………………	1门主修课
西塞罗的《书信集》 ………………	1门主修课
拉丁语写作 ………………………	1门主修课
奥维德 ……………………………	1门主修课

教师的课程:

一般的,2门主修课① ………	1门主修课
恺撒 ………………………………	1门主修课
西塞罗和维吉尔 …………………	<u>1门主修课</u>
	——7门主修课
选修课 ……………………………	<u>5门主修课</u>
总共 ………………………………	18门主修课

---

① 教师课程的一门可以算作上面指定的教育学的第四门课程,因此并没有纳入这个总括之中。

法语

教育学：
　　一般的 ································· 3 门主修课
　　特殊的 ································· <u>1 门主修课</u>
　　　　　　　　　　　　　　　　——4 门主修课

历史学 ····································· 1 门主修课
法语① ····································· 5 门主修课
英语文学 ··································· 2 门主修课
选修课② ··································· <u>6 门主修课</u>
总共 ······································ 18 门主修课

德语

教育学：
　　一般的 ································· 3 门主修课
　　特殊的 ································· <u>1 门主修课</u>
　　　　　　　　　　　　　　　　——4 门主修课

历史学 ····································· 1 门主修课
德语③ ····································· 5 门主修课
英语文学 ··································· 2 门主修课
选修课④ ··································· <u>6 门主修课</u>
总共 ······································ 18 门主修课

英语语言和文学

教育学：
　　一般的 ································· 3 门主修课
　　特殊的 ································· <u>1 门主修课</u>
　　　　　　　　　　　　　　　　——4 门主修课

历史学 ····································· 2 门主修课

---

① 如果学生入学时在法语方面表现优秀，那么法语方面的要求可以降低。
② 除英语和法语以外的一门现代语言的阅读知识是需要的。
③ 如果学生入学时在德语方面表现优秀，那么德语方面的要求可以降低。
④ 除英语和德语以外的一门现代语言的阅读知识是需要的。

英语语言和文学 ································ 6 门主修课
选修课 ······································· <u>6 门主修课</u>
　　总共 ····································· 18 门主修课

数学

教育学：
　　一般的 ································· 3 门主修课
　　特殊的 ································· <u>1 门主修课</u>
　　　　　　　　　　　　　　　——4 门主修课

数学：①
大学的代数学和测量 ························· 1 门主修课
分析学 ····································· 1 门主修课
微积分 ····································· 1 门主修课
方程论 ⎫
解析力学 ⎬
微积分 ⎬ 3 门主修课
现代综合几何学 ⎬
教师课程 ⎬
数学史 ⎭
　　　　　　　　　　　　　　　——6 门主修课

物理学：
　　一般物理学 ····························· 3 门主修课
　　机械绘图 ······························· <u>1 门主修课</u>
　　　　　　　　　　　　　　　——4 门主修课

天文学 ····································· 1 门主修课
选修课，补足 18 门课 ······················· <u>3—12 门主修课</u>②
　　总共 ··································· 18 门主修课

---

① 对于数学的教育被包含在教育学中。
② 在这些限制中，需要有 3 到 12 门主修课，具体的数目取决于进入教育学院以前所完成的学业（参见"预备教育课程"，第 339 页）。

物理学

教育学：
  一般的 ································· 3门主修课
  特殊的 ································· 1门主修课
           ——4门主修课

数学：
  分析学 ································· 1门主修课
  微积分 ································· 1门主修课
           ——2门主修课

物理学：
  普通物理学 ··························· 3门主修课
  高级学院的物理学 ··················· 3门主修课
           ——6门主修课

地理学：气象学 ··························· 1门主修课
选修课，补足18门课 ···················· 5—14门主修课①
  总共 ································· 18门主修课

化学

教育学：
  一般的 ································· 3门主修课
  特殊的 ································· 1门主修课
           ——4门主修课

数学：分析学 ····························· 1门主修课
物理学：普通物理学 ······················ 2门主修课
化学：
  普通化学 ····························· 3门主修课
  定性分析 ····························· 2门主修课
  定量分析 ····························· 2门主修课

---

① 在这些限制中，需要有5到14门主修课，具体的数目取决于进入教育学院以前所完成的学业（参见"预备教育课程"，第339页）。

普通有机化学 ················· 1门主修课
                         ——8门主修课
选修课，补足18门课 ············ 3—12门主修课①
总共 ······················ 18门主修课

地理学、地形学和地质学

教育学：
    一般的 ··················· 3门主修课
    特殊的 ··················· 1门主修课
                                ——4门主修课

天文学：普通天文学 ············ 1门主修课

地质学：
    地形学 ··················· 1门主修课
    初等矿物学和岩石学 ········· $\frac{1}{2}$门主修课
    田野工作和实验室工作 ······· $\frac{1}{2}$门主修课
    普通地质学 ················ 1门主修课
    地理地质学 ················ 1门主修课
    补充地质学（Additional Geology）
    （或者地理学） ············· 1门主修课
                                  ——5门主修课②

动物学：动物地理学 ············ 1门主修课
植物学 ······················ 1门主修课

地理学：
    气象学 ··················· 1门主修课
    大陆地理学 ················ 2门主修课

---

① 在这些限制中，需要有3到12门主修课，具体的数目取决于进入教育学院以前所完成的学业（参见"预备教育课程"，第339页）。
② 准备讲授地质学的学生至少应该学习两门地质学方面的附加课程。

	——3门主修课①
选修课,补足18门课	3—13门主修课②
总共	18门主修课

生物学(包括动物学和植物学)

教育学:
  一般的 ………………………………………… 3门主修课
  特殊的 ………………………………………… <u>1门主修课</u>
              ——4门主修课

化学:普通化学 ………………………………………… 2门主修课

地质学:地相学 ………………………………………… 1门主修课

动物学:
  普通动物学 …………………………………… 1门主修课
  田野课程 ……………………………………… 1门主修课
  无脊椎动物学 ………………………………… 2门主修课
  动物地理学 …………………………………… <u>1门主修课</u>
              ——5门主修课③

生理学:普通生理学 …………………………………… 1门主修课

植物学:
  形态学 ………………………………………… 1门主修课
  生理学 ………………………………………… 1门主修课
  生态学 ………………………………………… 1门主修课
  地理植物学 …………………………………… <u>1门主修课</u>
              ——4门主修课④

---

① 准备讲授地理学的学生至少应该学习两门地理学方面的附加课程。
② 在这些限制中,需要有3到13门主修课,具体的数目取决于进入教育学院以前所完成的学业(参见"预备教育课程",第339页)。
③ 准备讲授动物学的学生至少应该学习两门动物学方面的附加课程。在这样的情况下,这两门附加课程中的一门可以被植物学的第四门主修课所取代。
④ 如果学生准备讲授植物学,那么我们推荐他学习植物学的三门附加课程。在这样的情况下,以上动物学方面的主修课中的其中一门可以省略。

| 选修课，补足18门课 …………………… | 1—12门主修课① |
| 总共 ……………………………………… | 18门主修课 |

家政学

教育学 ……………………………………… 4门主修课

社会学：

家庭卫生（社会学系，课程号52） ………	1门主修课
食物和水的卫生（社会学系，课程号43）……	1门主修课
食物和营养学（教育学院） ………………	1门主修课
家庭的演变（教育学院）…………………	1门主修课

——4门中的3门

化学：②

| 分析化学（化学系，课程号6、7、8）………… | 3门主修课 |
| 初等有机化学 ……………………………… | 1门主修课 |

——4门主修课

生理化学 ……………………………………………	1门主修课
细菌学 ………………………………………………	1门主修课
选修课 ………………………………………………	5门主修课
总共 …………………………………………………	18门主修课

在任何情况下，不成文的规定是：在特定课程中提到的特定科目都可以修改，只要系主任或者教育学院的院长认为其他的课程能够更好地满足这些未来教师的需求。

IV. 大专院校所安排的预备教育课程

前面给出了描述高级学院之安排的基本课程，而高级学院是让学生做好准备在中学里进行教学。教育学院的教师向其他教师建议：可以对大专院校的现有学习安排进行如下的调整：

---

① 在这些限制中，需要有1到12门主修课，具体的数目取决于进入教育学院以前所完成的学业（参见"预备教育课程"，第339页）。
② 普通化学是前提条件。

1. 对于历史学和公民学的教师

哲学：

  心理学 ·················· 1门主修课

  伦理学 ·················· <u>1门主修课</u>

         ——2门主修课

历史学 ························ 3门主修课

语言学（非英语）················ 4门主修课

英语写作 ······················ 2门主修课

数学：

  三角学 ·················· 1门主修课

  大学代数和测量 ·········· <u>1门主修课</u>

         ——2门主修课

科学：

  地相学 ·················· 1门主修课

  普通动物学

  动物地理学   ············ 1门主修课

  或者初等植物学

         ——2门主修课

选修课 ························ <u>3门主修课</u>

  总共 ···················· 18门主修课

2. 对于希腊语和拉丁语的教师

与现在的艺术学院相同。

3. 对于法语的教师

哲学 ·························· 2门主修课

历史学 ························ 2门主修课

法语 ·························· 5门主修课

英语写作 ······················ 2门主修课

数学 ·························· 2门主修课

科学 ·························· 2门主修课

选修课 ························ <u>3门主修课</u>

  总共 ·· 18门主修课

 4. 对于德语的教师

  哲学 ·· 2门主修课

  历史学 ·· 2门主修课

  德语 ·· 5门主修课

  英语写作 ·· 2门主修课

  数学 ·· 2门主修课

  科学 ·· 2门主修课

  选修课 ·· <u>3门主修课</u>

   总共 ·· 18门主修课

 5. 对于英语的教师

  哲学 ·· 2门主修课

  历史学 ·· 2门主修课

  现代语言（非英语）································· 3门主修课①

  英语 ·· 4门主修课

  数学 ·· 2门主修课

  科学 ·· 2门主修课

  选修课 ·· <u>3门主修课</u>

   总共 ·· 18门主修课

 6. 对于科学和家政学的教师

  哲学：

   心理学 ·································· 1门主修课

   伦理学 ·································· <u>1门主修课</u>

          ——2门主修课

  历史学：

   现代欧洲 ································ 1门主修课

   美国 ···································· <u>1门主修课</u>

---

① 对于语言的要求，不必超过两门以上非英语的语言之阅读能力。需要具备两门非英语的语言之阅读能力，即要学习三门以上的主修课，才能达到这个结果。

	——2门主修课
语言①(非英语)	4门主修课②
英语写作	2门主修课

数学：
三角学 ················ 1门主修课
大学代数 ⎫
或者测量 ⎭ ············ <u>1门主修课</u>
　　　　　　　　　　　　——2门主修课
选修课:在科学之内③(包括数学) ········ <u>6门主修课</u>
总共 ················ 18门主修课

---

① 对于语言的要求不必超过两门以上非英语的语言之阅读能力。
② 如果学生不学习拉丁语或者希腊语,那么需要掌握两门非英语的语言之阅读能力。即要学习四门以上的主修课,才能达到这个结果。
③ 在以下任一科目(这些科目在入学的时候并不被大学所认可)中的两门主修课:(1)化学、(2)地相学和地质学、(3)生物学(动物学、植物学和生理学)。

教育学院[1]

建筑物

　　教育学院的永久性建筑物快要完工了,并且准备于1903年10月1日投入使用。它坐落在斯卡蒙街(Scammon Court),在金巴克(Kimbark)大街和门罗(Monroe)大街之间,并且面对大道乐园(Midway Plaisance)。这个建筑由石头建成,屋顶由瓦片覆盖而成。这是为了与大学的其他建筑相协调,尽管风格的细节有些不同。它临街有350英尺长,加上两边的侧厅有162英尺深。它有4层楼,客运电梯和货运电梯很容易到达最上面的一层。这个设计一个吸引人的特点,是有很大而且开阔的庭院。这是一个四方院,现在它被认为是大学建筑物的最佳布局。这个庭院为景观设计提供了很大的可能性,并且在最后的设计中,它与周围的建筑物相协调并且被它们所包围。东面和西面的侧厅比较低,这样可以确保庭院中的空气流通,并且在夏季可以利用普遍存在的西风。为了增加整体的效果,以及确保一定的私密性,这个建筑物还设置了一个绿化隔离带。

　　这个建筑物西面的一半主要分给教育学院,而东面侧厅的一、二层分给大学附小。

　　东面侧厅的地下室是铸造间和烘干间。家政系在第三层,有两个房间是厨房,其中一个提供给初等课程,另一个提供给高级课程,还有一些房间被用作实

---

[1] 首次发表于《芝加哥大学信息公告》(*University of Chicago Bulletin of Information*),第3期(1903年5月),第5-6页。

验室和其他目的。另外，还有属于心理学专业的三个房间和两个教室。第四层的自由空间是属于家庭技艺专业的。它将包括一个染色间和一些用来进行各种纺织和泥塑模型之教学的房间。在同一层靠近中间的地方，有一个很大的餐厅，并且带有独立而齐全的厨房设备。

幼儿园和一、二、三、四年级在建筑物东面一半的第一层。幼儿园在东面侧厅的最北端，在它上面的房间被设计成游戏室。五、六、七、八年级在第二层。和每一个年级的教室连接在一起的，还有一个更小的房间，只有教室的一半那么大，用来进行团体活动。

西面侧厅的第一层用作数学和天文学专业的演讲室和大教室。这个侧厅的更大面积被布置为物理实验室，可以提供给小学或者教育学专业的学生使用。实验室的设备是完备且现代化的。

在这个建筑物的中间位置，第二层的很大部分被用来作为图书馆。图书馆的西面，是历史学和文学专业的房间。西面侧厅将被用来进行地理学和地质学的教学工作，第三个房间是用来进行黑板绘图。在最北端，教员房间上面的教室用来进行演讲、朗读和戏剧艺术的表演。这个教室还带有精美的舞台和必需的附加设备，以便进行戏剧表演。

图书馆正上面的第三层的空间是博物馆。这个博物馆可以供应燃气和水。设计的意图，是使这个博物馆被用来进行与教育学院的所有院系相关的实践活动。博物馆西侧有两个房间属于生物学专业，一个由初等教育的学生使用，另一个由高年级的学生使用。后一个房间占据了侧厅的最南端，因此可以得到来自南面和西面的阳光。这个侧厅的最北端用来进行化学的教学工作。与化学系相连接的，是一个称重室和照相室。

在这个建筑物中间的第四层，在博物馆正上面的空间用作艺术专业，即绘图和绘画。这个空间的一些部分，可以被天花板上的电灯照亮。这层的其他部分用来进行不同的工艺学习，即木艺、书本装订和印刷。一个房间是属于音乐专业的。

两个大的套间，包括办公室、拱顶和工作间，用作办公和接待场所。它们处于第一层，在出口处的两边各有一个房间，并且靠近宽敞的大厅。它们中的一个套间旁边是客运电梯。

这样的安排，是为了确保每个房间和走廊都能得到充足的阳光。根据这个事实,我们相信,这个建筑物使自身很好地达到一种装饰效果,其设计意图是把这个建筑物看作一个整体。走廊由浅灰色的砖建成,而地板由水泥铺成,并且涂上与墙壁相协调的红色。屋顶是粗糙的灰泥,这可以使色彩效果更加鲜活。室内的木制品是由深褐色的桦木制成的。选用桦木而不是橡木或者其他比较疏松的木料,是因为桦木比较容易保持清洁。除了烘干室和铸造室之外,地下室里面没有其他的工作室。这个建筑物将配备全套的内部电话系统。供暖和通风设备全部是气压系统,和我们公立中小学的一样,除了每小时提供给每个人的空气量更大,空气进入室内的流通速度也会比较小。另外,实验室配有排气设备。

一般信息

教育学院

芝加哥大学教育学院是在埃蒙斯·麦考密克·布莱恩(Emmons McCormick Blaine)夫人资助的芝加哥研究所并入芝加哥大学时正式形成的。

教育学院提供的课程涉及从教育学立场出发、有关初等教育和中等教育的问题。这些课程用来培养初等、中等和师范学校的教师和管理者,用来培养幼儿园教师和其他教育工作的专家。任何熟悉整个学院的安排和工作的教师,可以设立他自己的课程。因此,该科目和课程体系中的其他科目之联系是很清楚的。

教育学院的目标是发展教育理论,并且在实践中阐明教育原理,从而满足那些已经从事教育工作的人的需要,以及满足那些渴望使自身适合这种职业的人的需要。

教育学院的课程体系包括在初等教育、中等教育和师范学校中讲授的所有科目,并且还包括教育心理学和教育学史。

入学条件

考生被录取为分类学生和不分类学生。

1. 被录取为分类学生的考生,除了有至少 4 年的高中课程之外,还必须有 2 年的学术研究的基础。这 2 年的学术研究可以在教育学院或者教师培训学院中完成。

2. 被录取为不分类学生的考生,必须从被认可的中学毕业;并且有 2 年的教学经验,且已满 21 岁;同时已经准备好开始进行对自身有用的学业。(1) 这样的不分类学生可以同时学习不超过2门的系统课程;并且应该至少选一门课程,以实现成为分类学生所必需的前提条件;(2)但是,如果除了以上的要求,这些不分类学生表明他们已经达到了某方面课程的所有要求,表明他们有理由不再学习系统课程,并且也收到负责他们将要进行专门学习的课程之教师的正式推荐信,那么他们就可以被允许进行专门学习。

毕业

对课程进行特定的安排,使得它与入学要求的满足相联系。它可以使学生获得文学学士(A. B.)、哲学学士(PH. B.)、理学学士(S. B.)的学位,还可以获得教育学的学士文凭。

背诵的方法[1]

这个课程包括对于教育过程中背诵之功能的讨论。这要从社会层面和思想层面来进行探讨。在社会层面,个人和班级的教学问题将被简要地探讨。我们将利用社会心理学中一些最新的讨论,这些讨论指出了通过社会条件来改变个人发展的一些方法。但是,这个课程的重心将放在背诵的思想层面。在思想方面,背诵将被认为能够提供某些手段,从而对心理过程进行思想控制和指导。因为思想控制的问题是与逻辑相联系的,所以讨论将主要根据逻辑方法来进行。从这个立场出发,赫尔巴特学派的形式程序将被提出并加以评价。我们还将简要地讨论抽象、符号、比较、推导、演绎、分类和归纳之实验法的性质和价值,并且特别关注代表这些不同逻辑功能的、可以在课堂教学中使用的材料和方法。

那些没有学习过初等逻辑的学生,如果可能的话,应该在学习这门课程之前熟悉杰文斯(Jevons)、福勒(Fowler)、韦尔顿(Welton)、克赖顿(Creighton)或者其他逻辑学的入门教材。麦克默里(McMurry)的《背诵法》,对于赫尔巴特学派的形式程序提供了一个很便利的概括,因此在课程中可以用作参考。

---

[1] 首次发表于《小学教师》,第3卷(1903年),第563页。

附　录

1.
判断的心理学①

约翰·杜威

本文关注以下事实,从同时具有连续性和变动性的意识之流的立场来看,主词、谓词和系动词的区分并不像从逻辑或者语言的立场来看那么具有确定性。本文的贡献在于,关于主词、谓词和系动词在心理学上的对应表述,本文将对詹姆斯的著名区分(即意识流的焦点方面之独立性和边缘方面之过渡性的区别)进行特定的解释。从这个立场出发,主词是从边缘转化到焦点的阶段,谓词是边缘的阶段,而边缘预示着意识流朝向的东西,并且因而代表着关注和注意的方向。根据这个观点,主词的部分标志似乎是抵抗和紧张的感觉;谓词的部分标志似乎是放松和解决的感觉。

---

① 在美国心理学协会第十二届年会(1903年12月在美国密苏里州的圣路易斯召开)上阅读的一篇论文的摘要。发表于《心理学公告》(*Psychological Bulletin*),第1期(1904年),第44-45页。

2.
圣路易斯艺术和科学大会[①]

胡戈·明斯特贝格(Hugo Münsterberg)

352　　在圣路易斯举办的世界博览会,由于其范围的扩大、建筑物的设计样式、准备活动的充分、所有国家参与的积极性,特别是该计划的内在目标,称得上是一项宏大的工程;而且对于西南地区来说具有不可估量的价值,对于全国和世界的发展来说也具有很大的意义。由于有了这样显著的进步,我们自然希望在商业和工业、艺术和教育以及所有领域和行业的产品被展示出来的同时,科学家的工作也能得到充分的展示。正如现代艺术将支配模型城市的每一个展厅并且美化模型城市的每一个角落一样,科学也会渗入教育和卫生的展示,并且会在工业的展厅里面转动车轮,会在每一个展厅中显示它的创造。然而,正如艺术需要在绘画和雕塑的展厅里显示自身一样,科学也要把它的所有能量集中在一个地方,去展示我们时代的人类知识的横截面。但是,这不能只通过观看来完成。在宁静的图书馆和实验室中以及在上千个大学中日益发展的伟大工作,只能通过语言来展示。任何可见的展示,就像堆积的印刷书籍的展示一样,对于世界博览会(World's Fair)的观众来说是僵死的。如何使这些文字变得生机盎然,如何使它们对于思想家和学者自身且对于人类进步来说是有所助益的,这就是这次博览会的负责人所需要考虑的问题。

接下来的逐步的任职纪录是很容易被说明的。大会的负责人任命了一个管理委
353　员会(Administrative Board)来负责召集代表学者的任务。这个委员会的主席是哥伦比亚大学的校长,尼古拉斯·默里·巴特勒(Nicholas Murray Butler);波士顿的代表是麻省理工学院的校长,亨利·S.普里切特(Henry S. Pritchett);华盛顿的代表是

[①] 首次发表于《大西洋月刊》(Atlantic Monthly),第 91 期(1903 年),第 671—684 页。参见本卷第 145—150 页。

国会图书馆的馆长,赫伯特·帕特南(Herbert Putnam);芝加哥的代表是芝加哥大学的校长,威廉·R·哈珀(William R. Harper);密苏里州的欢迎辞由密苏里州州立大学的校长理查德·H·杰西(Richard H. Jesse)宣读;法律代表是海牙国际法庭的成员,弗雷德里克·威廉·霍尔斯(Fredrick William Holls);世界博览会的代表是展览的负责人斯基夫(F. J. V. Skiff)。最后,霍华德·J·罗杰斯(Howard J. Rogers)先生作为教育学院的系主任,负责与世界博览会相联系的所有会议的技术监管。管理委员会在形成之后,立即任命了一个由学者组成的科学委员会来制订具体的计划和范围。在这些美国最著名的科学家中,华盛顿的西蒙·纽科姆(Simon Newcomb)教授是主席。在这个委员会中,纽科姆本人代表的正是科学;约翰斯·霍普金斯大学的韦尔奇(W. H. Welch)代表医学;哈佛大学的乔治·F·摩尔(George F. Moore)代表神学;芝加哥大学的阿尔比恩·斯莫尔(Albion Small)代表社会科学;哥伦比亚大学的约翰·B·摩尔(John B. Moore)代表法学;伊莱休·汤普森(Elihu Thompson)代表技术科学;本人代表哲学。这个委员会在纽约开过几次会,讨论了几个计划并且最终接受了一个计划,把它提交给管理委员会,然后解散。管理委员会批准了这个计划,然后请求世界博览会批准这个计划的执行。世界博览会很快作出了决定。世界博览会接受了这个计划,并且表决了所需要的经费,任命纽科姆为主席、斯莫尔和我为副主席;同时使我们成为一个组委会(organizing committee),具有权力去准备整个工作,并且对管理委员会进行技术监督。因为在那个时候(自2月以来),组委会一直在稳定地工作;尽管它的工作必须暂时是隐蔽的,可是如果组委会的成员要进入花园街的荣誉讲坛(honored platform),并且向更大范围的群体宣布他们所制订的计划,以及解释这些计划为什么值得人们关注和支持,那么它就不能再袖手旁观了。

　　整个计划只服务于一个单独的目标,而这个目标本身则通过对许多原因的综合考虑而被制订出来。如果我首先大段地引用我的一封信,那么可以更好地表达这个观点。这封信是我去年秋天对世界博览会之权威人士的私人询问而作的答复,远远早于大会正式任命这些委员会。我在那封信里说道:

　　"世界博览会的传统模式是很长一串毫无联系的会议,以及很多毫无联系的论文。我完全意识到,这种老套的模式是毫不费力的,因为它几乎不需要任何准备。但是,对于上次的巴黎博览会,我们普遍感到这种安排是毫无用处的,对于科学来说没有什么重要价值,也没有什么存在价值。尽管巴黎拥有很多第一流的学者和古老的传统,特别是拥有便利的地理位置,使得大会的内在缺点不那么明显地显示出来,可圣路易斯的大会却不是这样。没有学者有兴趣在这里重复一次这样的会议;每一个人都觉得世界博览会是最不能承担这项任务的地方,并且每一门科学都是自行选择安静的地方来舒适地开展其工作,而这些工作没有理由搬到圣路易斯来完成。同时,出于对于国际会议及其多种语言之混杂的反感也在增加。另一方面,通过付出大量经费来克服欧洲人的这种反感,会极大地损害美国的学术生活的名声。真正的学者不习惯于收很多钱去参加通常的大会,并且在大会上宣读论文。欧洲人也许会认为,这种提供经费的行为表示美国人没有能力准备好的论文,因此他们会带着一种传教的精神来出席会议;他们会居高临下地对美国人说话,这会严重地损害美国文化生活的名声。另外,大家普遍感觉到,今天的科学过分专业化了,因为如果人们看到这样一串100多个会议的名单,而会议中的每个人都不知道别的会议在讨论些什么,他们肯定会有这种感觉;美国民族具有对于工作之组织性和统一性的内在追求,因此他们也特别不喜欢这种分裂。

"在我看来,只有通过找到一种方法让这种状况朝另外一个方向发展,圣路易斯的计划才有可能成功。我们不是再去堆积很多分散的专门研究,而是努力获得统一的思想;不是去人为地产生出一种欧洲的传教精神,而是必须确保一种在世界范围内的学者之间完全合作的计划;不是去安排通常的计划然而却习惯性缺乏目标并且脱离于该计划的产生动机,而是创造出某种具有清晰而明确的新目标的计划,某种具有特定使命并且只能通过召集全世界的代表才能完成这个使命的计划。

"所有这些需要,只能通过一个转变来完成:我们不再去召开上百个毫无联系的会议,而是只开一个大会——这个会议有上百个分会,但仍然只是一个会议;我们赋予这个大会以确定的工作目标,即达到人类知识的统一。我们赋予它以特定的任务,即进行分散的专门工作,让世人意识到真理统一性有太多被忽视的观念。让世人的忙碌工作为我们暂时停顿一下,去想一想什么是基础性的原则,它们彼此之间的联系是什么,以及它们的价值和目标是什么;总之,我们给予世界范围的科学一个假期。当每一门科学在它们自己的处所和时间里进行时,日常的功能可以更好地被完成;当每一个学者在图书馆或者他自己的实验室里工作的时候,工作可以更好地完成;但是,这个假期的任务是形成基本的统一——这就要求所有科学的合作,要求所有科学至少都在同一个地方和同一个时刻聚集在一起。这种成就及其出版物将是我们时代一个重要的事件,会得到整个世界最好学者的拥护,并且他们有责任参与其中。

"必要的条件是提出一个计划,其中任何可能的对真理之追求、任何理论和实践的科学都会找到其精确的位置;自然地,这个计划和大学专业目录的随意组合完全不同。该计划必定可以阐明知识之不同分支的内在联系。这个广泛计划将会在整个体系中给予每个部门以确定位置,从而让我们强烈地意识到知识的整体性。因此,这个计划必须根据每一个部门而被制订,这个计划中的重要论文会讨论本部门与其他相邻部门的关系问题,以及本部门内最主要的问题;因此,这个计划会为了这些部门,为了这些专业,思考它们共同的基本方法和问题;因此,这种根据不同专业和分工而制订的计划最终会得到所有分工的重新统一。这些论文会因而形成一种思想联系的网络,在其中,每个科目都可以内在地彼此相互联系。

"所有这些只能由第一流的科学家来完成,他们有超越特定问题之局限的视野,并且有资格去表达这些原则,去提出方法,去公正地判断科学的重要问题。为了达到这个目标,我们很容易获得所有国家第一流科学家的帮助,因为那些厌倦于老套的会议和只适合发表在学术刊物上的论文的学者,将很乐意效力于这样独特的事业,并愿意接受富有创新性和重要意义的任务。这个计划也会通过合理的报酬吸引海外的欧洲人,尽管在常规会议上付钱请人出席会议是不恰当的,因为会议出席者只是谈论自己的专门研究;但是,如果演讲者被邀请来进行一项特定的任务以服务于一个完整计划,我们就可以很恰当地提供充足的补偿。在这种情况下,欧洲人和美国人可以站在同一水平线上,论文的报酬是一样的,区别之处只在于路费。如果很多一流的欧洲人和美国人因而参与进来,那么毫无疑问,很多不那么著名的人也会从海外来出席这个会议而不需要任何报酬;另外,上千个美国人也会加入。另一方面,那些具有内在联系的附有摘要的发言稿被打印出来,将会是圣路易斯博览会之思想工作的不朽成果;它将是一项持续的工作,并且没有什么私人的组织可以完成这项工作。我们今天的专门化研究的图书馆已经形成了一个巨大的百科全书,在其中,各门研究相互并列。而这个记录至少会成为一个实在的体系;整体上就是一个实在的'统一科学的大会'。这样一个大会也许在9月中下旬召开,因此要在大学的开学之前完成。我们很容易安排好对外国客人的招待,并且去参观芝加哥、尼亚加拉河、波士顿、纽约、费城、巴尔的摩、华盛顿。让他们有机会在10月份参观一些重要的大学,然后在10月底回国。那个时候,欧洲的大学正好开学。"

我的信件紧接下来就是关于这个计划在执行上的进展。我已经逐步地描述了这些进展,而现在,也就是自从管理委员会和组委会的整个机构工作一个季度以来,我的信件的大部分内容和试探性的观念已经发展为成熟的计划,分类已经完成,会议的安排已经做好,演讲者的邀请名单已经列出,所有国家的合作团体已经被邀请。我们可以预见,在今年年底之前,全世界的很多学者都会在他们的图书馆中工作以准备他们在这个计划中的任务,而这个计划在几个月前还是模糊的设想。我们可以首先考虑内在的计划,即人类知识的分类、对科学进行归类和区分的原则;然后考虑外在的计划,即大会的技术问题和对这些混乱进行统一的外在工具。最后,简要谈论一下我们的障碍、困难和担忧(这并不小),以及我们的希望(这更巨大)。

我们把人类知识划分为 2 个部分(part)、7 个分组(division)、25 个部门(department)、130 个项目(section),以及若干的子项目(sub-section);这些项目的初步列表已经被打印出来,并且可能已经发到许多学者的手中。一个从人类学到动物学按照字母顺序排列的系统,也会包含同样多的组成部分。但是,真正的问题在于这种安排的逻辑。如何让科学研究成果之荒野变得富有秩序,这个逻辑问题吸引了从亚里士多德、培根到孔德、斯宾塞等哲学家。一个特别的时代聚集它的努力以朝向真理的方法因此也更加重要地体现了这个时代文明的更深刻能量,并且我们将要召开的大会所要作出的宣言是:它的工作体系表现为某种原则的实现,而该原则代表了我们时代最深刻的奋斗和最内在的能量,这与 19 世纪所流行的分类法形成了鲜明的对比。

在 19 世纪自然思想发展的顶点,控制着人类思想的实证主义以更简单的方式来处理这些问题。所有心灵和道德的科学、历史和语文学、法学和神学、伦理学和美学、经济学和政治学,无疑处理的是人类现象以及人类的功能;但是,人是一个有生命的生物体,生物学是关于有生命之生物体的科学,因此,所有的知识分支,从历史学到伦理学,从法学到美学,都是生物学的分支。另一方面,有生命的生物体仅仅是一种地球上的物理体,关于物理体的科学是物理学,因此,生物学自身也仅仅是物理学的一个科目。而地球上的物体只是宇宙全体的一部分,关于宇宙的科学是天文学,因此物理学只是天文学的一个部分。整个宇宙被数学规律所支配,因此天文学附属于数学。这种孔德主义的思维方式是一种有意识的或者下意识的基本思想,支配着我们这个反哲学的时代。

接下来的一个时期能够让人们更好地了解知识,并且能够克服这种稍加掩饰过的唯物主义。在这个时期,生理学家的范畴稍微失去了一些信任,而心理学家的范畴赢得了声誉。这个新的时期认为,把伦理的和逻辑的生活、历史的和法律的活动、文学的和宗教的情感仅仅看作生命体的生理功能,这是一种非自然的做法;心理生活尽管和大脑活动相联系,但是具有确定的自身存在。心理事实代表了现象的世界,这种现象的世界本质上完全不同于物质现象的世界;并且,尽管从生物学的立场来看,任何伦理活动和逻辑思想可以被看作同时具有物质性,但是更加可以肯定的是,公正地来看,关于心理现象的科学形成了一个自足的知识领域,因而是并列于而非附属于物理世界的知识。因此,我们会说,所有知识分为两类,即自然科学和精神科学。在自然科学的领域,我们有一般的科学,例如物理学和化学;也有关于专门对象的特殊科学,例如天文学、地质学、矿物学和生物学;还有形式科学,例如数学。在精神科学的领域,我们相应地拥有一般的科学,例如心理学;也有特殊的科学,即用来处理人的内心生活的所有特定的心理和伦理方面的科学,例如历史学或者法学、逻辑学或者伦理学,以及其他类似科学。这样的分类大约在 20 年前就有其哲学基础,就像上一个阶段的实证主义那样,它已经完全渗入了日常思想,并且肯定要优于其唯物主义的先驱。

当然,在文明历史中,唯物主义并不是第一次被二元论所取代,生物学主义也不是第一次被心理主义所取代;文明的自然发展也不是第一次超出这个阶段,也就是说超出心理分析的阶段。毫无疑问,我们时代因其强有力的内在能量而强行脱离了这种旧有的世界观。唯物主义是反哲学的,心理学的二元论是非哲学的。今天的哲学运动也已经开始了。在全世界范围内,19 世纪的基本信条的片面性被更深刻的思想所认识到;流行的风潮和学术上的努力都显示了即将到来的唯心主义,因为比起仅仅认为我们的生活是一系列的因果现象,唯心主义拥有一些更好和更深刻的东西。我们的时代渴望对实在进行新的解释;几十年来,哲学研究在任何一种科学中都受到轻视,而现在最好的学者再一次从讨论科学转而去讨论基本概念和普遍原则。历史性的思想开始再一次处于主导地位,而这种主导地位在半个世纪以来是属于自然主义思想的。专门化的研究越来越多地要求朝向更高的统一性而进行重新调整,并且让世人关注的技术发展越来越成为只是思想发展的一个因素。这种具有统一性的大会的出现,本身仅仅是我们社会生活中出现的上千个征兆的其中一个。如果科学的哲学现在突然产生很多著作来证明现象世界必定要被价值世界所补充,证明描述必定要服从于解释,而解释必定要与评价相谐调,那么,它们是以技术性的方式回应了我们时代的伟大情感。

无疑,这并不意味着极度唯物主义的、技术的、心理的发展步骤将会被颠倒,或者这些方向中的任何一个进步都应该终止;相反,没有别的时代更乐意把它的巨大能量用来服务于自然主义的工作。但是,它的确意味着我们的时代认识到了这些运动的片面性,认识到它们只属于实在的一个层面,并且认识到另一个层面是可能的;是的,认识到其他层面也是我们直接生活的一种,且具有它的目标、理想、历史联系和逻辑目标。认为所有的心理事实只是有机体之功能的唯物主义立场不会与心理学发生冲突,因为生物层面是可能的,而其他层面肯定是必然的附加物;同样,它不会与以下这种新颖的观点发生冲突,即认为所有的目标和理想、所有的历史活动和逻辑思想都可以被看作是心理现象。当然,我们可以这样来认为,并且我们必须继续这样来做,才能更好地服务于心理科学和社会科学;但是,我们不应该认为,当我们把我们的历史生活或者道德生活、我们的逻辑生活或宗教生活描述和解释为一系列现象时,已经表达和理解了它们的真实特征。它们的直接实在首先在以下事实中表现自身,即它有一个意义,它是一个我们想要理解的目标,理解的方式不是去考虑其原因和结果而是去解释其目标和评价其理想。因此,我们现在应该说,对于科学家来说,最有趣和最重要的事情是从生物学的、心理学的和社会学的立场来考虑人类生活及其奋斗和产物;也就是说,把人类生活看作因果现象的体系;很多值得花费精力去解决的问题,仍然只能在这些科学中得到解决。但是,法学家或者神学家,学习艺术或者历史、文学或者政治学、教育学或者伦理学的学生所研究的问题涉及其他方面,在其中,内在生活不是现象而是目标体系,不是被说明而是被解释,不是通过因果方法而是通过目的论方法来达到。在这样的情况下,历史科学不再是心理科学或者社会科学的附属科目;科学的概念不再等同于现象科学的概念;有些科学根本不涉及对现象的描述或者说明,而是涉及目的的内在联系和关联,涉及对目的进行解释和评价。因此,现代思想要求关于目的之科学与关于现象之科学同等重要。

但是,一开始,目的和现象毫无疑问是属于两种类别的。我们有物理现象和心理现象。它们唯一的差别是:心理学处理的心理现象是只与一个主体相关的单个现象,而物理现象是任何可能的主体的对象。同样,有些目的是个人的目的,而有些目的不只是个人的意义,而是对任何我们看作是主体的人来说都具有价值,例如逻辑的、伦理的和审美的目的。这些不只具有个人价值的目的,被称为规范;处理它们的科学因此是规范科学,用来解释我们的普遍性意图。在另一方面,也有关于个人意图的科学;它们的整体代表了历史目的之体系,而同时分为政治的、法律的、教育的、文学的和宗教的活动。它们形成了历史科学,并且我们因此必然获得所有理论知识的一个四重分类:规范科学、历史科学、自然科学和精神科学。这实际上是我们的国际大会已经接受了的对于理论知识的基本分类,这种分类远远超越了唯物主义和现象主义的片面性。

但是,如果这种对知识的分类被认为是唯一的分类,那么这是我们充分意识到的另外一种应该为之感到愧疚的片面性。因为,这意味着科学被看作是等同于理论科学的。实证主义会认为,这是理所当然的。实践科学的概念很少被看作本身是自相矛盾的,例如,所有技术科学都被看作是理论科学和技艺的混合体。但是,一旦我们理解了不同的科学并不只是意味着不同的材料,而是首先意味着不同的方面,那么必须还要看到,当理解自然事实或精神事实、规范事实或历史事实和我们的实践目的之间的联系时,一种真正新型的科学就产生了。在事实和我们的目标之间的这些联系的研究,实际上构成了一个类别;这个类别作为实践科学,必定与理论科学相并列。但是,另一个有趣的分类问题就立刻产生了。如果实践科学把事实和目的连接起来,那么我们可以或者根据我们想要应用的事实而对它们进行分组,或者根据我们想要达到的目标而对它们进行分组。这两种方法在逻辑上都是正确的。根据第一种框架,任何一种规范的或者历史的、自然的或者精神的科学都有它的实践对应物。工程师使用物理的或者化学的知识,医生使用生物学的知识,同样,法学家使用关于法律目标的知识,因为这些知识已经在历史发展中形成自身。但是,如果我们关注应用科学的细节,那么很快会注意到它们中的大多数在其真正的工作中并不局限于只使用特定的一种理论科学。它们中的大多数,综合使用不同的理论科学以便实现某一目标。我们经常看到,规范的和历史的、物理的和心理的科学结合起来,并且在某一实践科目中被统一,因此可以确定地说,这个最简单的框架不是根据被使用的事实而是根据它们所服务的目标来对它们进行分组。三个大的分组按照这种方式来继续划分自身。实践科学可以为了物质利益而起作用,或者为了人类利益的和谐而起作用,或者最后为了人类的理想发展而起作用。很难选择合适的语言来精确地表述这三个分组的特征。出于需要,我们只需要称那些服务于物质利益的科学为功利科学(utilitarian science),称那些协调人类利益的科学为管理科学(regulative science),称那些为了人类之完善的科学为文化科学(cultural science)。现在我们已经达到了分类的第一个层次,把人类知识分为理论知识和实践知识;把理论知识分为规范的、历史的、自然的和精神的科学;把实践知识分为功利的、管理的和文化的科学。分类的逻辑原则问题,可以通过这个界定来得到解决。这 7 个分组进一步划分为部门,然后再划分为项目。这种划分不会产生更多的困难而且更不易产生分歧。

然而,即使是对于部分的再划分也会立即产生逻辑方面的争论。我们的第一个分组是规范科学,并且大会建议这个分组分为两个部门——哲学科学和数学科学。哲学科学(例如逻辑学、伦理学、美学及其相互联系)属于规范科学是没有疑问的,并且研究更深刻哲学问题的严肃学生最终都会承认(也许是经过一开始的抵制),所有的形而上学实际上都是关于逻辑的、伦理的、美学的目标之最终价值的理论,因此也属于规范科学。但是,这却不同于我们的第二个科目——数学。许多数学家会说,数学对象是独立实体,我们可以像研究自然的属性一样来研究这些独立实体的属性,我们可以"观察"它们的联系,我们可以"发现"它们的存在,我们对它们感兴趣是因为它们属于实在世界。即使这种观点是正确的,数学家的对象仍是通过意愿来产生的,并且被创造出来去应用于逻辑目标,因此不同于包含感觉的现象。当然,数学家并不反思他的研究对象的纯粹逻辑起源,但是知识体系必定在那种分组中(在其中不只是单独的即规范的目标被分类)赋予数学对象之研究以它的位置。毫无疑问,数学对象的目标是应用现象世界中算术的或者几何的创造物。因此,数学概念必须绝对适合这个世界,以便从内容中抽象出来后被看作是对这个世界的描述;数学由此会成为关于世界之形式和秩序的现象科学。所以,数学在两个领域都有其位置,如果强调它对世界的应用性,那么它是现象科学;如果强调通过逻辑性的规范意志来自由创造它的对象,那么它是关于目标的目的论科学。很显然,后一种强调与大会的整体计划更相协调,因为它更加清楚地揭示了科学的实在根基。因此,数学在规范科学的分组中处于哲学之外的第二个部门。

其他的部门没有相似的困难。我们已经把历史科学进一步划分为政治科学、经济科学、法律科学、教育科学、语言科学、审美科学和宗教科学;把自然科学划分为一般自然科学、天文科学、地质科学、生物科学和人类学科学;把精神科学划分为心理科学和社会科学。因此,我们在理论工作中有16个部门。功利科学被进一步划分为医学、实践经济科学和技术科学;管理科学被划分为实践政治科学、实践法律科学和实践社会科学;最后,文化科学被划分为实践教育科学、实践审美科学和实践宗教科学;这样,在实践领域中形成了9个部门。这25个部门被进一步划分为130个项目。逻辑原则的问题在这里并不那么关键,而经常只是一个实践恰当性的问题:一个特定的知识分支应该被看作是一个独立的项目,还是被看作一个和其他子项目结合起来形成一个整体项目的子项目?我们把天文学的科目分为天体测量学和天体物理学,把心理学的科目分为普通心理学、实验心理学、儿童心理学、比较心理学和变态心理学;把医学的科目分为卫生学、卫生措施、传染病、内科医学、精神病学、外科医学、妇科医学、眼科学、耳科学、牙医学和治疗学;把实践的和社会的科学之部门分为处理穷人的项目、处理残疾人的项目、处理经济受援者的项目、阻止罪恶和犯罪的项目、解决劳动者的问题和家庭问题的项目等等。这样,在理论部门中有71个项目,而在实践部门中有59个项目。很明显,在划分时不可避免地有一些任意性,并且为了更多的方便会进行一些折衷和调整。许多项目也许会显得特别巨大,例如现代语言史、习惯法(common law)史或者现代欧洲史,无疑我们很容易从一开始就提供出三倍数量的项目;但是,一方面,这个计划让我们有充分的机会去形成更小的子项目;而另一方面,更为重要的是,我们主要强调那些项目(这些项目所包含的特定领域按照原则彼此并列)之间的合作。

然而,我们现在只有科学的计划而非大会的计划,空洞的框架必须由现实工作的程序来填充。要实现我们的目标,干枯的逻辑体系必须把自身转化为一个动态的活动,并且只有优秀的参与者才能公正地评价它的意义。把我们的分类转化为真实存在所必需的第一个程序是把逻辑顺序转化为时间顺序,而科学中方法论的分支必须相应地表现于会议的划分和议程上。大会召开时,必须召集所有的成员,然后必须对自身进行分组,再分为部门,再分为项目,最后是最终的分支。具体的计划是这样的:我们的大会召开于1904年9月19日,星期一。这个时间比较晚,从而可以避开圣路易斯的炎热夏天;另一方面又比较早,从而可以利用大学的假期。在星期一的早上,整个大会的主题是关于作为统一体的知识,它分为理论知识和实践知识。在星期一的下午,7个分组在7个不同的大厅中举行会议。在星期二,7个分组把自身分为25个部门,其中16个理论部门星期二早上在16个不同的大厅中举行会议,9个实践性部门在星期二下午举行会议。在接下来的4天中,部门被分为项目。71个理论性项目在星期三、星期四、星期五和星期六举行会议,每天早上大约18个项目在18个不同的大厅中举行会议,然后59个实践性项目在当天下午举行会议,安排的方法是每天都有尽量相同的项目举行会议,因此每个人都可以在第一周的最后4天参加8个在他兴趣范围内不同的项目,即4个理论项目和4个实践项目。在第二周,可以对这些项目进行自由的划分。另外,一些重要的独立会议,例如国际医学大会、国际法律大会等等可以在后来的几天中召开。这些独立会议会因为所有重要的美国学者和外国学者的出席而获益,而正式的大会应该在第一周内进行充分的安排以确保这些学者的到来。另一方面,这些独立会议实际上代表了第一周的确定工作的逻辑延续,因为它们最清楚地显示了正式项目的进一步分支,并且通向了单个学者的专门工作。从正式大会的立场来看,这第二周的工作是一个外在的附加,因为它的论文和讨论是自由和独立的,并不包含在第一周的完整计划之中;而在第一周中的每一篇论文,都是按照确定的要求完成的。因此,正式的会议将在第一周内结束,其标志是把最后一个部门的最后一个项目(即关于宗教对文化的影响)放在星期日的早上。它不像之前的其他项目那样,要和其他15个项目一起争夺听众,而是再一次把最广泛的参与者集中起来。在这个项目中,会安排合适的房间来举行正式的闭幕式。

但是,这些对于科学的安排仅仅是一个外在方面,我们最终必须寻求确定的内容。我们的目标是对我们时代所有这些分散的科学工作进行统一,对分布在五湖四海的数百万人的专门工作进行内在的统一,并且让世人意识到这种内在的统一性。目标不是去重复旧有的工作,而是希望获得一个放松的时刻、一种内省的思想和一种快活的感受,以便赋予科学家的单调劳作以新的力量。肖托夸①式的对流行信息的肤浅重复,以及像最近的科学杂志上发表的论文那样的专业性投稿,对于我们的任务来说都是不合适的。我们需要的主题必定是去揭示本身作为分支的科学之间的内在联系;揭示来自过去的自然发展、当前的必然趋势和一般概念的不同方面,于是形成了如下计划:

首先由主席和两位副主席发表三个介绍性的演讲,主题分别是关于科学工作、理论知识的统一和实践知识的统一。在这之后,大会的真正工作开始于7个分组的进一步划分。在每一个分组中,主题都是关于基本的概念。然后,我们把7个分组分为25个部门,在每个部门中进行两个导论性的演讲,一个演讲是关于这个部门在上个世纪的发展,另一个演讲是关于它的方法。从这里出发,25个部门分为130个项目。这130个项目同样要进行两个演讲,一个演讲是关于这个项目与其他科学的联系,另一个演讲是关于当前存在的问题。只有通过这种方式,我们才在第二周到达了进行专门讨论的常规程序。因此,我们在第一周内拥有一个包含260个项目演讲、50个部门演讲、7个分组演讲、3个大会演讲的体系。这些演讲是内在结合的,并且是一个伟大思想的组成部分,这个被世人所期待的伟大思想就是知识的统一。

从一开始有一件事情就是很明确的,即这个计划不需要那些第二流的人物和第二手的知识,我们需要的是那些能够统揽全局的人。请不要误解这一点。我们不需要也不想要陷入形而上学沉思的哲学家,更不想要对某些事实(关于它们,我们无法获得具体而实在的认识)进行粗略描述的模糊思想。不;虽然今天在任何科学中的第一流人物都是专家,但是当专家以缺乏更广的视野和缺乏对自己的专业与其他相邻专业之联系的理解为荣时,这个时代就过去了。现在,我们需要有人把对创造性专业工作之专注和察看广阔领域的渴望相结合,我们在全世界寻找这样的人。实际上,只有前两天是东道主的欢迎活动,即美国学者的发言。在130个项目的任何一个中,至少有一个重要的演讲将由重要的外国学者来做,并且所有国家都会派代表发言。每一个发言以后都会有讨论,但是当大会主席在星期日发表关于"实践科学之融合"的结束演讲时,我们的工作还没有真正地完成。口头发言有待于被转化为持久性的文

---

① 肖托夸(Chautauqua):美国19世纪末至20世纪初的一种教育机构,在野外或者野营中进行教育与娱乐相结合的活动。——译者

本形式。博览会已经表决了基金,不仅用来为所有那些参与工作的人提供丰厚的酬劳,而且用来以高品质的形式打印和出版320个演讲稿。这些演讲稿作为现代思想的一个巨大丰碑、一项为一个时代设定标准的工作,并且通过对撰稿人的特定组合,通过它的计划和主题,通过它的完全性和深度,将完成以个人方式所不能完成的事情。数百个同事正在帮助我们挑选那些适合不同科目的人,这些人的演讲,也许对整个大会来说是最有用的。这些演讲会被数千人所倾听,并且我们相信正式出版的会议记录会达到最广的发行范围,因此可以成为推动文明发展的一种新力量和科学的一次真正胜利。

我们非常清楚地知道将会有一些人(也许已经有一些人)并不在乎,他们会提出反对意见。他们会因为鄙视"笼统性"而感到自豪,并且相信"方法论"是科学家不可饶恕的罪行。他们说,那些值得被倾听的学者由于他们的专业工作而具有权威,因此你可以给他们一个机会就他们最新研究的某个观点进行发言,而不是进行毫无用处的老生常谈。他们补充说,除非这些学者愿意沉溺于这样的癖好,否则不会想到这里来听他们的发言。当然,没有人会怀疑存在这样的观点。为了反驳他们,我们可以思考这个问题最外在、最普通的一个方面。我们几乎会认为,理所当然,如果他的花费没有被补偿,几乎不会有什么著名的外国学者愿意越过大洋到圣路易斯博览会上宣读他的论文;并且,如果与通常不同,酬劳被提供给那些出席常规会议的人,而这些人只是任意被选择出来的,那么会让人对美国的学术界产生一种可怜的印象。如果每一个人都被要求去做一份确定的工作,而这份工作是整个体系中的一个部分,这就像为百科全书撰稿一样,那么支付他们从英国、法国或者德国来美国的整个旅行的酬劳无疑是可以接受的。但是,真的那么值得邀请演讲者来发言而暂时搁下他们最近的研究工作吗?对于听众来说,真的有吸引力吗?对于任何方面的人类知识来说,真的都是有益的吗?似乎事实应该是相反的。一流学者受到的这种邀请,对于他们自己的工作来说是没有用处的,因为这不会激发他们做任何假如没有这次大会就不会去做的事情。在最好的情况下,他们会宣读一篇论文,而这篇论文本来必定也会在几周后出现在他们的专业成果之内;比这更有可能的是,这篇论文已经在数周前或者数年前以相同的形式出现在他们的学术成果之内。但是,大会要求的演讲是根据特定需要而撰写的论文。对于那些忙碌的学者来说,如果不是把轻松的时光几乎强加给他们,那么,他们就不会利用这种轻松的时光来平静地思考一下原则性的问题。因此,大会可以成为人类知识一种积极的成果而非简单重复。它不仅仅是一种效仿。

倾听关于专门研究的演讲真的是更加有吸引力的吗？正是那些真正具有创造力的学者，会对此提出反对的意见。他们很明白，完整的新发现需要的是仔细的考察，而这种考察只有通过他在图书馆的一个偏僻角落里反复阅读一篇科学论文来完成。去倾听一个重要人物的论文是有益的，因为它可以对我们的整个人生有启发作用，只要这个人具有真正思想家的天赋，只要他在我们面前打开一个具有更广视野的领域。但是，如果他只是提供一些详细的信息，这些信息本来可以在科学杂志的下一期就可以看到，那么情况就不是这样。只有通过这种扩展的视野，他才可以真正地吸引大量学者的注意力。一旦他进入了一个专门问题，那么他或者会很容易把这个问题通俗化，因此使这个问题不再受到科学思想家的更多关注；或者是要求对于专门知识进行某种形式的说明，这种说明使感兴趣的听众缩减到一个圆桌讨论会的范围。以前成百个大会（国家的或者国际的）的经验已经证明了这点。参加这些会议的学者会私人性地会见他们的同行，但是不会去聆听论文，也很少去聆听一篇值得他们进行辛苦旅行的论文。真的必须消除我们的演讲者之间的个人差异和个人兴趣吗？我们的主题之特征是否给予每位学者的个人演讲和专业成果以最充分的自由？如果我们在每个项目中都要求进行一个导言性的演讲，该演讲的主题是关于这门科学与其他科学的联系，就不应该事先规定哪种联系要强调，而应该把自主权完全交给演讲者。例如在美国政治历史的项目中，关于该项目同其他科学的联系，我们让学者来决定他是强调美国政治同欧洲政治的联系，还是强调美国政治与经济生活、法律生活或者美国地相学的联系；或者在电学的项目中，我们让学者来决定他是否强调电学与光学、化学或者自然理论的联系，但是他可以指出可能的联系之整体，从而确定他的科学在理智范围内的精确位置，帮助人们去编织内在联系的科学之网。对于那些关于当前问题而进行发言的人来说，这显得尤为正确。无疑，我们不希望一个关于整体科学之问题的演讲仅仅成为对某个问题的说明，并且演讲者已经在他最近的专题论文中阐述过这个问题；但是，我们的意思肯定不是说，他必须先忘记他自己的写作并且消除他自己的思想，直到任何专业兴趣都被消除。他应该看到整体，应该从他的特定立场来看。如果这样普遍性演讲的价值最终被人所怀疑，那是因为似乎把精力花费在这些普遍的问题上，而很多专业问题并没有被解决，那么，这是一种浪费。这些批评者并不理解他们工作的真正意义，并没有从学术的历史中汲取经验，因为学术的历史表明这种普遍性造就了世界。无疑，很多人由于他们的长期训练而本能地远离任何综合性的抽象活动；但是，像我们大会的伟大统一计划之极大的教育意义，正在于提供机会去克服这种潜在的抵制。如果我们仅仅想要提供那些只希望成为专家的学者每天所重复的工作,并且如果我们只想遵循这条最不会受到抵制的道路,那么我们试图不再模仿以前的大会(很少的科学参与者会认为我们应该模仿以前的大会)就是多余的努力。

与所有这些论述紧密联系的是一种误解,这种误解即使在同情我们计划的人之中也会产生。他们直觉性地认为,整个工作只是关于逻辑和方法论的,因此是与哲学家直接相关的。对于他们来说,似乎哲学在这里已经吞没了所有的专门科学。有一些人也许会回答:即使这是真的,这种不幸并不会很巨大,因为在我们时代中的任何研究工作中已经产生了对哲学基础的渴求。但是,这不是真的。制定出科学的分类是逻辑的一部分,然而一旦它们被分类,讨论逻辑上安排好的科学问题和方法及概念就不再属于逻辑的领域。决定对于何种主题的讨论是有利于科学之内在联系的,这属于方法论,因此也属于哲学;但是,对于这些问题的讨论不再涉及哲学家,而是涉及专门科学家。除了极少数据说是关于知识的哲学历史的最普遍的演讲,哲学家的参与性只是与医学家或法学家、历史学家或神学家、天文学家或社会学家一样的。关于在逻辑上被分组的主题之讨论,肯定不是从逻辑立场来进行的。

最后,还有一些人会说,在这里主要不是哲学家而是科学家僭越了他的权利。这个整体计划把科学放在首要位置,并且使构成人类进步的所有众多的人类功能仅仅作为一些项目和子项目,这样的整体计划仅仅表现为自我崇拜的学究气之傲慢。得意自满的科学再一次希望比文化的整体更巨大,而不是看到所有科学思想和发现只是许多功能(人类进步在这些功能中得以实现)中的一种。当黑格尔主义的阐释断定世界是逻辑思想的产物时,这个时代就过去了;今天对于我们来说,进步是最大的概念,思想和科学只是特别的例子;让我们不要回到对于学术工作的过高估计之中,这种过高估计就是宣布一个体系,其中知识成为一切的统治者。这种担心的谬误性,是显而易见的。让我们暂且承认人类的进步是一个广泛的概念,而科学思想是有限的,被包含在更广泛的领域之中;但是,展示进步能够成为一个大会的目标吗? 在这样的大会演讲或者讨论中,不管人们做了什么,它都必须落实到文字、句子和判断,因此也是科学的一部分。进步本身也要在这些商业和工业、艺术和教育的高贵展厅中被显示。我们大会的一个功能是用口头语言的形式(即以科学思想的形式)来表现进步的特征。一旦这个观点被承认,那么很明显,科学思想的整体必须按照它们自身的内在特征来被分组。涉及人类进步的科学思想因而只是科学整体之众多组成部分中的一个,也许与涉及天体、化学制品、数学形式或者上帝的科学思想相并列。尽管普遍科学是附属于进步的,但总体上关于进步的科学则是附属于普遍科学的。因此,如果大会把知识概念看作在其领域中所有概念的最大可能性,那么这并不真的是一种在学术上缺乏谦虚性的表现。大会不会并且也不能提出,这样的知识包含了人类功能的总体。大会很明白,它只是位于巨大的展示区域中的一个角落。在这个展示区域之中,还有人类进步的很多其他功能会展现它们的强劲活力。大会唯一的目标是:它对于学术的系统展示,也许配得上这个展示区域中的其他展示,同时能够真正地有益于20世纪的严肃思想。

3.
国际艺术和科学大会①

胡戈·明斯特贝格

致《科学》杂志的编辑:我几天前刚从欧洲回来,因此直到现在才看到杜威教授在8月28日的《科学》杂志上发表的信,以及伍德沃德(Woodward)教授在9月4日的《科学》杂志上发表的信,它们都涉及国际艺术和科学大会,并且特别是涉及我发表在《大西洋月刊》的5月号上的关于那个大会的论文。

伍德沃德教授的文章让我无法反驳,因为我看不出它包含了什么论点。该篇文章只是在原则上泛泛地表达了他对于从逻辑立场来对科学进行分类的做法之鄙视。"尽管我们不能自找麻烦地,"他说,"去反对满足于这种言语放纵的哲学家和普通人(literary folk),可我们的职责是当它们以科学的伪装被公开发表时,对它们进行批判;因为它们只是把科学和科学家变得可笑。"如果我的首要目标是使科学成为普通人取笑的对象,那么,我获得的医学学位并且一直从事科学实验工作就显得令人吃惊了。但最糟的是,那些满足于接受一个"接近于可笑"的体系的"哲学家和普通人",是大会的主席西蒙·纽科姆教授、麻省理工学院的校长普里切特(Pritchett)先生,以及其他直到现在我们都相信对于"科学"具有确定兴趣的人——因为如果伍德沃德教授怀疑他所看到的体系和分类得到整个委员会的认可,那么是他弄错了。但是,伍德沃德教授的友好批评不那么需要讨论,因为他在第二个前提上也弄错了。他认为,被国际大会所接受的科学分类在我的论文中被描述出来,是为了引起对这个分类体系的批评。这不是事实。它仅仅是对于已经确定下来的安排进行一下交流,这个安排已经由合适的权威进行了充分的讨论和最终的表决。如果我是在寻求批评,那么不会

---

① 首次发表于《科学》,第18卷(1903年),第559-563页。参见杜威的反驳,本卷第151—152页。

以只提供结论而非理由的方式来发表它;不管我的体系是多么的"荒谬和可笑",至少没有逃避我的职责去为我的观点提供理由和论证。"从事科学的人"当然不能阅读哲学家和普通人所写作的东西,否则我会让他去查看我的《心理学概论》的第一卷,在其中大约500页的内容都用来进行这方面的讨论;也许还可以去查看《哈佛的心理学研究》(麦克米伦版)第一卷中的一篇小论文,在其中,他也许会找到一个很大的图表,里面有这些分类的表格形式。毫无疑问,"拒绝"这样的"过度行为"比起对它们进行论证是更舒服的,但这种做法真的是更加"科学的"吗?

芝加哥的杜威教授非常有趣的信则完全不同。他的信里充满了重要的论证,值得我进行严肃的考虑。他清楚地指出了这个体系中的某些危险,问题在于那些缺点是否应该被接受,从而获得远远超过它们的某些益处。他所提出的每一个论点,实际上都是委员会经过长久考虑的问题;并且只有通过深思熟虑,我们才能作出让他遗憾的那些结论。

正如我在《大西洋月刊》上的文章中所提出的那样,我们的真正目标是举行一个这样的大会,它拥有确定任务而并不只是做相似于科学研究者时时处处都在做的那些工作。因此,我们不是想要一系列毫无联系的会议,并且也不想要任何本来可以在下一期科学杂志中就会出现的论文。我们想要利用这个伟大的机会,在这样一个分散的专业化的时代去朝着思想的统一而工作。我们希望揭示所有知识之间的内在联系并且考虑把科学联结在一起的基本原则。我们希望因此为科学提供一个假期,一个平静的自我反思的时间,并且提出一个不同于科学的日常功能的目标。因此,不是所有想要被倾听的人都可以进入论坛,而只有那些在他们领域中处于领先位置的人才可以;并且即使这些人,也不能利用这个机会谈论上一周的研究工作,而是要谈论确定的主题,而这些主题的整体形成了一个体系。这样具有重大意义的工作,只有在一个包含所有科学和所有国家的大会的特殊条件下才有可能实现;并且这样的大会是足够重要的,因此能够吸引那些在其领域中处于领先地位且具有广阔视野的人。正如我在我的论文中所提出的那样,这就是我们的目标和首要主张,并且我很满意地看到杜威教授赞同这项任务的本质部分。

他不赞同的方面是:如果我们要邀请所有专门科学的领先者,并且他们中的每一个人都考虑他的科学和其他科目之间的联系,那么我们必定会把知识的整体性切分为许多专门部分。而关于这里所涉及的划分原则,会有很多不同的意见。我们同意承认25个不同的部门以及134个项目,并且这样的分组当然包含某些划分。相同部门的项目比不同部门的项目更靠近,而那些部门又处于紧密联系之中,因此形成了一个更大的统一性。我们把我们的 25 个部门合并为 7 个首要的分组。现在杜威教授说我们没有权利去做这些事情,因为我们的分类在某种程度上预示着演讲者将要做的工作。如果每个科目一开始就形成了它在体系中的确定位置,并且它与其他所有科学的联系都事先被决定,那么让全世界的学者都在委员会所提出的知识体系下进行合作,是一件多余的事情。

但是,我会问:我们还能做什么呢?我很明白,我们本来可以不满足于 134 个项目,而是满足于一半的数目或者一倍的数目。但是,不管我们同意的是什么数目,人们仍然可以说我们的决定是任意的,并且我们看不到有什么计划能够使我们邀请演讲者,而事先并不规定每个演讲者所要代表的各自领域。提出意见的一些勇气是必要的,并且对外在条件的一些调整也是不可避免的。在很多情况下,我们咨询了众多的专家。分类的问题也同样如此。正如我们必须承担起界定每一项目的责任,如果我们想要组织大会而不只是随意地完成任务,那么必须决定最终采取某一分类。杜威教授说:"今天的科学生活的本质特性是它的和平共处(live-and-let-live)的特征。"我完全同意这一点。一年到头,我们在图书馆和实验室所进行的任何常规工作都依靠于这种民主的自由,在其中,任何人都可以走他自己的路,不去问他的同行在做什么。正是这一点,使得我们今天的专门科学变得如此强大。但是,它同时表明了这种专业之间不相联系的极端倾向,以及令人气馁的整体性之缺乏。专门知识得到积累而同时缺乏关于世界的有序而和谐的观点来对它们进行整理;并且,如果我们要去做我们想要实现的事情,如果我们真的希望(至少有一次能够实现)去满足对于整体性和协调性的渴望,那么这个时机就到来了。这个时候,我们一定不要屈从这种和平共处的趋势。如果我们立即举办大会而没有任何组织原则,仅仅根据字母表而不是根据逻辑来组织多门科学,那么意味着放弃这个目标。用来建立一个目录的原则会从一开始就削弱科学思想的杰出典范,这种杰出典范是我们希望通过权威的科学家之合作来完成的。但是,我们必须接受一些原则。我们在这里还要说的是:就像和项目的数目一样,不管我们选择什么原则,这个原则都可能会有它的缺陷,也肯定会有人批评它是被任意决定的。

一个能够完全表达各门科学彼此之间的所有实践联系的分类,当然是绝对不可能的。杜威教授自己的科学,即心理学,与哲学、生理学、医学、教育学、社会学、历史学、语言学、宗教和法律都有联系。一个体系要试图在一个分类表中对心理学进行安排,并且使心理学和所有其他科学都成为相邻的科学,这是不可能的。另一方面,如果我们尝试着去建构这样一个带着不切实际之目标的体系,那么我们才会真正错误地预先规定了一部分我们的演讲者将要对我们说的内容。我们让被邀请的学者来讨论实际上必定存在于心理学和其他专业知识之间的联系的整体性。我们自己仅仅是提出最小化的分类,这种分类只是暗示着科学的附属或者并列的纯粹逻辑联系;这种最小化的分类是任何从事百科全书编辑工作的人都会提出的,但是不会由于和撰稿人的观念相冲突而引起怀疑。

唯一可以提出的合理要求是:我们选择的划分和分类体系应该赋予任何现有的科学流派以平等的地位。在这里,我只想对关于这个被大会所接受的体系发表一些意见。我相信,我们的分类比其他分类更加充分,因此可以为我们时代的任何有益的流派留有空间。我已经表明,唯物主义的体系会给予自然科学以公平的机会,但是抑制了精神科学;实证主义的体系会为精神科学和自然科学都提供机会,但只有唯心主义的体系才能为所有科学,为那些旨在获得对于文明的阐释和说明的流派都提供机会。就像我所说的那样,我们试图获得一个具有最小化分类的体系,同时也试图提供一个最大化的自由。不管我们提出其他的什么分类原则,都会对现代思想中一些现存的流派进行武断的限制。引用杜威教授的说明,那些艺术学、历史学、政治学和教育学的学生把它们看作是现象之体系,而另外一些人把它们看作是目的之体系,他们都在不同的项目中发现它们的充分机会。我有些感觉,即杜威教授也许更喜欢为这两种人中的一种提供机会的分类。我们的大会比我们的批评者更没有偏见,为所有的流派都提供机会和自由。

正如我在五月份所做的那样,现在已没有理由来谈论这个未来的计划。我们的任务已经是既定事实了。这个体系已经被试验过了。现在是杜威教授所担心的那些不利因素起作用的时候了。纽科姆教授、斯莫尔教授和我有幸被邀请来构成一个组委会。我们刚刚从欧洲回来,私人性地去邀请那些被选为首要演讲者的人。纽科姆教授、斯莫尔教授访问了法国、英国、奥地利、意大利和俄罗斯,我访问了德国和瑞士的学者。德国人由于其科学观念最固执而享有名声,他们对我们提出的这个体系之态度可以被看作是对它最严格的检验。我接触了德国的98位学者,他们每个人在作出结论之前都看了整个体系及其预期的科学分类。在他们中间,三分之一的人拒绝前来参加会议,但没有一个人是因为杜威教授所提出的反对意见而拒绝的,一些人是因为身体不好,一些人是因为公共事务(public engagements),一些人是因为费用问题,一些人是因为害怕晕船,而没有一个人稍微地表示他对这个体系所提供的限制感到不满。另一方面,三分之二的人,即我们希望在明年九月能在这里见到的人中,很多人表示完全同意这个计划和体系;并且相当多的人表示,正是这个计划使他们愿意克服麻烦的旅行来参加会议,而他们本来不喜欢参与一个没有统一计划和体系的常规会议。

当然,如果那些承诺要来并且会在我们体系之限定下发表演讲的人只是"沉溺于这种言语放纵的普通人",那么被邀请者的赞同意见也许在我的批评者心中算不了什么。我可以选取一些德国人的名字:人类解剖学的代表是柏林的瓦尔代尔(Waldeyer),比较解剖学的代表是海德堡的菲尔布林格(Fuerbringer),胚胎学的代表是柏林的赫特维希(Hertwig),生理学的代表是柏林的恩格尔曼(Engelmann),神经学的代表是海德堡的埃尔布(Erb),病理学的代表是莱比锡的马尔尚(Marchand),病理解剖学的代表是柏林的奥尔特(Orth),生物学的代表是弗莱堡的魏斯曼(Weismann),植物学的代表是慕尼黑的格贝尔(Goebel),矿物学的代表是莱比锡的齐克尔(Zirkel),地理学的代表是斯特拉斯堡的格兰(Gerland),物理化学的代表是柏林的范特荷甫(Van't Hoff),生理化学的代表是海德堡的科塞尔(Kossel),地球物理学的代表是哥廷根的魏歇特(Weichert),机械工程学的代表是柏林的里德勒(Riedler),化学技术的代表是柏林的维特(Witt),等等;再转到杜威教授的专业,哲学史的代表是海德堡的文德尔班,逻辑学的代表是哈雷的里尔(Riehl),自然哲学的代表是莱比锡的奥斯特瓦尔德(Ostwald),科学方法论的代表是波恩的埃德曼(Erdmann),美学的代表是慕尼黑的李普斯(Lipps),心理学的代表是布雷斯劳的埃宾豪斯(Ebbinghaus),社会学的代表是基尔的滕尼斯(Toennies),社会心理学的代表是柏林的西美尔(Simmel),人种学的代表是柏林的石坦安(von den Steinen),教育学的代表是斯特拉斯堡的齐格勒(Ziegler);还提一下其他的专业,在语言学家中,我注意到了莱比锡的勃鲁格曼(Brugman)、慕尼黑的保罗(Paul)、柏林的德利奇(Delitzsch)、莱比锡的西弗斯(Sievers)、弗莱堡的克卢格(Kluge)、慕尼黑的明克尔(Muncker)、基尔的奥尔登贝格(Oldenberg),等等。在经济学家中,有柏林的施莫勒(Schmoller)、海德堡的韦伯(Weber)、莱比锡的施蒂达(Stieda)、哈雷的康拉德(Conrad)、布雷斯劳的松巴特(Sombart)、柏林的瓦格纳(Wagner)。在法学家中有莱比锡的宾丁(Binding)、波恩的佐恩(Zorn)、海德堡的耶利内克(Jellineck)、柏林的冯·李斯特(von Lizst)、莱比锡的瓦赫(Wach)、哥廷根的冯·巴尔(von Bar)、柏林的卡尔(Kahl)、波恩的齐特尔曼(Zitelmann),等等。在神学家中有柏林的哈纳克(Harnack)、马堡的布德(Budde)、柏林的普夫莱德雷尔(Pfleiderer)。代表古典艺术的是慕尼黑的富特文格勒(Furtwaengler),代表现代艺术的是布雷斯劳的米特尔(Muther),代表中世纪历史的是莱比锡的兰普雷希特(Lamprecht)。列举得已经足够多了。在英国和法国,这个名单也是处于同样的水平;并且我预期,当我们邀请几百个美国人来进行演讲的时候,他们的反应会同样热烈,他们的名单也同样高贵。但是,美国人的参与是以后的问题。我刚才给出的接受邀请的人的名单,是毋庸置疑的事实。真的还会怀疑我们根据那个很糟糕的体系而实现了思想(实际上,思想一直是结合在一起的)之权威者们的最伟大联合吗?在进行四个月的辛苦工作而获得这些(超出我们所期望的)成果之后,当我们三个人从欧洲回到美国时,感觉有理由相信:这个国家的科学家会欢迎我们,而不是认为我们在科学的伪装之下让科学变得可笑。

4. 主观唯心主义对于心理学来说是一种必然观点吗?[①]

斯蒂芬·谢尔登·科尔文(Stephen Sheldon Colvin)

"世界是我的观念。"这句话作为叔本华的《作为意志和表象的世界》开头一句,可以被看作是朴实而准确地表达了当前心理学对于实在的态度。这种主观唯心主义的态度继承了一种久远而显赫的哲学血统。在现代哲学的发端,在笛卡尔著名的"**我思故我在**"(cogito ergo sum)那里,我们就可以看到它;在贝克莱的格言"**存在就是被感知**"(esse is percipi)那里,可以得到更充分的表达;但是,在休谟的怀疑论分析中,它获得了对于心理学之目标来说最恰当的表述形式。休谟把前人的**物质实体**(res extensae)和精神实体(res cogitantes)当作幻象而丢弃,认为心灵以及被认识的整体世界仅仅是"一束知觉"。

我们可以肯定地说,今天的心理学并没有太多超越这个伟大的英国经验主义者的立场。它把灵魂作为一个形而上学的迷信而加以拒斥,并且认为对外在于心灵的世界之认识是间接的,因此是不确定的。它满足于停留在自身观念的范围内,只是偶尔进入心理学的领域或者被引入更具吸引力但不确定的无意识领域。但是,在总体上,它认为自我的界限是不能被超越的;实在是主体所造就的样子,如果没有这种造就,我们所知的外在世界就是非存在。

它是一个非常迷人的学说。这种极端的主观主义,当它用理智的术语来阐释时,就成为唯我论;当它用意志的范畴来阐释时,则成为实用主义。这种学说

[①] 本文于 1904 年 11 月 26 日在芝加哥向美国心理学协会的中北分部(North Central Section)进行宣读。首次发表于《哲学、心理学与科学方法杂志》,第 2 卷(1905年),第 153 - 157 页。参见杜威的回答,本卷第 153—157 页。

似乎如此的自明、如此的清楚和具有说服力,因此很容易被人不加质疑地接受。对于它的虚假性之可能性的暗示,只是一闪而过。但是,当前的讨论想要提出以下问题:它的有效性是否不可以被合理地怀疑,现代经验心理学是否应该把这种立场作为对于实在的唯一可能的理论解释而加以接受?

对于这个问题,我们最好的答复是去回顾一下,使心理学认为这个理论(被认识的实在是纯粹主观的)是确定的而加以接受的主要论证。这些论证都以感觉的相对性为基础,并且依靠以下假设:唯一可靠的知识是直接的和直觉的知识。古人对这个思想印象深刻,从普罗泰戈拉和阿瑞斯提普斯(Aristippus)的时代到埃奈西德穆(Aenesidemus)和塞克斯都·恩披里柯(Sextus Empiricus)的时代,都感受到"*人是尺度*"(*homo mensura*)的学说之说服力。感觉经常欺骗我们,而不会确定地指向持久的外在性;因此,实在只能被确定地看作是一种主观状态。对于这种论证,现代心理学增加了另外一种论证,这依靠以下假设:我们所有的意识状态都是有心理条件的。没有神经官能症就没有精神错乱。外在的刺激(代表外在于心理的对象)要成为一个意识事实,只有通过激发感觉的末梢器官,穿过传入神经,在大脑皮层中产生一个变化。假定这样一个中介过程可以向我们揭示独立的实在,这是完全的胡说。我们必须否认素朴实在论者的世界,而承认我们所知道的一切都是我们自己意识的要素。

心理学论证在斯特朗(Strong)教授那里得到最好和最简要的表述:"心理学论证基于以下事实,即任何感知都与一个知觉性大脑事件相关联,这种事件是被感知对象之活动对感官的一个相当遥远的影响;从这个事实,我们可以推论出,对于外在于身体之对象的知识不可能是直接的。另外,它还产生了对物理学对象之构造的一种独特解释。根据这种解释,在对象中的颜色和其他附属性质完全不同于它们在心灵中所是的东西。"

就是这个论证,实际上,它是主观唯心主义想要阐明和协调其论据的唯一论证。我认为,它是唯一的论证,因为其他用来证明唯我论观点的理由本质上被认为是自明的预设,而没有论证或者证据。另一方面,根据感觉的相对性和中介性而进行的论证不足以达到它们想要获得的结论,因为它们不能确定地证明它们的结论。它们所能达到的结果就是拒绝素朴的、非批判的实在主义观点;但是,表明这种观点是有缺陷的,这样做并不能证明主观唯心主义就是正确的。这样一个论证不能作为一个确定的证明,其简单的理由是:它只能通过认为在感觉中存在某些非相对性的因素来确立我们感觉的相对性。在每个环节,它都在一些事例中假定一些它实际上想要证明是错误的东西是正确的。在这里所包含的错误,我已经在其他地方①详细地指出了,因此不应该在本文中重复它。我只是简单地重复一下,根据感觉的相对性而对主观唯心主义进行的论证不能作为一个确定的证明,因为它假定了对于某些经验我们拥有绝对的、直接的知识,以便证明其他的(实际上是所有的)相同性质的经验是相对的、中介的和主观性的。如果这个前提是正确的,其结论必定是错误的;而这个结论的真理性,确立了借以达到结论之前提的错误性。

因此,这就是相对性论证让我们发现有缺陷的地方。我们发现它足以让我们拒绝普通人的假设,但是却不足以为自身构成一个观点。主观唯心主义如果希望确立它自己的观点,那么它必须基于一些基础而不是通过否定性的方式来完成。它试图通过这个假设(即假定我们所能知道的只是我们自己的观念)来实现这个目标。转化成唯我论的术语,这个陈述可以被解释为:我只能知道我自己的意识状态。这是唯心主义信念的基础,并且通常被看作是无懈可击的。关于这一点,叔本华曾经评论过,唯我论不能被证明是错误的,但是在实践中严格遵守这种假设的人只适合进疯人院。但是,我相信,正确的立场是与之相反的。我看不出那些在理论上甚至在实践上遵循唯我论立场的人有任何的疯狂。它意味着根据新的观念来极端地但是融会贯通地解释经验,并且出于这个原因,从主观唯心主义者的观点和非批判的实在论者的观点来看,我们的行为没有区别。主观唯心主义者在他的观念中认识到某些相对而言是不稳定的和服从他的自主控制的心理状态,还有一些不服从并且超越于他的能力因而不能被改变或者控制的心理状态。靠近的列车虽然只是他的观念,但仍然是一个能够对另一个观念或者另一些观念即他的自然身体造成破坏的事实。在这个纯粹的心理世界中,会有主观的和客观的要素。唯我论者会发现,有必要使这些要素以并列或者附属的关系相关联,因此他会合理地参照他自己和其他人而行动。在我看来,对主观唯心主义进行的实践性批判是基于对这个学说之范围和意义的误解。主观唯心主义必定被放弃,不是出于实践的原因;而是因为,当它被严格地解释时,它会导致比实在论者所面临的更为严峻的自相矛盾性。这个观点如果要被证明是正确的话,必须作进一步考察。

---

① 《哲学评论》(1902 年 3 月),在一篇名为《关于实在的常识观点》的论文中。

我只能知道我自己的观念。这个主张可以意味着两个意思中的一个或者两个,即我只能拥有作为直接的、直觉的知识之对象的我过去的意识状态;或者在我可以拥有的任何心理状态中,我的知识必定自身就是那种心理状态的一部分。让我们先看看后一个观点。例如,假定我作出了一个清楚或者含蓄的判断:这个物体是一本书。主观唯心主义者会毫不犹豫地说,我经验的那本书只是一个纯粹的主观事件,是意识环节之整体中的一个观念性要素。也许还有对应于我关于这本书的经验的外部实在,但是我不能对这个外部实在有任何认识。

我相信,也许可以合理地对这个观点进行反驳的第一个反对意见是:意识的整体状态之内容本身不能是观念性的,否则这个陈述就会显得很荒谬。内容不能像树枝是树的一部分,或者太阳是宇宙的一部分那样,是意识状态的一部分。内容属于不同的等级和性质。如果内容在通常的意义上是观念的,可以得到什么推论呢?作为观念的内容必定同样有一个对象,因为我们不能知道不含内容的意识,也不能想象任何不含内容的意识。但是,如果要贯彻我们的观点,即我们只能知道观念,那么必须承认这个内容自身也将有一个观念性的内容,以至于无穷。

让我们从一个稍微不同的立场来看这个问题。意识的每一个复杂状态通常被认为是由更简单的心理要素即感觉和印象所构成的。根据唯心主义的学说,意识的复杂状态所知道的就是这些感觉和印象,而不是对应于它们的外在于心理的实在。这些是我们直接知识的对象,它们作为要素出现在复杂的理智状态之中。那么,为了避免前面提到的无限倒退的难题,我们是否应该说这些要素并不知道而是被知道,我们于是陷入另一个同样显著的难题之中;我们如何解释非理智性的状态之组合,通过什么过程来形成作为知识的复杂意识状态?因此,我们在两种情况之下都面临着困境。如果我们断定复杂的意识状态仅仅拥有作为知识对象的意识状态,那么似乎可以推论出:它们(作为知识对象的意识状态)作为意识,也必定意识到某些东西,因此以至于无穷。但是,如果我们认为它们是意识的非理智性要素,那么,我们必须询问它们:如何组合才能产生复杂的理智状态。

但是,我很清楚,这整个论证对于很多人来说似乎只是一个诡辩,可以通过认为理智状态被不合理地划分为主体和客体,即认识者和认识物而加以拒斥。关于书本的知识是一个整体的复合物,在其中,知识和书本只能通过错误的抽象而被分开。这是我很愿意承认的。直接的意识状态是一个完全的统一体,在关于书本的知识和书本之间不能被人为地分离:没有无书本的知识,也没有无知识的书本。在这个意义上,书本不是我认识的某种东西,甚至不是我借以达到认识的某种意识状态。但是,如果这是一个正确的分析,那么我不能说我认识观念,而只能说我通过观念来进行认识,或者说所有知识都是观念性的。这是一个没有人能够反驳的自明之理。但是,在知识的这种状态之中,存在把外在于心理的实在归属于任何理智性精神的意向性。这种意向性把一个对象设定为非观念的,或者至少是超越于观念的。如果意向性不能实现自身,那么知识就是错误的,因为它不能达到它的对象。假定我们真的知道,我们必须相信意向性能够实现自身。正是这种意向性对象赋予我们的知识以对象,并且断定它所朝向的对象之超越观念性。如果意向性不能指向任何东西,那么所有的知识都只能是错觉。我们甚至不能知道我们拥有一个心理状态;正如后面将要表明的那样,表面上主观的知识能够认识到外在于心理的事实。

但是,这个问题可以从另外一个角度来切入。为此,我们可以再次回到关于书本的意识,正如已经说过的那样,唯心主义者告诉我们:这本书及其所有的性质都只是我当前意识状态中的一些限定。如果是这样的话,那么我可以回答说,我不可能认识书本;我也不可能认识它的最主观的性质——颜色;因为颜色并不仅仅是我当前意识状态的限定。仅仅因为我当前的意识状态与过去的经验相联系,它才作为颜色而存在。如果没有与超越当前环节的东西(和其他所有外在于心理的东西)发生关涉,那么我的经验内容也就消失了。一些确定无疑的东西会保留,但是对于那些东西是什么,我们只能进行推测;它肯定不会是颜色;它肯定不是关于一个经验的判断;它甚至不是一个感觉,因为感觉是理智性的,并且为了它的实在性,它需要的不只是直接经验。甚至处于心理生活的很低层次的动物,它们拥有的复杂意识状态仅仅是"thing-a-me-bob-again"(借用詹姆斯的表达)。这些动物也因此具有超越当前意识之直接性的经验。在这里,我们再一次来处理整个难题的关键所在。任何理智状态,不管它是什么,其有效性都依靠某些超越它自身的东西。正是认识活动本身确认了外在于心理的东西,直接经验并不存在,至少对于人类来说是如此的。如果我们拥有这种直接经验,我们并不认识它。我们所有的意识过程都必须是中介的。因为知识是中介的而对它进行批评,这就否认了任何确定性的可能。直接认识是自身矛盾的,它甚至不能达到"我思"(*cogito*)。这是笛卡尔的伟大发现。在此之前,在安瑟伦(Anselm)更加被滥用的本体论证明中已经有暗示,即知识如果要成为确定的,那么必定超越自身,并且理智的确定性设定了超越表达确定性之状态的一些东西。

但是,一些人也许会说,知识所要求的这种超越心理的指涉是从一个意识经验指向另一个意识经验,这个指涉并没有超越个人的意识。这把我们从命题的第二个意义带回到第一个意义,即我们只能知道我们过去的心理状态;这个主张已经潜在地被包含在已经讨论过的命题中;因为,正如我们已经看到的那样,当前状态的知识需要对过去经验的知识来作为它的保证。因此,主观唯心主义主张的这两个意义都可以纳入后一个分析之中。根据我所作的阐述,第一个命题只需要简单的考察。

我们一定要记得,过去的意识经验同样不再存在。我们关于它的知识是中介性的,在很多方面如同关于一个物理事实的知识那样是间接而遥远的,并且它就像空间世界一样的确是外在于心灵的。任何可以用来证明外在世界的非实在性的论证,也可以用来证明过去经验的非实在性。它就和外在世界一样,会产生欺骗和错觉。后者在空间中外在于我们,而前者是在时间中外在于我们。如果我们怀疑它们其中一个的存在,就可以合理地怀疑另外一个的存在。并且在主观唯心主义所要求的那种意义上,我们能确定的唯一实在就是直接当下的实在。但是,正如我们已经指出的那样,关于这种实在,我们所做出的断言必定会超越其直接性;换句话说,所有的知识(即使是最基本的知识)都与不超越其直接性的断言不相干。如果主观唯心主义是正确的,那么没有人可以作出这种断言。实际上,心灵是休谟所理解的那种意识要素的集束;但是,如果这个集束在其不同部分之间没有联接,那么心理生活将不会有连续性或者意义;它将是我们根本不能理解的什么东西,是一个既不与过去也不与将来发生联系的意识点。当唯我论被严格解释时,它就会不可避免地被引导到心理原子主义。这个学说不能被成功地加以否决,因为它没有什么可以被攻击的要点。它的基本陈述是一个谬论。

如果以上的分析是正确的,我们只能得出这样的结论:尽管素朴的实在论包含着矛盾,但是它不能像通常想象的那样如此轻易地被加以拒斥。普通人经常因为他其实并不拥有的观点而受到谴责,并且尽管他关于实在的假定也许会使他处于不利地位,但是并不能推导出:通过把他放入困境之中,他的批评者就可以去掉他们自身道路上的所有困难。主观唯心主义不能通过否定性的批评来建立它的立场。它的肯定性立场已经被表明是充满矛盾的,并且是站不住脚的。但是,如果素朴的实在论和主观唯心主义被证明是不能给我们一个真实的知识,那么,另外两条通向实在的道路还是开放的:一条是批判的实在论,另外一条是绝对唯心主义。这两个观点的优点并不是我在这里所要讨论的。我在最后将简要地补充一下:主观唯心主义所遭遇的很多困难,绝对唯心主义同样也会遇到。

5.
关于直接经验主义致杜威教授的公开信[①]

查尔斯·M·贝克韦尔(Charles M. Bakewell)

第一次读到您题为《直接经验主义的预设》的文章(参见本卷第158—167页)时,它似乎要证实标题的承诺并且同时为我们阐明极端而彻底的经验主义。但是在仔细地重新阅读之后,我们难免有这样的印象:您使得经验主义如此的彻底,以至于它超出了自身。我的异议是如此的明显,因此斗胆说您一定有一个现成的回答。可能我忽略了您的一部分意义,但是因为我认为您的其他读者也许持有同样的异议,所以大胆地把它提出来,希望能得到您的澄清。

如果我理解了您的意思,那么,直接经验主义或者直接主义的名称是要强调"新哲学"(现在通常被称为实用主义)的两个特征:(1)"事物是它们被经验到那个样子"——这为我们提供了直接经验主义的一个"预设";和(2)任何经验都是"它所是的那个经验而非其他",或者换个说法,任何经验都是一个"确定的经验"——这为我们提供了直接经验主义的"标准"。"这种确定性,"您写道,"是唯一的、恰当的控制原则或者'客观性'。"(第164页)并且在其他地方,"如果有人希望真实地描述任何东西,那么他的任务是说明它被经验为何物"。

现在,正如您对以上命题的第一个所作的进一步的解释,你认为它仅仅意味着:任何经验作为经验,是它被经验到的那个样子。或者您把它解释为仅仅意味着:如果有人开始解释任何经验事实,那么他必须以"最强硬的形式",坚持把他作为出发点的确定的最初经验看作是真实经验。在任何一种解释之

[①] 首次发表于《哲学、心理学与科学方法杂志》,第2卷(1905年),第502-522页。参见杜威的答复《直接经验主义》,本卷第168—170页。

下,第一个命题都和第二个命题一样简单和基本,甚至"同义反复";两者都会被人们自然而然地接受,正如他们会毫无疑问地同意如下命题:A 是 A, A 不是非 A。

这些命题的自明性,使您的普遍观点具有合理性。但是,从它们之中得到任何"标准"或"'客观性'之原则",并没有因此(也没有给出任何逻辑辩护)消除关于您的第一个命题的这种极其成问题的解释。任何被经验的事物是并且仅仅是它在此时此地被经验到的那个样子吗?这就是直接主义所意味的含义吗?我推断,它不仅仅来自您的一般讨论,而特别地来自以下这样的表达;并且在描述"被更改经验"的典型例子时,您把这些表达看作是相同的来使用:"经验改变了","被经验的事物改变了","被经验到的具体实在发生了改变"(第160页)。在谈论策尔纳线条时,您写道,"那个经验的线条(最初的'未被更改的经验')是发散的:不仅仅看上去是如此"(第163页)。

我意识到,通过强调某一方面,通过引入限制性和解释性的措辞,所有这些表述都可以被还原为同义反复的形式。但是,它们暗示着这样的解释:在最初经验中被朝向的实在事物消失了,我们处理的是另外一个事物,甚至也许是不同类型的实在事物。如果直接主义要提供"对于经验之客观性问题的解答",那么这样的一些解释似乎是我们所需要的。在对于策尔纳线条的"被更改的经验"中,您暗示一开始被看作会聚而我们*知道*是平行的线是那些特定经验的线,而不是最初经验中的实在的和完全平行的线。但是,如果每一经验都是一个新的、不同的实在,为什么这里还存在问题呢?为什么经验必定被"更改",并且如果它实际上被取代了,我们如何能够把*它*看作是被更改?您写道:"它自身的理智性或者逻辑性更改之基础和线索被包含在*被经验*的具体事物之中。"在这里,"它自身的"这一表述似乎又回到与其持存的客观实在的关涉,而这种关涉是在经验之整个更改过程中都保留的——这个观点是直接主义想要取代的。当您把最初经验例如对于策尔纳线条的经验看作是*被经验**的*、包含经验之更改的"所有基础和线索",那么您除了隐蔽地把后来的知识(经验)才能阐明的更充分意义和更大背景纳入到作为*它*的实在之一部分的原初经验之中,还有什么别的办法能够对此进行说明呢?但是,这带给我们的将是唯心主义,并且肯定是先验的唯心主义。

我的困难简而言之就在于:或者,任何被经验到的事物是实在的,如同并且只是像它在此时此地被经验到的那样——因此,没有理由谈论更改或者纠正经验;或者,在任何经验中存在着一种自我超越,这种自我超越指向被经验到的事物以作为它自身的实在性——因此,对直接主义、原子论①或者是先验论说再见。在您的文章里,这两种观点都似乎很容易进入它的对立面,进入完全古老的黑格尔主义传统。

还有其他的选择被我忽略了吗?

---

① 这当然不是您在一个脚注中提到的更早的英国心理学的原子主义。但是,直接主义似乎给我们一种新的原子主义,它不同于只在原子的更大复杂体之中的那种原子主义。实体被彼此切分开。另一方面,通过使早先经验隐含地包含它所导向的后来经验来避免这个结果,那么,直接主义就让位于中介学说。

6.
认知经验属于什么类型?[1]

伍德布里奇(Frederick J. E. Woodbridge)

杜威教授最近在《哲学、心理学与科学方法杂志》[2]中的论文,无疑有助于我们清楚地理解"实在"一词之于直接经验主义和实用主义的拥护者来说具有何种意义。实在只是被经验到的东西,是它被经验到的那个样子。关于这一点,我们似乎不会再有任何误解。因此,对于实用主义者的质疑,即询问实用主义者"实在"一词表示什么意思,就成功地得到了答复。如果有必要赋予杜威教授的解释以外在的权威,那么人们就可以引用古老的亚里士多德的表述,即实在是任何能成为研究题材的东西。根据这个实在的定义,很明显,实在物可以由于它们被发现彼此是不同的,从而相互具有差别;因此,如果在被研究的事物中,我们能够合理地发现这种差别,那么也许就存在"真实的"实在和"错误的"实在。

我们不需要一个精细的证明来表明这个定义,尽管——但正是因为——具有简单性和显明性,然而是对于实在的唯一富有成效的定义。思想史是很明白的。对于形而上学家来说,它真的是一件幸事,因为它使形而上学家免于回答是否存在任何实在物这样的琐碎问题,而使他转向更为有效和重要的问题,即实在的性质是什么,它何时被最恰当和最适合地定义。

现在,正是这个问题导致了混乱和困境,因此在这里需要进一步的澄清。对于

---

[1] 首次发表于《哲学、心理学与科学方法杂志》,第2卷(1905年),第573-576页。参见杜威的答复《知识经验及其关系》,本卷第171—177页。
[2] 《直接经验主义的预设》,参见该杂志第2卷,第15期,第393页(《杜威中期著作》,第3卷,第158—167页)。

实在何时被最恰当和最适合地定义这个问题自然而明显的回答似乎是,它何时被**真实**地定义。这个回答导致了当前关于实用主义之争论的更大部分的内容,这是很明显的。因此,我似乎值得对它再进行一些论述,并且可能会引出杜威教授和其他人的进一步讨论。

这个困境是很明显的。如果真实的实在只是一种实在或者一种经验,那么我们如何能断定:当我们拥有那种实在时,即当实在被经验为真实时,实在的性质是否被最恰当地定义?人们时常给出的答案,即它被最恰当地定义,是因为以这种方式来定义能最有效地满足对定义所提出的要求;但是,这个答案对于很多人来说似乎是不能令人满意的。不满意的原因有很多,包括极度害怕可能会失去绝对之物,以及真诚地相信整个认知经验是超越的经验——因为认知经验能够指向所有其他种类的经验,而同时其他种类的经验并不指向认知经验。尽管我愿意让绝对主义者继续担惊受怕,可是将会作出一些赞同知识超越性的表述。

由于我所要说的无疑在杜威教授的文章中已经被呈现出来了,所以我使用他的一些表述来引出我希望讨论的要点:

"在每个情况之下,问题的关键在于**哪种经验**被表示或者被指示:一个具体的和确定的经验,当它变化时,它是在特定的实在要素中发生变化;当它保持一致时,它是在特定的实在要素中保持一致。因此,我们拥有的不是在实在和这个实在的不同近似物或者现象性表象之间的对比,而是在经验的不同实在之间的对比。请读者记住:从这个立场来看,当'一个经验'或者'某种经验'被提到时,'某个东西'或者'某种事物'总是被意谓到。"

"事物是它们被经验到的那个样子,这个陈述经常被转化为另外一种陈述:事物(或者归根到底,实在、存在)只是并且正是它们**被认识**到的那个样子,或者事物、实在是它对于有意识的认知者来说所是的那种东西——至于这个认知者被理解为主要是观察者还是思想者,这是一个次要问题。这是所有唯心主义的根本谬论,不管是主观的还是客观的唯心主义,不管是心理学的还是认识论的唯心主义。根据我们的预设,事物是它们被经验到的那种样子;并且,除非认识是唯一真实的经验模式,那么,说实在正是并且只是它对于一个全能全知者来说所是的那种东西,这种说法就是错误的;或者甚至说相对而言,以及就部分而言,它是对于一个有限的和有偏见的认知者来说所是的那种东西,这种说法也是错误的。或者,更加肯定地来说,认知是一种经验模式,因此首要的哲学要求(从直接经验主义的立场)是查明认知是**哪种经验**,或者具体地说,当事物被经验为已知事物时,它们是如何被经验到的。"

另外，杜威教授在一个脚注中说:"(对于真理性经验的)任何特定说明的恰当性不是一个可以通过一般推理来解决的问题，而是一个通过查明真理性经验现实地是哪种经验来解决的问题。"我把"现实地"一词变成了粗体①。

现在，我要获得对这些相似陈述的清楚理解之困难，在以下问题中变得尖锐:在哪种经验中我查明经验是何种类型，或查明经验是否是现实的？对于这个问题的回答是不是:在你拥有该经验的那种经验中？如果是这样的话，我通过拥有道德经验来查明道德经验是哪种经验，通过拥有认知经验来查明认知经验是哪种经验。但是我如何来区分道德经验和认知经验呢？我想答案会是:通过拥有一种新的经验，在这种新经验中两者被经验为是不同的。

这个回答——请记住，我并不是让每个人都持有这个答案，而把它看作似乎蕴含在这个陈述中——应该被推到极致，以便让我们对它所表示的经验类型有一个清楚的认识。由于被推到极致，对我来说，它可以被理解为以下表述:如果我查明经验的不同种类是什么，它们如何彼此联系，它们如何被区分，什么种类的对象构成了它们，它们的历史是什么，它们的承诺是什么，它们中的什么能被称作是真实的和虚假的，那么我必须拥有某种经验，在该种经验中，我想要查明的东西在某种程度上或者至少要被经验到。但是，这种我们想要获得的经验，它在自身中包含科学和哲学所有可能的来源；并且正是这种经验通常被称作认知经验。因此，如果刚才的答案是正确的，那么对我来说很清楚的是:在认知经验中，所有其他种类的经验都可以原封不动地存在；因为，要是不这样，我们如何能够查明它们是什么类型？它们如何能被鉴定为我们想要的具体的、特定的经验类型？换句话说，在认知经验中所有其他种类的经验似乎都被超越了。问题的关键——再次引用杜威教授的话——无疑是哪种经验类型被意味或者被指示。但是，似乎这个问题只能在认知经验中被回答！

正如我所说，我并不让别人承担这个不可避免会导致这种结论的答案。但是，我愿意自己来承担。尽管我并不喜欢把"经验"一词看作形而上学中终极的物项，可我发现，当它被看作是等同于"某些东西"或者"某种东西"时，并且当"东西"可以是任何物项或者联系时，它不会遭到什么反对。因此使用这样的话语，我很愿意赞同这样的表述:存在很多种类的经验，认知经验只是其中一种；并且认知经验会和其他经验相混淆，从而对所有经验造成损害。但是，我必须补充一下:认知经验是这样一"种"经验，当我们询问其他经验是什么类型的时候，它使我们能够讲明其他经验实际上是什

---

①在中文版中是楷体。——译者

么。问题也许不会被提出,也不会被回答。在那样的情况下,没有一种经验被鉴别和区分出来。如果它不是我们所谓的无意识的经验①,那么它又是哪种经验呢?

我不知道那些自称或者被谴责为实用主义的哲学家是否通常会否认这里所定义的认知经验的超越性。当它被否认时,除了承认在认知经验中所有其他经验都被改变了,我看不出还有什么其他的选择。但是,如果我们必定拥有认知经验以便拥有科学和哲学,并且认知经验改变了事物,那么,对我来说,似乎科学和哲学会投入绝对唯心主义者的怀抱而成为其合法后裔。

试图脱离这个立场(所有的经验究其本性是认知的并且只是认知的,或者换句话说,所有的事物都是"意识的状态")所产生的无效结果,似乎会有回到另外一个极端立场的危险。对我来说,这就是为什么对于绝对主义的反驳不能说服那些本身不是绝对主义者的人。我们试图说明那些使自身成为思想的经验。如果我们提出怀疑:任何对于能够成为思想之经验的说明必定是偏颇的和不充分的,而且也是完全不同于经验所是的东西,那么我们如何能成功做到这一点?在这里,进一步的讨论肯定是极其重要和具有启发性的。

---

① 我可以评论,这就是我不喜欢"经验"一词的原因。"无意识的经验"看起来自相矛盾。

7.
认知经验及其对象①

博德(B·H·Bode)

在《哲学、心理学与科学方法杂志》的最近一期②中,杜威教授对作为直接经验主义之基础的预设作了一个有趣的讨论。根据他的表述,这个预设是说:事物是它们被经验到的东西。经验必定和其他事物一样被看作是实在的和终极的,因此在表象和实在之间的通常区分必定在原则上是错误的。这就是说,我们用来宣布某些经验是错误的,而其他经验是"真实"的之标准,并不是一些外在于经验自身的事实——该经验或者遵从或者不遵从于这种标准,但都在经验自身之内。这似乎意味着:如果经验出于内在动机"指向"一些后来经验,并且在这些后来经验中早先经验能够实现自身,那么后来经验就是实在的;因为在转化为后来经验的过程中并没有发生性质或者特征的改变,这些性质和特征连续性地实现了在最初阶段中的相应性质。因此,真理只是在具有同样实在性的经验中所获得的关系,并不意味着某些经验只是表象,而其他经验不是。

这个预设实际上是被包含在直接经验主义之中,这似乎是无可争议的。所有的经验都是同样实在的。但是,关于这一点,伍德布里奇教授提出了质疑:是否直接经验主义足够意识到那些通常被称作认知经验③的经验之独特性。他表达了以下的担忧:为了避免唯心主义的假设,实用主义者已经到达另一个极端;并且把所有事实都处理为"经验",而没有太多地考虑认知经验和非认知经验之间的差别。

---

① 首次发表于《哲学、心理学与科学方法杂志》,第 2 卷(1905 年),第 653 - 663 页。参见杜威的答复《再论知识经验》,本卷第 178—183 页。
② 同上书,第 2 卷,第 15 期,第 393 - 399 页(《杜威中期著作》,第 3 卷,第 158 - 167 页)。
③ 同上书,第 2 卷,第 21 期,第 573 - 576 页。

当我们接受了经验主义者对于实在的定义,也接受了"有效和重要的问题,即实在的性质是什么,它何时被最恰当和最适合地定义?"(第393页)。因为在面对这个问题的时候,另外一个问题也不可避免地出现了:"如果真实的实在只是一种实在或者一种经验,那么我们如何能断定:当……实在被经验为真实时,实在的性质被最恰当地定义?"(第394页)

正如已经说过的那样,所有经验都是同样实在的,并且只有它们是实在的;但是,这个发现并不能使我们可以逃避以下这个问题:"在哪种经验中,我查明经验是何种类型,或查明经验是否是**现实的**?"(第395页)对这个问题的回答必然导致以下结论:"整个认知经验是超越的经验——因为认知经验能够指向所有其他种类的经验,而同时其他种类的经验并不指向认知经验。"(第394页)这就是说,"在认知经验中,所有其他种类的经验都可以原封不动地存在"或者"在认知经验中,所有其他种类的经验似乎都被超越了"(第396页)。

乍看起来,也许我们能感觉到的任何困难都来自于以下事实:批评者在认知经验和"其他经验"之间作了太明显的划分。杜威教授说:"我将把认知的经验定义为拥有特定的关涉性和含义,这些含义将在后续的经验中引导和实现自身,而在后续的经验中相关的事物被经验为被认知的,被经验为已知对象,并且因此被转化或者被重组。"(第162页)这个定义似乎包括了所有种类的经验,因此不会对特定种类的经验进行不公正的指责。因此,在杜威教授所给出的说明中,最先的经验是"可怕的声响",它自身的独特构造引发了研究或者探究,并且进一步导致了被分类的经验,即"作为风吹窗帘之事实的声响"。关于后者,我们需要注意两个东西:(a)只有当它**主要**是詹姆斯描述的"关于……的知识"(knowledge-about)或者"指向"(pointing)的那种经验而不是作为直接"亲知"(acquaintance-with)的经验时,它的特征才不同于先前经验的特征;(b)它是"被经验到的实在通过认知中介而发生的改变"(第161页)。由于被看作是"真实的",它优于早先经验,因为我们在它之中发现了对于"要求改革"的早先经验的实现、再调整和补偿。由于被看作是实在的,两种经验都只是当前功能的例示,因此处于相同的层次。

这似乎解决了以下问题:认知和非认知之间的区分被忽略,认知的超越性被忽视。如果所有的经验都是相同类型的,那么我们就不可能去强调这种区分,我们也看不出认知的超越性没有得到足够的重视。尽管的确有"被经验到的实在通过认知中介而发生的改变",可还是有可能满足批评者的要求,即"在认知经验中所有其他种类的经验都可以原封不动地存在"(我们必须用"其他事例"来替换"其他种类")。因为其他事例都是和认知经验相连续的,并且它们是认知经验关涉或者"指向"的对象,所以其他事例存在于认知经验之中。只有当我们把先前的经验看作是被完全转化的实在,以便作为组成部分被纳入当前经验之中,似乎这里才会产生困难。

但是,伍德布里奇教授所提出的观点不能被如此轻易地反驳。实用主义者的解释可以从以下事实中获得很大的说服力,即通过内在动力而发展的经验概念的意义不能贯彻于它们的逻辑结论。正如我们所见,在发展的经验中,后来的阶段被描述为主要是"指向"的类型,并且这个特征表明它不是一个最终的阶段。如果开始于"令人害怕的声响"之经验可以实现它的全部进程,那么,我们会发现,"作为风吹窗帘之事实的声响"只是过程中的一个阶段,而该过程的目标是属于"亲知"类型的另一个经验,这种作为目标的经验不同于它的早先阶段,因为它不只是主要地属于这种类型,而是完全地或者完美地属于这种类型。任何经验的完全"真理",似乎必须在这种最终阶段中寻求。

但是,在回答关于其他经验之性质的问题上,或者就杜威教授对它的定义来说,这种最终阶段或者最终时期很显然不能被看作是认知的。我不能说"这就是它所表示的意思",因为这种断定意味着指向,而指向是只属于处于最终目标之前的阶段之特征。因此,除非是对作为旁观者的心理学家来说,否则,最终阶段既不是实在的,也不是非实在的。尽管我们承认经验的渐进实现越来越清楚地说明了起点的真理或者意义,可最终阶段是一个目的地;人们如果到了这个目的地就不会再返回原路,甚至不会想要返回。这种最终阶段的性质必定是一个极其有趣和重要的问题。

我希望重复一下,最终阶段不是询问和回答任何问题的地方。正如伍德布里奇教授所主张的,如果这是正确的,那么可以推论:"没有一种经验被鉴别或者区分出来。如果它不是我们所谓的无意识的经验,那么又是哪种经验呢?"(第396页)

这种从经验之世界到最实在之世界的突然转化已经部分地被以下表述所预示到或者至少是暗示到,引用杜威的话:"请读者记住:从这个立场来看,当'一个经验'或者'某种经验'被提到时,'某个事物'或者'某种事物'总是被意谓到。"(第159页)如果这些终项可以被界定为无意识的经验,那么意识经验就必定只是这些终项之间的联系,而且似乎可以推论出:"因此,意识可以被定义为一种对象的连续统一体。"[1]

也许人们可以提出反对意见,伍德布里奇教授太匆忙地从这种经验(在其中"没有一种经验被鉴别或者被区分出来")而得到以下结论:这种经验或者实在可以被恰

---

[1] 伍德布里奇,《意识的本质》,《哲学、心理学与科学方法杂志》,第2卷,第5期,第119-125页。

当地称作无意识经验。这太想当然了。反对者可以指出,只有假定与其他经验相比较的情况下,等同或者区分才是缺乏的。

但是,这个推论(即最终经验也许可以被恰当地称作是无意识的)似乎有充分的根据。换句话说,在我们看来,如同这个学说所表述的那样,"关于……认识"或者"指向"的要素是任何经验(并且我们可以对这些经验形成正式概念)的建构性和本质性要素。尽管在这个学说的提出中,通常看来连续发展(经验借此得到区分)的最初和最后阶段同时属于"亲知"的相同普遍类型,可它们之间还是存在着一个本质区别。这个区别已经被以下陈述所预示,即最初的阶段只是主要地属于这种类型,而最后阶段则是完全或者完美地属于这种类型。如果最初阶段借以通向后来经验的内在动力是无法被呈现的,在这个意义上,最先阶段是完全的,因为完全的阶段是一个所有轨迹都会进入的洞穴。最初阶段将会是"指向性"经验之海洋中的一个岛屿。在现实经验中,我们所区分的特征形成了出发点,它激发了研究和进一步的观察。为了使这个特定的经验可以和其他的经验形成有机联系,这样的特征是必需的。并且,如果我们试图从这个经验中在心理上消除所有这些会超出自身的特征,那么似乎最终能得到的只有一些无区分的"材料"。"无意识"的称呼看来对此是完全适合的。因为最初阶段可以通过"消除"而变成自足的,那么似乎在最终阶段中这种自足也只有通过牺牲所有内在的区分才能得到。这就是说,实用主义潜在地假设了一个外在于个体之经验的关涉对象。

也许有人会反驳这个结论说,最终阶段或者最终时期只是一个抽象或者界限,而根本不能被看作是被实现或者可实现的经验。但是,根据这个解释,我们很难看出唯我论如何得到避免。如果我们要拥有一个共同世界,在那里必定存在很多相同点;这些相同点对于不同的经验体系来说都是共同的,而相同点只能通过这些最终界限来提供。

因此,纯粹经验的学说所提出的假设,可以推论出实在论的结论。在认知的和非认知之间的区分不能被取消,而两者之间的绝对区分似乎又必然得出以下结论:"意识和知识真实地向我们揭示其存在或者特性并不依靠于意识和知识的东西。因此,知识是我们可觉知的现实。"

那么,这种关于知识的实在论观点是我们的最终希望吗?对这个结论之接受,部分地依靠对于知识所揭示的那些对象之性质的说明。似乎意识在某种程度上是实在的一个偶然特征,因为对象并不受到它们被认识的环境的特殊影响。人们认为,甚至在这样一个世界中,也不能对知识进行限制,但我们不清楚知识的增长是否相似于事物借以成为它们所是之物的内在统一体。知识向我们揭示了一套性质和关系,但是对象的事物性会不可避免地躲避着我们。或者我们是否应该说,这是要求回到经院哲学的本质(essences)概念? 另外,我们是否应该说,对象所拥有的任何特征或者属性都是在所有知识中向我们所揭示的那种东西? 这种观点也不容易被人们所接受。我们对于这些经验,例如甜、对比效应以及和谐,将要说些什么呢? 它们肯定具有一个事实性的基础,但它是哪种事实呢? 说这种事实与当我们经验到它们时我们所知道的那种事实是同一种,这对我来说是难以理解的。如果我们承认它是一种不同的事实,那么,我们似乎被迫退回到第一属性和第二属性的区分,而这只是唯心主义的一个论点。

对于在这里所展现的考虑因素,不可能让我去相信:现在是时候在形而上学中抛弃作为最终范畴的自我概念,以便保证独立于意识而存在的纯粹经验或者对象之概念。伍德布里奇教授正确地告诫实用主义者:不要试图歪曲认知经验的超越性特征。我不得不相信,实用主义者的学说使这种超越性特征受到损害。但是,为了公正地对待这种特征,我们是否必须或者甚至有理由去假定其存在和性质不依靠意识的对象? 任何形式的唯心主义都会存在很多困难;但是,对我来说,如果我们想要寻求对于问题之解决的话,那么它暗示着解决我们问题的方向。

文本研究资料

文本说明

杜威在本卷中的著述出版于1903—1906这四年间,这是他从芝加哥大学辞职而转到哥伦比亚大学的关键时期。

1903—1904年间导致杜威决定离开芝加哥大学的一些详情,在以下文献中得到充分的讨论:罗伯特·L·麦考(Robert L. McCaul)的《杜威和芝加哥大学》[1]和乔治·戴奎真(George Dykhuizen)的《约翰·杜威的生平和思想》。[2]虽然戴奎真提到"当杜威在1904年4月5日把他的辞职信提交给哈珀(Harper)校长时,他并没有在其他任何地方有一个职位"[3],但是,关于这期间的情况,没有较早的文献记录杜威在决定他是否应该继续教学职业时的为难处境。杜威在给他在哥伦比亚大学的朋友詹姆斯·麦基恩·卡特尔(James McKeen Cattell)的信中说,他已经提交了辞职信,还说:"我没有什么看法,我只能依靠我的朋友来让我知道可能会适合我的机会。"[4]当卡特尔两天之后回信说,尽管那个时候哥伦比亚大学没有什么空闲的职位,可是他会立刻咨询尼古拉斯·默里·巴特勒(Nicholas Murray Butler)校长,看看是否有可能为杜威安排一个职位,这真的让杜威感到很吃惊。[5]尽管卡特尔的"友谊和尊重"使他感到高兴,杜威却回复说:"现在我并不能很好地作出决定。我希望休息一下……当我写信给你时,我完全没有想到会立即得到什么回复……因此,我没有做好准备来

---

[1] *School and Society* 89(1961):152-157,179-183,202-206.
[2] Carbondale:Southern Illinois University Press,1973,pp.107-115.
[3] *Life and Mind of John Dewey*, p.116.
[4] John Dewey to James McKeen Cattell, 12 April 1904, Manuscript Division, Library of Congress.
[5] Cattell to Dewey, 14 April 1904, Library of Congress.

作出一个快速的决定。"①甚至当巴特勒试图为杜威设置一个哲学职位时,杜威写信给卡特尔说:"我的想法大概是这样的。我必须在以下决定中进行选择:(1)脱离与教育机构的联系;(2)试图获得一个管理职位(例如伊利诺伊大学需要一个校长);以及(3)教授哲学……我只得相信我的未来主要就是在哥伦比亚大学教授哲学和其他地方的管理职位之间进行选择(在管理方面的技巧,我在过去的几年中有所学习),我对尽可能地完成哥伦比亚大学的申请很感兴趣——(我要说我还没有参与任何的管理职位——除了你和我现在的学院之外,没有人知道我辞职了)。"②

巴特勒很快就成功地为杜威设置了一个职位,杜威在 1904 年 4 月 28 日正式接受了哥伦比亚大学的邀请。他作出这个决定之为难处境,以及萦绕在杜威心头的犹豫,可以在同一天他写给哈里斯(W. T. Harris)的信中看出来,他在其中说:"我并不是完全确定我希望去永远地投身于哲学而不是做管理工作,也许我会在日后某个时候再来请求你给我一些建议。"③

但是,一旦作出了决定,杜威加入哥伦比亚大学教师团体(也加入了哥伦比亚学院和教育学院的哲学教师团体)的决定在他日后整个职业生涯中对其著述有着深刻的影响。在本卷中,关于哲学和心理学的文章就很好地说明了杜威与同事之间的相互交流对他的影响。《中期著作》中的后面几卷表明了社会评论和政治评论在比例上的增加,这个增加同样大部分是因为他与社会科学界的同事所进行的交流。④

离开芝加哥大学具有相同思想倾向的实用主义团体,而转到"和伍德布里奇的亚里士多德主义的实在论和蒙塔古(W. P. Montague)的一元实在论的直接接触之中",正如杜威所说,这提供了"一个新的挑战和新的刺激因素"。⑤ 他立即陷入了哲学争论之中,例如,《直接经验主义的预设》(1905)引发了三个回应,杜威对这些回应分别作了答复。这三篇答复的文章也出现在本卷之中。

戴奎真正确地注意到:"杜威在哥伦比亚的前十年里,在教育学领域中发表的著

---

① Dewey to Cattell, 16 April 1904, Library of Congress.
② 同上。
③ Dewey to Torrey Harris, 28 April 1904, William Torrey Harris Papers, Hoose Library, University of Southern California, Los Angeles.
④ 对于这些交流所作的简要描述,参见戴奎真著《杜威的生平和思想》(*Life and Mind of John Dewey*),第 119 - 124 页。
⑤ "Experience, Knowledge, and Value: A Rejoinder", in *The Philosophy of John Dewey*, ed. Paul A. Schilpp (Evanston: Northwestern University, 1939), p. 522.

述(除了在《教育学百科全书》中的那些文章)并不像在哲学领域中发表的著述那么多。"① 例如,在本卷中,只有《教育中的文化和工业》是产生自哥伦比亚大学时期的前两年(1905—1906)。尽管对于教育的兴趣潜伏了一段时间,可它肯定还是存在的;杜威从来没有划分过他对哲学和教育学的关注。正如他后来写道:

> 我在考虑是否……尽管哲学家自己通常是教师,他们一般都不会给予教育以足够的重视……哲学研究应该把教育作为重要的人类利益而关注,其他的问题,例如宇宙的、道德的、逻辑的问题,都会在教育问题中达到顶点。②

杜威在芝加哥的最后两年即1903年和1904年写出了很多讨论教育问题的著述。但是,在此之后论文发表的突然减少,可以归因于他与实验学校切断了联系;在此之前,实验学校提供给杜威极好的机会来进行观察和产生持续的教育思想。

尽管在1903年和1904年有繁重的管理工作和教学活动,尽管有内部机构的争论所产生的困难,杜威还是继续发表他一贯高水平的论文。这可以表现在本卷中1903年写作的12篇文章上(包括重要的《对道德进行科学研究的逻辑条件》)——所有这些文章,以及他的重要著作《逻辑理论研究》(《杜威中期著作》,第2卷)在同一年发表。当本卷中这些1903年的著述以及《逻辑理论研究》(由6篇单独的论文所组成)再加上本卷中1904年的10篇论文,杜威在这非常艰苦的两年里似乎发表了28篇论文。

在本卷的36篇文章中,只有26篇文章在杜威在世的时候发表过一次,并且没有范本和编辑流程的问题。有一篇发表过一次的文章需要进一步的说明,那篇文章和其他9篇会在以下部分进行分别讨论。③

《对道德进行科学研究的逻辑条件》

这篇论文在芝加哥大学十周年专刊的第一系列第3卷中的首次发表是范本(copy-text)。这篇文章在同一年中作为一个小册子被重印,可能是根据标准的版本,并加上了单独的页码和新的标题。但是,没有进行其他的改动。

---

① *Life and Mind of John Dewey*, p.138.
② "From Absolutism to Experimentalism", in *Contemporary American Philosophy: Personal Statements* (New York: Macmillan Co., 1930) 2:23.
③ 对于《杜威中期著作》文本之编辑结构的充分说明,可以参见鲍尔斯的《文本校勘原则和程序》(《杜威中期著作》,第1卷,第347-360页)。

当杜威把这篇文章放入他的论文选集《人的问题》(New York：Philosophical Library，1946)时，他做了很多实质性的改动和一些次要的改动。杜威在这篇文章首次发表大约42年之后所作的所有这些实质性的改动，可以在本卷1946年的校勘列表中看到。

《伦理学》

411 第一次发表于1904年《美国百科全书》第7卷。这篇文章在过去一直被错误地鉴定为1903年的出版物，因为版权日期为1903年。第一个版本有5次印刷，分别在1904年、1906年、1907年、1911年和1912年。在1906年和1907年印刷的版本之中，杜威的文章出现在第6卷而非第7卷中。

第二个版本(edition)发表于1918年，并且在1918年至1939年之间有11次印刷；在第二个版本和后来版本之中，《伦理学》出现在第10卷中。杜威在世的时候，他对已经印刷的版本进行考察后发表了第三个版本(1940年)，一共有10次印刷，以及第四个版本(1950年)，在1952年才对这个版本的印刷进行了校对。

根据《美国百科全书》的执行编辑艾伦·H·史密斯(Alan H. Smith)的表述：

> 我们对模板(type)进行了重新调整，每一卷的每一个版本都被完全调整，单独的页码或者它们的分布都发生了实质性的调整，文章的一些部分被修改或者更正。
>
> 我们的标准程序是为作者提供那些第一次列入《美国百科全书》的文章的校样。因此，如果需要作大的修改，我们要让作者来进行修改或者同意我们所建议的修改。如果只是一些小的改动，例如更新一个事件或者参考文献，或者修改一个错误，那么通常就不用求助于作者，尽管可能也会求助作者。①

对于前面描述的第四版的《伦理学》来说，模板进行了重新调整。由于一些实质性的改动(以及那些小的改动)在这篇文章的整个发表历程中都在进行，因此在遵循标准的出版程序的条件下，这些改动由出版者而不是由杜威所完成。参照1950年第四版的第1次印刷而在1952年对第四版的第三次印刷所作的机器校对，并没有显示两者之间的区别。参照版权所在的版本(AE5E3，copy2)而对1952年的印刷

---

① Alan H. Smith to Jo Ann Boydston, 27 May 1974.

(University of Texas-Austin,658412)所作的人工校对,显示了4个实质性的改动和63个次要的改动。

在这些改动中,用来插补标题所产生的7个改动在这里不作进一步的讨论。剩下的56个次要改动首先出现在1918年第2版中,除了"进化"(56.40)后面的逗号(它最先出现在1950年的第4版之中)。

范本是1904年的第1次印刷。在1918年版本中的两个实质性改动被接受为对范本的校正:加上了"世纪"(45.4)一词,去掉了冠词"the"(47.34)。第三个实质性的改动最先出现在1918年,去掉了"considerations"中的词尾"s"(48.14),但是作为杜威的本来意图所不希望的改动而被否决。

在文章末尾的变动即去掉文本以及修改和扩充参考文献,可以被看作是一个单独的实质性改动:在1918年的重新调整之中,三行半的杜威原话被省略而加上了一个参考文献;在1940年的文本中,另外十行半的文本被省略,参考文献最后一次在被校订的印刷中修改和扩充。当前的版本是1904年文本和1918年文本的异文合并,并把1918年的参考文献补到1904年的文本。1940年修改和扩充的参考文献被包含到1940年的校勘表之中。

从1918年所作的次要改动之中,9个被接受为修改:补充了终止日期"1903"(55.15);把拼写改成杜威更常用的"program"(46.38,54.29);对1904年版本的3个更正——提供了被省略的标点(46.31,53.39),把一个分号改成逗号(40.25),以及3个对于澄清意义来说所必需的标点之改变(45.24,49.11—12,53.6)。

《达尔文对哲学的影响以及关于当代思想的其他论文》

在1910年,杜威在《达尔文的影响》(纽约:亨利·霍尔特出版公司,1910年)中收集和修改了很多以前发表过的论文。本卷中的4篇文章分别出现在该书的以下章节:《信念和存在》、《知识的实验理论》、《经验和客观唯心主义》和《直接经验主义的预设》。这4篇文章经过修改后,在《达尔文的影响》中重新发表。

这4篇文章的发表历程是一样的:在经过修改并出版之前都出现在同一份期刊中。在当前的版本中,每一篇文章都经过同样的编辑流程。因此,通常的文本说明之年代顺序在这里发生了颠倒。关于《达尔文的影响》的通常说明,以及应用于《达尔文的影响》中所有被修改文章的说明,我们会首先进行确定,然后分别讨论每篇文章的首次发表情况。

《达尔文的影响》之版权的正式记录是1910年4月23日出版,编号为A261481。

这本书中所有的副本都在版权页面上注明"出版于1910年4月"。普林斯顿大学特藏部的亨利·霍尔特(Henry Holt)出版公司的记录表明,大约在1917年进行了小规模的第二次印刷;参照版权文本①对这本书两个副本的校订,没有在这4篇文章中发现任何改动。纽约的彼得·史密斯公司(Peter Smith)在1951年发行了这本书的影印本。

为《达尔文的影响》所作的最实质性的改动是由作者完成的,这是毋庸置疑的:在《达尔文的影响》中,每一篇文章之开始的注释,杜威都让别人注意他的修改。但是,一些实质性的改动是编辑方面的问题:在限定从句中,系统地、经常地、一贯地用"that"来替换"which"。这样的替换出现在这4篇文章中的次数是:21,11,21,9。在7个例子中(90.15,92.12,92.24,131.31,135.3,135.9,139.9),这些改动出现在句子中,而不是由杜威所进行的实质性改动中。但是,不管在最初的写作中还是在修改过程中,杜威都不具有一致性,因此不存在编辑工作可以用来作为参照的系统性的出现模式。因此,尽管一些改动似乎有可能被霍尔特出版公司的编辑所完成,可是现在不可能把编辑的调整和杜威想要的修改相区分,所以这些改动在当前版本中都被接受为对范本的校正。

《信念和存在》(信念和实在)

这篇文章作为《信念和实在》第一次发表于《哲学评论》(1906年,第15卷,第113—119页);后来经过杜威的修改后,重新发表于《达尔文的影响》,加上了新的标题《信念和存在》。第一次的印刷是当前版本的范本。

杜威说他在《达尔文的影响》中对这篇文章的修改是"文字上的",主要是用"更加中性的词"来替换"实在"一词,因为"实在"这个词的"颂扬性的历史含义"已经"影响了本文的阐释"。② 实际上,他16次把"实在"改成了"存在",1次改为"事件",1次去掉了这个词,超过15次把"实在"加上引号或者变成大写。但是,他也实质性地在整体上修改了文章,这些实质性修改作为修订收入了当前版本。对"实在"所加的引号和大写,被认为是杜威自己的次要修改因而具有实质含义,同样也被接受为修订。

出现在实质性修改中的次要改动也被作为范本的修订,这是因为它们清楚地反映了杜威自己想要作的改动。次要修改的20个其他例子(由实质性改动引起或者与

---

① 国会图书馆,版权号A261481;杜威研究中心(a)和(b)。版权文本和杜威研究中心的(a)版本都在封面上注明了是1910年;在杜威研究中心的(b)版本上没有注明日期,(b)版本无疑是来自于第二次印刷。
② 《杜威中期著作》,第3卷,第83页。

实质性改动有联系)被用作修订:加上逗号(87.30；90.3,15；93.16[2]；94.37；98.23；99.13);去掉逗号(87.31；89.38；90.4；94.29,37,38；97.32-33);逗号改成分号(89.37);用冒号替换逗号(90.5-6);逗号被圆括号取代(89.36[2])。另外一个基于《达尔文的影响》中一个改动的次要修订被看作更加贴切地反映了杜威的典型做法——"all-absorbing"(90.33)中的连接号。

《知识的实验理论》

这篇文章经过修改发表在《达尔文的影响》之前,只出现在英国期刊《心灵》(第15卷,1906年,第293-307页)中,是当前版本的范本。

正如杜威在《达尔文的影响》中所指出的,他在修改的版本中,"在安排上和后一部分上作了大量修改"。① 下面的这个表显示了这些段落早先的情况;读者可以根据这个表,重构《心灵》中的布置以便进行比较(《心灵》的页码来自于范本)。

《中期著作》	《心灵》
114.6—117.2 Both the thing meaning ... occupied.	300.20—303.1 Both the thing meaning ... occupied.
117.2—9 One may, that is ... in the future.	304.31—38 One might, that is, ... in the future.
117.25—118.17 In the reflective determination ... adverb "truly";	305.12—39 In this reflective determination ... adverb "truly".
122.11—124.8 by reason of disappointment ... preserved a secret.	303.1—304.27 By reason of disappointment ... preserved a secret.
124.34—125.22 Subsequent meanings and subsequent fulfillments ... cognitional object.	299.35—300.17 *Subsequent* fulfiment ... cognitional object.

除了这些段落的改动,正如杜威所提示,他还对文章中的"the matter"进行了大量的改动,作为新的版本发表在《达尔文的影响》之中。他的这些实质性变动,如他所希望的那样,在这里用来修订范本。

遵循在《文本的校勘原则和程序》②中所描述的程序,杜威的典型用语从它们的

---

① 《杜威中期著作》,第3卷,第107页。
② 《杜威中期著作》,第1卷,第359页。

英国形式,例如 odor、reflection、characterize,恢复到《达尔文的影响》中更具权威性的美国用法。20 个其他的次要改动也从《达尔文的影响》中接受过来作为修订;这些改动中的 5 个是:杜威把引号加到"意识"之上,以便让人注意他对这个词的特殊用法。其他 15 个次要改动是澄清意义所必需的或者出现在实质性改动之中,它们被判定是杜威所作的,依次用来修订《心灵》的版本:分号替换冒号(108.9);加上逗号(108.25,111.9,112.7,114.14,116.11,116.15,117n.2,126.27,126.35[2]);去掉逗号(111.22);分号变成逗号,用来形成语句而不是从句(116.16);用分号取代句号来连接两个短句(113.6,113.8),这些修改符合杜威通常的做法。

还有两个改动从《达尔文的影响》那里被采用:用"a non-mental object"取代"an non-mental object"(123.21);以及用"is *ab origine*"取代"is *aborigine*"(123.25)。

《经验和客观唯心主义》

经过杜威修改后收入《达尔文的影响》的本卷第三篇文章,其范本最初发表于《哲学评论》(第 15 卷,1906 年,第 465—481 页)。

除了杜威的实质性改动,还有 15 个次要的修改(它们的出现都和实质性改动有联系)被作出:加上逗号(129.39,131.12-13,139.3,141n.3,142.22);去掉逗号(130.2,130.25,131.13,131.27,137.23);分号改成逗号(129.30);逗号改成分号(134.21);逗号从被引用材料的末尾移到后面的文献信息处(131n.11);加上圆括号(137.2)。还有两个其他的变动被接受为修订:去掉逗号(143.40,144.1)。

《直接经验主义的预设》

这篇文章第一次发表于《哲学、心理学与科学方法杂志》(1905 年,第 2 卷,第 393—399 页),它被用作当前版本的范本。直到它被修改后收入《达尔文的影响》,它才被重新印刷,并作为一些实质性改动和两个次要改动的基础。这两个改动都是加上逗号,以便对长句进行划分(131n.2)。

《教育中的民主》

第一次发表于《小学教师》(1903 年,第 4 卷,第 193—204 页),在杜威的一生中又发表过三次;如同下面所描述的那样,这后面的三个版本是派生出的,而不具有权威性。《小学教师》的印刷版本用作本卷的范本。

第二次发表于《国家教育协会学刊》(1929 年,第 18 卷,第 287—290 页),省略了文中的前24行。在后面部分,这次印刷进行了49次非权威性的次要改动,包括11次加上斜体、23次去掉连字符、14次拼写改动和1次更正——"insistence"的拼写(238.35)。除了最先被省略的那24行,在本次印刷中还有6个较小的非权威性的实质变动;在这之中有一个是必要的改动,因此被引入当前的版本:用"likely"替换"like"(234.9)。

第三次发表于《进步教育》(1931年,第8卷,第216—218页),增加了一些删减(229.28—231.4;234.39—239.38)和新的标题"教师的民主"。

第四次出现在约瑟夫·拉特纳(Joseph Ratner)编辑的《今日教育》(纽约:G·P·普特南出版公司,1940年)中第62—73页,各方面都基本按照《小学教师》的版本,在其中所进行的两个修改也被收入当前版本中。

《教育:直接的和间接的》

很明显,这个文献的唯一现存版本在《教育进步杂志》(1909年,第2卷,第31—38页)上。它是当前版本的范本。在那次印刷的第一页中的注释中有以下提示:

> 对于这种新教育之方法的讲解作为一个演讲,于1904年1月在芝加哥的弗朗西斯·W·帕克学校做的。这次重印由华盛顿大学的教育学教授路易斯·W·拉佩尔(Louis W. Rapeer)编排并加上斜体,以便教师使用。发表演讲的时候,杜威教授是芝加哥大学教育学院的院长。

尽管这篇文章的语言和用语使我们有可能推论出:杜威在演讲的同时阅读了打印稿或者手稿,可是没有什么副本被发现。拉佩尔教授可能在倾听演讲的时候进行了速记;他对"重印"一词多少令人疑惑的使用,也许只是指他对这些速记的转录。对于他是否重新编排了最初演讲的材料,如同他对"编排"一词的使用,现在无法确定。我们也不知道他所加的斜体是否与杜威的原意完全符合。但是,为了至少在很大程度上恢复杜威本人对于这些材料的原意,所有斜体的段落在这里都被转化成罗马字体。

《教育学中理论与实践的关系》

这篇文章第一次作为国家教育科学研究学会的《第三年度年鉴》的第一部分发表(芝加哥:芝加哥大学出版社,1904年,第9-30页)。这篇文章在1912年进行了一次重印,也许是影印。参照第一次印刷的副本(伊利诺伊州立图书馆)而对第二次印刷(Yale, L 10/N28y/II. 3; University of Southern California, 37053)的两个副本所进行的机器校对,只发现了两个变动:改变了封面上的日期;在版权页说明了"出版于1904 年 2 月/1912 年 5 月第二次印刷";在第一行(257.12)中补上了第一次印刷在"of"中所遗漏的"f"。

《教育中的文化和工业》

杜威在霍勒斯·曼学院(Horace Mann School)和师范学院对进行艺术和工艺培训的教师所做的演讲《教育中的文化和工业》,第一次发表于《东部地区艺术教师协会和东部地区工艺培训教师协会联合大会会刊》(1906 年 5 月 31 日、6 月 1 日、6 月 2 日,第 21—30 页)。这篇文章的第二版发表于《教育学双月刊》(第 1 期,1906 年,第 1-9 页),第三版发表于《教育学院学报》(第 1 期,1919 年,第 10-18 页)。

对于《东部地区艺术教师协会和东部地区工艺培训教师协会联合大会会刊》和《教育学双月刊》的人工校订表明:1906 年 10 月发表于《教育学双月刊》中的这个版本,具有实质性的修改;这些修改的数量和特征,表明它们是由杜威所做的。《东部地区艺术教师协会和东部地区工艺培训教师协会联合大会会刊》可能印刷于 8 月,因为对协会成员所作的演讲之装订本中的一个注释指出:"成员名单更新和修改至 1906 年 8 月 1 日。"那时,杜威把副本提供给他以前在芝加哥大学的同事埃拉·弗拉格·扬,即《教育学双月刊》的编辑,并且可能是在一份打印的《东部地区艺术教师协会和东部地区工艺培训教师协会联合大会会刊》上,或者在复印件被提供给《东部地区艺术教师协会和东部地区工艺培训教师协会联合大会会刊》的编辑时所准备的副本上标出了他的修改。

这篇文章的《东部地区艺术教师协会和东部地区工艺培训教师协会联合大会会刊》版本用作当前版本的范本,在 34 个次要点上不同于《教育学双月刊》。这些不同点的其中一个是《教育学双月刊》中所引入的一个印刷错误"synonomous"(291.38),以及出现在范本的一行中的"pre-eminent"(291.36—37)中模糊的连字符。《教育学双月刊》修改了《东部地区艺术教师协会和东部地区工艺培训教师协会联合大会会刊》中的两个印刷错误:"sovereinty"(286.5)和"butressed"(286.25)。除了这两个更正,当前版本根据杜威对于文本的原意对范本作了 5 个次要修改:"signboard"(286.11)、"pretense"(293.14)、区分出插入语"or dead"的前后两个逗号(291.15—16),以及加上一个逗号(293.18)。

除了一个修改之外,杜威的实质性修改被接受为修订;这个例外是《教育学双月刊》中(可能是印刷错误)把"objectionable"(288.6)改为"objectional"。

在《教育学院学报》第一页中的一个注释,表明这个文本是以《东部地区艺术教师协会和东部地区工艺培训教师协会联合大会会刊》为依据的。这也通过以下事实得到证实:在6个实质性的地方,《东部地区艺术教师协会和东部地区工艺培训教师协会联合大会会刊》和《教育学院学报》是相同的,而杜威在《教育学双月刊》中则对这6个地方作了修改。

符号表

421 左边的页码—行数来自于本版;除标题之外,所有行数都已计算在内。

在页码—行数之后的缩写 *et seq.* 表示在那个章节中该部分内容,在以后的所有出现都作相同处理。

括号前的内容来自于本版。

方括号标明来自本版的内容的范围,其后部分指明该内容的最初形式。

W 表示作品(Works)——本版,这些作品在此首次被修订使用。

缩写的 *om.* 表示括号前面的内容在该缩写后面所指定的版本和印次中被省略;*not present* 被用来标明在指定版本中没有出现的材料。

缩写的 *rom.* 表示罗马体,并用来标明斜体字的省略。

Stet 和版本或者印次一起,指后来被修订的版本或印次中一个重要的内容被保留;分号后面的是不再被使用的改动。

修订页码—行数之前的星号,指该内容在原文注中被讨论。

上标"+"表示该内容在指定版本之后的所有修订印次和版本中都出现。

当修订只限于标点时,波浪线"～"表示括号前的相同词语,脱字符号"^"指缺失一个标点符号。

校勘表

范本中所有实质的或偶发的校勘均被记录在下表中,除了一些形式上的变化。方括号左边的内容出自本版,括号后面是首次出现的校勘内容来源的缩写。其后是一个分号,分号后面是范本的校勘内容。所有校订文本中的主要变化都记录在此;因此,这个列表既是一个修订记录,也是一个历史校勘。

每个条目的范本在该条目的校勘表的开头得到确定;对于那些在它之前只有一个版本的条目,列表中没有这个范本的缩写。

以下这些形式的或机械的更改遍及全书:

1. 书名和杂志名改为斜体;文章和书的章节名加了引号。如有必要,提供书名并且给出完整信息。

2. 杜威文本中的脚注的上标数字已按照顺序排列并保持一致;星号仅用于编者的脚注。

3. 把不在所引资料中的单引号转换为双引号;必要时提供前引号和后引号。

下列单词(括号前面)的拼写已调整为杜威的风格:

aesthetic] esthetic 148.25, 156.24, 160.6, 171.13, 172.38–39, 173.36, 179.18, 179.38, 180.29, 181.3, 181.14, 182.22
blasé] blase 246.8
centre] center 97.36, 130.19, 135.22, 136.36, 231.27, 239.7, 245.6, 247.27, 248.22, 251.8, 253.21, 254.11, 274,10, 284.4, 284.26, 304.7, 343.40
cooperate] coöperate 95.39, 203.5
entrusted] intrusted 280.38
fibres] fibers 304.8
focuses] focusses 236.23

preexisting] preëxisting 318.35
pretense] pretence 321.28
recognize] recognise 205n.39
régime] regime 293.10
résumé] resumé 224.36
scepticism] skepticism 213.4
self-enclosed] self-inclosed 123.4, 124.19
thoroughly] thoroly 220.37
though] tho 224.33
through] thro, thru 223.13, 228.7
Zoogeography] Zoögeography 337.23, 338.12, 340.8
zoologist, zoology] zoölogist, zoölogy 11.13, 205n.29, 332.25-26, 337.23, 338.1, 338.8, 338.9, 338.11, 338n.1, 338n.2, 338n.6, 340.7, 341n.11

以下的例子，如断字和用连字符连接，在编辑上被调整为按照杜威已知的做法，即出现在括号之前：

anyone] any one 81.29, 193.3
casting-room] casting room 344.23
coexistences] co-existences 6.30
common-sense (adj.)] common sense 132n.4
common sense (noun)] common-sense 49.1
cooperate] co-operate 214.20, 215.6-7, 227.34, 247.1, 272.13, 280.22, 280.26, 281.14, 282.27-28, 283.40, 284.3, 284.33, 298.5
coordinate] co-ordinate 31.36, 41.1
everyday] every-day 28.29
everyone] every one 67.11, 244.28
hand-work] handwork 329.20
high-school (adj.)] high school 218.31
kiln-room] kiln room 344.22
life-history] life history 68.15, 68.17, 71.21, 205n.14
lunch-room] lunch room 343.4
make-believe] make believe 293.14
practice-teachers] practice teachers 269.25
practice teaching] practice-teaching 258.12, 271.5
preoccupation] pre-occupation 264.17
pre-pedagogical] pre pedagogical 337n.3
quasi-] quasi 141.22-23, 141.23
reception-room] reception room 344.7
short-cut] short cut 71.33
someone] some one 93.33, 123.24, 149.40
subject-matter] subject matter 217.16, 227.37-38
thoroughgoing] thorough-going 200.35, 206.32
well-graded (adj.)] well graded 232.15

work-rooms] work rooms 344.6-7, 344.23

《对道德进行科学研究的逻辑条件》

范本是在《代表院系的研究Ⅱ：哲学与教育》(《芝加哥大学十周年专刊》第 1 系列，第 3 卷，第 115—139 页，芝加哥：芝加哥大学出版社，1903 年）中第一次发表的文章。

11.7	unanalyzed] W;	analyzed
27.30	indeed ⌄] W;	~,

《伦理学》

范本是《美国百科全书》A04 中该词条的第一次印刷，当前版本中的一些修订是依据该书 1918 年的第二版 A18 中所作的改动（纽约：美国文献出版公司（Americana Corporation），1918 年）。在第三版中的修改，出现在《伦理学》1940 年的校勘表中。

40.25	development,] A18; ~;
42.22	1901] W; 1902
44.39	defense,] W; ~⌄
45.3-4	5th century] A18; 5th
45.24	strife,] A18; ~;
46.18	change),] W; ~)⌄
46.31	pleasure),] W; ~); A18; ~)⌄
46.38;54.29	program] A18; programme
47.34	capacities] A18; the capacities
48.14	considerations] stet A04; consideration A18
49.11-12	positive ⌄] A18; ~,
51.18	Leibniz] W; Leibnitz
52.9	Helvétius] W; Helvetius
52.10	1772] W; 1773
53.6	province ⌄] A18; ~,
53.8	1746] W; 1747
53.13	1631] W; 1632
53.39	prominent:] A18; ~⌄
54.1	1832] W; 1842
55.15	44] W; 43
55.15	1818-1903] A18; 1818-
57.33-36	live,... those situations] stet A04; live. A18
57.37-58.8	Consult the... 1901).] A18; [not present]
58.5	Sorley] W; Sorly A18
58.7	*Introduction to*] W; 'Introduction to the Study of A18

《关于逻辑问题的笔记》

61.4	career‸enables] W;	career, enable
63.31	diametrically] W;	diammetrically
65.18	Benjamin] W;	Benj.
67.7	language,] W;	~‸
69.14	Shakespeare] W;	Skakespeare

《哲学和美国的国家生活》

73.22	people,] W;	~;
77.31,32,32-33,36	university] W;	University

《术语"有意识的"和"意识"》

79.24	Ussher] W;	Asher

《信念和存在》(信念和实在)

范本是《哲学评论》(1906年,第15卷,第113—119页)的第一次印刷,标题为"信念和实在"。根据杜威在《达尔文对哲学的影响以及关于当代思想的其他论文》(纽约:亨利·霍尔特出版公司,1910年)第169—197页所作的修改而进行修订。

83.1	EXISTENCES] D;	Realities.
83.4-5	ways, towards.... They are] D;	ways: they are
83.6	or judge] D;	and judge
83.6	justify] D;	either justify
83.7	who insist] D;	insist
83.8	meanings form their content] D;	meaning they supply
83.13	characters] D;	always characters
83.13	mere] D;	just
83.14; 84.38; 86.3,14,20; 87.17; 88.1,7,31; 89.5; 93.38; 94.7,15, 27; 95.23; 96.6; 97.20,22	that] D;	which
83.15	they help] D;	they are things which help
83.20	presence] D;	both presence
83.23-24	Such movement... working out] D;	For such immediate meanings are the bases, the 'predicaments' of human conduct. Conduct is the real, and thus the logical, working out

83n.2-9	December 28, 1905, and reprinted... was desirable.] D; December 28, 1905.
84.1	affirmed, acted] D; affirmed, that is, acted
84.2	crucial fulfilment] D; experience
84.8-11	terms of... characters, forms.] D; terms of contact with objects.
84.12	the course of existence] D; reality
84.13,14,19	existence] D; reality
84.15	"Reality"] D; ∧~∧
84.15	naturally instigates] D; naturally — that is, metaphysically — instigates
84.18	means ways] D; is ways and ends
84.20	existence discerning, judging] D; reality ∧ judging
84.23	with beings] D; of beings
84.24	its complication on the other,] D; on the other, its complication
84.26-27	on the] D; upon the
84.29	succeed in] D; get anything but vanity by
84.30	"consciousness"] D; ∧~∧
84.30	business] D; reality
84.36-37	world is meant] D; world it is
84.39	*for* life as well as *by* life.] D; for production.
85.1	philosopher,] D; philosopher,¹... [¶] ¹I have found much instruction in Dr. Lloyd's article in the *Journal of Philosophy, Psychology, and Scientific Methods,* Vol. II, p. 337, on "The Personal and the Factional in the Life of Society."
85.1	occupied] D; occupied of late
85.3-4	an ultimately valid principle] D; a metaphysical principle
85.5	in natural existence] D; in reality
85.7-8	just natural, empirical.] D; just metaphysical.
85.11	Stoic] D; the Stoic
85.14	Forswearing] D; Foreswearing
85.15	affection] D; affections
85.15	adventure, the genuineness] D; adventure,
85.16	an oath] D; the oath
85.17	Reality] D; a reality
85.19	meanings] D; ideas or meanings
85.19-20	everything] D; all
85.20	of course] D; then
85.27	other] D; radically other
85.27-28	beliefs that shall develop] D; beliefs, developing
85n.7	feeling] D; feelings
86.1	to rectify] D; rectifying
86.1	cultivate] D; cultivating
86.2	heal] D; healing

86.2	fortify] D;	fortifying
86.2-3	the dream of a knowledge] D;	of a knowledge
86.7; 87.20	"Reality"] D;	˄reality˄
86.7	empirically unrealizable] D;	unrealizable
86.11	object] D;	universe
86.12	different] D;	differing
86.13	are] D;	have been
86.14	Reality] D;	reality
86.16	outlook.] D;	outlook, into pure cognitional objectivity, — mechanical, sensational, conceptual, as the case may be.
86.28	body in order expressly] D;	body expressly in order
86.31	because of] D;	because one is so sure of
86n.1	Hegel may be excepted] D;	Of course I except Hegel
86n.7-10	I wish to recognize... own intention.] D;	I wish to state the debt to Hegel of the view set forth in this paper.
87.3	succès] D;	succés
87.5	or the world empirically] W;	of the world empirically D; the world
87.7	"Reality,"] D;	˄reality,˄
87.14	"absolute"] D;	˄~˄
87.15	in terms] D;	and in terms
87.21	invoke a] D;	invoke the
87.26	by] D;	in
87.28	*only*] D;	[*rom.*]
87.30	in Reality,] D;	in metaphysical reality˄
87.31	things] D;	~,
88.3	diagram] D;	to diagram
88.24	ultimate] D;	absolute
88.24	principle] D;	principle of conduct
88.25	the principle] D;	the supremely real
88.28	implied moral metaphysic] D;	metaphysic
88.29	this implication] D;	it
88.31-32	true existence] D;	reality
88.36-37	in its function of] D;	as
89.1	all genuine things] D;	reality
89.7	effected] D;	affected
89.10	Because] D;	But just because
89.16	as] D;	to be
89.20	existence] D;	realities
89.22	complete] D;	effected
89.29-30	knowledge to be achieved only in] D;	knowledge in
89.36	man (since... desire)] D;	~, ~,
89.37	phenomenal;] D;	~,
89.37	and has] D;	having

89.37-38	God, who as God is] D;	God as God, as
89.38-39	being ₐ — the term] D;	being, — a Being the term
89.40-90.1	it then had to be conceived] D;	it was then conceived
90.1	comes] D;	came
90.3	disciplines] D;	disciplined
90.3	till,] D;	~ₐ
90.4	world ₐ] D;	~,
90.4	may] D;	might
90.5	may yield] D;	yield
90.5-6	knowledge:] D;	~,
90.7	not] D;	not then
90.7-10	theory that since... or God.] D;	theory of knowledge and of its relation to man and to God — perfect content of perfect thought.
90.12	with] D;	in
90.15	that,] D;	which ₐ
90.20	is marked by] D;	marked
90.22	and by a] D;	and a
90.25	expresses] D;	expressed
90.31-32	his combination] D;	the combination
90.33	all-absorbing] D;	all ₐ absorbing
90.38	nature, science was] D;	nature, not only was science
90.38	and also] D;	but
91.5	the opportunity] D;	as the opportunity
91.6	being),] D;	~)ₐ
91.14	operated] D;	functioned
91.16	supernatural truths] D;	supernaturally realizable truths
91.18	charged] D;	surcharged
91.19-20	previously reserved] D;	reserved
91.37	to be as] D;	as
91.38	upon] D;	in upon
92.8	"phenomenal."] D;	ₐ~·ₐ
92.12	that] D;	which may
92.15	limit] D;	arbitrarily limit
92.17	that] D;	how
92.18-19	knowledge that] D;	knowledge in its own aims, conditions, and tests which
92.20	that this] D;	how the
92.24	and tests that] D;	of procedure which
92.24	formulated] D;	generically formulated
92.26	existence] D;	both reality
92.32; 93.2,23; 96.35; 97.19,22,34	"reality"] D;	ₐ~ₐ
93.1	its] D;	their
93.1-2	counterpart] D;	counterparts

93.3	already] D;	already given
93.5	human "mind"] D;	'mind'
93.6	"unreal."] D;	unreal˄ over against the objectively real.
93.10	an invidious sense,] D;	a sense metaphysically invidious,
93.12	bound] D;	bound in detail
93.13	sciences in detail] D;	sciences
93.14	*in*] D;	always *in*
93.16	activities,] D;	～˄
93.16	since] D;	as
93.16	his,] D;	～˄
93.16	genuinely] D;	metaphysically
93.19	being the] D;	since they are
93.24	never could be sure] D;	would never be aware
93.27	truth] D;	truth is
93.28	put] D;	it puts
93.34	or] D;	and
94.3	inquiry] D;	the inquiry activity
94.14	belief] D;	personal belief
94.16	in] D;	as
94.18	becomes a] D;	is the
94.21-22	unfavorable] D;	the unfavorable
94.22	securing] D;	of securing the
94.22	consequences. Observation] D;	consequences; observation
94.27-28	judging them from a new standpoint] D;	utilization as means
94.28-29	tests concepts by using them as] D;	fulfills the other by use as
94.29	methods,] D;	～,
94.29	active] D;	personally active
94.29-30	experience personally conducted] D;	immediate experience, personally initiated, personally conducted,
94.33	nothing] D;	all that
94.33-34	admitting the genuineness both of thinking] D;	the giving of genuine metaphysical reality both to thinking
94.34	of their] D;	to their
94.35	except] D;	is
94.36	existence] D;	reality metaphysically taken
94.36	is not] D;	is
94.37	belief˄ which,] D;	～, ～˄
94.38	man,] D;	～,
94.39	demean itself so unworthily] D;	so unworthily demean itself
95.1	"real"] D;	metaphysically˄ real˄
95.2	world] D;	universe
95.5	an] D;	the
95.11	must be] D;	are at once
95.26	to belief] D;	of belief

(430)

95.39	information] D;	informations
95.39	instruction] D;	instructions
96.1	and that] D;	that
96.3	needs] D;	social needs
96.5	philosophy] D;	metaphysics
96.6	that are] D;	as such are
96.8	these facts] D;	they would
96.9	present traits] D;	offer facts
96.11	on] D;	in
96.21	"phenomenal"] D;	˄~˄
96.27	genuinely] D;	metaphysically
96.28	existences] D;	reality
96.35	"consciousness,"] D;	˄~,˄
96.39	reals] D;	metaphysical reals
97.2	intelligence] D;	consciousness
97.2-3	specific undertakings] D;	facts
97.3	not] D;	not seen
97.4	idealism] D;	current idealism as a knowledge theory
97.6	living beings] D;	lives
97.12	things, so that they] D;	real things; that in their reality they
97.14-15	things:— the latter thus becoming] D;	things, whereby the latter are made
97.17	they] D;	that they
97.19	a] D;	its
97.19	possession of pure intellect] D;	possession
97.31	"realities"] D;	˄~˄
97.31	philosophers] D;	philosophies
97.32-33	realities˄ and] D;	~, or
97.33	he is interested] D;	but
97.35	accredit] D;	authorize the accrediting
97.35	concrete] D;	of concrete
98.1	especially] D;	specially
98.2	knowledge] D;	consciousness
98.2-3	that because the] D;	because all the
98.4	we] D;	that we
98.5	extensive] D;	the most extensive
98.5	methods] D;	methods for testing the meaning and worths of beliefs
98.20	by] D;	into
98.21	convictions] D;	beliefs
98.23	are] D;	are rendered
98.23	less,] D;	~˄
98.26	acknowledgment] D;	fullest acknowledgment
98.30-99.1	obscurantism] D;	sheer obscurantism
98n.13	genuinely] D;	really

431

99.2	moral] D;	spiritual
99.4	then the] D;	then there haunts us the
99.6	"spiritual values" haunts us] D;	˄spiritual values˄
99.7-8	thereby weaken] D;	weaken
99.8-9	and in that sense, the] D;	the
99.9-10	and if knowledge] D;	if knowledge
99.13	freedom] D;	the freedom
99.13	ours,] D;	~˄
99.14	the freer the thought] D;	and the freer it is
99.21	did he] D;	if he did
99.24	conscious] D;	more conscious
99.25	orderly] D;	more orderly
99.27	natural] D;	truly natural
99.27	then its] D;	then is its
99.28	is at one with] D;	at last one
99.28	human] D;	humane
99.32	kindle and engender new beliefs.] D;	enkindle burnt out forms of belief and engender new.
99.38	experience] D;	feel
99.39	that perhaps is agreement] D;	that is perhaps the only agreement possible on strictly intellectual matters
100.4	is to be thinking] D;	is thinking
100.7-9	of action:—and yet... and comparison.] D;	of action.

《知识的实验理论》

范本是《心灵》(第15卷,1906年,第293-307页)的第一次印刷,修订来自于杜威对在《达尔文对哲学的影响以及关于当代思想的其他论文》(纽约:亨利·霍尔特出版公司,1910年)第77—111页的文本所做的修改。在修改过程中,杜威在段落方面的改变将在这个列表中得到显示;这些段落原来在范本中的顺序在《文本说明》中被讨论。

107.1-2, 107n.1-3　THE EXPERIMENTAL THEORY OF KNOWLEDGE[1]...
　　　　[¶] [1]Reprinted, with... July, 1906.] D;　I. — The Experimental Theory of Knowledge.

107.3	knowing] D;	knowledge
107.22	This case] D;	This
107.24	introduced. Let] D;	~. [¶] ~
107.26; 109.15; 110.19,n.6; 112.4; 113.29; 116.13(2); 123.3; 127.12	that] D;	which

108.4(2)	there] D;	in consciousness
108.9	smell;] D;	~:
108.10	"not experienced as" such] D;	'not experienced as'; is not so directly in consciousness
108.18	exercise] D;	anywhere exercise
108.21; 109.19, 25; 111.38–39	"consciousness"] D;	ˏ~ˏ
108.23	present — present, at all events] D;	present — either in a world of things, or, at all events
108.24	a] D;	the
108.25	that,] D;	~ˏ
108.31	context] D;	comprehension
108.33	honored] D;	honoured also
108.39	distance between] D;	immense distance of
109.2–3	finite knowledge,] D;	finite knowledge, of relative knowledge,
109.6	exists] D;	holds
109.9	things experienced] D;	experiences
109.16–17	this statement] D;	this
109.23–24	existence] D;	being, absolute,
109.25	reflected] D;	[rom.]
109n.12	already be] D;	be already
109n.19	mediacy] D;	Mediacy
109n.21	immediately present] D;	present
110.7	"consciousness,"] D;	ˏ~,ˏ
110.7–8	the immediate is related] D;	to relate the immediate
110.12–13	forever] D;	for ever
110.18	a way] D;	way
110.21–23	to anticipate... prior experience.] D;	to some extent, on the basis of prior experience, to anticipate.
110.32	over] D;	of
110n.1	the *flux*] D;	the mode and operation of the *flux*
110n.2	and in *habit*... of organization —] D;	(that he carelessly proclaimed and then abandoned as a merely negative thing, useful to drown dogmatists in),
111.8	For an observer the new quale might be] D;	The new quale might be for an observer
111.9	K,] D;	~ˏ
111.9	G] *stet* EM;	[*rom.*] D
111.11	should] D;	would
111.15	pictures] D;	others
111.18–19	Gratification-terminating-movement-induced-by-smell] D;	~ˏ~ˏ~ˏ~ˏ~ˏ~
111.22	terminating] D;	terminated
111.22	career ˏ] D;	~,
112.7	thing,] D;	~ˏ

112.23	assurance ˰ or] D;	assurance, in
113.3	present] D;	present to oneself
113.6	itself; it] D;	~. It
113.7	or cognitive] D;	the cognitive
113.8-9	fulfilment; or] D;	fulfilment. Or
113.10	hunting] D;	hunting consciousness
113.20-21	Before the... introduced,] D;	In other words, before there can properly be use of the idea of confirmation or refutation,
113.27	S'] D;	S
113.30-31	operation incited by it] D;	operation which it incites
113.35	another at] D;	another or at
114.2	indicating] D;	intentionally indicating
114.5-6	meant to mean. Both the thing] D;	meant to mean. [¶] Let us return to the situation in which a smell is experienced to mean a certain fulfilment through an operation. Both the thing
114.13-14	that is,] D;	~˰
114.31	are present,] D;	is presented,
114.31	they are] D;	it is
114.32	They are present] D;	It is presented
114.36	upon the adequacy] D;	the adequacy
115.6	*through the*] D;	*through an*
115.8	now] D;	shall now
115.23-24	already been] D;	been already
115n.1	*Studies in*] W;	Contributions to
115n.11	which meant] D;	which are meant
115n.12	they] D;	was
116.11	*detectable difference,*] D;	~˰
116.15	which,] D;	~˰
116.16	knowledge,] D;	~;
116.23	accidental] D;	*de facto*
116.29	that determines the success] D;	which determines control of intention as to its success
116.36	at least brings] D;	will at least bring
117.2	formerly occupied. One may, that is,] D;	formerly occupied. [¶] Observing the futility of such a method, one may turn scientist, and then epistemologist only as logician, only, that is, as reflecting upon the nature and implications of the scientific process. One might, that is,
117.3-4	may voluntarily] D;	might voluntarily
117.5	account] D;	come to account
117.6	discriminate] D;	to discriminate
117.8	safeguard] D;	to safeguard
117.8	employing] D;	employ

117.9-24	Superficially, it may... self-enclosed entities.] D; The presupposition here is clearly that odour, person and rose are elements in one and the same real world (or, what is the same thing, of the constitution of one object), and that accordingly specific and determinable relations exist among the elements. The smell will present itself indifferently as a condition of the organism or as a trait of some other object, the rose; or, in exceptional cases, to be referred exclusively to the organism, as initiator of the operations indicated by the odour and terminated in the rose, while as defining the goal of operations and fulfilment of meaning it is a property of the object. To smells as themselves objects of cognition, many other traits and relations similarly attach themselves — all having reference, sooner or later, to the more effective and judicious use of odours as cognitionally significant of other things.	
117.25	the] D; this	
117n.2	surplus,] D; ~$_\wedge$	
118.10	things] D; characteristic quality of things	
118.11	relation,^{9}] W; ~,^{1} D; ~,$_\wedge$	
118.15	were] D; would	
118.15-16	to translate] D; translate	
118.17-122.11	"truly";$_\wedge$ at least, if we... by reason of disappointment a person] D; 'truly'.^{1} By reason of disappointment, the person	
118n.2	thing] D; cognitional thing	
118n.4	the truth] D; truth	
121.38	about on] W; about	
122n.10	final] D; absolute	
123.3-5	attitude (the... "ideas") accuses] D; attitude accuses	
123.19	*function*] D; [*rom.*]	
123.19	new property involves] D; is	
123.21	a non-mental] D; an non-mental	
123.22-24	office and use.^{11} To be... concerned.^{12} Will not] W; office and use.^{1} To be... concerned.^{2} Will not D; office and use.^{1} Will not	435
123.25	is *ab origine*] D; is *aborigine*	
123.28	viewing] D; this way of viewing	
123.29	mental expresses only] D; mental, does not express its own experienced quality, but only	
123n.4	necessary function] D; function	
123n.9-13	^{11}Compare his essay... *Philosophy and Psychology.*] W; ^{1}Compare his essay, "Does Consciousness Exist?" in the *Journal of Philosophy, Psychology, and Scientific Methods,* Vol. I., p. 480. [¶] ^{2}Compare the essay on the "Problem of Consciousness," by Professor Woodbridge, in the Garman Memorial Volume, entitled "Studies in Philosophy and Psychology." D; ^{1}"Does 'Consciousness'	

Exist?" *The Journal of Philosophy, Psychology and Scientific Methods*, vol. i., p. 480. The whole article should be consulted. It has, of course, attracted much attention; but its full logical bearing, in cutting under the charge of psychologism as mere subjectivism, does not seem to me to have been appreciated as yet.

124.7   assumes] D;   appears to assume

124.8 – 34   And as if to add to... a meaning in general.] D;   [¶] The spectator or critic may decide that the smell is a feeling or state of consciousness or idea — but in this case he is talking about smell in a different context, another thing, having another meaning in another situation — his own cognitive problem as psychologist or whatever. But for itself the smell is a definite thing or quale which identifies itself with its intention — securing another thing as its own fulfilment. And the enjoyed rose is not that of the artist or the botanist — it is not the object of some other intention and problem, but is precisely the qualities meant or intended by this particular smell.

124.34 – 36   Subsequent meanings... the object] D;   *Subsequent* fulfilment may increase this content, so that the object

124.36   may] D;   will

124.39   a knowledge] D;   knowledge

125.3   a merely] D;   the merely

125.13   the other] D;   other

125.23 – 31   IV [¶] From this excursion... claim to mean] D;   [¶] So far as this type of reflexion supervenes, we have knowledge of the critical or scientific type. We have things which claim to mean

126.27   execution,] D;   ∼∧

126.30   and to their] D;   and their

126.33   denotes] D;   means

126.35   is, one may say,] D;   ∼∧ ∼∧

127.4   of] D;   to

127.9   generated] D;   confirmed

127.10 – 11   alert for them,... them anxiously,] D;   alert to note them, anxiously to search for them

127.12   rational] D;   all our rational

127.13   legitimate] D;   all legitimate

127.16 – 17   *significant*] D;   adequately *significant*

127.22 – 23   own sake over that of "mere" activity.] D;   own sake.

127.23   an order] D;   the order

127.24   the participation] D;   participation

127.26 – 27   to deprive] D;   deprive

127.27   ground] D;   reason

《经验和客观唯心主义》

范本是在《哲学评论》(第 15 卷,1906 年,第 465 - 481 页)的第一次印刷,修订来自于杜威对在《达尔文对哲学的影响以及关于当代思想的其他论文》(纽约:亨利·霍尔特出版公司,1910 年)第 198—225 页的文本所做的修改。

128.1, 128n. 1 – 2　　IDEALISM[1]... [¶] [1]Reprinted, with... (1906).] D;
　　　　　　　　　　IDEALISM.
128.2　　　　　　I]D;　[*not present*]
128.8; 129.21,　that] D;　which
25; 131.1,
13,14; 132.15,17;
133.40; 134.32;
138.13; 139.18
(2); 142.5,13,
14,33
128.13　　　　　as this experience is] D;　as thought renders this experience
128.17　　　　　with] D;　and
128.20　　　　　seems] D;　seem to me
128.23　　　　　its relation to] D;　of
128.26 – 27　　a preservation that affords] D;　and in such a way as to afford
129.2　　　　　nature] D;　meaning
129.7 – 8　　　if true opinion be achieved, it is only] D;　if this be true opinion, it is such only
129.12　　　　　an] D;　its own
129.13　　　　　The regions] D;　This accounts for the regions
129.14　　　　　hold sway are thus explained.] D;　hold sway.
129.18　　　　　imitativeness; hence] D;　imitativeness, characteristic of reality subjected to conditions of change; hence
129.29　　　　　*embodiments*] D;　special *embodiments*
129.30　　　　　insecure, to reason] D;　insecure; and of reason
129.34　　　　　meaning in] D;　meaning as in
129.39　　　　　Experience presents] D;　It represents
129.39　　　　　good,] D;　~∧
130.1　　　　　much] D;　much of
130.1　　　　　Neo-Kantian] W;　neo-Kantian
130.2　　　　　professedly] D;　logically
130.2　　　　　epistemological.] D;　~,
130.5　　　　　knowable.] D;　knowable, or objective
130.6 – 7　　　may be,... an assurance] D;　may be anything you please, morally and spiritually), carries an assurance
130.8　　　　　reality] D;　reality of normative values,

130.10	epistemology] D;	it
130.11	Neo-Kantianism] W;	neo-Kantianism
130.17–18	expressed meaning.] D;	expressed meaning; idealism as ideality against experience, as struggle and failure to achieve meaning.
130.21–22	validation] D;	validity
130.23	obstacle which prevents] D;	obstacle preventing
130.24	making way] D;	making its way
130.25	responsible ˰] D;	~,
130.34	been] W;	taken
131.9	here bound up] D;	bound up here
131.12–13	universality,] D;	~˰
131.13	necessity ˰] D;	~,
131.17	scientific] D;	scientific knowledge
131.21	episode] D;	typical episode
131.27	given and ˰] D;	given to,
131.27	in ˰] D;	~,
131.31	a tossing that] D;	which
131n.2	Locke doubtless derived this notion from Bacon.] D;	[not present]
131n.8	has] D;	is
131n.10	Memory ˰"] D;	~,"
131n.11	2),] D;	2)˰
131n.12	is opposed to] D;	opposed it to
132.2	both] D;	not merely
132.3	and also to confer] D;	but as a function constitutive of the
132.4	upon] D;	of
132.4	sensational] D;	the perceptual
132.7	that claims] D;	which has directly or indirectly
132.8	capacity.] D;	capacity, perceptual as well as scientific.
132.13	required] D;	requisite
132.16	sensory] D;	empirical
132.17	are] D;	would remain
132.18	II] D;	I.
132.21	of a] D;	as a
132n.15	"experimental testing,"] D;	˰~,˰
132n.19	Baconian] D;	Lockeian
132n.23	ignorance of] D;	falsely supposed
132n.24	usage. [This pious... 1909.]] D;	usage.
133.7	an agency] D;	that
133.8–9	operative] D;	transcendent
133.9	constructive] D;	noumenal
133.11	idealism.] D;	idealism. The first sense, if validated, would leave us at most an empirical fact, whose importance would make it none the less empirical. The second sense, by itself, would be so thoroughly transcendental, that while it would exalt 'thought' in theory, it

would deprive the categories of that constitutional position *within* experience which is the exact point of Kant's supposed answer to Hume. Hence, an oscillation to the first sense, so that thought is supposed to be at once a deliberate, reflective, corrective, reorganizing function with respect to the defects of experience, while to it is also attributed an absolute and unconscious function in the original constitution of experience.

133.16	a regulative] D; the regulative
133.16	sense, thought as] D; sense, that of the importance of thought in
133.20	is *already*] D; *already* is
133.22	any one] D; this
133.22-23	compared with... of itself.] D; discriminated from that.
133.23-24	The concept... that] D; So the concept first is that
133.26	is treated as] D; is
133.28	recognition] D; consciousness
133.28	fallacy] D; fatal fallacy
133.33-38	experienced object.... The concept] D; experienced object. The concept
133.38	triangle,] D; a triangle˰
133.38-39	means doubtless a] D; for example, means a
133.39	of] D; for
133.39-40	but to Kant it] D; but it
134.1	that unconsciously] D; unconsciously
134.3-4	space perception, even... be a triangle.] D; space perception.
134.10	recognition] D; consciousness
134.10-11	to logical function] D; function
134.11	some prior] D; some
134.12-15	seems clear. And it... various relationships.] D; seems clear.
134.19	this] D; that this
134.21	identification;] D; ~,
134.22	character] D; and character
134.27	combines] D; recombines
134.27	in] D; into
134.29	is] D; is also
135.1	application; it is another] D; applications, and another
135.3	that functions] D; which does function
135.9	thinking that secured] D; thoughts which found expression in
135.11	arrangements] D; categorizations
135.15	prior] D; a prior
135.15-16	organizations, biological and social in] D; organization, which is biological in
135.20	a practical] D; the practical
135.27	had] D; has
135.29	natural] D; biological

135.31	only supernaturally] D; supernaturally
135.34	in thought as] D; as
136.6	original] D; *a priori*
136.7	and institutionalizations] D; or institutionalizations
136.10	create mechanical] D; mechanical
136.40	The categories] D; Like God's rain, the categories
136.40 – 137.1	cover alike the] D; fall alike upon the
137.2	(unlike God's rain ⌒)] D; ⌒,⌒
137.21	by first accepting] D; very largely by accepting as its own presupposition
137.23	*non-existence* ⌒] D; ~,
137.25	and to] D; and
137.27	III] D; II.
137.36	a factor] D; as a factor
138.4	instinctive] D; intrinsic
138.16	such] D; this sense of
138.19	relevant] D; the relevant
138.20	an appropriate] D; the relevant
138.21 – 22	intellectual material depends upon] D; thought material will depend simply upon
138.23 – 24	perception, moreover, is strictly teleological,] D; perception is strictly teleological, moreover,
138.26	by] D; in this
138.26 – 27	contexts] D; context
138n.3 – 4	controlling] D; the controlling
138n.4	conditions] D; condition
139.3	"neutral"] D; the 'neutral'
139.3	emotion,] D; ~⌒
139.3	a purpose] D; purpose
139.9	sense that] D; logical sense in which
139.11	equaling] D; equalling
139.12	the work of observation and description forms] D; such a logical function is
139.13	division] D; intentional division
139.13	*within*] D; [*rom.*]
139.14	registration] D; registraton
139.28	time] D; given time
139.36	measured] D; ascertained
139.37	to logic ⌒] D; as a branch of logic,
140.10	inferential] D; mediate
140.15	a searched] D; the searched
140.31	the empirical relevancy] D; its empirical relevancy
140.31 – 32	the empirical worth of this contrast] D; its empirical worth
140n.2	his own correction] D; its own corrective

141.3	it] D;	that
141.5	IV] D;	III.
141.7	value] D;	values
141.16	bearing,] D;	~∧
141.21	are now] D;	become
141.25	leaves] *stet* PR;	leave D
141n.3	identifying] D;	embodying
141n.3	distinction,] D;	~∧
141n.4	logical control,] D;	the logical control of perceptive experience,
141n.4	all experience whatsoever.] D;	experience *qua* experience.
142.10–11	instances, as distinct from] D;	instances, etc., the fact that it has an 'upon the whole' character, instead of
142.11	secures] D;	is also
142.18	exasperating] D;	almost exasperating
142.21	perfecting] D;	perfectng
142.22	object,] D;	~∧
142.23	measure intelligence] D;	measure
142.30	reduction] D;	reflection
142.31	present,] D;	present into elements defined on the basis of the past,
142.31	and] *stet* PR;	[*om.*]
142.32	though] D;	yet
142.34	precedents∧] W;	~,
143.2	are] W;	is
143.10	content and value] D;	meaning
143.33	transformed] D;	altered
143.34	they are called] D;	called
143.40	experimental∧] D;	~,
144.1	idealism∧] D;	~,
144.8	experience,] D;	experience with the contrasts in value this transition brings,

441

《圣路易斯艺术和科学大会》

146.5	necessary] W;	natural
146.20	*non sequitur*] W;	*nonsequitur*
147.18	∧are "not] W;	'~∧~
148.36	Congress] W;	congress

《实用主义的实在论》

156.10	*Studies in*] W;	*Contributions to*

《直接经验主义的预设》

范本是在《哲学、心理学与科学方法杂志》(第 2 卷,1905 年,第 393 - 399 页)的第一次印刷,修订来自于杜威对在《达尔文在哲学上的影响以及关于当代思想的其他论文》(纽约:亨利·霍尔特出版公司,1910 年)第 225—241 页的文本所做的修改。

158.2, 158n.1 - 3	EMPIRICISM[1]... [¶] [1]Reprinted,... 1905.] D; EMPIRICISM	
158.8,18,19; 161.14; 162.15, 24; 164.27,32; 165.14	that] D; which	
158n.12	*Philosophical Review,*] D; *Phil. Rev.*,	
158n.17	*certainty.*] D; *certainty in* knowledge.	
159.7	zoologist, and] D; zoologist, etc., and	
159.14	denoted] D; meant	
160.6 - 7	technologically.] D; ~, etc.	
160.7	assume that, because] D; assume, because	
160.7 - 8	*standpoint of the knowledge experience*] D; [*rom.*]	
160.9	be, therefore] D; be, that, therefore	
160.13 - 16	roots.... [¶] I start] D; roots. [¶] For example, I start	
160n.14	means *his*] D; means that *his*	
161.1	existence] D; reality	
161.7	cases, only in retrospect is the] D; cases, it is only in retrospect that the	
161.8	cognitionally] D; is cognitionally	
161.9	content] D; contents	
161.9	a] D; the	
161.21	to the empiricist] D; [*ital.*]	
161.22	genuine] D; real	
161.29	of this sort] D; of which this is true	
162.1	(, or] D; (-~	
162.11	he] D; which he	
162n.3	holds] D; hold	
163.6	control. Suppose] D; control, a principle of guidance and selection, the normative or standard element in experience. Suppose	
163.10	can the] D; can there be the	
163.10	be drawn] D; that we draw	
163.35, 163n.1 - 6	is true or truer.[9]... [¶] [9]Perhaps the point... above paragraph.] D; is experienced as true or as truer.	
164.23	tension] D; transcendence	
165.6	reals] D; ~,	

165.6-7	continuity,] D;	~∧
165.12	they lie] D;	it lies
166.1	quality] D;	quantity
166.2	the thing] D;	it
166.13-167.29	[NOTE: The reception... p.174.]] D;	[*not present*]

《知识经验及其联系》

177.3	∧the nature] W;	'~
177.3	"when] W;	∧~

《爱默生——民主的哲学家》

185.16	natural] W;	right
185.31	gives] W;	give
187.8	Immanuel] W;	Imanuel
187.21	*n*th] W;	*nth*
187.27	manners] W;	manner
191.14-15	tenderly] W;	continually
191.16	home] W;	homes

《赫伯特·斯宾塞的哲学工作》

194.29; 196.13; 198.11; 206.30	Universe] W;	universe
197.25-26	propositions] W;	purposes
201.14	1851] W;	1850
202.25	millennium] W;	millenium
205n.19	ethnologic] W;	ethnological
205n.24	Prof.] W;	Professor
206.26	the *Vestiges*] W;	*The Vestiges*

《几何学教育中的心理学和逻辑学》

217.4	acquirement] W;	aquirement
220.3	is] W;	in

《教育中的民主》

范本是《小学教师》(第4卷,1903年,第193-204页)。本文的另外一次发表是在《国家教育协会学刊》(第18卷,1929年,第287-290页),其中第一次出现的两个修订被纳入当前版本。

234.9　　　　likely] JN;　like
238.36　　　 insistence] JN;　insistense

《教育：直接的和间接的》

240.31　　　 as that] W;　that

《教育学中理论与实践的关系》

范本是在国家教育科学研究学会的《第三年度年鉴》(芝加哥：芝加哥大学出版社，1904年，第9-30页)第一部分上的第一次印刷。1912年的第二次印刷Y12是一个修订的来源。

256.33　　　 candidates] W;　condidates
257.12　　　 of] Y12;　o

《教育学院的意义》

276.21-22; 278.21-22　Laboratory School] W;　laboratory school
278.21　　　Department of Education] W;　department of education

《教育中的文化和工业》

范本是在《东部地区艺术教师协会和东部地区工艺培训教师协会联合大会会刊》(1906年5月3日、6月1日、6月2日，第21-30页)上的第一次印刷。范本的修订依据是杜威对发表在《教育学双月刊》(1906年，第1-9页)上的文本所做的重要修改。

285.8　　　　it shapes] EBM;　shapes
285.15　　　 discussing] EBM;　with discussing
286.5　　　　sovereignty] EBM;　sovereinty
286.6　　　　worthy,] EBM;　worthy for human life,
286.11　　　 signboards] EBM;　sign boards
286.18　　　 goods] EBM; good
286.19　　　 not valuable intrinsically —] EBM;　intrinsically not-valuable;
286.20　　　 aim is to live a life of] EBM;　aim of human life is
286.21　　　 the final] EBM;　final
286.25　　　 Such] EBM;　But such
286.25　　　 buttressed] EBM;　buttressed
286.34-35　　which is the aim] EBM;　the aim

286.38	which have] EBM; having
287.7	except] EBM; unless
287.13	for enjoying] EBM; enjoying
287.22	secure] EBM; secure to them
287.29	class.¹ ˏ Educational] W; ∼.ˏ¹∼
287n.3	at business] EBM; in business
287n.4	their being] EBM; being
288.1	was for use] EBM; is for use
288.1-2	was for culture] EBM; is for culture
288.6	objectionable] stet ATA; objectional EBM
288.8	mental] EBM; mental and bodily
288.11	fierceness] EBM; the fierceness
288.15	cast ˏ iron] EBM; ∼-∼
288.37	requires at hand] EBM; requires
288.37	labor.] EBM; labor at hand.
288.40	recruits] EBM; facile recruits
289.2-3	these shall... required] EBM; these qualities shall be secured more than is required
289.8	but somewhat] EBM; but a life of somewhat
289.9	is] EBM; shall be
289.18-19	the world commerce] EBM; world commerce
289.20	has] EBM; have
289.29	for] EBM; in
289.30	exchange] EBM; distribution
290.5	as] EBM; to be
290.7	dependence upon applied science of] EBM; dependence of
290.8	distribution renders] EBM; distribution upon applied science renders
290.8	a] EBM; the
290.14	plane] EBM; place
290.24	the charge] EBM; charge
290.25	that free] EBM; due
290.26	them a maximum] EBM; the maximum
290.34	which] EBM; in which
290.35	permitted] EMB; indulged
291.1	factor] EBM; factors
291.3-4	at once] EBM; both
291.15-16	dying, or dead,] EBM; dying
291.37	the play time] EBM; play
292.14	freed] EBM; free
292.15	human and scientific] EBM; their human and their scientific
292.17	artistic plane,] W; artistic, plane EBM; artistic,
292.21	or] EBM; of
292.27	satisfaction] EBM; own satisfaction

292.31	life] EBM;	emotional life
292.31	conditions] EBM;	external conditions
292.32	signs] EBM;	signs of its presence
292.32	symmetry] EBM;	symmetery
292.34	the degree in which] EBM;	which
292.34–35	inner joyful] EBM;	joyful
292.35	outward control] EBM;	control
292.35	nature's forces.] EBM;	nature.
293.11	in] EBM;	of
293.12	be] EBM;	will be
293.14	pretense] EBM;	pretence
293.18	which,] EBM;	~∧
293.23	so ministering] EBM;	it so ministers
293.24	of thought] EBM;	that
293.26	technique.] EBM;	technique of control and aim.

《关于弗兰克·路易斯·索尔丹"缩短初等教育之年限"观点》的评论

294.17	undoubtedly] W;	undoubtodly
296.11	school] W;	schools

对于凯瑟琳·伊丽莎白·多普《工业在初等教育中的地位》的评论

309.21	reports] W;	report

对于 W·R·本尼迪克特《不同的世界观及其伦理含义》的评论

311.11	asceticism] W;	ascetism

对于 F·C·S·席勒《人本主义：哲学论文》的评论

315.35	materialist's] W;	materalist's
316.29	necessity] W;	necesity

对于乔治·桑塔亚那《理性的生活，或者人类进步的阶段》的评论

320.10	∧for "a] W;	'~∧~

《（芝加哥大学）教育学院的组织和课程》

333.5	the] W;	he
333n.1	is] W;	s

334.23	Total] W;	[*not present*]	
334n.2	accordingly] W;	accord-	
337.26	Meteorology] W;	Meterology	
340n.2	languages] W;	languag	

《教育学院》

342.5	Court] W;	court
342.6	Avenues] W;	avenues
344.15	building] W;	buildlng

《判断的心理学》

351.15	is] W;	in

《对道德进行科学研究的逻辑条件》
1946 年校勘表

448　　当发表在《芝加哥大学十周年专刊》第 1 系列第 3 卷中的《对道德进行科学研究的逻辑条件》被收入《人的问题》[纽约：哲学图书馆（Philosophical Library），1946 年]时进行了一些重要的修改。这些修改将在下面的方括号后面显示，而方括号表示在本卷中的内容的结束。

3.6	in this article] I;	here PM
5.22	already] I;	other PM
5.23–24	judgment is] I;	judgments are PM
5.25	any one] I;	one of them PM
5.33	that do] I;	which do PM
6.38	thought essentially] I;	often supposed PM
8.22; 10.4; 31.14; 35.11	universal] I;	general PM
10.6	universal] I;	proposition PM
10.12	universal] I;	such PM
11.7	analyzed] I;	unanalyzed PM
12.30	concerned] I;	engaged PM
12.31	psychical reality] I;	existence PM
13.32	act] I;	action PM
13.35	absolutely] I;	wholly PM
14.2	case] I;	cases PM
14.8	a given case] I;	given cases PM
14.19	possibilities] I;	alternatives PM
18n.6	unreal] I;	abstract PM
19.24	judger] I;	situation PM
19.27	or] I;	of PM
19.33	motive] I;	habit PM
19n.1;	Peirce] W;	Pierce I PM

20n.1,7
20.9, n.5;   psychical] I;   mental PM
26.13 – 14; 28.19;
36.35; 37.16
20n.2   psychically] I;   physically PM
21.14, 31; 22.7   motive] I;   interest PM
22.2   hence] I;   thence PM
22.30   conscious] I;   express PM
23.6   with] I;   in PM
23.7   a definitive element in] I;   in PM
23.7 – 8   determination is] I;   determination PM
23.9   judging.] I;   judging is a factor. PM
23.12   act] I;   [ital.] PM
23.34   reality] I;   structure PM
24.27 – 28   methods;] I;   methods ˰ as PM
25.25   ultimate] I;   basic PM
26.32   as affecting] I;   as it affects PM
27.34   psychical] I;   active PM
29.24; 31.17, 21   psychic] I;   mental PM
29.33   specific] I;   special PM
30.26   an ideal] I;   as an ideal PM
34.31   metaphysics] I; philosophy PM
35.17 – 18   conscious] I;   human PM
36.8   conscious] I;   [ital.] PM
36.31   conscious] I;   explicit PM
37.3   psychical] I;   total PM
38.5   activity] I;   behavior PM
39.6 – 7   or experience] I;   of experience PM
39.10   conscious change] I;   deliberate change PM

449

《伦理学》1940 年的修订列表

450　　　杜威发表于《美国百科全书》(纽约:美国文献出版公司,1940 年)的论文《伦理学》在 1940 年所做的修订——在文章末尾进行了更多的删减(1918 年所作的删减记录在修订列表中),以及文献目录的修改和校正——如下所示。

57.25－36　　　and end.... those situations.] A04;　and end. A40

57.37－58.8　　Consult the... 1901).] A18;　Bibliography. — Adler, F., 'An Ethical Philosophy of Life' (New York 1918); Baxter, G., 'Of Sanction' (Norfolk, Va. 1923); Brandt, C., 'The Vital Problem' (New York 1924); Carr, H. W., 'Changing Backgrounds in Religion and Ethics' (London 1927); Croce, B., 'The Conduct of Life' (New York 1924); Dawson, M. H., 'The Ethics of Socrates' (New York 1924); Dewey, J., 'Human Nature and Conduct' (New York 1927); Durkheim, E., 'L'Éducation Morale' (Paris 1925); Fuller, Sir B., 'The Science of Ourselves' (London 1921); Givler, R. C., 'The Ethics of Hercules' (New York 1924); Groves, E. R., 'Moral Sanitation' (New York 1916); Hirst, E. W., 'Self and Neighbor' (London 1919); Hobson, J. A., 'Free Thought in the Social Sciences' (New York 1926); Hocking, W. E., 'Human Nature and Its Remaking' (New Haven 1923); Hudson, J. W., 'The Truths We Live By' (New York 1921); Jung, E., 'Le Principe Constitutif de la Nature Organique' (Paris 1923); MacKaye, J., 'The Logic of Conduct' (New York 1924); Thomas, E. E., 'The Ethical Basis of Reality' (London 1927); Sharp, F. C., 'Ethics' (1928); Schweitzer, A., 'Philosophy of Civilization' (2d ed., 1929); Taylor, A. E., 'Faith of a Moralist' (New York 1937); Tuker, M. A. R., 'Past and Future of Ethics' (New York 1938). A40

行末连字符列表

一、范本列表

在范本中,在行末被连字符所连接起来的可能的复合词在编辑上的确定形式如下所示。

10.10	self-sufficing	198.10	pre-condition
18.21	presupposes	226.11	high-school
26.14	subject-matter	231.4	public-school
35.20	non-ethical	231.29	non-expert
63.15	self-evident	247.7	subject-matter
70.8	beefsteak	250.15	subject-matter
73.16	self-consciousness	263.23	subject-matter
76.11	offhand	265.19	subject-matter
90.36	thorough-paced	267.24	everyday
115.20	self-demanded	295.21	misdirection
124.7	extra-empirical	322.4	underestimates
126.21	preconceived	326.24	pre-eminently
135.31	supernaturally	344.19	dark-stained
139.5	overweening		
156.37	predetermined		
159.7	horse-dealer		
196.22	straightforwardness		
197.13	re-choose		

二、校勘文本表

在当前版本的转录中,除了以下连字符的使用,在如果断开则容易引起歧义的可能的复合词中的行末连字符没有被保留。

22.10	subject-matter		178.12	non-knowledge
37.4	pre-classified		178.16	wind-curtain
45.11	free-thinkers		198.10	pre-condition
51.36	anti-scientific		209.16	self-organizing
53.20	self-seeking		217.17	extra-logical
53.40	non-theological		227.37	subject-matter
57.11	self-regulation		229.13	cross-purpose
62.6	to-day		237.7	ready-made
62.23	non-contradiction		238.22	clay-modeling
71.15	full-fledged		242.21	subject-matter
80.3	self-consciousness		246.35	text-book
80.8	self-consciousness		256.26	subject-matter
80.20	sub-sense		263.23	subject-matter
80.23	self-consciousness		266.18	subject-matter
103.17	ditch-digger		267.16	subject-matter
104.7	extra-scientific		267.19	subject-matter
114.19	self-contradictory		268.9	subject-matter
120.13	extra-empirical		272.22	subject-matter
129.17	non-being		291.36	pre-eminently
134.27	psycho-physical		296.11	time-wasting
135.33	supra-empirical		343.12	group-work
169.30	self-rectifying		344.6	work-rooms
170.5	self-evident		347.25	text-book
175.27	subject-matters			

引文勘误

杜威用诸多不同方法再现引用材料,从记忆性的复述到逐字逐句的引证都有。在有些情况下,杜威在脚注中完全明确了他的材料;在另一些情况下,他仅仅提到作者的名字,或者干脆假定读者可以在没有参考文献的情况下辨认出引文来源。

本卷中包含在引号里的所有资料(除了引号明显是用于强调或重复以外)出处都已被找到,引文内容也已被证实,并在必要时对文献资料进行了搜证和校勘。尽管就文献资料的校勘,在《文本的校勘原则和程序》中已有陈述,但是,考虑到杜威的引用与原著之间差异的充分重要性,编辑仍将其列出。这些改变可以在"校勘表"中找到。

除此之外,在本书中,所有引文均保留了其首次发表时的原貌。为防止可能的排版或打印错误,与原文本相比所发生的实质变异在校勘表中同样被标以"W"。引文的形式变动显示出,杜威对形式的准确性也不关心,正如同时代的许多学者一样。然而,所引资料中的许多变化也可能是在印刷过程中出现的。例如,对比原著与杜威的引用可以看出,所引资料除了杜威自己的变动之外,也带上了一些杂志社特有的印刷风格。在当前版本中,这些材料的拼写和大写形式被重新呈现。

杜威在所引材料中最为频繁的变动是改动或省略标点符号,他也不常使用省略号或分别使用引号去显示资料有省漏。倘若变动只是局限在省略或改变标点符号(包括省略号)这种类型的话,那么在此不再列举杜威的材料和原始材料。在杜威省掉省略号的情况下,会提示注意短语;但是,如果有一行或者更多的内容被省略,则不再提醒读者注意。

斜体通常被认为是偶发拼读,当杜威省略了资料来源中原本使用的斜体的时候,这样的省略不予注明。但是,杜威自己添加的斜体仍被列了出来。倘若被改变的或被省略的偶发拼读具有重要内涵，就像某些表示概念的单词的大写中的情况那样，引文则予以注明。杜威式的引文材料与其资料来源中的原文出现在同一表格中，这种形式旨在帮助读者判定杜威是将资料摆在案头，还是仅凭自己的记忆。

这部分的标注符号遵循这样的格式：首先是当前版本中的页码，随之是首单词和末单词的文本缩写形式，以便足够清晰；然后是半个方括号，接着是标示杜威某个作品的符号。分号后边紧跟的是必要的更正，根据需要这个更正可以是一个单词，也可以是一个比较长的段落。最后，圆括号里边分别是：作者的姓氏，逗号，"参考书目"中的来源简称，然后是逗号和参考资料的页码。

有四处引文没有被列入，它们是 95.7-8,95.18-21,109.10-12 和 185.9-10。

在以下三个地方，147.18、177.3 和 320.10，前引号被移动位置，以便准确地反映引用材料正确的起始位置。在其他六个地方(130.24、185.31、191.16、197.25-26、205n.19、217.4)，文本根据杜威的原始材料进行了修订；这九个修订出现在修订列表中。

《伦理学》

42.32   as the] A04;   the (Bentham, *Principles of Legislation*, cccviii.8)

42.34-35   to instruct] A04;   [*rom.*] (Bentham, *Principles of Legislation*, cclxviii.5)

《术语"有意识的"和"意识"》

79n.5   another... together.] JP;   another. (Murray, *Dictionary*, 2:847.100)

《信念和存在》

85n.4   existed] PR;   existence (Tolstoï, *Essays*, 399.27)

85n.7   and feeling] PR;   or sensations (Tolstoï, *Essays*, 399.29-30)

《经验和客观唯心主义》

131.3   observation employed either about] PR;   any simple idea not received in by his senses from (Locke, *Essay*, 71.31-32)

131.3-4   external sensible] PR;   external (Locke, *Essay*, 71.32)

131.4   about] PR;   by reflection from(Locke, *Essay*, 71.32-33)

131.4   the internal] PR;   the (Locke, *Essay*, 71.33)

131.4	our]	PR; his own (Locke, *Essay*, 71.33)
131.4	minds]	PR; mind (Locke, *Essay*, 71.33)
131n.10	Memory]	PR; memory (Hobbes, *Elements*, 3.15)
132n.16	and]	PR; or (Murray, *Dictionary*, 3:430.26)
132n.16	consciously affected]	PR; consciously the subject of a state or condition, or of being consciously affected (Murray, *Dictionary*, 3:430.50 – 51)
132n.17	act]	PR; event (Murray, *Dictionary*, 3:430.52)
142n.1	of]	PR; of a (James, "A World of Pure Experience," 536.22)

《圣路易斯艺术和科学大会》

146.9	relation]	S; relations (Münsterberg, "St. Louis Congress," 674:1.23)
147.39	on]	S; on the (Münsterberg, "St. Louis Congress," 678:1.14)

《知识经验及其联系》

172.4	account]	JP; account of experience (Woodbridge, "Of What Sort...," 576.29 – 30)
172.5	be,]	JP; ~,(Woodbridge, "Of What Sort...," 576.30)
174.18	*we... about*]	JP; [*rom.*] (Woodbridge, "Of What Sort...," 576.8)
176.11	sorts]	JP; sorts of experience (Woodbridge, "Of What Sort...," 575.33)

《爱默生——民主的哲学家》

184.19	There is]	IJE; Senates and sovereigns have (Emerson, *Works*, 4:21.5)
184.19	compliment like]	IJE; compliment, with their medals, swords and armorial coats, like (Emerson, *Works*, 4:21.5 – 6)
184.20	of]	IJE; of a (Emerson, *Works*, 4:21.7)
184.21	heights,]	IJE; height, (Emerson, *Works*, 4:21.8)
185.9	and]	IJE; or (Emerson, *Works*, 2:291.24)
185.21 – 22	grammar and no plausibility]	IJE; logic or of oath (Emerson, *Works*, 2:145.7)
185.22 – 23	evidence... arguments.]	IJE; evidence. (Emerson, *Works*, 2:145.8)
186.8	detail]	IJE; details (Emerson, *Works*, 3:223.13)
188.23	not, because]	IJE; not, whatsoever fame and authority may attend it, because (Emerson, *Works*, 2:320.19 – 20)
188.27	Kant, is]	IJE; Kant, or whosoever propounds to you a philosophy of the mind, is (Emerson, *Works*, 2:321.7 – 8)
188.28 – 29	consciousness. Say,]	IJE; consciousness which you have also your way of seeing, perhaps of denominating. Say (Emerson, *Works*, 2:

		321.10-11)
188.32	not]	IJE; no (Emerson, *Works*, 2:321.17)
188.32	natural ⌄]	IJE; natural, common (Emerson, *Works*, 2:321.18)
191.13	the]	IJE; a (Emerson, *Works*, 7:283.15)
191.15	sensibilities ⌄ and]	IJE; sensibilities, those fountains of right thought, and (Emerson, *Works*, 7:283.18-19)

《赫伯特·斯宾塞的哲学工作》

195.26	them has]	PR; them in the interest of plausible fiction has (Henry James, "Zola," 198:1.50)

《几何学教育中的心理学和逻辑学》

218.11	with]	ER; with our (Halsted, "Teaching of Geometry," 457.22)
218.12	and]	ER; and our (Halsted, "Teaching of Geometry," 457.22)

对于F·C·S·席勒《人本主义:哲学论文》的评论

313.3	is only the starting ⌄ point]	PB; is the only natural starting-point (Schiller, *Humanism*, xvii.31-32)
313.6	experiences ⌄]	PB; experience, (Schiller, *Humanism*, xviii.1)
318.25	mental character]	PB; mental life generally (Schiller, *Humanism*, 8.9-10)

杜威的参考书目

杜威的参考文献中的标题和作者姓名已经被更正和补充,以便准确而可靠地符合最初的文献信息;所有的更正,都在"校勘表"(Emendations List)中出现。

在这里,将给出杜威所引用的每一份文献的详细出版信息。当杜威为参考文献给出页码时,我们将通过查明该引用的页码来识别他所使用的版本。同样,杜威个人图书室中的书籍被用来核对他对于某一特殊版本的使用。对于其他参考文献,这里列出的版本是从各种可能会被杜威使用到的版本中选出来的一种。由于地点或者出版时间的原因,或者有来自于杜威的通信和其他材料的证据,以及该版本在那个时代的通行性,该版本最有可能被杜威使用到。

一些在1918年之后出版的文献出现在本目录中;它们是杜威在《伦理学》1918年版和1940年版中所引用的文献。

Adler, Felix. *An Ethical Philosophy of Life Presented in Its Main Outlines.* New York: D. Appleton and Co., 1918.
Annual Register, 1901–1902. Chicago: University of Chicago Press, 1902.
Bakewell, Charles Montague. "The Issue between Idealism and Immediate Empiricism." *Journal of Philosophy, Psychology and Scientific Methods* 2 (1905): 687–691.
——. "An Open Letter to Professor Dewey concerning Immediate Empiricism." *Journal of Philosophy, Psychology and Scientific Methods* 2 (1905): 520–522. [*The Middle Works of John Dewey, 1899–1924*, edited by Jo Ann Boydston, 3: 390–392. Carbondale: Southern Illinois University Press, 1977.]
Baxter, Garrett. *Of Sanction.* [Norfolk, Va.]: The Economic Press, 1923.
Benedict, W. R. *World Views and Their Ethical Implications: A Syllabus of Lectures in Advanced Ethics.* Cincinnati: Cincinnati University Press, 1902.

Bentham, Jeremy. *An Introduction to the Principles of Morals and Legislation.* London: T. Payne and Son, 1789.

Bode, Boyd Henry. "Cognitive Experience and Its Object." *Journal of Philosophy, Psychology and Scientific Methods* 2 (1905): 658–663. [*Middle Works* 3: 398–404.]

Bradley, Francis Herbert. *Appearance and Reality.* 2d ed. New York: Macmillan Co., 1902.

———. *The Principles of Logic.* London: Kegan Paul, Trench and Co., 1883.

Brandt, Charles. *The Vital Problem; the Path to Health, Wisdom and Universal Peace.* New York: B. Lust, 1924.

Carr, Herbert Wildon. *Changing Backgrounds in Religion and Ethics; a Metaphysical Meditation.* London: Macmillan and Co., 1927.

Chambers, Robert. *Vestiges of the Natural History of Creation.* London: J. Churchill, 1844.

Cicero, Marcus Tullius. *The Letters of Cicero.* 4 vols. Translated by Evelyn S. Shuckburgh. London: George Bell and Sons, 1899–1900.

Clifford, William Kingdon. *The Scientific Basis of Morals.* New York: J. Fitzgerald and Co., 1884.

Colvin, Stephen Sheldon. "Is Subjective Idealism a Necessary Point of View for Psychology?" *Journal of Philosophy, Psychology and Scientific Methods* 2 (1905): 225–231. [*Middle Works* 3: 382–389.]

Croce, Benedetto. *The Conduct of Life.* Translated by Arthur Livingston. New York: Harcourt, Brace and Co., 1924.

———. *Philosophy of the Practical.* London: Macmillan and Co., 1913.

Dante Alighieri. *The Divine Comedy of Dante Alighieri.* Translated by Charles Eliot Norton. Rev. ed. Boston: Houghton Mifflin Co., 1902.

Dawson, Miles Menander. *The Ethics of Socrates.* New York: G. P. Putnam's Sons, 1924.

Dewey, John. *Human Nature and Conduct: An Introduction to Social Psychology.* New York: Henry Holt and Co., 1922; 9th printing, 1927.

———. *Studies in Logical Theory.* University of Chicago, The Decennial Publications, second series, vol. 11. Chicago: University of Chicago Press, 1903. [*Middle Works* 2: 292–375.]

———. "The Evolutionary Method as Applied to Morality." *Philosophical Review* 11 (1902): 107–124, 353–371. [*Middle Works* 2: 3–38.]

———. "Notes upon Logical Topics." *Journal of Philosophy, Psychology and Scientific Methods* 1 (1904): 57–62. [*Middle Works* 3: 62–72.]

———. "The Postulate of Immediate Empiricism." *Journal of Philosophy, Psychology and Scientific Methods* 2 (1905): 393–399. [*Middle Works* 3: 158–167.]

———. "The St. Louis Congress of the Arts and Sciences." *Science*, n.s. 18 (1903): 275–278. [*Middle Works* 3: 145–150.]

———, and Tufts, James H. *Ethics.* New York: Henry Holt and Co., 1908.

Dopp, Katharine Elizabeth. *The Place of Industries in Elementary Education.*

Chicago: University of Chicago Press, 1903.

Durkheim, Émile. *L'éducation morale.* Paris: F. Alcan, 1925.

Emerson, Ralph Waldo. *Emerson's Complete Works.* Riverside ed. 12 vols. Boston: Houghton Mifflin Co., 1895.

Fuller, Sir Bampfylde. *The Science of Ourselves.* London: Oxford University Press, 1921.

Givler, Robert Chenault. *The Ethics of Hercules: A Study of Man's Body as the Sole Determinant of Ethical Values.* New York: A. A. Knopf, 1924.

Gordon, Kate. *The Psychology of Meaning.* Chicago: University of Chicago Press, 1903.

——. "Feeling and Conception." *Journal of Philosophy, Psychology and Scientific Methods* 2 (1905): 645–650.

——. "The Relation of Feeling to Discrimination and Conception." *Journal of Philosophy, Psychology and Scientific Methods* 2 (1905): 617–622.

Green, Thomas Hill. *Prolegomena to Ethics.* Edited by A. C. Bradley. Oxford: Clarendon Press, 1883.

——. *Works of Thomas Hill Green.* 2d ed. 3 vols. Edited by R. L. Nettleship. New York: Longmans, Green, and Co., 1889–1890.

Grotius, Hugo. *Hugonis Grotii de jure belli et pacis libri tres.* Paris: Nicolaus Buon, 1625.

Groves, Ernest Rutherford. *Moral Sanitation.* New York: Association Press, 1916.

Halsted, George Bruce. "The Teaching of Geometry." *Educational Review* 24 (1902): 456–470.

Helvétius, Claude Adrien. *De l'esprit.* Paris: A. Durand, 1758.

——. *De l'homme, de ses facultés intellectuelles et de son education.* 2 vols. London: Société typographique, 1773.

Hirst, Edward Wales. *Self and Neighbor, an Ethical Study.* London: Macmillan and Co., 1919.

Hobbes, Thomas. *The English Works of Thomas Hobbes.* Edited by William Molesworth. Vol. 1: *Elements of Philosophy.* London: John Bohn, 1839.

——. *Leviathan; or the Matter, Form and Power of a Commonwealth, Ecclesiastical and Civil.* 4th ed. Introduction by Henry Morley. London: George Routledge and Sons, 1894.

Hobson, John Atkinson. *Free-Thought in the Social Sciences.* New York: Macmillan Co., 1926.

Hocking, William Ernest. *Human Nature and Its Remaking.* Rev. ed. New Haven: Yale University Press, 1923.

Holbach, Paul Henri Thiry, baron d'. *Système social, ou principes naturels de la morale et de la politique.* 3 vols. London, 1773.

Hudson, Jay William. *The Truths We Live By.* New York: D. Appleton and Co., 1921.

James, Henry. "An Appreciation of Émile Zola." *Atlantic Monthly* 92 (1903): 193–210.

James, William. *The Principles of Psychology.* 2 vols. New York: Henry Holt and

Co., 1890.

———. *The Will to Believe*. New York: Longmans, Green, and Co., 1894.

———. "Does 'Consciousness' Exist?" *Journal of Philosophy, Psychology and Scientific Methods* 1 (1904): 477–491.

———. "The Essence of Humanism." *Journal of Philosophy, Psychology and Scientific Methods* 2 (1905): 113–118.

———. "A World of Pure Experience." *Journal of Philosophy. Psychology and Scientific Methods* 1 (1904): 533–543.

Jung, Édouard. *Le principe constitutif de la nature organique*. Paris: F. Alcan, 1923.

Kant, Immanuel. *Critique of Pure Reason*. Translated by Francis Haywood. London: W. Pickering, 1838.

King, Irving Walter. *The Psychology of Child Development*. Chicago: University of Chicago Press, 1903.

Leighton, Joseph Alexander. "Cognitive Thought and 'Immediate' Experience." *Journal of Philosophy, Psychology and Scientific Methods* 3 (1906): 174–180.

Lloyd, Alfred H. "The Personal and the Factional in the Life of Society." *Journal of Philosophy, Psychology and Scientific Methods* 2 (1905): 337–345.

Locke, John. *Essay concerning Human Understanding*. New rev. ed. Edited by Thaddeus O'Mahoney. London: Ward, Lock, and Co., 1881.

MacKaye, James. *The Logic of Conduct*. New York: Boni and Liveright, 1924.

Mackenzie, John Stuart. *A Manual of Ethics*. 4th ed. New York: Hinds and Noble, 1901.

McMurry, Charles Alexander, and McMurry, Frank M. *The Method of the Recitation*. Bloomington, Ill.: Pantagraph Publishing Co., 1897.

Mead, George Herbert. *Definition of the Psychical*. Chicago: University of Chicago Press, 1903.

Mezes, Sidney Edward. *Ethics: Descriptive and Explanatory*. London: Macmillan and Co., 1901.

Mill, John Stuart. *An Examination of Sir William Hamilton's Philosophy and of the Principal Philosophical Questions Discussed in the Writings*. London: Longman, Green, Longman, Roberts, and Green, 1865.

Moore, Addison Webster. "Some Logical Aspects of Purpose." In *Studies in Logical Theory*. University of Chicago, The Decennial Publications, second series, 11: 341–382. Chicago: University of Chicago Press, 1903.

Moore, Eliakim Hastings. "On the Foundations of Mathematics." *Science*, n.s. 17 (1903): 401–416.

Münsterberg, Hugo. "The International Congress of Arts and Science." *Science*, n.s. 18 (1903): 559–563. [*Middle Works* 3: 374–381.]

———. "The St. Louis Congress of Arts and Sciences." *Atlantic Monthly* 91 (1903): 671–684. [*Middle Works* 3: 352–373.]

Murray, James A., ed. *A New English Dictionary on Historical Principles*. Vols. 2, 3, 5. Oxford: Clarendon Press, 1893, 1897, 1901.

Palmer, George Herbert. *The Field of Ethics*. Boston: Houghton Mifflin

Co., 1901.
Paulsen, Friedrich. *A System of Ethics.* Edited and translated from the 4th rev. and enl. ed., by Frank Thilly. New York: Charles Scribner's Sons, 1899.
Peirce, Charles Sanders. "The Law of Mind." *Monist* 2 (1892): 533–559.
———. "Mr. Peterson's Proposed Discussion." *Monist* 16 (1906): 147–151.
Plato. *The Dialogues of Plato.* 4 vols. Translated by B. Jowett. Boston: Jefferson Press, 1871. [*Protagoras*, 1: 97–162; *The Republic*, 2: 1–452; *Theaetetus*, 3: 301–419; *Laws*, 4:1–480.]
Royce, Josiah. *The Philosophy of Loyalty.* New York: Macmillan Co., 1908.
———. *The World and the Individual.* First Series: The Four Historical Conceptions of Being. New York: Macmillan Co., 1900.
———. *The World and the Individual.* Second Series: Nature, Man and the Moral Order. New York: Mecmillan Co., 1901.
———. "Recent Logical Inquiries and Their Psychological Bearings." *Psychological Review* 9 (1902): 105–133.
Santayana, George. *The Life of Reason, or the Phases of Human Progress.* Vols. 1–5. New York: Charles Scribner's Sons, 1905–1906.
Schiller, Ferdinand Canning Scott. *Humanism: Philosophical Essays.* London: Macmillan and Co., 1903.
Schweitzer, Albert. *The Philosophy of Civilization.* Translated by C. T. Campion. 2d ed. rev. London: A. and C. Black, 1929.
Sharp, Frank Chapman. *Ethics.* New York: Century Co., 1928.
Sidgwick, Henry. *The Methods of Ethics.* 4th ed. London: Macmillan and Co., 1890.
Sorley, William Ritchie. *Recent Tendencies in Ethics.* Edinburgh: William Blackwood and Sons, 1904.
———. "Ethics." In *Dictionary of Philosophy and Psychology*, edited by James Mark Baldwin, 1: 346–347. New York: Macmillan Co., 1901.
Spencer, Herbert. *An Autobiography.* 2 vols. New York: D. Appleton and Co., 1904.
———. *Essays Scientific, Political, and Speculative.* 3 vols. New York: D. Appleton and Co., 1901.
———. *First Principles of a New System of Philosophy.* London: Williams and Norgate, 1862.
———. *The Proper Sphere of Government.* London: W. Brittain, 1843.
———. *Social Statics; or, The Conditions Essential to Human Happiness Specified, and the First of Them Developed.* London: John Chapman, 1851; *Social statics, Abridged and Revised; together with The Man versus the State.* New York: D. Appleton and Co., 1892.
———. *Various Fragments.* New York: D. Appleton and Co., 1898.
Stephen, Leslie. *The Science of Ethics.* London: Smith, Elder and Co., 1882; 2d ed. New York: G. P. Putnam's Sons, 1907.
Stuart, Henry Waldgrave. "Valuation as a Logical Process." In *Studies in Logical Theory.* University of Chicago, The Decennial Publications, second series, 11:

227-340. Chicago: University of Chicago Press, 1903.

Tacitus, Caius Cornelius. *The Germania and Agricola of Caius Cornelius Tacitus.* Edited by W. S. Tyler. New York: D. Appleton and Co., 1878.

Taylor, Alfred Edward. *The Faith of a Moralist.* New York: Macmillan Co., 1937.

Thilly, Frank. *Introduction to Ethics.* New York: Charles Scribner's Sons, 1900.

Thomas, Evan Edward. *The Ethical Basis of Reality.* London: Longmans, Green, and Co., 1927.

Tolstoï, Lyof N. *The Works of Lyof N. Tolstoï.* Vol. 12: *Essays, Letters, and Miscellanies.* New York: Thomas Y. Crowell Co., 1899.

Tuker, Mildred Anna Rosalie. *Past and Future of Ethics.* London and New York: Oxford University Press, 1938.

Venn, John. *The Principles of Empirical or Inductive Logic.* London: Macmillan and Co., 1889.

Woodbridge, Frederick James Eugene. "The Field of Logic." *Science*, n. s. 20 (1904): 587-600.

———. "Of What Sort Is Cognitive Experience?" *Journal of Philosophy, Psychology and Scientific Methods* 2 (1905): 573-576. [*Middle Works* 3: 393-397.]

———. "The Nature of Consciousness." *Journal of Philosophy, Psychology and Scientific Methods* 2 (1905): 119-125.

———. "The Problem of Consciousness." In *Studies in Philosophy and Psychology*, pp. 137-166. Boston: Houghton Mifflin Co., 1906.

Wundt, Wilhelm Max. *Ethics.* 3 vols. London: Swan Sonnenschein and Co., 1897-1901.

Young, Ella F. *Scientific Method in Education.* The Decennial Publications, first series, 3: 143-55. Chicago: University of Chicago Press, 1903.

索引[①]

Absolute Reality, 124 绝对实在
Absolutism: 绝对主义
  mediaeval and modern, 90 中世纪的和现代的～
Act: 行动
  scientific judgment identified as, 12—20 作为行动的科学判断
Activity: 活动
  as used in forming judgment, 12 在形成判断中被使用
Aristotle: 亚里士多德
  on ethics, 48—49, 论伦理学; his definition of man, 89, ～关于人的定义; his pure intelligence defined, 90, ～的被定义的纯粹理智; on experience, 142, 论经验; on class system, 286—287, 论等级系统; on attitude toward work, 292, 论对于工作的态度; his definition of reality, 393, ～对于实在的定义
Art: 艺术
  as link between leisure and industry, 293 ～作为悠闲和工业之纽带
Attention: 态度
  inward and outward, in children, 254 孩子的朝内和朝外的～

Bacon, Francis, 132n, 培根, 弗朗西斯

Bain, Alexander: 贝恩, 亚历山大
  on neutral emotion, 139, 论分子运动; mentioned, 55, ～被提到
Bakewell, Charles Montague: 贝克韦尔, 查尔斯·蒙塔古
  on Dewey's immediate empiricism, 168—170, 390—392 论杜威的直接经验主义; on the knowledge experience, 181—183, 论知识经验
Barnard, Henry, 230, 巴纳德, 亨利
Being and non-Being, 121 存在与非存在
Belief: 信念
  and reality, dualism between, 83—100 ～和实在之间的二元论
Benedict, W. R., xxii, 贝内迪克特
Bentham, Jeremy: 边沁, 杰里米
  on ethics, 42 论伦理学; utilitarianism of, 54, ～的功利主义
Berkeley, George: 贝克莱, 乔治
  subjective idealism of, ～的主观唯心主义
Blaine, Emmons, Mrs., 273, 325, 344, 布莱恩夫人, 埃蒙斯
Bode, Boyd H.: 博德, 博伊德·H
  on the knowledge experience, 178—180, 论知识经验
Boltzmann, Ludwig, 68, 玻耳兹曼, 路德维希

[①] 本索引的每个条目后所附的页码均为英文原版书页码, 即本书边码。——译者

Bosanquet, Bernard, 64, 鲍桑奎, 伯纳德
Bradley, Francis Herbert: 布拉德雷, 弗朗西斯·赫伯特
 His distinction between This and Thisness, 14n, 15n; ~关于"这个"和"此性"的区分; his *Appearance and Reality*, 171n, ~的《现象与实在》; mentioned, 64, 311, ~被提到
Butler, Joseph, 53, 巴特勒, 约瑟夫
Butler, Nicholas M., 325—326 巴特勒, 尼古拉斯·M

Camus Albert, xxiv 加缪, 阿尔贝
Carlyle, Thomas, 56, 289, 卡莱尔, 托马斯
Chicago, University of: 芝加哥大学
 Dewey's philosophical development at, ix, 杜威在~的哲学发展
—College of Education: 教育学院
 organization and curricula of, 327—341, 344—346, ~的组织与课程
—School of Education: 教育学院
 history and philosophy of, ~的历史与哲学; building description, 342—344, 对建筑物的描述
Chicago Manual Training School, 273, 275, 278, 279, 芝加哥工艺培训学校
Child psychology: 儿童心理学
 related to religious and education, 210—215, 与宗教和教育相联系的~
Child-study: 儿童研究
 genetic method of, endorsed by Dewey, xviii, ~的发生学方法, 由杜威倡导; lacks genetic method, 299—304, ~缺乏发生学方法
Christianity: 基督教
 its conception of belief and desire, 89—90, ~关于信念和欲望的概念
Clarke, Samuel, 53, 克拉克, 塞缪尔
Coleridge, Samuel Tayor, 55, 56, 柯勒律治, 塞缪尔·泰勒

Columbia University Teachers College, 326, 哥伦比亚大学师范学院
Comte, Auguste: 孔德, 奥古斯特
 on ethics, 56, 论伦理学
Conclusion: 结论
 Dewey's criterion for regarding a statement as, 3—4, 杜威把陈述看作~的标准
Condillac, Etienne Bonnot de, 52, 孔狄亚克, 艾蒂安·博诺特·德
Condorcet, Marie Jean Anoine, 52, 孔多塞, 玛丽·让·安托万
Conscience: 良心
 as moral legislative force, 49, 作为道德立法效力的~
Conscious: 有意识的
 different meanings of, discussed, 79—82, 讨论过的~的不同意义
"'Conscious' and 'Consciousness'", The Terms: 《术语"有意识的"和"意识"》
 Dewey's refinement of language of philosophy in, xx, 杜威关于~中的哲学意义所作的语言澄清
Consciousness: 意识
 different meanings of, discussed, 79—82, 讨论过的~的不同意义; related to belief, 84, 与信念相联系的~; makes experience out of reality, 102, ~使经验外在于实在; as part of knowledge, 108—110, 175, 作为知识的组成部分的~; states of, 154, ~的状态; Woodbridge on, 178, 180, 伍德布里奇论~; Santayana on chaotic nature of, 321—322, 桑塔亚那论~的混乱本质; William James on, 351, 威廉·詹姆斯论~; continuity and change in, 351, ~中的连续与变化; in subjective idealism, 385—389, 在主观唯心主义中的~
Cook County Normal School, 273, 279, 库克县师范学院
Cudworth, Ralph, 53, 卡德沃斯, 拉尔夫

"Culture and Industry in Education":《教育中的文化和工业》
 connection between education and society in Dewey's xix,杜威在～中谈到的教育和社会的联系
Culture-epoch theory,307,文化时期学说
Cumberland, Richard,53,坎伯兰,理查德

Darwin, Charles, xxiii,达尔文,查尔斯
Democracy:民主
 centrality of problem of, for Dewey, xi,杜威所认为的～问题的关键;philosophy related to,73—78,与～相联系的哲学;lack of, in school organization,229—239,在学校组织中缺乏～;ways to achieve, in schools,237—239,在学校中获得～的方法
"Democracy in Education":《教育中的民主》
 freeing intelligence in Dewey's, xviii,杜威在～中提到的智力解放
Descartes, René:笛卡尔,勒奈
 subjective idealism of,382,～的主观唯心主义
Dickens, Charles:狄更斯,查尔斯
 his use of consciousness,81,～对于意识一词的用法
Diderot, Denis,52,狄德罗,丹尼斯
Dualism,311,二元论

Education:教育
 direct and indirect, defined,240,规定的直接～和间接～;marking system in, criticized,241—248,被批评的在～中的分数评定系统;laboratory method compared to apprentice method of teacher training in,249—272,与～中的教师培训之学徒式方法相比较的实验式方法;as separated from industry,285—293,与工业分离的～;elementary, aims of misdirected,295—296,目标被误导的初等～;Secondary, has no specific aims,296—297,没有明确目标的中学～;historical method in,307—309,～中的历史方法
"Education, Direct and Indirect":《教育:直接的和间接的》
 Dewey's arguments against artificial school tasks in, xvii,杜威在～中反对人为的学校任务的论点
Elementary education:初等教育
 aims of, are misdirected,295—296,～的目标被误导
Eliot, George,56,艾略特,乔治
Emerson, Ralph, Waldo:爱默生,拉尔夫·瓦尔多
 Dewey's recognition of his philosophic concern, xx-xxi,杜威对于～的哲学关注的认识;on believing,99,论相信;on logic,184,论逻辑;on the poet as philosopher,185,论作为哲学家的诗人;on the thinker,187,论思想家;on idealism,188,论唯心主义;on truth,189,论真理;compared to transcendentalists,189—190,对比于先验论者的～;on the common man,190—192,论普通人;mentioned,56,～被提到
Empirical,经验的
Empiricism:经验主义
 immediate, defined and discussed,158,390—392,被规定和讨论的直接～;sensationalistic,158n,情感论的～;cognitive experience in,158—167,～中的认知经验
Epistemology:认识论
 and the sciences,93—97,～和各门科学;primary problem of,119,～的首要问题
Ethical idealism,156—157,伦理学的唯心主义
Ethical judgment:伦理判断
 logical character of,20—23,～的逻辑特

征；scientific treatment of, 25—26, 对于～的科学研究

Ethics：伦理学
    historical development of, 40—58, ～的历史发展；as normative, 41, 规范的～；as a science, 41, 作为一门科学的～；as an art, 42, 作为一门艺术的～；Graeco-Roman period of, 44—49, ～的希腊罗马时期；Socrates on, 45—46, 苏格拉底论～；Plato on, 46—48, 柏拉图论～；Aristotle on, 48—49, 亚里士多德论～；Patristic-mediaeval period of, 49—50, ～的早期基督教中世纪时期；early modern period of, 50—54, ～的现代早期；recent modern period of, 54, ～的现代近期；psychology as indispensable methods of, 59—61, 心理学作为～的必要方法

Evolution：进化论
    Identified with Spencer's system, 206—209, 与斯宾塞体系相同的～

Experience：经验
    comprehensiveness of Dewey's conception of xx, 杜威的～概念的广泛性；how reality becomes, 102, 实在如何变成～；attitude of scientist toward, 102—106, 科学家对于～的态度；as cognitional, 113, 认知的～；Dewey's definition of, 114—115, 杜威对于～的定义；three conceptions of, 128—132, 关于～的三个概念；"real" defined in terms of, 393, 根据～定义的"实在"；cognitive, discussed, 393—397, 398—404, 被讨论的认知～；Woodbridge on, 400—402, 伍德布里奇论～

Experimental, 9 实验的

Fichte, Johann Gottlieb, 56, 309, 311, 费希特，约翰·戈特利布

Gay, John, 53, 盖伊，约翰

Generic propositions：一般判断
    intermediate character of, 9—11, ～的直接特征

Genetic method, xxiii, 发生学方法

Geometry：几何学
    two types of, 216—219, ～的两种形式；psychological questions involved in teaching of, 219—228, ～教学中的心理学问题

Gordon, Kate：戈登，凯特
    on aesthetic perception, 138n, 论审美知觉

Green, Thomas Hill：格林，托马斯·希尔
    on ethics, 43, 论伦理学；mentioned, 56, ～被提到

Grotius, Hugo：格劳秀斯，雨果
    on reason, 51, 论理性

Growth：成长
    related to child-study, 299, 302, 与儿童研究相联系的～

Hall, Granville Stanley, xxiii, 霍尔，格兰维尔·斯坦利

Halsted, George Bruce：霍尔斯特德，乔治·布鲁斯
    on teaching geometry, 216—228, 论几何学教学

Hamilton, William, 62n, 汉密尔顿，威廉

Harris, William Torrey, xxv, 哈里斯，威廉·托里

Hartley, David, 54—55, 哈特利，大卫

Hegel, Georg Wilhelm Friedrich：黑格尔，格奥尔格·威廉·弗里德里希
    on ethics, 55—56, 论伦理学；on belief and reality, 86n, 论信念和实在；mentioned, xxiii, 309, ～被提到

Heidegger, Martin, xxiv, 海德格尔，马丁

Helvétius, Claude Adrien, 52, 爱尔维修，克劳德·阿德里安

Historical method, 307—309, 历史方法

Hobbes, Thomas：霍布斯，托马斯

on ethics, 52, 论伦理学; on conscious, 79n, 论有意识的
Holbach, Paul Henri Thiry, Baron D', 52, 霍尔巴赫,保罗·昂利·西里,男爵
Humanism: F. C. S. Schiller on, 312—318, 人本主义,席勒论~
Hume, David: 休谟,大卫
　　on distinct existence, 110n, 论区分性的存在; on distinct ideas, 117, 论不同的观念; on experience, 132, 134, 论经验; subjective idealism of, 382, ~的主观唯心主义; mentioned, 53, ~被提到
Hutcheson, Francis, 53, 哈奇生,弗朗西斯
Huxley, Thomas Henry, x, 赫胥黎,托马斯·亨利

Idea: 观念、理念
　　history of the term, 68—72, 观念、理念的历史
Idealistic Monism, 311, 唯心主义一元论
Ideality: 理念性
　　related to experience, 141—144, 与经验相联系的~
Immediatism: 直接主义
　　Schiller's humanism so termed, 316, 被称作~的席勒的人本主义; criticism of Dewey's, 390—392, 杜威对于~的批评

James Henry: 詹姆斯,亨利
　　on Emile Zola, 193, 论左拉
James, William: 詹姆斯,威廉
　　on psychological logic, 66, 论心理逻辑; on idea, 72, 论观念; on belief, 98n, 论信念; on consciousness, 102n, 123, 351, 论意识; on experience, 130, 论经验; on continuous transition, 142n, 论连续转化; mentioned, xxiii, xxiv, 312, ~被提到
Jaspers, Karl, xxiv, 雅斯贝斯,卡尔
Judgments: 判断

　　Dewey on different kinds of, xiii–xvi, 杜威论~的不同种类
Jus Naturale, 49, 51, 自然法

Kant, Immanuel: 康德,伊曼努尔
　　on rationalism, 55, 论理性主义; on experience, 133—137, 论经验; mentioned, 54, 309, ~被提到
Kierkegaard, Soren, xi, 克尔恺郭尔,索伦
Knowledge: 知识
　　man's incapacity to attain absolute in, xii, 人不能在~中获得绝对; as fulfillment, 112—113, 115—118, 作为实现的~; as acquaintance, 115, 作为亲知的~; as developed from Greek thought, 121, 作为来源于希腊思想的~; experience of, 171—177, 178—183, ~的经验

Laboratory method of teacher training, 249—272, 教师培训中的实验式方法
Laboratory School, University of Chicago, 275—277, 279, 芝加哥大学实验学校
Laisant, Charles A., 222, 莱桑,查尔斯
Lewes, G. H., 56, 刘易斯
Locke, John: 洛克,约翰
　　on ethics, 52—53, 论伦理学; on idea, 71, 论观念; on consciousness, 81, 论意识; on simple ideas, 117, 论简单观念; on experience, 131—132, 论经验; his thought related to logic, 139—141, ~关于逻辑的思想
Logic: 逻辑
　　formal, 62—63, 形式~; empirical, 63, 经验~; real, 63—64, 实在~; mathematical, 65—66, 数理~; psychological, 66, 心理~; in connection with comparative and general grammar, 67, 与比较语法和普遍语法相联系的~; and scientific methods, 67—68, ~和科学方法

"Logical Conditions of a Scientific Treatment of Morality":《对道德进行科学研究的逻辑条件》
    as major milestone in Dewey's thought, xiii,作为杜威思想之重要里程碑的～
Lotze, Rudolf Hermann,64,洛采,鲁道夫·赫尔曼

Mach, Ernst,68,马赫,恩斯特
Mann, Horace:曼,贺拉斯
    associated with origin of public-school system,230,与公立学校体系的由来相联系
Mansel, Henry Longueville:曼塞尔,亨利·朗格维尔
    on logic,62n,论逻辑
Marcel, Gabriel, xxiv,马塞尔,加布里埃尔
Marking system:评分体系
    Dewey's criticism of, 241—248,杜威对于～的批评
Materialism,311,唯物主义
Maurice, Frederick Denison,55,莫里斯,弗雷德里克·丹尼森
Meaning:意义
    Determination of, as mark of scientific procedure,4,作为科学程序之标志的～之决定
"Meanings of the Term Idea, The", xx,《"观念"一词的意义》
Mediation,169—170,中介
Mental states,122—124,心理状态
Mill, James,54,穆勒,詹姆斯
Mill, John Stuart:穆勒,约翰·斯图亚特
    on utilitarianism, 55, 论功利主义; on logic, 62, 论逻辑; mentioned, 56, ～被提到
Mind,102,心灵
"Modern Philosophy":《现代哲学》
    Dewey's 1952 essay on, xxv,杜威1952年关于～的论文

Moore, Addison W.,115n,摩尔,艾迪生·W
Moral judgment:道德判断
    as immediate and intuitive,5—6,直接的和直觉的～; compared to scientific judgment,6—8,与科学判断对比的～; logic characteristics of,20—30,～的逻辑特征; scientific treatment of,25—26,对～的科学研究; use of psychological analysis in,27—32,～中的心理分析之运用; use of sociological analysis in,32—39,～中的社会学分析之运用
Moral philosophy, See Ethics,道德哲学,亦见"伦理学"
Morals, See Ethics,道德,亦见"伦理学"
Moral science, See Ethics,道德科学,亦见"伦理学"
More, Henry,53,莫尔,亨利
Morris, George S., xxiii, xxv,莫里斯,乔治·S
Münsterberg, Hugo, xxii,明斯特贝格,胡戈

Naturalism:自然主义
    related to belief, 98—99,与信念相联系的～
Naturalistic idealism:自然主义的唯心主义
    of Santayana,319—322,桑塔亚那的～
Natural law,49,51,自然法则
Naturrecht,51,自然法
Neo-Kantian idealism,130,133,新康德主义的唯心主义
Nietzsche, Friedrich, xi 尼采,弗里德里希

Oswego normal school pattern,252,奥斯威戈师范学院模式

Paley, William,53,佩利,威廉
Parker, Francis, W., Col., 273—275, 278, 325,帕克,弗朗西斯·W上校
Peirce, Charles Sanders:皮尔士,查尔斯·桑

德斯

 on the principle of continuity, 19n—20n, 论连续性原则; on mathematical logic, 66, 论数理逻辑; on experience, 130, 论经验; mentioned, xxiv, ～被提到

Perception, 137—141, 知觉

Perry Movement, 227, 佩里运动

Philosophy: 哲学

 related to American democracy, 73—78, 与美国民主相联系的～; characteristic problem of, 171, ～的特有问题; related to poetry, 186—187, 与诗歌相联系的～

"Philosophy and American National Life", xi, 《哲学和美国的国家生活》

Pierce, Benjamin: 皮尔士, 本杰明

 on mathematical logic, 65, 论数理逻辑

Plato: 柏拉图

 on ethics, 46—48, 论伦理学; on perceptive experience, 141n, 论知觉经验; mentioned, 309, ～被提到

Poetry: 诗歌

 related to philosophy, 186—187, 与哲学相联系的～

Poincaré, Jules, Henri, 68, 彭加勒, 朱尔·亨利

Practice work method of teacher training, 249—272, 教师培训的实践工作方法

Pragmatism: 实用主义

 its interpretation of function of knowledge, 153—156, ～对于知识功能的阐释; ethical idealism involved in, 156—157, 与～相关的伦理唯心主义; of F. C. S. Schiller, 317—318, 席勒的～

Preyer, William, 299, 普赖尔, 威廉

Price, Richard, 53, 普里斯, 理查德

Protagoras, 383, 普罗塔哥拉

Psychological analysis: 心理分析

 as used in moral judgment, 27—32, 在道德判断中被使用的～

Psychology: 心理学

 as indispensable method of ethics, 59—61, 作为伦理学之必要方法的～

Public-school system: 公立学校系统

 Beginnings of, 229—230, ～的开端; teachers' lack of power in, 230—234, 在～中教师缺乏能力; lack of free expression for students in, 234—239, 在～中学生缺乏自由表达; ways to achieve free expression in, 237—239, 在～中获得自由表达的方式; marking system of, criticized, 241—248, 被批评的～的评分体系

Reality: 实在

 and belief, dualism between, 83—100, ～和信念之间的二元论; how it becomes experience, 102, ～如何变成经验; attitude of scientist toward, 102—106, 科学家对于～的态度

Reason: 理性

 Grotius on, 51, 格劳秀斯论～

Recitation: 背诵

 function of, in education, 347, 教育中～的功能

Reconstruction, 169—170, 重构

"Relation of Theory to Practice in Education, The", xvii, 《教育学中理论与实践的关系》

Religious education: 宗教教育

 should be adapted to gradual growth of child, 210—215, ～应该适应儿童的逐步发展

Royce, Josiah: 罗伊斯, 乔赛亚

 on logic, 65, 论逻辑; mentioned, 311, ～被提到

Santayana, George: 桑塔亚那, 乔治

 Dewey's defense of style of, xxii, 杜威对于～的风格的辩护; on experience, 103, 论经验; on significant idealism, 144n, 论有意义的唯心主义; mentioned, 118, ～

被提到
Sartre, Jean, Paul：萨特，让·保罗
　　on gap between mind and world, xii, xxiv, 论心灵与世界之间的鸿沟
Schelling, Friedrich Wilhelm Joseph von, 309, 谢林，弗里德里希·威廉·约瑟夫·冯
Schiller, F. C. S. xxii, 席勒
School：学校
　　undemocracic organization of, 229—239, ～中的不民主组织；teachers' lack of power in, 230—234, ～中教师缺乏能力；lack of opportunity for free expression of students in, 234—239, 对～中的学生而言，缺乏自由表达的机会；ways to achieve free expression in, 237—239, 在～中获得自由表达的方式；marking system of, criticized, 241—248, 被批评的～的评分体系
Schopenhauer, Arthur：叔本华，亚瑟
　　on solipsism, 385, 论唯我论；mentioned, xi, 309, 382, ～被提到
Science：科学
　　Dewey's definition of, xiv, 杜威对～的定义；and epistemology, 93—97, ～和认识论
Scientific：科学的
　　Dewey's definition of, 3—5, 37, 杜威对～的定义
Scientific judgment：科学判断
　　compared to moral judgment, 6—8, 与道德判断相比较的～；identified as an act, 12—20, 作为一种行动的～
Secondary education：中学教育
　　Lacks specific aims, 296—297, ～缺乏特定目标
Shaftesbury, Anthony Ashely Cooper, Earl of, 53, 沙夫茨伯里，安东尼·阿什利·库珀，伯爵
Shakespeare, William, 69, 莎士比亚，威廉

Sidgwick, Alfred：西季威克，艾尔弗雷德
　　on logic, 65, 论逻辑
Sidgwick, Henry, 55, 西季威克，亨利
Sigwart, Christian, 64, 西格沃特，克利斯琴
Smith, Adam, 53, 斯密，亚当
Smith, Sydney, 53, 史密斯，悉尼
Social nature of man：人的社会本性
　　importance of, for Dewey, xi－xiii, 杜威认为的～的重要性
Social Statics：《社会静力学》
　　Discussed by Dewey, 201—204, 204n—205n, 杜威讨论的～
Sociological analysis：社会学分析
　　as used in moral judgment, 32—39, 在道德判断中被使用的～
Socrates：苏格拉底
　　on ethics, 45—46, 论伦理学
Sorley, William Ritchie, 42, 索尔利，威廉·里奇
South Side Academy, 277, 南部分院
Spencer, Herbert：斯宾塞，赫伯特
　　fundamental fallacy of aims and method of, xx－xxii, ～的目标和方法的根本谬误；his ethical conceptions, 56, ～的伦理观点；compared to Émile Zola, 193—194, 与左拉相比较的～；extraordinariness of his system of philosophy, 194—195, ～的哲学体系的特别性；remoteness of his intellectual life, 196—197, ～的思想生活的孤僻性；his lack of historical sense, 197, ～缺乏历史意识；his universal postulate, 198, ～的普遍假设；his ignorance of history of philosophy, 199, ～对于哲学史的无知；his faith in nature, 200—203, ～对于自然的信念；relation of his work to Darwin's, 205—209, ～的工作与达尔文的工作之联系
Spinoza, Benedict：斯宾诺莎，贝内迪克特
　　on God or Nature, 90, 论神或自然；mentioned, 309, ～被提到

Steinthal, Heymann, 67, 斯坦达尔, 海曼
Stephen, Leslie: 斯蒂芬, 莱斯利
　　on ethics, 43, Steinthal, 论伦理学, 斯坦达尔
Sterling, John, 55, 斯特林, 约翰
Stuart, Henry Waldgrave: 斯图亚特, 亨利·沃尔德格瑞夫
　　on the use of "object" in ethical judgments, 27n, 论伦理判断中对于"对象"的使用; on perception, 138n, 论知觉
Subjective idealism, 382—389, 主观唯心主义

Teacher training: 教师培训
　　laboratory method compared to apprentice method of, 249—272, 实验式方法对比于～的学徒式方法
Tolstoi, Lev Nikolayevich: 托尔斯泰, 列夫·尼古拉耶维奇
　　on man's relation to the universe, 85n, 论人与世界的联系
Torrey, H. A. P., xxv, 托里
Transcendence: 超验性
　　In the knowledge experience, 173, 知识经验中的～
Truth and falsity: 真理和错误
　　related to experience, 118, 与经验相联系的～

Unconscious experience, 179—180, 无意识的经验

Validity: 有效性
　　determination of, as mark of scientific procedure, 4, 作为科学程序之标志的～之决定; in the knowledge experience, 176—177, 知识经验中的～
Venn, John, 63n, 维恩, 约翰
Voluntarism, 317, 唯意志论

Woodbridge, F. J. E.: 伍德布里奇
　　on knowledge as a fact, 论作为事实的知识; on pragmatism, 153, 论实用主义; on knowledge experience, 171—177, 论知识经验; on consciousness, 178, 180, 论意识; on experience, 400—402, 论经验
Wundt, Wilhelm, 64, 冯特, 威廉

Young, Élla F., 263n, 扬, 埃拉

Zola, Émile: 左拉, 埃米尔
　　compared to Herbert Spencer, 193—194, 与斯宾塞相比较的～
Zöllner, Johann Karl Friedrich: 策尔纳, 约翰·卡尔·弗里德里希
　　his parallel lines, 163, 165n, 391, ～的平行线条

译后记

《杜威全集》中期著作第三卷收录了杜威从1903年至1906年的所有著述。这期间,杜威从芝加哥大学哲学系辞职,经过一段时间的职业筹划后进入了哥伦比亚大学哲学与心理学系。这次职业生涯的变动使杜威在此期间的著述具有一种承前启后的性质,一方面,他继续发展在芝加哥大学创办实验学校时所形成的教育思想;另一方面,他离开工作十年之久且实用主义氛围浓厚的芝加哥大学,而步入哥伦比亚大学新的哲学环境之中。这使得杜威在与不同哲学流派的交流中产生一些新的思想,并对他之后的著述有着极其深远的影响。

本卷中的前三篇论文是杜威在伦理学方面继续进行致思的成果,其中"对于道德进行科学研究的逻辑条件"是他在伦理学方面的一篇重要论文。杜威在此文中,提出了与早期《批判的伦理学理论纲要》和《伦理学研究》(教学大纲)中不同的伦理思想。杜威认为,要控制伦理判断的形成,就必须对伦理学进行科学化的研究。伦理学和自然科学虽然类型不同,但是它们都属于科学的范畴。伦理学需要借助于心理学和社会学等成熟科学的材料来进行研究,从而实现对人们道德判断的控制,这是一种自然主义的伦理学。

本卷中的六篇有关教育思想的论文是杜威在芝加哥大学时期写成,还有一篇是到哥伦比亚大学之后写成,体现了他对于教育的一贯重视。杜威在这些论文中讨论教育诸问题,包括强调学校教育中的民主氛围;强调教育中理论与实践的并重,以及学校教育要融入和适应当代工业社会的发展;反对用外在的评价机制来指导教育,而倡导让学生获得经验和知识的内在增长;探讨如何用当代心理学和逻辑学来指导宗教教育和几何学教学,等等。

在本卷中还收录了九篇杜威关于形而上学和认识论的论文。这是他在就任哥伦比亚大学之际与伍德布里奇等人所进行的一些论辩,它们激发了杜威对于"经验"主题进行初步的探讨。这些主题在后来写成的《经验与自然》等著述中得到展开,从而形成了颇具影响的"经验自然主义"哲学观。杜威试图弥合传统哲学在"实在"和"经验"、"实在"和"信念"之间所进行的分隔,并批评了客观唯心主义在"实在"和"理念"之间所设定的鸿沟。杜威赞同"直接经验主义"的观点,他认为事物只是被经验到的那样,但经验是变动和转移的。他提倡实验性的知识观,反对主客二分的传统认识论,否认知识的绝对可靠性和永恒性。杜威根据经验来界定知识的性质和地位,他认为,知识指怀疑-探究-解答的经验在其严格可靠的存在中、在与更多经验的关联中的功能或者结果。

杜威的著作并不像很多人想象得那么简单通俗。由于其哲学思想一直在生发和扩展,故而只有参照杜威的思想发展脉络,才能更好地理解他在特定时期的论文和著作;其次,杜威思想的整体性特征非常明显,他的著述经常把相关领域的思想融会贯通,这种运思方式需要阅读者有一种极其开阔的视野;再次,杜威的思想发展处于美国哲学从传统哲学向现代哲学的转折期,当时的哲学术语和哲学语境也会给阅读者造成障碍。可以说,杜威是一名"致广大而尽精微,极高明而道中庸"的思想家,他所涉及的领域庞杂而广博;但是,他对每个领域都进行了非常精细的研究。他的思想极其深刻,但很多时候,他是用平实的语言来进行论述的。

我在接受翻译《杜威全集》中期著作第三卷任务的时候,很是忐忑不安,唯恐自己翻译不当,因为哪怕给大哲的经典蒙添一些瑕疵,也是莫大的罪名。所幸有我的导师赵敦华教授的鼓励和指导,他还抽出宝贵的时间来进行校定。我本人也是以杜威哲学完成了自己的博士论文,所以鼓起勇气,承担了本卷的翻译任务。翻译历经数年,期间几次修改,如今就要面世,过去的焦虑和辛劳都变为现在的欣慰。在此要衷心感谢赵敦华教授对我的鼓励和支持,也是他引导我走上杜威研究之路。山东大学外国语学院的赵秀福教授在翻译过程中,给我提供了很多必要的帮助;华东师范大学出版社的编辑们在审稿和编辑过程中付出了很多辛劳,在此一并致以衷心的感谢。由于译者的水平,译文恐不免有不当或谬误之处,敬请方家及读者批评、指正。

徐　陶

2011年夏于长沙

图书在版编目(CIP)数据

杜威全集. 中期著作. 第 3 卷:1903～1906 / (美)杜威(Dewey, J.)
著;徐陶译. —上海:华东师范大学出版社,2010.8
ISBN 978-7-5617-7992-7

Ⅰ.①杜… Ⅱ.①杜…②徐… Ⅲ.①杜威,J.(1859～1952)–
全集 Ⅳ.①B712.51-52

中国版本图书馆 CIP 数据核字(2010)第 151408 号

杜威全集·中期著作(1899—1924)
第三卷(1903—1906)

著　　者　[美]约翰·杜威
译　　者　徐　陶
校　　者　赵敦华
策划编辑　朱杰人
项目编辑　王　焰　朱华华
审读编辑　曹利群
责任校对　王丽平
装帧设计　高　山

出版发行　华东师范大学出版社
社　　址　上海市中山北路 3663 号　邮编 200062
网　　址　www.ecnupress.com.cn
电　　话　021-60821666　行政传真 021-62572105
客服电话　021-62865537　门市(邮购)电话 021-62869887
地　　址　上海市中山北路 3663 号华东师范大学校内先锋路口
网　　店　http://hdsdcbs.tmall.com

印　刷　者　常熟华通印刷有限公司
开　　本　787×1092　16 开
印　　张　26.5
字　　数　425 千字
版　　次　2012 年 9 月第 1 版
印　　次　2012 年 9 月第 1 次
印　　数　1—2100
书　　号　ISBN 978-7-5617-7992-7/B·577
定　　价　88.00 元(精)

出 版 人　朱杰人

(如发现本版图书有印订质量问题,请寄回本社客服中心调换或电话 021-62865537 联系)